普通高等教育“十一五”规划教材
PUTONG GAODENG JIAOYU SHIYIWU GUIHUA JIAOCAI（高职高专教育）

Management Economics

GUANLI JINGJIXUE

管理经济学

主　编　孙丽芝
副主编　郭　柯
编　写　高喜兰　孔庆新
主　审　李常洪

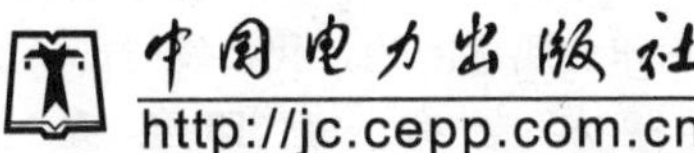

内 容 提 要

本书为普通高等教育“十一五”规划教材（高职高专教育）。全书共十一章，内容包括需求理论及其预测，生产决策理论，成本决策理论，市场结构理论，价格理论，政府在经济中的作用，企业长期投资决策经济分析和企业投资决策风险分析等。本书引用了大量与实际生活和企业管理息息相关的案例；每章以引例开头，引起读者的兴趣；将经院式的管理经济理论用朴素的语言加以阐述，使学生认识到经济学的实用价值；同时配以课堂案例讨论，引导学生运用所学知识分析问题，解决问题。

本书主要作为高职高专经济管理类专业教材，也可供各类工商企业技术管理人员参考。

图书在版编目（CIP）数据

管理经济学/孙丽芝主编．—北京：中国电力出版社，2008
普通高等教育“十一五”规划教材．高职高专教育
ISBN 978-7-5083-6707-1

Ⅰ．管… Ⅱ．孙… Ⅲ．管理经济学—高等学校：技术学校—教材 Ⅳ．F270

中国版本图书馆 CIP 数据核字（2008）第 012175 号

中国电力出版社出版、发行
（北京市东城区北京站西街 19 号 100005 http：//jc. cepp. com. cn）
北京市铁成印刷厂印刷
各地新华书店经售
*
2008 年 2 月第一版 2011 年 8 月北京第二次印刷
787 毫米×1092 毫米 16 开本 17.75 印张 433 千字
定价 **28.00** 元

前　言

为贯彻落实教育部《关于进一步加强高等学校本科教学工作的若干意见》和《教育部关于以就业为导向深化高等职业教育改革的若干意见》的精神，并进一步加强教材建设，确保教材质量，中国电力教育协会组织制订了普通高等教育“十一五”教材规划。该规划强调教材适应不同层次、不同类型院校，满足学科发展和人才培养的需求，坚持专业基础课教材与教学急需的专业教材并重、新编与修订相结合的原则。本书为新编教材。

作为经济学与管理学交叉的一门应用学科，管理经济学以微观经济理论为基础，借助于决策科学的方法和工具来指导决策者高效配置资源。

在这里，与教科书中通常的提法有所差异的是：我们认为管理经济学的工具可以应用到包括工商企业在内的各类组织中去，而不是仅仅应用在工商企业的决策之中。因为各类组织中的管理者都要面临一系列共同性质的问题。尽管这些问题的复杂程度不同，但一般都遵循下述这种形式：首先在一定的约束条件下，确定实现组织目标的各类方案，然后对这些方案进行优选。这种形式是组织决策的普遍过程，也是通常我们说的规划问题。这类问题是所有组织都要面对的。管理经济学可以帮助管理者确定恰当的目标函数，帮助决策者阐明决策规则。管理经济学从微观经济学理论中汲取的概念和方法能使决策者有效率地配置组织资源，制定出切实可行的经营战略。无论是以营利为目标的工商企业，还是政府管理部门和其他非营利部门的管理者，都可以运用管理经济学的理论与方法，处理管理决策中的一系列问题。

本书的主要内容包括：①需求理论及其预测：产品需求量是决定企业获利能力的一个重要因素，对需求的分析是企业经营管理决策的重要依据。需求理论就要分析市场供求关系和发展趋势，探求价格与需求量之间的关系，帮助企业解决为谁生产和生产什么的问题。②生产决策理论：研究企业短期生产和长期生产的最优要素组合方式。得出企业短期生产的三个阶段，以及长期生产条件下，企业如何实现既定产量下成本最低，既定成本下产量最大，利润最大的要素组合。③成本决策理论：介绍了各种成本的概念；通过对短期成本、长期成本的分析，研究了成本的构成及降低成本的途径。生产决策理论和成本决策理论帮助企业解决如何生产的问题。④市场结构理论：研究不同市场结构特征，帮助企业分析自身所处的行业，制定出相应的竞争策略。⑤价格理论：研究市场结构与定价的关系，分析影响定价的各种因素，帮助企业根据行业和产品特征制订相应的价格策略。⑥政府在经济中的作用：分析了市场经济条件下政府对经济的干预。了解政府干预经济的手段，以及对经济的影响，帮助企业以更广阔的视野进行企业决策。⑦企业长期投资决策经济分析：介绍投资的程序、投资分析中重要的计算方法和重要经济评价指标以及多方案的比选。⑧企业投资决策风险分析：研究在企业经营活动中可能面临的各种风险，以及它对企业决策的影响；寻求评价风险的方法，制定风险管理计划，尽量将风险降到最低限度。

本书的特点是面向高职高专管理类专业编写，突出管理实践能力的培养，注重理论和实践紧密结合。由于经济学理论较为枯燥，为了使该教材通俗易懂，因此我们在编写过程中引用了大量与实际生活和企业管理息息相关的案例。每章以引例开头，引起读者的兴趣，使得晦涩难懂的管理经济理论深入浅出、娓娓道来。将经院式的经济理论用朴素的语言加以阐述，使学生认识到经济学的实用价值。同时配以课堂案例讨论，帮助学生运用所学知识分析问题、解决问题，既提高了学生的学习兴趣 ，又可以锻炼学生运用知识解决问题的能力。让学生看到理论是怎样为现实服务、解决现实问题的。

本书绪论、第一、二、四、五章由孙丽芝编写；第三、八章由孔庆新编写；第六、七、九章由郭柯编写；第十、十一章由高喜兰编写。在本书的编写过程中，胡向真教授给予了大力支持，对本教材的体系提出了宝贵的建议。同时我们要特别感谢中国电力出版社的领导和编辑，在他们的帮助下，我们才有机会把这本书呈现给读者。

尽管我们做出了最大努力，力求该教材通俗易懂、生动有趣。但由于水平有限，难免有错误或不妥之处。衷心希望各位读者批评指正。

孙丽芝

2007 年 11 月　山西太原

目录

第一章　绪　　论

引例

蒙牛的目标：利润

2006年9月，蒙牛乳业有限公司宣布其截至2006年6月30日的中期业绩：上半年业务表现理想，收入上升58.7%，达到人民币75.464亿元，液体奶市场的占有率已经达到30%左右，国内排名第一。蒙牛之所以能够准确地对企业数百种产品做出准确的效益评定，调整产品结构，除了在营销上成功地对消费人群进行了有效锁定外，还在于对单一产品的效益管控上有着独到之处。"我们并没有一味地单纯强调低成本，我们强调的是投入产出效益。"

通过成本管理增加利润

每年，蒙牛都会投入销售收入的7%～8%的资金用于新产品研发。近百种新上市的产品，包括液态奶、冰淇淋或其他奶产品，以及在产的约170种液态奶产品、二三百种冰淇淋产品等淘汰与否都有着严格的参考投入产出比数据。那种仅凭简单的市场试销、粗放的消费者反馈的做法被蒙牛逐步弃用，而被科学的成本核算所取代。管理层要看产品的效益、毛利率、净利率指标，并且根据产品在各生命周期阶段的规律，制定科学的指标。

通过信息化管理降低成本

蒙牛从2002年10月开始实施金蝶K3系统，其成本核算体系一下子从手工过渡到财务管理信息化。在IT工具的支持下，蒙牛的财务信息及时性大大提高。蒙牛从2002年16.68亿元的销售规模发展到目前100多亿元的规模，集团总部的财务管理人员并没有大幅度增加。原来，集团财会报表合并工作在利用Excel的情况下，需要10天勉强才能完成，目前财务人员可以在宽松的状态下提前3天完成。

更重要的是，工具的提升使得蒙牛的财务部门与企业战略结合得更为紧密。业务部门提出新产品、新品类的市场预测、产生的效益和未来的发展前景，这些资料通过财务评估，使之定量化，再用投入产出比指标实现对产品全寿命过程的评价、监控，最后做出结论报告。根据蒙牛特有的评价系统，它会在评价报告的基础上，不断调整企业策略，包括销售、研发、生产布局等各种策略，产品的利润率也由此得到保证和提升。

严格考核提高劳动效率

在蒙牛的投入产出指标体系中，除了产品外，人也是一个非常关键的考核对象。最广泛、最严格的当属OEC考核制度，全蒙牛集团数万名员工，上到总裁下到车间工人，没有人能够绕过OEC。OEC是英文Overall Every Control and Clear的缩写，即全方位地对每天、每人、每件事进行清理、控制。OEC管理是海尔流程再造和信息化建设的重要基础，它不仅要求组织所有的员工必须按规定的内容、时间、标准完成每一天的工作，而且还要求每个人每天都要以创新的态度做好每一件事，每天都要有所改进或创新；同时，每个人每天的工作都有人按时检查、考核和验收。

依照蒙牛的远景目标，它将于2010年前进入全球乳业20强。但要实现这一目标，蒙牛乳业的销售额需要大大提高，目前这些乳品巨头的年收入至少也有50亿美元，比蒙牛2005年的13.6亿美元高出3倍多。正所谓大钱不是省出来的，而是挣出来的。这样的管理思路可能会帮助蒙牛顺利地实现它的战略“野心”。

看了以上案例，你能总结蒙牛成功经验吗？你能为蒙牛战略目标的实现出谋划策吗？如果现在还不能，那么我们一起来学习管理经济学这门课吧！

第一节 管理经济学研究对象

管理经济学是西方在第二次世界大战以后发展起来的一门新兴学科。它的创始人是美国的经济学家乔尔·丁（Joel Dean）。他于1951年出版了人类历史上第一本管理经济学著作——《Managerial Economics》。在此之前，西方经济学，尤其是微观经济学，基本上是经院式的高台讲章，缺乏有针对性地解决实际问题的方法。这本著作的问世，开创了经济学（主要是经济学中的微观部分）在工商管理中实际应用的新领域，在经济学和工商企业的决策活动之间架起了一座桥梁。

管理经济学（Managerial Economics）又称企业经济学或公司经济学（Corporate Economics）、经营经济学。一般地说，管理经济学属于应用经济学科的范畴。无论是以营利为目标的工商企业，还是政府管理部门和其他非营利部门的管理者，都可以运用管理经济学的理论与方法，处理管理决策中的一系列问题。在这里，与教科书中通常的提法有所差异的是：我们认为管理经济学的工具可以应用到包括工商企业在内的各类组织中去，而不是仅仅应用在工商企业的决策之中。因为各类组织中的管理者都要面临一系列共同的问题，尽管这些问题的复杂程度不同，但一般都遵循下述这种形式：在一定的约束条件下，确定实现组织目标的各类方案，然后对这些方案进行优选。这种形式是组织决策的普遍过程，也是通常我们说的规划问题，这类问题是所有组织都要面对的。管理经济学可以帮助管理者确定恰当的目标函数，帮助决策者阐明决策规则。

管理经济学研究的是将西方经济学中的微观经济理论与方法应用于工商企业和非营利机构所面对的决策问题。管理经济学从微观经济学理论中汲取的概念和方法能使决策者有效率地配置组织资源，制定出切实可行的经营战略。

一、经济学的研究对象

对于经济学的定义，不同的经济学家有不同的表述方式，但都离不开经济学研究的基本问题——资源配置。简单的说，经济学就是研究如何将稀缺的资源分配于不同的用途，以满足经济主体多样化需求的科学。

经济学研究的起点是建立在资源稀缺性这一前提条件下的。经济资源是相对稀缺的，尤其相对于人类社会的无穷欲望而言，经济物品或者说生产这些物品所需要的资源总是不足的。在经济学中，这种资源的相对有限性被称为稀缺性（scarcity）。由于人的欲望以及由此引起的对物品和劳务的需要，是无限多样且永无饱和之日的，而用来满足这些无限需要的手段，也就是用来提供这些物品和劳务的生产资源却是有限的。这样就产生了一个问题：怎样使用相对有限的生产资源来满足无限多样化的需要的问题，这就是经济学所要研究并需要回答的经济问题。

由于资源的稀缺性，我们必须解决资源配置问题。归纳起来，就是下面三个基本经济问题。

生产什么：要解决的问题是如何选择用总量既定的生产资源来生产哪些产品，并最大限度地满足人们的需要。从根本上讲，生产什么取决于消费者手中的货币。

如何生产：要解决的问题是在生产同一种产品的许多种不同方法中选择一种最有效率的方法，这既要从技术角度考虑，也要从经济角度考虑。从根本上讲，如何生产取决于不同厂商之间的竞争以及成本与收益的比较。

为谁生产：即生产出来的产品归谁享用以及享用多少的问题。这在相当程度上是一个收入分配问题。对此，不同社会制度、不同风俗习惯、不同道德规范会产生不同的看法。从根本上讲，为谁生产取决于生产要素的供求关系所确定的要素价格。

我们说一种资源配置是有效的，是指不可能增加一种商品的生产而不从另一种商品的生产中抽取资源，从而减少另一种商品的产量。

二、经济学的内容

经济学被分为微观经济学和宏观经济学两个部分。

微观经济学以个体经济单位为考察对象，个体经济单位是指单个消费者、单个生产者和单个市场等，着重研究资源的配置问题。

对个体经济单位的考察从三个层次上进行：第一个层次是分析研究单个消费者和单个厂商的经济行为。研究单个消费者如何进行最优决策实现效用最大化；单个厂商如何进行最优决策实现利润最大化。第二个层次分析单个市场的价格如何决定，这种单个市场的价格决定，是作为单个市场中所有的消费者和所有生产者的最优经济行为相互作用的结果而出现的。第三个层次分析所有单个市场的价格的同时决定。这种决定是作为所有单个市场相互作用的结果而出现的。

微观经济学的主要内容：价格理论、消费者行为理论、生产理论、成本理论、厂商均衡理论、分配理论、一般均衡理论、福利经济学、市场失灵与微观经济政策。由于价格理论涉及到资本主义社会的市场经济和价格机制如何运行的问题，故为微观经济学的核心内容。

宏观经济学是相对于微观经济学而言，以整个国民经济活动为考察对象，研究社会总体的经济行为及其后果，具体来说研究经济中各总量之间的关系，如国民收入（国民生产总值）、就业量、投资、利率、货币供应量、消费量、储蓄量、价格水平等。研究关系到国计民生的重大问题。比如，如何确定国民收入（或产出）？哪些因素决定了国民收入？为什么国民收入时常波动？为什么有失业？为什么有通货膨胀？为什么生产能力不能充分发挥和利用？如何采取适当的对策来解决上述问题？这些都是宏观经济学所要研究和解决的问题。宏观经济学的重要任务之一就是要表明如何运用财政与货币政策来稳定经济。

宏观经济学的主要内容：国民收入决定理论、经济周期与经济增长理论、货币与通货膨胀理论、宏观经济政策（财政政策、货币政策）。

三、管理学研究对象

管理学是系统研究管理活动的基本规律和一般方法的科学。管理学是适应现代社会化大生产的需要产生的。它的目的是：研究在现有的条件下，如何通过合理地组织和配置人、财、物等因素，提高生产力的水平。广义而言，管理可以定义为：规划、组织、领导与控制组织成员的行为表现，善于运用各种组织资源以达到组织预定目标的过程。管理的内涵包括以下几项：管理是一种动态性交互作用的过程，随着时间的推移，组织特性、管理者核心任务可能产生重大改变；管理者必须善于运用组织内所有资源，人力无疑是组织内最基本的资源，然而，尽管有最佳的人员组合，仍然必须配合其他相关资源才能发挥最大功效。如果管理者希望增加产量，除了鼓舞士气，增加劳动力外，可能还需要添加现代化的生产设备；此外管理者还要考虑财务资源状况。综上所述，管理就是通过对组织有限资源的最优配置，有效实现组织的目标。

案例 1-1

小明为了学校的毕业典礼特意上街买了条裤子，可惜裤子长了两寸。吃晚饭的时候，小明把裤子长两寸的事告诉了家人，饭后大家都去忙自己的事情，这件事情就没有再被提起。小明的妈妈睡得比较晚，临睡前想起儿子明天要穿的裤子还长两寸，于是就悄悄把裤子剪好，并且叠好放回原处。半夜里，狂风大作，把嫂子惊醒，她猛然想到小叔子裤子长两寸，于是披衣起床将裤子处理好才又安然入睡。老奶奶睡觉轻，每天一大早醒来给小孙子做早饭，正在烧水的时候想起孙子的裤子长两寸这件事情，马上快刀斩乱麻。最后小明只好穿着短四寸的裤子去参加毕业典礼了。由此，我们是不是可以想到管理对一个组织的必要性呢？

四、管理经济学与西方经济学

管理经济学与西方经济学的关系，可以通过图 1-1 来表示。

管理经济学与西方经济学之间有着密不可分的联系。如前所述，按照不同的出发点，西方经济学可以分为微观经济学和宏观经济学两部分。微观经济学（micro-economics）以单个经济主体为考察对象，研究单个的消费者、单个厂商、单个生产要素所有者的经济行为，并通过单个经济主体行为的累加，研究单个行业、单个市场以及整个国民经济的变化。宏观经济学（macro-economics）以整个国民经济为考察对象，研究社会就业量、物价水平、经济增长速度、经济周期波动等全局性问题。

组织的决策者在决策过程中要从经济学的这两部分汲取内容：研究需求理论、生产和成本理论的微观经济学可以帮助决策者估计成本和需求，帮助决策者分析生产什么、生产多少、如何生产等问题，以便提高有关产品价格和生产数量的决策质量；而当决策者试图根据整个国民经济的各种因素预测未来经济环境的变化时，宏观经济学也进入了决策过程。

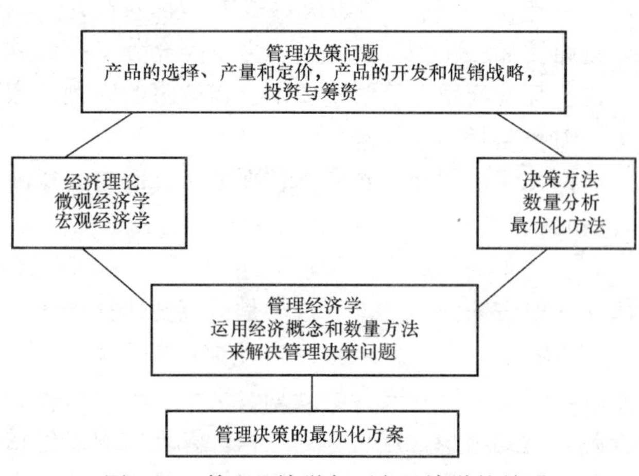

图 1-1 管理经济学与西方经济学的关系

然而，管理经济学与西方经济学在研究对象和方法上各有侧重，学科性质也有所不同。西方经济学是一门理论科学，而管理经济学则是应用科学，犹如在自然科学中，数学、物理学和化学都是理论科学，把它们应用于各个工程技术领域就出现了机械工程学、冶金工程学、化学工程学、电子工程学等。在社会科学中，把经济学理论应用于社会经济的各个领域，解决不同的问题，也就有各种各样的应用经济学，如农业经济学、工业经济学、贸易经济学、发展经济学、计量经济学、区域经济学、教育经济学、环境经济学和旅游经济学等，其中当然也包括把经济理论应用于管理决策的管理经济学。再比如，将社会主义计划经济体制与市场经济体制进行比较，分析各自利弊的比较经济学；研究国际经济问题的国际经济学等等。

在西方经济学的微观部分中，单个的经济主体被当作研究考察的对象，其中厂商是重要的考察对象之一。于是，有不少学习过西方经济学的人往往将微观经济学的厂商理论与管理经济学混为一谈。为此，在谈及管理经济学的研究对象时，有必要先将管理经济学与微观经济学两者加以区别。

首先要说明的是，管理经济学的确与微观经济学有共同之处，因为管理经济学在某种意义上讲，其实是微观经济学的延伸。二者的共同点包括：它们都是以市场经济中的微观主体及其行为为主要研究对象，管理经济学承袭了微观经济学的诸多假设和前提。两者都认为实现目标的途径有限，且均认为有办法在已有的途径中挑出“最优”途径。

两者都通过建立数学模型来刻画经济过程，并通过实证来接受或拒绝某一模型。

尽管管理经济学也可应用于非营利组织的决策，但就工商企业的决策问题，两者均认为“利润最大化”目标很难被其他目标所取代，因为其他目标缺乏广泛的适用性和充分的可行性。

其次，管理经济学与微观经济学也存在许多不同之处：①目的不同。管理经济学是为企业管理者服务的，其目的是为了解决企业的决策问题而提供经济分析手段。微观经济学是为了了解微观经济主体的行为，理解价格机制如何实现经济资源的优化配置。②重点不同。管理经济学的着重点在于企业理论；微观经济学的着重点在于最后引申出整个经济的一般均衡框架，得出资源的帕累托最优配置等福利经济学的结论。③研究范围和假设条件不同。微观经济学研究的是抽象的企业，而管理经济学解决的是企业遇到的具体问题。微观经济理论建立的两个假设条件，即“经济人”和“完全信息”在现实中很难存在。所谓经济人是经济生活中一般人的抽象，都是以利己为动机，力图以最小的经济代价去追逐和获取最大的经济利益。而企业决策的目标不是最优解，而是满意解。所谓完全信息是指市场上每一个从事经济活动的个体对有关的经济情况具有完全的信息。管理经济学所研究的现实企业通常是在一个环境十分复杂，信息很不确定的状态下经营的，这就要求管理经济学在研究企业决策问题时，还要运用微观经济学以外的其他理论与分析方法，如运筹学、市场学、统计学、会计学等，以便收集分析必要的信息，并在信息不确定的条件下，选择最优方案。

五、管理经济学与管理学的关系

管理经济学是一门边缘性、综合性的学科。管理经济学与管理学中定量分析方法的关系很密切，比如，最优化技术（包括传统最优化方法与线性规划）、风险与不确定情况下的决策方法、经济统计技术与回归分析、预测技术等已构成了管理经济学的重要组成部分，成为协助企业领导决策的工具和方法。

从上述经济学和管理学的内容来看，管理经济学从经济学的角度，主要对应的是新古典经济学，即西方微观经济学部分；从管理学的角度，主要对应的是现代管理理论，特别是西蒙（Herbert A. Simon）的“管理决策理论”。需要强调的是，西蒙对决策过程的理论研究工作可谓是开创性的，他的“管理就是决策”的思想，目前已经渗透到管理学的众多分支，成为现代管理理论的基石。“管理经济学”就是沟通经济学与企业管理决策的理论桥梁。

作为沟通经济学与企业管理决策理论桥梁的管理经济学，半个世纪以来已经发生了很大的变化。这是因为：一方面，传统的理论在不断地延伸和深化，旨在为企业经营管理中出现的各种新问题提供答案；另一方面，向其他学科领域交叉渗透，力求使相关学科的最新研究成果为企业的管理决策服务。基于以上两个原因，目前管理经济学所涉及的学科范围和内容都已经大大扩展，具体表现在以下三个方面：

经济理论方面，在传统的供求、生产、成本、市场结构理论的基础上，企业的目标、汇率和国际贸易、产业竞争、信息不对称条件下的逆向选择、委托—代理、信号传递、博弈、组织形式、治理和最优设计、交易费用等众多理论都被广泛纳入到管理经济学的研究领域。

优化方法方面，估计与预测、线性与非线性规划等方法，逐步在理论与模型的基础上，向注重实施步骤和与计算机相结合的方向发展。

管理决策方面，对企业的价格—产量决策、定价决策、投资决策、风险决策，都从经济全球化的角度作出了新的诠释，并且将企业的技术变革、税收、激励、拍卖竞标、政府管制等都纳入到了管理经济学的决策范畴。在一定意义上可以说，管理经济学目前已经涵盖了企业经营管理决策中几乎所有方面的问题。

课后案例分析

自利与贪婪

资本主义是建立在自利的双方之间进行资源交换的基础之上的。只要交换是自愿的，双方必须得到效益或利润，市场交易才能发生。如果只有一方想从某种交易中获益，另一方就没有积极性去合作，也就不会发生自愿的交易。自利的资本主义者也必须想着他人的利益。与此相反，一个真正自私的人只考虑自己的利益，不考虑他人的福利。在资本主义条件下，自利行为带来利润和成功，而自私的行为不能获利和成功。

管理大师彼得·德鲁克曾经写道，企业的目标就是创造客户——在一个正常的基础上希望与你和你的公司做生意的人。在一项商务交易活动中，双方必须获益。如果不能，就不会继续存在商务关系。

做到这一点的唯一方法就是你一定要持续地从客户的角度看问题。顾客的需求如何才能更好、更便宜、更迅速地被满足？不要等待客户的抱怨或另寻其他供应商，要在此之前就找出方法帮助顾客。当顾客获益时，你的公司也正在获益。要永远站在顾客的立场上。同样，从桌子对面的人的立场来分析每一项商务交易才是最好的。

与员工打交道时，诚挚和正直是最好的。如果你犯了错误，承认错误并继续工作。当管理人员对某失误承担了责任，就会获得员工的信任，就能在为总会出现而且不可避免的问题寻找解决的办法时得到他们的帮助。例如，在工作访谈中，要努力了解你如何为一个潜在的雇主创造价值，从你自己的角度看问题是很自然的，但从坐在桌子另一边的人的角度来看问题时通常会更有好处。

第二节 企 业 目 标

管理经济学的研究对象是企业，而企业是市场的主体，又是市场经济中基本的决策单元，因此有必要对市场经济体制下企业的性质、地位、作用以及目标进行探讨。

一、企业性质

企业历来受到人们的关注，新古典经济学假设企业是天然存在的，并将其抽象为一个关在神秘“黑匣子”中的生产函数：要素从一头输入，产品从另一头输出。企业家要做的只不过是在不同的生产技术中做出选择，以求成本最小化。此时的企业家完全不需要奈特所说的面对“风险”和“不确定性”的能力以及熊彼特意义上的“创新”精神。

1937 年，科斯（Ronald H. Coase）发表了《企业的性质》（The nature of the firm）一文。科斯提出市场和企业是两种可以相互替代的配置资源的手段，“企业最显著的特征就是对价格机制的替代”，两者的区别在于：在市场上，资源配置由价格机制自动调节；在企业里，资源配置由权威的组织来完成。但无论用市场机制还是企业组织来协调生产，都是有成本的。科斯进一步指出“通过价格机制组织生产最明显的成本，是去发现相关价格是什么”，至此，事实上科斯已经向我们回答了企业出现的逻辑起点，以及企业与市场的界限问题。企业之所以会出现，是因为有些交易在企业内部进行比通过市场进行所花费的成本要低。但是企业的组织成本与企业是形影不离的，它伴随着企业规模的扩张而扩张，当在企业内组织交易的成本扩大到等于市场组织交易的成本时，企业与市场的界线也就划定了。

我们把科斯的思想提炼一下，其核心观点就是：企业是用一个市场契约替代一系列市场契约（周其仁，1996 年）；企业由于能够节约交易费用而出现；当企业内的交易费用扩大到等于市场的交易费用时，企业达到其最大边界。

所谓交易费用是指一切不直接发生在物质生产过程中的成本耗费。例如：在市场交易中，需要收集每一种产品的有关信息（如：价格、质量、供求关系等），这就要支出信息费用；为了使双方对交易条件满意，就要进行谈判和讨价还价，这就要支出谈判费用；为了保证契约的实施，需要对契约的实施进行监控，这也要支出费用等等。当市场的交易费用太高，而通过形成一个组织，并允许某个权威（企业家）来支配资源，就能节省交易成本时，企业就产生了。在这里，企业代替了市场，看得见的手代替了看不见的手。在存在企业的条件下，企业家只需要在企业外部与其他企业签订少量合约，就可以把协作生产的一切必要资源置于他的控制之下，由他来组织生产（如果没有企业，在数量众多的独立的个体生产者之间就要签订大量合约）。同时，长期合约代替了短期合约。例如，企业主与个人之间可以签订长期合约，而不必每次都为签订新合约讨价还价。这样，既可以节省签订和执行合约所需的费用，又能避免或减少交易中的不确定性，从而减少交易风险。

但是，企业规模也不是越大越好。因为不仅在市场活动中有成本耗费，在企业内部，诸如监控职工的工作、组织内部零部件的供应等也有成本耗费，这种成本耗费也是一种交易费用，或称内部交易费用。当企业规模过大，以致企业内部交易费用的增加超过了市场交易费用的节约时，再扩大规模就不经济了。过分扩大企业规模会增加内部交易费用的一个重要原因是管理者的能力是有限的，如果规模过大，超过了管理者的控制能力，必然会使企业内部配置资源的效率降低。

由此可见，当企业内部交易费用的增加恰好等于市场交易费用的节约时，企业的规模达到最优，这时的规模也就是在市场中企业的合理的边界所在。

二、企业的目标

管理就是管理目标，企业没有目标就无法管理。这就如同一个人如果不知道目的地，就根本无法去旅行一样。管理经济学以企业理论作为开始，并借此分析企业管理决策。

从最基本的层次上讲，一个工商企业就是一系列规定各方权利和责任的契约关系，直接关系包括顾客、股东、管理人员、员工和供应商。此外还涉及到社会，因为企业要使用稀缺的资源、纳税、提供就业机会，并为社会生产大量的物质和服务产出。企业要想兴旺发达，就必须处理好方方面面的关系。只有统筹兼顾，充分调动各方面的积极性才能把企业办好。因此，企业在短期内很难仅以利润最大化为目标。

（一）预期价值最大化

按照最简单的观点，企业的目标是寻求短期或当前利润最大化。然而，企业也经常为了未来的或长期的利润牺牲短期的利润。如为了企业长远发展进行研究和开发费用的投入、新资本设备投资；为了应对激烈的竞争，采取低价促销、让利不让市场的策略；为了在社会公众心目中树立良好的形象，可能慷慨解囊。总之企业的目标是短期目标和长期目标的结合。企业决策要体现当前利益和长远利润统筹兼顾。因此，企业的经营目标的基本标准可以概括为：企业财富或价值最大化，也就是预期利润最大化。用公式表示为

$$PV=\frac{\pi_1}{(1+r)^1}+\frac{\pi_2}{(1+r)^2}+\frac{\pi_3}{(1+r)^3}+\cdots+\frac{\pi_n}{(1+r)^n} \tag{1-1}$$

式中：PV 代表企业所有预期的利润现值；π_1，π_2，$\pi_3\cdots$分别代表在第一年，第二年，…的预期利润；r 代表计算未来利润现值所使用的贴现率。

在企业经营目标中突出体现对未来预期利润收入现值总和的要求与一般抽象地强调利润相比，可以使管理决策更加贴近现实。

（二）企业的经营约束

我们已经知道，企业的目标是追求预期价值最大化，但在经营过程中，企业会面临很多约束。有的约束来自于基本投入要素可获得性的限制。具体来说，企业也许不能雇用到所需数目的熟练工人，尤其是在短期内更是如此。同样的，企业也可能无法获得它需要的全部材料，可能没有足够的工厂和库房。在某一个给定的项目或者既定的目标上，企业可能没有足够的投资基金。政府机构和非营利组织也会有类似的资源约束。除了资源限制外，企业还面临很多法律限制：最低工资、健康和安全标准、污染排放标准、禁止企业采取不正当竞争的法律和制度。总的说来，社会给企业强加的这些限制是为了规范其行为，并使企业的经营接近社会福利目标。

企业面对如此多的约束和限制，这些约束的存在限制了企业活动的可能和自由，企业只能在这些限制中寻求财富或价值最大化。也就是说企业的决策应该是基于约束条件下的最优化决策。尽管政府机构和非营利组织的经营目标可能不是财富或价值最大化，但是他们实现目标的过程也会受到限制。

（三）企业理论的局限性

有些观点置疑为何要用价值最大化作为标准研究企业的行为，他们提出了各种理论解释企业目标，其中具有代表性的主要有：销售收入最大化、管理人员效用最大化和最满

意决策等。

威廉·鲍莫尔（William J. Baumol）等人提出销售收入最大化的模型，他们认为现代股份公司的经理们寻求在获得股东满意的利润之后，实现销售收入最大化。这是由于早期的经验表明，管理人员的薪水和销售收入之间有很强的相关性。

奥利弗·威廉姆森（Oliver·Williamson）等人提出了管理人员效用最大化模型，该理论认为由于公司管理权和所有权相分离，经理们对自身效用最大化更感兴趣，而不是对公司利润感兴趣。管理人员的效用以他们得到的收入、管理员工的数量、对公司的控制程度、办公条件等来度量。这就是委托——代理问题。

理查德·西尔特等人认为由于企业经常面临不确定性和复杂性，企业常常不能做到利润最大化，只能争取令人满意的目标。也就是说，企业是一个满意化，而不是最大化的组织。

这些管理理论和模型丰富了我们对企业的理解，但还没有一个可以取代基本的价值最大化模型而作为管理决策的基础。因此利润或价值最大化仍然是管理决策的基础。

三、利润的衡量

利润在一个自由市场体系中发挥着非常关键的作用。高利润反映了消费者需要更多的产品，在长期促进企业扩大生产规模的同时，更多的企业将会进入该行业。对管理效率更高的企业，利润代表了对效率的回报。另一方面，低利润或亏损意味着消费者需要更少的产品，促使一部分企业离开该行业转而投向其他行业。因此，利润是社会资源再分配的关键信号。

（一）经济利润和会计利润

企业利润可以分为会计利润和经济利润。其中，只有经济利润才是决策的基础，会计利润不能用于决策。

会计利润是指企业收益减去显性成本或会计成本。显性成本是指企业购买或雇佣必需的生产要素所花费的现款支付费用。这些费用包括工人工资、借入资本的利息、土地和建筑物租金、原材料成本等。经济利润等于企业收益减去显性成本和隐性成本，隐性成本是指企业在生产过程中使用自有要素的价值。具体来说隐性成本包括：企业家为别人做类似的工作（比如，作为另一家企业的经理）可能得到的报酬；企业把自有资本投资别处，土地和其他要素出租给他人的回报。企业拥有并使用这些生产要素并不是免费的，尽管不需要任何实际的支出。经济学家把自有要素的正常回报作为成本的一部分，因此经济利润就是收益减去显性成本和隐性成本。虽然会计利润的概念更适用于会计和税收，但是要进行正确的投资决策必须使用经济利润的概念。

（二）利润理论

在同一个行业的不同企业之间，在不同行业的企业之间，利润率常常是不同的。与制药、办公设备以及其他高科技产业相比，钢铁、纺织等行业的利润率相对要低。有几种理论可以解释这一现象。

摩擦理论：该理论认为利润产生于摩擦和对长期均衡的扰动。也就是说，长期内经济可以实现完全竞争均衡，企业投资将只能获得正常利润。但在短期内可能出现不均衡，从而有的企业可能有超额利润，而有的企业可能亏损。

垄断利润理论：该理论认为一些具有垄断力量的企业可以限制产出并索取高于完全竞争的价格，因而获得利润。由于存在进入壁垒，这些企业甚至可以长期获得超额利润。

创新利润理论：该理论认为超额利润来源于成功的发明和现代化的产生，是成功创新的回报。例如，微软公司赚取了超额的利润，因为它成功地开发、引进和销售了“图形用户界面”，这是一种超级的基于形象而非基于命令的电脑软件指令方式。

（三）利润在经济中的作用

利润在一个自由经济体系中，发挥着非常重要的作用。高于正常水平的利润是一种消费者需要更多产出的信号，会促使企业在扩大生产规模的同时吸引更多的厂商进入该行业。反之，若低于正常利润，甚至亏损会促使企业收缩产量甚至退出该行业。经济利润是影响稀缺资源配置的最重要的因素之一，高于正常水平的利润还构成一种对革新和效率的重要报酬，因此利润在促进革新，提高生产效率和优化资源配置方面都有至关重要的作用。

课后案例分析

案例 1-2

耐克的虚拟管理

有一则家喻户晓的耐克神话：在美国俄勒冈州的比弗顿市，四层楼高的耐克总部里看不见一双鞋，员工们只忙着做两件事：一件事是建立全球营销网络，另一件事是管理它遍布全球的公司。不用一台生产设备，耐克总公司缔造了一个遍及全球的帝国。一双耐克鞋，生产者只能获得几个美分的收益，而凭借其在全球的销售，耐克总公司却能获得几十甚至上百美元的利润。

但那些将耐克视为企业杰出案例纷纷效尤的人们或许忘了，在 1982 年耐克曾经经历过一个举步维艰的阶段，阿迪达斯、匡威、锐步强敌环伺，销售额大幅下滑，在很多人眼里，耐克只是一家“挫败的、内部士气低落的二流制造企业”。

耐克的应对是将权力下放，增加了产品的品种，推动产品线的差异化。由原来的以篮球鞋为主转变到近几年的高尔夫运动用品系列，并以老虎伍兹为代言人，同时加强足球鞋的推广，以迎合足球运动人员的增加。

此外，和很多企业一样，耐克利用收购其他公司加速扩张，继 1988 年之后，耐克相继收购了 ColeHaan 公司，在 1995 年兼并了冰鞋制造商 Bauer 公司，2002 年收购滑板及服饰制造商 Hurley International 公司，以及在 2004 年收购了运动鞋制造商 Converse 公司。耐克进行收购的策略就是寻求那些产品能互补、经营风格相似，以及有一定研发能力的企业，并利用收购打压对手。

在现在耐克公司的业务结构中，ColeHaan 的鞋已经实现销售额约 3 亿美元，而耐克最初买下该公司，只花了 8000 万美元；至于 Converse 公司，在被收购前，其销售额一直下滑，但是在收购后，反而出现了 25%的增长。不仅如此，ColeHaan 公司的鞋类产品正好可以融入耐克先进制鞋技术，而如 Bauer 和 Hurley International 公司都有自己的研发中心，耐克在推出新品时，大部分都是参照他们的专业设计意见，而 Converse 则恰好弥补了耐克在帆布鞋领域的空白。

以并购作为企业扩张模式的同时，耐克继续在公司内部进行改造，把一个大的鞋类部门分为几个较小的部门，每个小部门分管一种体育项目的运动鞋，加快产品的开发进程。对企业的整个运作链，耐克也在进行调整，尤其是存货控制体系和海外销售体系。耐克要求经销商必须提前6～8个月就预定其总销量的80%，这样才给予10%的折扣。这使得耐克可以对订货情况了如指掌，并有足够的时间来安排，避免过多的存货，保证获得理想的出厂价。此外，耐克在生产上采取了一种虚拟化策略，所有产品都不由自己生产制造，而是全部外包给其他的生产厂家加工。将公司的所有人才、物力、财力等资源集中起来，集中投入到产品设计和市场营销中去，培植公司的产品设计和市场营销能力。

虚拟企业的优点是"用最大的组织来实现最大的权能"。一个企业自身资源有限，组织结构功能有限，为实现某一市场战略而组成的虚拟企业中，每个成员只充当其中某部分结构功能，通过信息网络，支持着为虚拟企业依空间分布的生产而设立的复杂的后勤保障工作，这样的企业结构和传统的组织结构相比，有较大的结构成本优势，大大提高了企业的竞争力。

实施虚拟化生产，耐克公司将设计图纸交给生产厂家，让他们严格按图纸式样进行生产，尔后由耐克贴牌，并将产品通过公司的行销网络将产品销售出去。这种模式充分实现了优势互补的作用。耐克公司的这一战略，节约了大量的生产投资以及设备购置费用，将产品的生产加工外包给东南亚等地的许多发展中国家的企业，利用当地廉价的劳动力，极大地节约了人工费用，这也是耐克运动鞋之所以能以较低的价格与其他名牌产品竞争的一个重要原因。

当然，我们需要看到的是，虚拟企业的管理中有不少特殊因子：

虚拟企业从传统的权力直线制变成了平等协调制，从传统的上下级关系变成了平等的协调关系。虚拟企业的经理不再是命令发布者，而是彼此的协调者，虚拟企业要想发挥它的优势，必须进行知识管理（KM），进行整个虚拟企业及相关合作单位之间的知识的挖掘、开发、保值、分享等业务，使个人的知识变为组织的知识，最大限度地整合资源。

同时，文化冲突对虚拟企业的负面影响会使虚拟企业全球化战略失败。因此，创造文化协同效应尤为重要。面对着不确定的、不断变化的合作伙伴，如何避免沟通中信息的缺失，进行跨文化、跨背景、跨地域的沟通将对虚拟企业的成败起到非常关键的作用。

案例1-3

什么样的厂算好厂

这天，王、赵两位厂长凑到一起，谈起了过去一年中各自厂子的一些情况。

老王很得意地炫耀说："我们厂去年获纯利60万元，比前年增加了10%，如果不是原材料的提价还会多些。照去年的势头，今年又引进了一条流水线，产量可增加1倍，今年利润定会翻番。哎，你们厂怎么样？"

听到老王的问话，老赵放下手中的茶杯，并没有顺着老王的问话回答，却反问："老王啊，你说利润提高和翻番，这意味着什么？""当然意味着我们企业工作进步了。"老赵对老王工厂取得成绩表示祝贺后说："利润上去了当然是好的，但利润高不见得工厂工作真的做得好。利润是受许多因素影响的，比如价格。目前，有些企业利润状况不是因为经营管理的好得到的，而是因为原材料价格低等得到的。如果国家价格体系一旦调整，很可能工厂就会变盈利为亏本。当然，你们厂的工作，据我了解确实做得好，比如很注意技术进步。"

老王听到这话后接着说："这倒是，但价格调整又不是只对我们一家，全国都是这样的，到时我们利润少了，别厂的利润也会少呀。""所以利润并不能作为衡量企业经营状况的唯一标准。""我同意你的意见，那我要听听，什么是搞好企业工作的标准呢？"

"依我看，企业应该追求的是企业经营管理合理化。只有具备稳固的管理基础，才能发挥良好的绩效，使企业的经营趋于稳健，不致因客观因素的变动而动摇根本。一味追求利润，如此舍本逐利，本者不固，利从何生呢。因此我们厂不着眼于'该赚多少'或'赚钱多少'，而只注重管理绩效。"

老王说："老兄，什么叫管理绩效？"

老赵并没有正面答复老王的话，继续说："正因为如此，在目前经济环境下，我们反而担心赚钱的副作用，因为我们赚的钱，有些并不是我们真正努力得到的。这样的钱赚了，反而会使我们员工产生骄傲心理，我认为，不景气倒能使工厂上下一心，不敢有丝毫怠惰。"

老王显然不同意老赵的观点："按你的说法还是亏本的好，一味追求利润固然不好，但是也不能说不要啊，不然企业吃什么？国家要你企业干什么？企业又怎样去生存、去发展？再说经营管理合理化也不是一个空泛的词，管理绩效也不是一句时髦用语，它也要通过盈利来反映啊。我们说今年是质量管理效益年，这里就含有盈利要求，现在企业实行承包制，承包什么，利润难道不是其中一个内容吗？"

老赵说："老兄你误会我的话了，我是说要强调搞好企业工作经营管理合理化……。"

老王不等老赵讲完话说："什么是经营管理合理化？什么是搞好企业工作？搞好企业要做许多工作，国家要做工作，企业自身也要做很多工作。搞好企业正是要体现在资产增值力上的。"

老赵争论说："搞好企业工作难道仅仅只表现在资产增值上？"

就这样，两位厂长热烈地争论着。

思考题

1. 你同意哪位厂长的观点呢？你对他们两位的观点能说些什么？

2. 两位厂长是在"利润"这个问题上开始发生争论的，你是如何认识"利润"这个问题的？

3. 你认为企业工作应如何做？

第二章 供求决策理论

教学目的：本章通过考察单个商品市场的供给、需求及其与价格的关系，从理论上说明供求定律、市场均衡的实现。并对供求与价格的关系进行深入的定量分析，阐明需求价格弹性的大小与收益的关系。通过本章的学习，应使学生能够对市场运行的基本要素及运行规律有更具体化、量化的了解，并能运用有关原理对现实市场变化及其某些现象进行分析。

主要内容：需求和供给的有关概念；均衡价格的决定、形成过程及其应用。说明供求决定价格的基本原理，以及价格机制如何调节供求、如何配置资源；供求弹性（包括需求价格弹性、需求收入弹性、需求交叉价格弹性、供给弹性）。

引例

下雨天，露天菜场菜价下降；苹果遭雹灾减产，价格大幅上涨；秋冬换季时，皮衣卖上好价钱，夏天却不得不打折出售；同一种西瓜，刚上市时每斤卖到几元钱，大量上市后每斤只卖几角钱。羽绒服在东北卖得火暴，在海南降价也少有人问津；沿海地区水产品价格便宜，内陆地区吃海鲜就得付高价。当中东爆发战争时，国际汽油价格上涨，而汽车销量有所下降。你想过这些事件背后隐藏着的原理吗？你想过怎样运用它来指导你的决策吗？

供给与需求是使市场经济运行的力量。它们决定了每种物品的产量以及出售的价格。如果你想知道任何一个事件或政策将如何影响经济，你就应该首先考虑它将如何影响供给和需求。

本章将介绍供给和需求理论。通过本章学习，我们可以了解买者和卖者之间相互的影响；市场经济中供给和需求如何决定价格以及价格如何配置资源。

第一节 需求曲线

在市场经济中价格是经济参与者相互之间联系和传递经济信息的机制，并且价格机制也使经济资源得到有效的配置。需求和供给是构成市场的两个基本要素，通过供求与价格的关系来分析市场机制，有利于企业管理者了解市场运行规律，掌握市场变化趋势，提高管理决策水平。

需求是管理经济学的重要内容之一。一个企业即使具备最有效率的生产技术和最有效的管理，但没有足够的产品需求，企业就没有办法生存。管理者必须正确分析和预测产品的需求，才能做出最有利的决策。

一、需求量

任何一种物品的需求量是指在一定时期内各种可能的价格水平下，消费者愿意且有支付能力购买某种商品或劳务的数量。这里要注意需要与需求是有区别的，需要是人们的一种心理现象，它表现为人们对客观事物的渴求和欲望，是成为人们行动的直接导因和原动力。而根据定义构成需求有两个必要条件：有购买欲望并且有购买能力。也就是说对某种商品的需求量是消费者能力和愿望的结合。如果消费者对某种商品只有购买的欲望而没有购买的能力，就不能算作需求，需求必须是指消费者既有购买愿望又有购买能力的有效需求。作为消费者，当他只有购买消费品的欲望，而无能力支付货币时，就只是需要；只有当他既有对消费品的欲望，并且有货币支付能力时，才是经济学所研究的需求。

例如，某个城镇有10万户居民，居民对电冰箱的需要量是每户一台，但在一定价格条件下，只有十分之一的居民对电冰箱有支付能力，这样，该城市对电冰箱的有效需求就是1万台，而不是10万台。

二、影响需求量的因素

在市场上，一种产品的需求数量受很多因素的影响。对不同的产品，其影响因素也是不同的。要制定管理决策就必须了解相关因素是如何影响产品需求量的。

（一）商品本身的价格

这是影响需求的一个最重要的、最灵敏的因素。一般来说，当市场上一种产品的价格上升时，消费者对该产品的购买量就会减少，反之则会增加。需求量随着价格的变动呈反方向变动。很多企业会通过降低价格来增加产品的销售量。

（二）消费者的收入

如果消费者的收入增加，他们对所需商品的需求量会发生什么变化呢？一般来说，在其他条件不变的情况下，消费者的收入越高，对商品的需求量越多。反之当消费者的收入下降时，对商品的需求量会减少。但随着人们收入水平的不断提高，消费需求结构会发生变化，即随着收入的提高，对有些商品的需求会增加，而对有些商品的需求会减少。经济学把需求数量的变动与消费者收入同方向变化的物品称为正常品，但并不是所有的商品都是正常品，有些商品的需求数量的变动与消费者收入反方向变化，经济学家称这类物品为劣等品（低档品）。

例如乘坐公共汽车的次数。当你的收入增加后，你可能会购买小汽车或增加乘出租车的次数，而减少乘坐公共汽车的次数。反之，当你的收入减少时你可能会增加乘公共汽车的次数。在这里，公共汽车是低档品，与你的收入反向变化。

（三）消费者的偏好

决定消费者对商品需求量的另一个因素是他们的偏好，也就是说当消费者对某种商品的偏好程度增强时，对该商品的需求数量就会增加。相反，当偏好程度减弱时，需求数量就会减少。例如，10年前，消费者可能愿意购买肥肉，今天的消费者更愿意买瘦肉。因为人们现在更加关心胆固醇的含量和体重。经济学家通常并不解释人们的偏好，因为偏好基于超越了经济学范围的历史与心理因素，人们的偏好一般与所处的社会环境及当时当地的社会风俗习惯等因素有关。经济学家要考察的是偏好的改变会对需求造成什么影响。

（四）相关商品的价格

当一种商品本身的价格不变，而和它相关的其他商品的价格发生变化时，这种商品的需求数量也会发生变化。

例如，牛肉和猪肉，由于它们在消费中可以相互替代以满足消费者的某种欲望，猪肉的价格上升，如果牛肉价格不变，对猪肉需求量将会减少，同时牛肉的需求量增加。猪肉的价格和牛肉的需求量成同方向变化。如果一种商品的需求量与它的相关商品价格呈同方向变化，我们称这两种商品为替代品。替代商品是指两种商品可以互相代替来满足同一种欲望。例如，面粉与大米，煤气与石油，苹果和梨。替代品价格的提高将引起该商品需求的增加，替代品价格的降低将引起该商品需求的减少。

再例如，汽车与汽油，由于它们必须相互结合使用才能满足消费者的某种欲望，如果汽油的价格上涨，可能会引起汽车需求量下降。汽油价格变化与汽车的需求量反方向变化。如果一种商品的需求变化与它相关的商品价格呈反方向变化，我们称这两种商品为互补品，故一种商品的需求与它的互补品的价格成反方向变化，即互补品价格的提高将引起该商品需求的降低，互补品价格的下降将引起该商品需求的增加。互补商品是指两种商品共同满足一种欲望。例如，录音机与磁带。互补商品之间价格变动时，对需求量的影响是：一种商品的价格上升时，对另一种商品的需求量就减少。

（五）消费者对商品价格的预期

当消费者预期某种商品的价格在将来某一时期会上升时，就会增加目前的需求，当消费者预期某商品的价格在将来某一时期会下降时，就会减少对该商品的现期需求。

此外，还有很多因素会影响商品的需求，如人口的数量、结构和年龄、地理分布、文化结构、政府的消费政策等。企业的促销策略、广告、推销方式、销售渠道的选择及其实施效果，都会影响产品的需求量。

案例 2-1

蒙牛迎合需求

2003 年 3 月 26 日，蒙牛乳业在全国范围内一下子推出了 20 多个新品冰激凌，与同类竞争产品相比，蒙牛在产品数量上可谓一枝独秀。因为冰激凌市场经过几年的发展已渐趋成熟，相比于价格和宣传，消费者对产品品种的花样、口味更趋重视，蒙牛所做的只是投其所好、顺水推舟。

在进行异域市场开拓时，蒙牛策略依旧。蒙牛始终相信，最好的促销来自消费者需求的个性化设计。如开拓上海市场时，蒙牛发现，上海消费者的购物习惯正悄然改变，他们开始追求购物的方便和享受。于是，蒙牛应势选择了舒适和文化层次作为市场细分变量。面对整个纯鲜牛奶市场，它以产品包装形态的特殊性（保质期 30～45 天的利乐枕）专门满足图方便的消费群体，扮演市场补缺者，而在这个图方便的细分市场中，它又是一个市场领导者。战略目标确定之后，蒙牛特别设计了借助电子商务网和家庭饮用水配送网的销售网络，并根据网络端点的特性进行价值定位，以打造个性化的促销策略。

三、需求函数

从以上分析可知，商品的需求量受许多因素的影响，我们可以把商品的需求量与影响它的诸多因素用函数形式来表达，就构成需求函数。需求函数表示某种商品的需求量与影响该种商品需求量的诸因素之间的关系。一般形式为

$$Q_X = f(P_X,\ P_S,\ M,\ T,\ E,\ A,\ \cdots\cdots) \tag{2-1}$$

式中：Q_X 为对某种商品（如 X）的需求量；P_X 为商品本身价格；P_S 为替代商品的价格；M 为消费者的收入；T 为消费者的偏好；E 为对价格的预期变动；A 为企业广告费……

这种函数关系仅仅是一般的表示形式，要具体地表示因变量和自变量之间的确定关系，

还要通过统计分析方法对函数关系进行估测。需求函数可能是线性的，也可能是非线性的，应视具体问题而定。

【例 2-1】 某洗衣厂在市场调查的基础上，确定出市场上对该厂洗衣机的需求函数为

$$Q=-200P+200M+0.5A$$

上式表明，Q 是 P，M，A 的线性函数。而且，价格每增加 1 元，居民对洗衣机的需求量将减少 200 台；居民收入每增加 1 元，将增加需求量 200 台；广告费每增加 1 元，将增加需求量 0.5 台。

假定在计划年度预计 $P=300$ 元、$M=800$ 元，$A=10000$ 元。那么，计划期内该洗衣机的预计需求量为

$$Q=-200\times300+200\times800+0.5\times10000=105000(\text{台})$$

在企业的产品需求函数中，究竟应该包括哪些影响需求量的自变量，主要取决于企业的目标和所掌握的信息。

四、需求表和需求曲线

需求曲线是在假定除商品价格外，其他条件不变时，商品价格与其购买量（或需求量）之间关系的曲线。此时，需求函数可表示为：$Q_d=f(P)$，这一公式表示一种商品的需求量与价格之间存在着一一对应的关系。式中，P 为商品的价格；Q_d 为商品的需求量。

为了更进一步简化分析，在不影响结论的前提下，大多使用线性需求函数，其形式为

$$Q_d=\alpha-\beta(P) \qquad (2-2)$$

式中：α、β 为常数；α 为截距；β 为斜率倒数。

商品的需求表是表示某种商品的价格水平和各种价格水平相对应的该商品的需求量之间关系的数字序列表。

表 2-1　　某商品的需求表

价格（元/千克）	3.6	3.8	4.0	4.2	4.4
需求量（千克）	200	150	100	80	50

注意：图中的需求量绘在横轴上，它是因变量，而把价格（自变量）绘在纵轴上（通常我们将因变量绘在纵轴上），这样就可能引起概念上的混乱。因为很容易（习惯）将需求方程 $Q_d=\alpha-\beta P$ 的形式，从而错误地作图，将 Q 当作纵轴，这样就会错定了曲线的斜率。

价格绘在纵轴上，数量绘在横轴上的作图法，来源于许多年前的竞争市场理论。那时候，企业对产品价格无控制能力，但却能控制产量，通过产量去决定产品的市场价格。所以，在原始模式中，价格是因变量，数量（指供给量，不是需求量）是自变量。由于这个缘故，价格/数量图就这样画出来了。

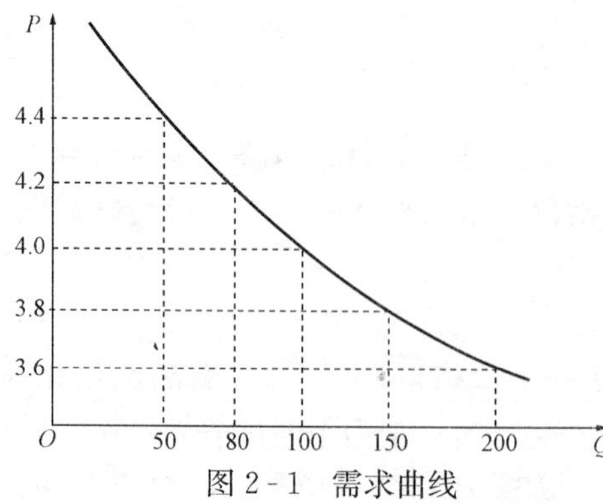

图 2-1　需求曲线

五、个人需求曲线到市场需求曲线

以上研究了单个消费者对产品的需求，在管理经济学中，我们主要对企业面对的商品需求感兴趣，这来自整个市场或整个行业对产品的需求。整个市场（行业）的需求曲线为个人需求曲线的水平加总，

二者的形状类同。个人需求曲线表示单个消费者愿意购买某种产品的数量与其价格之间的关系；市场需求曲线表示市场上全体消费者愿意购买某种产品的总数与其价格之间的关系。

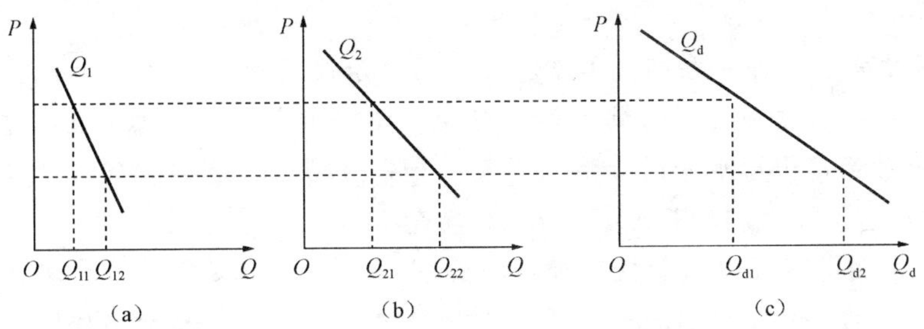

图 2-2 从个人需求曲线到市场需求曲线

(a) 甲消费者需求曲线；(b) 乙消费者需求曲线；(c) 市场需求曲线

市场需求函数：

设消费者甲需求函数为 $Q_1=\alpha_1-\beta_1 P$

消费者乙需求函数为 $Q_2=\alpha_2-\beta_2 P$

则市场需求函数为 $Q_d=\alpha-\beta P$

其中，$Q_d=Q_1+Q_2$，$\alpha=\alpha_1+\alpha_2$，$\beta=\beta_1+\beta_2$

单个企业所面临的全体顾客愿意向该企业购买的某种产品的数量与价格之间的关系。企业的商品如果涨价，消费者有可能立即转向购买其他企业生产的同类商品，使本企业产品需求量迅速下降。所以企业的需求曲线的斜率（绝对值）一般要小于市场中整个行业的需求曲线的斜率。需求曲线在通常情况下总是一条自左向右下倾斜的曲线（曲线斜率为负）。这是因为需求量的变动有自己的规律，即价格上涨，需求量就会下降；价格下降，需求量就会增加。两者按相反方向变化。价格下降，引起需求量增加的原因有：价格降低后，消费者可以用同样的钱买到更多的东西，这意味着实际收入提高，因而需求量增加。经济学家把这种现象称为价格变化所产生的“收入效应”。价格降低后，消费者可能会减少该商品替代品的需求量，转而增加该商品的消费量。这种现象称之为价格变化所产生的“替代效应”。

六、需求量变动和需求变动

需求和需求量是两个不同的概念。需求说明的是一种关系，即需求量与价格之间的关系。其表现形式或是一个需求表，或是一条需求曲线或是一个方程。当非价格因素（如收入、相关商品的价格等）发生变化时，这种关系就会发生变化，表现为在同一价格水平下商品的需求量发生改变，意味着需求函数的变化，需求曲线的移动。

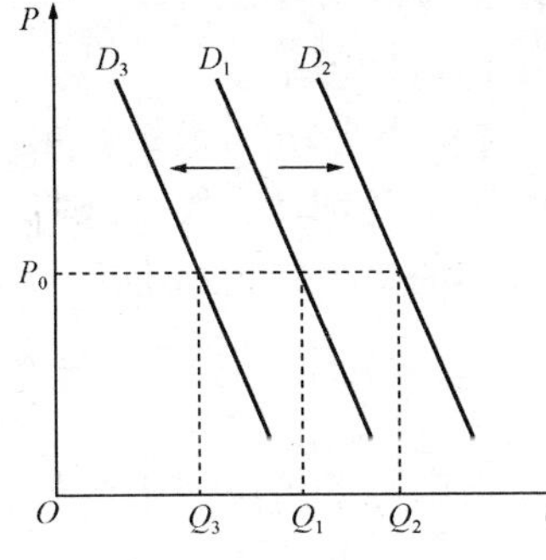

图 2-3 需求的变动和需求曲线的移动

需求量变动是指在其他条件不变时（非价格因素维持不变），由某种商品的价格变动所引起的该商品的需求数量的变动，需求曲线不发生移动。

需求变动是指在商品价格不变的条件下，由于其他因素变动（价格以外的其他相关因素发生变动）所引起的该商品的需求数量的变动。如图 2-3 所示，需求变动会导致需求曲线位移。需求曲线右上移，意味着需求增加；需求曲线左下移，意味着需求减少。

案例 2-2

如果政府为了公民的健康，想减少人们吸烟的数量。可以通过两种方法努力达到这一目标。

方法1：通过公益广告、香烟盒上有害健康的警示以及禁止在电视上做香烟广告，降低人们吸烟的意愿。这种措施会引起需求发生变动，使香烟和其他烟草产品的需求曲线移动。从而减少任何一种既定价格水平时香烟需求量。如果成功了，这些政策就使香烟的需求曲线向左移动（如图 2-3 所示，需求曲线由 D_1 移动向 D_3）。

方法2：政策制定者可以试着提高香烟的价格。例如，如果政府对香烟制造商征税，烟草公司就会以高价的形式把这种税的大部分转嫁给消费者。较高的价格鼓励吸烟者减少他们吸的香烟量。在这种情况下，吸烟量的减少就不表现为需求曲线的移动。相反，它表示为沿着同一条需求曲线移动到价格更高而数量较少的一点上（如图 2-3 所示，需求量沿着 D_1 随着价格的变动而变动）。

另一个值得思考的问题是香烟的价格如何影响大麻这类非法毒品的需求。香烟税的反对者经常争论说，烟草与大麻是替代品，因此，提高香烟价格鼓励使用大麻。与此相反，许多毒品专家把烟草作为“毒品之门”，它引导青年人享用其他有害物质。大多数数据研究与这种观点是一致的：他们发现降低香烟价格与更多使用大麻是相关的。换句话说，烟草和大麻看来是互补品，而不是替代品。

分析：

1. 你怎么看待烟草和大麻之间的关系？

2. 什么是互补品和替代品商品？相关商品的价格对互补品和替代品商品的需求量有什么影响？

3. 用经济学原理分析要减少吸烟有哪些方法？

第二节 供给曲线

一、供给量

任何一种物品的供给量是指在一定时期内和一定条件下，生产者愿意并且能够为消费者提供某种商品的数量。供给的两个条件：有出售的愿望和有供应的能力。根据上述定义，如果生产者对某种商品只有出售的愿望，而没有出售的能力，则不能形成有效供给，也不能算作供给。

理解这一概念时，强调以下三个要点：第一，生产者的市场供给；市场供给总是涉及两个变量，即价格（Price）、需求量（Quantity）。没有相应的价格，就谈不上市场供给。第二，愿意发生的供给；供给量是个预期概念，不是指实际售卖量，是生产者预计、愿意或打算供给的数量。第三，指有效供给量；即有现实生产能力的供给。现实的生产能力指拥有足够的生产条件来支持。这几个约束少了一个也不行。

二、影响供给的因素

一种商品的供给数量取决于多种因素的影响，其中主要因素有：该商品的价格、生产的成本、生产的技术水平、相关商品的价格和生产者对未来的预期。

（一）产品的价格

一种商品的价格越高，生产者提供的产量就越大。相反商品的价格越低，生产者提供的产量就越少。也就是说，价格上涨，供给量就会增加，反之则供给量就会减少。这是因为，产品价格提高后，原有的生产者有利可图，会提高产量，同时又会吸引新的企业投资该行业，两方面的因素共同增加了市场上产品的供给量。价格下降，情况相反。

（二）生产成本以及影响生产成本的生产要素价格

当价格既定时，成本越高，利润就越少，从而企业的供给量就会减少。反之，成本越低，利润就越多，从而企业的供给量就会增加。企业产品成本的高低又受生产要素价格高低的影响。要素价格越高，成本越高，反之要素价格越低，成本越低。

（三）生产技术水平

在一般情况下，生产技术水平的提高可以提高劳动生产率，降低生产成本，增加生产者的利润，生产者会提供更多的产量，供给更多的产品。

（四）相关商品的价格

当一种商品的价格保持不变，而和它相关的其他商品的价格发生变化时，该商品的供给量会发生变化。例如，对某个生产小麦和玉米的农户来说，在玉米价格不变和小麦价格上升时，该农户就可能增加小麦的耕种面积而减少玉米的耕种面积，从而小麦的供给量增加，玉米的供给量减少。

（五）生产者对商品未来行情的预期

如果生产者对未来的预期是乐观的，如预期商品的价格会上涨，生产者在制定生产计划时就会增加产量供给。如果生产者对未来的预期是悲观的，如预期商品的价格会下降，生产者在制定生产计划时就会减少产量供给。

三、供给函数

由上面的分析也可以看出，一种商品的供给量也是多元函数，可用 $Q_S = f(p, w, e, r, t, y\cdots\cdots)$ 来表示。在分析局部均衡问题时，我们也没有必要讨论复杂的多元函数，为了使问题简化，我们假定除了厂商所生产商品的价格以外，影响厂商供给的其他因素不变，于是我们得到一元的供给函数。

$$Q_S = f(P) \tag{2-3}$$

式中：P 为商品的价格；Q_S 为商品的供给量。

当使用线性函数时，其形式为

$$Q_S = -\delta + \gamma P \tag{2-4}$$

式中：δ、γ 为常数，且 δ、$\gamma > 0$；与该函数相对应的供给曲线为一条直线。

四、供给表和供给曲线

供给函数 $Q_S = f(P)$ 表示一种商品的供给量和商品价格之间存在着一一对应的关系。这种函数关系可以分别用供给表和供给曲线来表示。

商品的供给表是一张表示某种商品的各种价格和与各种价格相对应的该商品的供给数量之间关系的数字序列表。表 2-2 是一张某商品的供给表。

表 2-2　某商品的供给表

价格—数量组合	A	B	C	D	E
价格（元/千克）	3.6	3.8	4.0	4.2	4.8
供给量（千克）	50	80	100	150	200

表 2-2 清楚地表示了商品的价格和供给量之间的函数关系。例如，当价格为 4.8 元时，商品的供给量为 200 千克；当价格下降为 4.2 元时，商品的供给量减少为 150 千克；当价格进一步下降为 3.6 元时，商品的供给量减少为 50 千克。供给表实际上是用数字表格的形式来表示商品的价格和供给量之间的函数关系的。

商品的供给曲线是以几何图形表示商品的价格和供给量之间的函数关系，供给曲线是根据供给表中的商品的价格—供给量组合在平面坐标图上所绘制的一条曲线。图 2-4 便是根据表 2-2 所绘制的一条供给曲线。

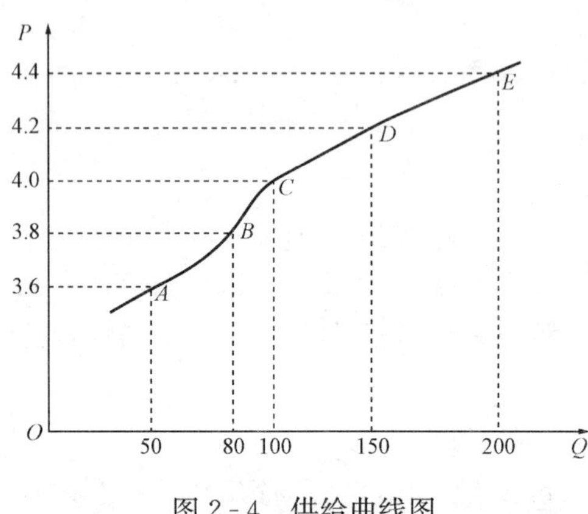

图 2-4 供给曲线图

图中的横轴 OQ 表示商品数量，纵轴 OP 表示商品价格。在平面坐标图上，把根据供给表中商品的价格—供给量组合所得到的相应的坐标点 A、B、C、D、E 连结起来的线，就是该商品的供给曲线。它表示在不同的价格水平下生产者愿意而且能够提供出售的商品数量。和需求曲线一样，供给曲线也是一条光滑的和连续的曲线，它是建立在商品的价格和相应的供给量的变化具有无限分割性的假设基础上的。

如同需求曲线一样，供给曲线可以是直线型，也可以是曲线型。如果供给函数是一元一次的线性函数，则相应的供给曲线为直线型，如果供给函数是非线性函数，则相应的供给曲线就是曲线型的。直线型的供给曲线上的每点的斜率是相等的，曲线型的供给曲线上的每点的斜率则不相等。

供给曲线的斜率，对购买者极为重要。如果供给曲线的斜率很大（曲线很陡），就意味着只有按很高的价格，增长的需求才能得到满足。相反，供给曲线的斜率很小（曲线平缓），则表明生产能迅速扩大，更高的需求不会引起价格的大幅度上涨。

影响供给曲线斜率的因素主要有：①产品特点，某些产品扩大生产困难，其供给曲线的斜率就大；相反，产品扩大生产容易，则其供给曲线的斜率就小。②时间长短，在短期内，迅速增加产量是有困难的，所以供给曲线很陡。但在长期，更多的资源能够投入生产，新的工厂也能建成和投产，所以供给曲线的斜率就比较小。③交通运输及信息传递情况。运输迅速，信息灵通，斜率较小；运输缓慢，信息阻塞，斜率较大。本节描述了关于商品的价格和供给量这两个变量之间相互关系的现象，至于商品的价格和供给量之间成同方向变动的具体原因，或者说，为什么供给曲线一般是向右上方倾斜的，这将在完全竞争的市场中得到深入的分析和说明。

五、供给量的变动和供给的变动

供给量的变动是指在其他条件不变时，由某商品的价格变动所引起的该商品供给数量的变动。在几何图形中，这种变动表现为商品的价格—供给数量组合点沿着同一条既定的供给曲线的运动。供给的变动是指在商品价格不变的条件下，由于其他因素变动所引起的该商品供给数量的变动。这里的其他因素变动可以指生产成本的变动、生产技术水平的变动、相关商品价格的变动和生产者对未来的预期的变化等等。供给曲线右下移，意味着供给增加；供给曲线左上移，意味着供给减少。

供给量的变动和供给的变动都是供给数量的变动，它们的区别在于引起这两种变动的因素是不相同的，而且，这两种变动在几何图形中的表示也是不相同的。

图 2-5 表示的是供给的变动。在图中原来的供给曲线为 S_1。在除商品价格以外的其他因素变动的影响下，供给增加，则使供给曲线由 S_1 曲线向右平移到 S_2 曲线的位置；供给减少，则使供给曲线由 S_1 曲线向左平移到 S_3 曲线的位置。由供给的变化所引起的供给曲线位置的移动，表示在每一个既定的价格水平供给数量都增加或都减少了。例如，在既定的价格水平 P_0，供给增加，使供给数量由 S_1 曲线上的 Q_1 上升到 S_2 曲线上的 Q_2；相反，供给减少，使供给数量由 S_1 曲线上的 Q_1 下降到 S_3 曲线上的 Q_3。这种在原有价格水平上所发生的供给增加量 Q_1Q_2 和减少量 Q_3Q_1，都是由其他因素变化所带来的。譬如，它们分别是由生产成本下降或上升所引起的。很清楚，供给的变动所引起的供给曲线位置的移动，表示整个供给状态的变化。

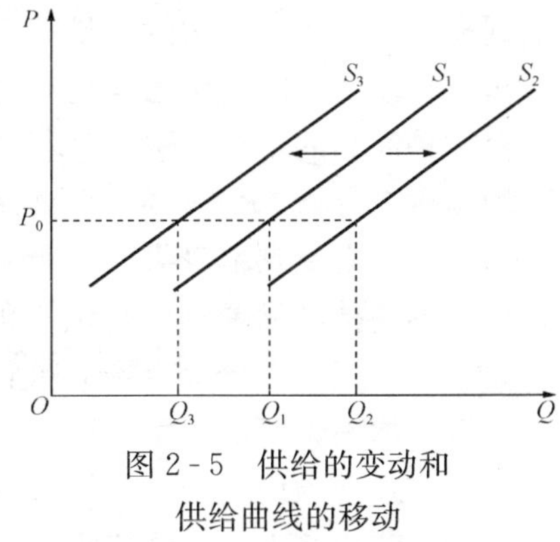

图 2-5 供给的变动和供给曲线的移动

课后案例分析

案例 2-3

你知道感恩节的由来吗？大多数美国人认为感恩节是与朋友和家人团聚，并用盛大宴会庆祝的时间。其实那是移居美国的清教徒对他们新土地上的好收成充满喜悦，因而留出一天表示感谢。

1620 年为了逃避宗教迫害，清教徒从英国来到新世界，在普利茅斯石登岸，建立了殖民地。由于天气恶劣，农作物收成不好，有一半人死亡或返回英国。那时人们从事着集体农业的生产方式，殖民者共享他们的劳动成果。人们发现“拿走财产并把他们交给共同体的思想引起了许多混乱和不满，而且抑制了许多有自己的利益和舒适的人就业，年轻人和有能力的人不愿意无报酬地为其他男人及其妻子辛勤工作。因此，连续三个冬天，人们勉强糊口。1623 年春天，布拉福特制定了一个新政策。他给每个家庭一块土地，允许每个家庭为自己种地。结果奇迹不断涌现，妇女自愿带着孩子来到地里，那些以前宣称有病或体弱不能工作的人也热情地在自己的土地上耕作……

不久之后，殖民者们拥有的食物超过了他们的需求，并开始用自己多余的粮食交换他们的商品……

思考题

通过本节的学习，我们来分析感恩节的例子，你能用理论来分析是什么原因使得清教徒过上了富裕的生活吗？

第三节 需求—供给分析

一、均衡

在经济学中，均衡指变动着的各种力量处于一种暂时稳定（或相对静止）的状态。均衡并不意味着不会再变动。若条件变了，原来的均衡就不存在，进而会产生新的均衡。从动态的观点看，均衡是短暂的，是一个不间断的过程。均衡是一种分析方法，通过对均衡价格的分析，可说明需求、供给与价格之间的关系。均衡可划分为：局部均衡指在其他条件不变时，一种商品的价格只取决于它本身的供求状况，而不受其他商品的价格与供求的影响。局部均衡用来分析单个市场单个商品的价格与供求关系的变化情况。一般均衡指一种商品价格的变动，不仅受它本身供求的影响，而且要受到其他各个市场、各种商品的供求与价格的影响。亦即一种商品的价格与供求的均衡，只有在所有商品的价格与供求达到均衡时才能确定。一般均衡用来分析市场上所有各个市场、所有各种商品的价格和供求关系的变化情况。

二、均衡价格的决定

西方经济理论认为，产品市场价格的形成，取决于供需双方。如果用图形表示，也就是市场需求曲线和市场供给曲线的交点决定了该产品的市场价格。这个市场价格，称之为均衡价格，而与均衡价格所对应的数量，称之为均衡数量。如图 2-6 所示。

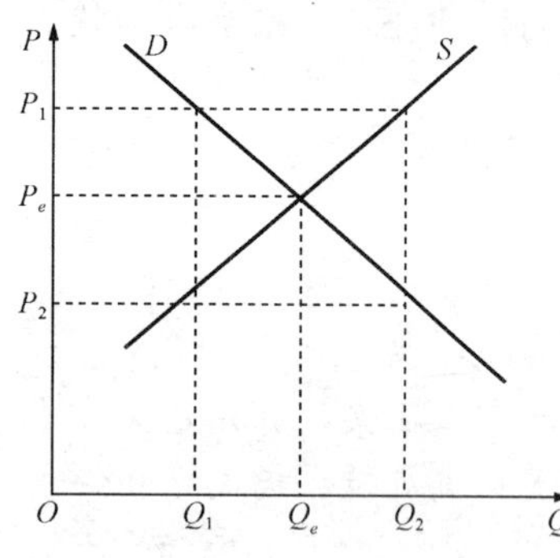

图 2-6　均衡价格的决定

均衡价格是指某种商品的市场需求量和市场供给量相等时的价格。供给和需求两条曲线相交之处，表明此时需求量等于供给量，也被称为市场出清，即表明按这种价格成交能够使供需双方都满意。均衡是这样一种状态，市场达到这种状态后，如果价格背离均衡价格，就有自动恢复到均衡点，并保持均衡的趋势。商品的均衡价格表现为商品市场上需求和供给这两种相反的力量共同作用的结果，它是在市场的供求力量的自发调节下形成的。当市场价格偏离均衡价格时，市场上就会出现需求量和供给量不相等的状态。一般来说，在市场机制的作用下，这种供求不相等的非均衡状态会逐步消失，实际的市场价格会自动恢复到均衡价格水平。当市场价格高于均衡价格时，由于需求量少，供给量多，供过于求，一方面会使需求者压低价格来得到他所要购买的商品量，另一方面，供给者会主动减少商品的供给量，导致价格下跌。在此过程中，只要供求曲线不发生移动，价格就会一直下跌到 P_e 为止，从而使供求量相等，恢复了均衡。当市场价格低于均衡价格时，由于需求量大于供给量，供不应求，一方面需求者提高价格来得到他所要购买的商品量，另一方面，又会使供给者增加商品的供给量，价格上升，在此过程中，只要供求曲线不发生移动，价格就会一直上升到 P_e 为止，从而使供求量相等，又恢复了均衡。

总之，市场均衡价格的形成，取决于供需双方。均衡是市场的必然趋势，也是市场的正常状态。而脱离均衡点的价格必然形成供过于求或供不应求的失衡状态。由于市场中供求双方竞争力量的作用，存在着自我调节的机制，失衡将自动趋于均衡。

三、需求、供给曲线移动对均衡的影响

一种商品的均衡价格是由商品市场的需求曲线和供给曲线的交点决定的，所以需求曲线和供给曲线的变动都会使得均衡价格水平发生变动。

（一）需求曲线移动（如图 2-7 所示）

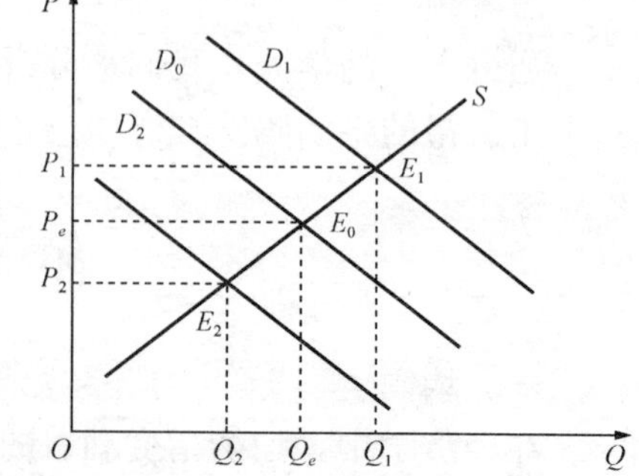

图 2-7　需求曲线移动与均衡价格

供给不变时，需求增加（曲线右上方移动，由 D_0 移动至 D_1），均衡价格上升，均衡数量增加；供给不变时，

需求减少（曲线左下方移动，由 D_0 移动至 D_2），均衡价格下降，均衡数量减少。

（二）供给曲线移动

需求不变时，供给增加（供给曲线右下方移动，由 S_0 移动至 S_1），均衡价格下降，均衡数量增加；供给减少（供给曲线左上方移动由 S_0 移动至 S_2），均衡价格上升，均衡数量减少，即供给的变动引起均衡价格按反方向变动，引起均衡数量按同方向变动（如图 2-8 所示）。

供求定理：在其他条件不变的情况下，需求变动分别引起均衡价格和均衡数量同方向变动；供给变动分别引起均衡价格反方向变动，均衡数量同方向变动；

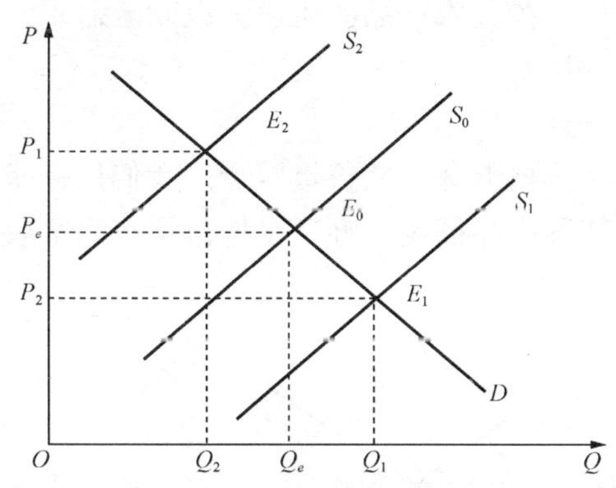

图 2-8　供给曲线移动与均衡价格

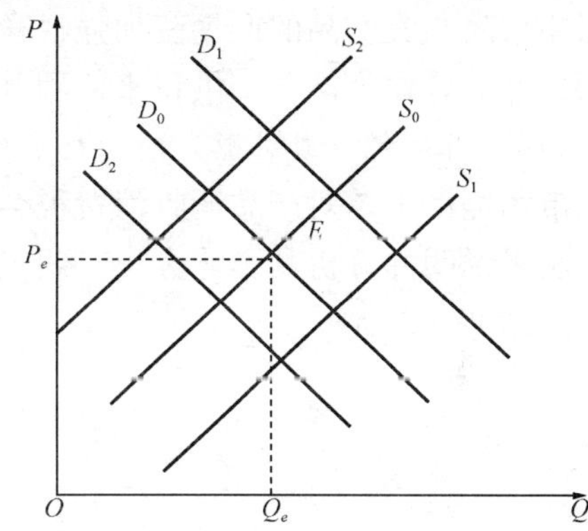

图 2-9　供求曲线同时移动

最后，需要指出的是，如果需求和供给同时发生变动，均衡价格和均衡产量的变动程度和方向，取决于需求和供给各自变动程度的大小和方向。

四、需求—供给分析法（运用供求曲线的事例）

在市场上影响产品价格的因素很多，很复杂。为了对产品价格变化趋势进行分析，就需要把这些复杂多变的因素进行分析，需求—供给分析法就是提供了这样一个工具。供求法则告诉我们，市场上影响价格的因素尽管很多，但归根结底都是通过供给和需求来影响价格的。

（一）限制价格（最高限价）

最高限价指政府所规定的某种产品的最高价格。如规定粮食、糖、肉、奶等物品的最高价格。最高价格总是低于市场均衡价格的。政府实行限制价格的目的往往是为了抑制某些商品的价格上涨，尤其是为了对付通货膨胀。有时，为了限制某些行业，特别是一些垄断性很强的公用事业的价格（如水价、电价），政府也采取限制价格的做法。但是，政府实行限制价格的做法，也会带来以下一些不良的影响。由于政府限制的最高价格 P_2 低于市场均衡价格 P_e，如图 2-10 所示，会造成需求量大于供给量，供不应求。造成商品发生短缺，短缺数量为 $|Q_2-Q_1|$，短缺可能引发一些现象，如排队抢购等商品短缺的结果；政府不得不采用配给制，凭票供应，抑制需求；出现黑市交易；生产者可能粗制滥造，降低产品质量，形成变相涨价。

因此，有些经济学家认为，政府为消费品规定最高价格，好处是可以保障穷人的生活，有利于社会公平和安定，但也存在一定的弊病，一方面它不利于刺激生产，会造成长期的短缺。另一方面，它又刺激了需求，有时甚至造成资源浪费。由于商品短缺造成的走后门，黑市交易等又会败坏社会风气，所以政府应谨慎采取。

（二）支持价格（最低限价）

最低限价指政府所规定的某种产品的最低价格。如政府为了扶植农业，实行农产品支持价格。支持价格总是高于市场均衡价格的。政府实行支持价格的目的是为了扶持某些行业的发展。农产品的支持价格就是一些国家所普遍采取的政策。但是政府实行支持价格会出现供过于求。如图 2-10 所示，政府实行支持价格 P_1，会造成需求量减少，但供给量增加，使得商品供大于求，也就是产品过剩，过剩的数量为 $|Q_2-Q_1|$，按照市场规律，价格会下跌，为了不使价格下跌，政府必须采取一些对策。在美国通常会采取以下对策：通过限制农民的耕地面积来限制农产品的产量。加强科学研究工作，扩大农产品的用途，以刺激需求。政府收购剩余部分，作为储备，供将来使用（出口或外援）。

（三）分析征税（或补贴）对价格和销售量的影响

在市场经济中，对产品征收消费税会导致产品价格上涨，销售量减少。我们用需求—供给分析法来说明并分析其影响大小。假定政府对某种产品征税，办法是按单位产品征收一定量税。如图 2-11 所示。

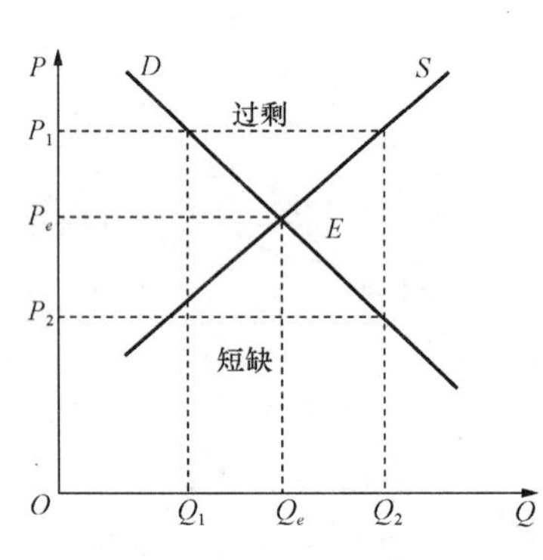

图 2-10　政府限价

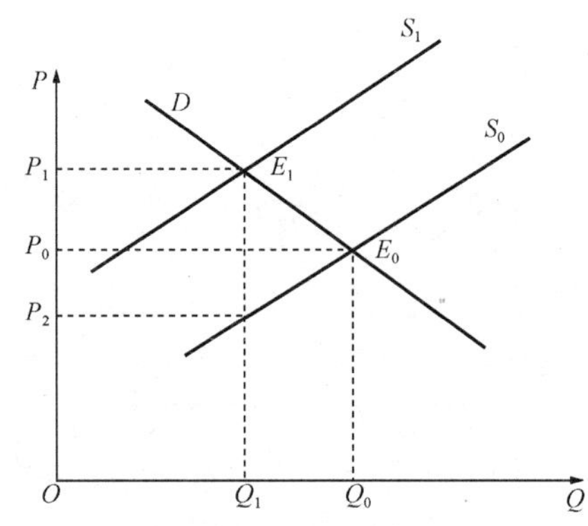

图 2-11　政府征税对均衡的影响

政府消费税对需求曲线无影响，需求曲线不发生移动。因为税是由销售者或生产者付给国家的，购买者对于价格中是否包含税收并不关心，他们关心的是价格的高低。价格上升，购买量减少；价格下降，购买量增加。征税对供给曲线有影响，使供给曲线从 S_0 移动到 S_1，向左上方移动。结果使产品价格提高了，销售数量减少了。

消费者和生产者税金的负担：消费者承担的税收为 P_1-P_0，生产者承担的税收为 P_0-P_2。得益者为国家，P_1-P_2 为国家取得的税收。如果政府对企业的产品补贴，则会产生相反的影响。其结果是：供给曲线向右下方移动，均衡价格下降，均衡数量增加。（同学们可以自行分析国家对企业进行补贴对生产者和消费者的影响）

课后案例分析

案例 2-4

你看过电视剧《大宅门》吗？其中有这样一个场景：白七爷一行人在药材市场先是高价购买黄连 100 斤，继而放出口风说还需要 1000 斤，并持币待购，各药商见有利可图纷纷收进黄连，结果几天内市场上黄连泛滥，价格狂降，七爷等人此时购买进大宗黄连，节省了大批银两。

分析：七爷为什么要放出口风说还需要1000斤黄连？为什么几天后市场上黄连多了，价格下降了？你还能举出生活中价格变化的例子吗？

1. 影响价格的因素是什么，是如何影响价格的？
2. 黄连的价格能高过人参的价格吗？能低过萝卜的价格吗？
3. 商品的价格到底是由什么决定的？

思考题

1. 市场价格是怎么决定的？
2. 票贩子为什么打击不尽？
3. 我国政府对粮食实行的是支持价格还是限制价格？为什么？

第四节 弹 性 理 论

农民收入的故事

——怎样改变他们的命运，他们的命运受什么影响？

设想我你他（她）我们自己都是种水稻的农民，我们的收入都来自出售的水稻或大米，那么我们都要尽最大努力来提高土地的生产率，注意天气和土壤，预防病虫害，学习农业技术……，我们知道，水稻收得越多，卖得越多，我们的收入和生活水平也就提高越多。

有一天，一条头条新闻报道：农业科学家袁隆平历尽辛苦，终于培育出一种新型杂交水稻，该品种可以使水稻亩产提高20%～30%，并在全国各水稻产区都适种。同时，各级政府也宣布将大力推广。我们是农民，我们的反应是什么？是高兴？还是忧愁？我们种还是不种？对我们的影响是有利还是有害？为了回答上述问题，我们还需要在需求、供给的基础上引入一个新的概念——弹性。它可以使我们更精确地分析供给和需求。

市场经济条件下，掌握市场需求及变化趋势是企业进行管理决策的基础和出发点。为了搞好企业的经营管理，就要研究、分析市场（消费者）对企业产品的需求状况，由此决定企业生产什么、生产多少。产品的需求受多种因素影响，例如价格变化、消费者收入变化等等。我们在对现实的观察与分析中还会发现，不同性质的商品（香烟、项链）其需求量对于价格变动的敏感程度不相同；即使同一商品在不同的价格下需求量对于价格变动的敏感程度也不相同。具体地说，有些商品其价格变动的幅度小，而需求量或供给量变动的幅度大；另有些商品其价格变动的幅度大，而需求量或供给量变动的幅度小。所以，我们要选择一种较好的方法比较商品需求量对于价格变动的反应敏感性。于是就提出了弹性理论。

一、需求的价格弹性

弹性的概念在经济学中得到广泛应用。一般来说两个经济变量之间存在着函数关系，我们就可以用弹性来表示因变量对自变量变化的反应的敏感程度。弹性（Elasticity）表示自变量每变动1个百分点，因变量要变动几个百分点。对于任何存在函数关系的经济变量之间，都可以建立二者之间的弹性关系或进行弹性分析。例如，能源消耗与 GDP 增长存在依存关系、人口增长与人均财富增长存在依存关系、价格变化与居民需求量变化存在依存关系等。弹性分析是数量分析，对于难以数量化的因素便无法进行计算和精确考察。在经济学中弹性的一般公式为

$$弹性系数 = \frac{因变量的变动比例}{自变量的变动比例}$$

设两个经济变量之间的函数关系为 $Y = f(x)$，则弹性的一般公式还可以表示为

$$e = \frac{\frac{\Delta Y}{Y}}{\frac{\Delta X}{X}} = \frac{\Delta Y}{\Delta X} \cdot \frac{X}{Y} \tag{2 - 5}$$

式中：e 为弹性系数；ΔX、ΔY 分别表示 X、Y 的变动量，这种表示方法称为弧弹性。若经济变量的变化量趋于无穷小，则弹性公式如下（称为点弹性）

$$e = \lim_{\Delta X \to o} \frac{\frac{\Delta Y}{Y}}{\frac{\Delta X}{X}} = \frac{\frac{\mathrm{d}Y}{Y}}{\frac{\mathrm{d}X}{X}} = \frac{\mathrm{d}Y}{\mathrm{d}X} \cdot \frac{X}{Y} \tag{2 - 6}$$

弹性有很多种类。在需求函数和供给函数中，需求量和供给量是因变量，因此弹性分为需求弹性和供给弹性。我们先考察需求弹性。需求弹性又可分为需求的价格弹性、需求的交叉弹性、需求的收入弹性。我们先考察需求的价格弹性。

（一）需求的价格弹性

需求的价格弹性表示在一定时期内一种商品的需求量的变动对于该商品的价格变动的反应程度。需求的价格弹性可以分为点弹性与弧弹性。因此也就有两种表达式，即点弹性表达式与弧弹性表达式。两者的区别在于：弧弹性表示价格变动量较大时，需求曲线上两点之间的弹性；点弹性表示价格变动量趋于无穷小时，需求曲线上某一点的弹性。

1. 需求价格的弧弹性

需求价格弧弹性指某商品需求曲线上两点之间的需求量相对变动对价格相对变动的反映程度。

$$需求的价格弹性系数 = -\frac{需求量变动率}{价格变动率}$$

假定需求函数为 $Q_d = f(P)$，以 e_d 表示需求的价格弹性系数，则需求的价格弧弹性的公式为

$$e_d = -\frac{\frac{\Delta Q}{Q}}{\frac{\Delta P}{P}} = -\frac{\Delta Q}{\Delta P} \cdot \frac{P}{Q} \tag{2 - 7}$$

式中：ΔQ 和 ΔP 分别表示需求量和价格的变动量；P 和 Q 分别表示价格和需求量的基量。这里需要指出的是，在通常情况下，由于商品的需求量和价格是成反方向变动的，$\frac{\Delta Q}{\Delta P}$为负值，所以，为了使需求的价格弹性系数 e_d 取正值以便于比较，便在公式中加了一个负号。

设某种商品的需求函数为 $Q_d = 2400 - 400P$，几何图形如图 2 - 12 所示。

图中需求曲线上 a、b 两点的价格分别为 5 和 4，相应的需求量分别为 400 和 800。当商

品的价格由 5 下降为 4 时，或者当商品的价格由 4 上升为 5 时，应该如何计算相应的弧弹性值呢？根据公式，相应的弧弹性分别计算如下。

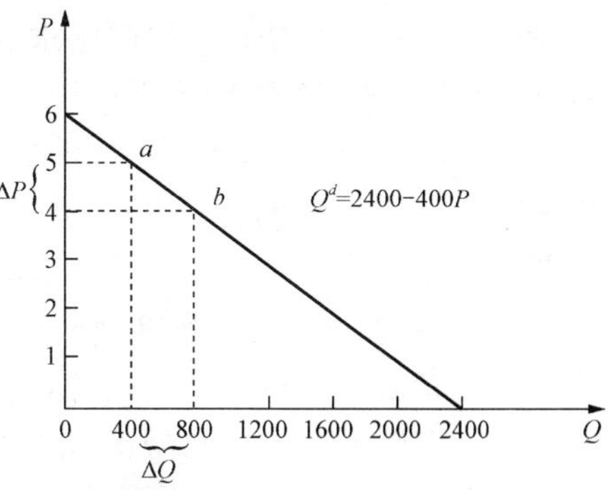

图 2-12　需求的价格弧弹性

由 a 点到 b 点（即降价时）

$$e_d = -\frac{\Delta Q}{\Delta P} \cdot \frac{P}{Q} = -e_d = -\frac{Q_b - Q_a}{P_b - P_a} \cdot \frac{P_a}{Q_a}$$

$$= -\frac{800 - 400}{4 - 5} \times \frac{5}{400} = 5$$

由 b 点到 a 点（即涨价时）

$$e_d = -\frac{\Delta Q}{\Delta P} \cdot \frac{P}{Q} = -\frac{Q_a - Q_b}{P_a - P_b} \cdot \frac{P_b}{Q_b}$$

$$= -\frac{400 - 800}{5 - 4} \times \frac{4}{800} = 2$$

显然，由 a 点到 b 点和由 b 点到 a 点的弧弹性数值是不相同的。其原因在于：尽管在上面两个计算中，ΔQ 和 ΔP 的绝对值都相等，但由于 P 和 Q 所取的基数值不相同，所以两种计算结果便不相同。这样一来，在需求曲线的同一条弧上，涨价和降价产生的需求的价格弹性系数便不相等。

2. 价格弧弹性的中点公式

我们在计算需求曲线上某一段的需求的价格弧弹性时，如果不具体地强调这种需求的价格弧弹性是作为涨价还是降价的结果，则会出现不同的计算结果，需求弧弹性的中点公式是取两点价格的平均值 $(P_1 + P_2)/2$ 和两点需求量的平均值 $(Q_1 + Q_2)/2$ 来分别代替式中的 P 值和 Q 值，因此，需求的价格弧弹性计算公式（2-7）又可以写为

$$e_d = -\frac{\Delta Q}{\Delta P} \cdot \frac{\frac{P_1 + P_2}{2}}{\frac{Q_1 + Q_2}{2}} \tag{2-8}$$

根据中点公式，上例中 a、b 两点间的需求的价格弧弹性为

$$e_d = \frac{400}{1} \cdot \frac{\frac{5 + 4}{2}}{\frac{400 + 800}{2}} = 3$$

在理解需求价格弹性的含义时要注意下几点：在需求量与价格这两个经济变量中，价格是自变量，需求是因变量。所以，需求价格弹性就是指价格变动所引起的需求量变动的程度，或者说是需求量变动对于价格变动的反应程度；需求弹性系数是需求量变动与价格变动的比率，而不是需求变动的绝对量与价格变动的绝对量的比率；弹性系数的数值可以是正值，也可以为负值。如果两个变量为同方向变化，则为正值。反之，如果两个变量为反方向变化，则为负值。但在实际运用时，为了方便起见，一般都取其绝对值。同一条需求曲线上不同点的弹性系数大小并不相同。这一点可以用点弹性的计算来说明。

3. 需求的价格弧弹性的五种类型

需求曲线按照价格弹性的不同，大体上可以分为以下五类，如图 2-13 所示。

富有弹性：$e_d > 1$。如图 2-13（a）中需求量的变化率大于价格的变化率，或者说，价

格发生一定程度的变化，引起需求量较大幅度的变动，称为富有弹性，或充足弹性。从公式看 $\Delta Q/Q>\Delta P/P$，在图形上可用一条较为平缓的需求曲线来反映。

缺乏弹性：$0<e_d<1$，如图 2-13（b）中需求量的变化率小于价格的变化率，或者说，价格发生一定程度的变化，引起需求量较小幅度的变动，称为缺乏弹性。$\Delta Q/Q<\Delta P/P$，在图形上可用一条较为陡直的需求曲线来反映。

单位弹性：$e_d=1$，图 2-13（c）中需求价格弹性等于 1。需求量的变化率等于价格的变化率，或者说，价格变动后引起需求量相同幅度变动。$\Delta Q/Q=\Delta P/P$，称为单位弹性或恒常弹性。在图形上，反映为正双曲线。

完全弹性：$e_d=\infty$，图 2-13（d）中需求的价格弹性无穷大。表明相对于无穷小的价格变化率，需求量的变化率是无穷大的，即价格有一个微小上升，就会使无穷大的需求量一下子减少为零。称为完全弹性。在图形上为一条平行于横轴的直线。

完全无弹性：$e_d=0$，如图 2-13（e）中表明需求量对价格的任何变动都无反映，或者说，无论价格怎样变动，需求量均不发生变化，称全无弹性。在图形上，需求曲线表现为垂直于横轴的一条直线。在现实中，一般说不存在这类典型的情况，但一些这样的生存必需品，消费量达到一定量后，接近这种特性。

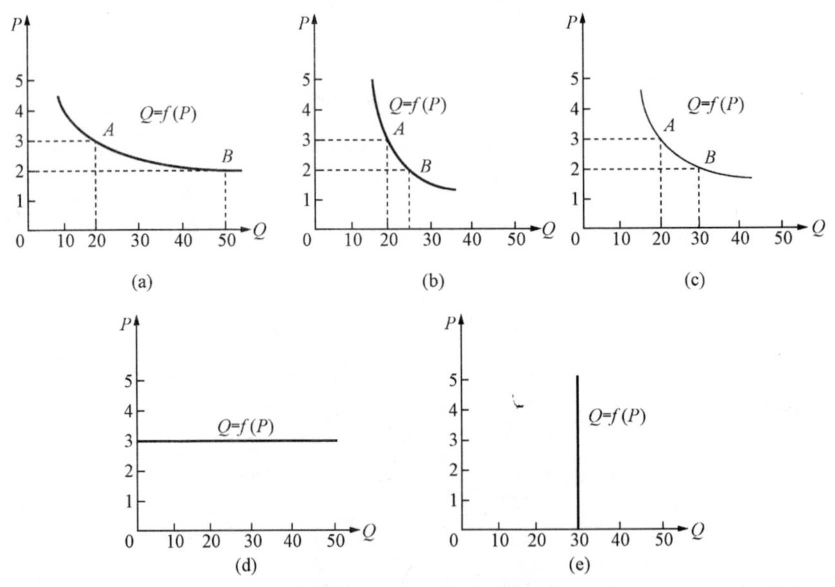

图 2-13　需求的价格弧弹性的五种类型

（a）富有弹性；（b）缺乏弹性；（c）单一弹性；（d）完全弹性；（e）完全无弹性

4. 需求曲线的斜率与需求弹性的区别

需求曲线的斜率表示的是曲线在某一点或某一段弧上的倾斜程度，而根据需求弹性的计算公式，需求弹性不仅取决于需求曲线在某一点或某一段弧上的斜率的倒数值，还取决于相应的价格——需求量的比值。由前面对需求的价格点弹性的分析可以清楚地看到，需求曲线在某一点的斜率为 $\mathrm{d}Q/\mathrm{d}P$。而根据需求的价格点弹性的计算公式，需求的价格点弹性不仅取决于需求曲线在该点的斜率的倒数值 $\mathrm{d}Q/\mathrm{d}P$，还取决于相应的价格一需求量的比值 P/Q。所以，这两个概念虽有联系，但区别也是很明显的。线性需求曲线上每点的斜率都是相等的，但每点的点弹性值却是不相等的。直接把需求曲线的斜率和需求的价格弹性等同起来是错误的。严格区分这两个概念，不仅对于线性需求曲线的点弹性，而且对于任何形状的需求曲线的弧弹性和点弹性来说，都是有必要的。

（二）需求的价格弹性与厂商的销售收入的关系

需求价格弹性是企业制定价格的基础，因为价格弹性能够直接反映价格变动对需求量的影响程度，价格变动引起需求量的变动进而影响企业的销售收入。

（1）$e_d>1$ 的商品，降价会增加厂商的销售收入，提价会减少厂商的销售收入。因为降价造成的销售收入 $P \cdot Q$ 值的减少量小于需求量增加带来的销售收入 $P \cdot Q$ 值的增加量，如图 2-13（a）所示。

（2）$0<e_d<1$ 的商品，降价会使厂商的销售收入减少，提价会使厂商的销售收入增加。因为降价导致的需求量增加带来的销售收入 $P \cdot Q$ 值的增加量小于降价造成的销售收入 $P \cdot Q$ 值的减少量，如图 2-13（b）所示。

（3）$e_d=1$ 的商品，降价或提价对厂商的销售收入都没有影响。因为价格变动造成的销售收入 $P \cdot Q$ 值的增加量或减少量等于需求量变动带来的销售收入 $P \cdot Q$ 值的减少量或增加量，如图 2-13（c）所示。

为了便于比较，我们把价格变化、弹性大小与销售收入变化的关系归纳如表 2-3 所示。

表 2-3　　价格变化、弹性大小与销售收入变化的关系

需求弹性的值	种　类	对销售收入的影响
$E_d>1$	富有弹性	价格上升，销售收入减少 价格下降，销售收入增加
$E_d=1$	单一弹性	价格上升，销售收入不变 价格下降，销售收入不变
$E_d<1$	缺乏弹性	价格上升，销售收入增加 价格下降，销售收入减少

综上所述，如果需求是富于弹性的，涨价后厂商收入反而下降，因为需求量下降的速度要大于价格上涨的速度；如果需求是缺乏弹性的，那么涨价可提高厂商收入，因为需求量下降的速度要小于价格上涨的速度；如果弹性正好为 1，则厂商收入不变，因为需求量下降的损失正好抵消了价格上涨的收益。所以，在厂商制定价格时，必须考虑有关商品的需求弹性情况。在需求弹性大时，厂商宜采用薄利多销的方式来增加销售收入；当需求弹性小时，则可考虑以提高价格的方式来达到增加销售收入的目的。

价格弹性与销售收入之间的这种简单而又重要的关系，被广泛地运用于产品定价决策和对外贸易之中。例如，对于一个谋求最大利润的企业来说，决不会选择在其需求曲线缺乏弹性的区间降价。因为这样做虽可使销售量增加而增加了销售收入，但却因价格降低而减少了销售收入，最终净结果将因产品缺乏弹性而使销售收入减少。而且，销售数量的增加又会导致生产成本的上升，其结果必然是利润的急剧下降。

（三）影响需求弹性的因素

其实，弹性也是一个函数，而且是一个多元函数。只是在前面我们讨论的主要是一元函数。其他几元主要是：

1. 商品的可替代性

一般来说，一种商品的可替代品越多，则该商品的需求的价格弹性往往就越大。这是因为，一旦这种商品涨价，消费者会立即把购买力转向其他替代商品。而这种商品降价，消费者就会很快把购买力转向该商品。例如，在水果市场，相近的替代品较多。这样，某水果的需求弹性就比较大。又如，对于食盐来说，没有很好的替代品，所以，食盐价格的变化所引起的需求量的变化几乎为零，它的需求的价格弹性是极其小的。

对一种商品所下的定义越明确越狭窄，这种商品的相近的替代品往往就越多，需求的价格弹性也就越大。譬如，某种特定商标的豆沙甜馅面包的需求要比一般的甜馅面包的需求更有弹性，甜馅面包的需求又比一般的面包的需求更有弹性，而面包的需求的价格弹性比一般的面粉制品的需求的价格弹性又要大得多。

2. 商品用途的广泛性

一般来说，一种商品的用途越是广泛，它的需求的价格弹性就可能越大；相反，用途越是狭窄，它的需求的价格弹性就可能越小。这是因为，如果一种商品具有多种用途，当它的价格较高时，消费者只购买较少的数量用于最重要的用途上。当它的价格逐步下降时，消费者的购买量就会逐渐增加，将商品越来越多地用于其他的各种用途上。

3. 商品对消费者生活的重要程度

必需品弹性小，奢侈品弹性大。一般来说，生活必需品的需求的价格弹性较小，非必需品的需求的价格弹性较大。例如，馒头的需求的价格弹性是较小的，博物馆门票的需求的价格弹性是较大的。

4. 商品的消费支出在消费者预算总支出中所占的比重

购买商品的支出在人们收入中所占的比重大，需求价格弹性就大；比重小，需求价格弹性就小。例如，火柴、铅笔等商品的需求的价格弹性就是比较小的。因为，消费者每月在这些商品上的支出是很小的，这些商品价格上涨不大会影响消费者的经济状况。所以消费者往往不太重视这类商品价格的变化。

5. 时间因素的影响

同样的商品，长期看需求价格弹性大，短期看需求价格弹性小。因为时间越长，消费者越容易找到替代品或调整自己的消费习惯，则需求的价格弹性就可能越大。因为，当消费者决定减少或停止对价格上升的某种商品的购买之前，他一般需要花费时间去寻找和了解该商品的可替代品。例如，当石油价格上升时，消费者在短期内不会较大幅度地减少需求量。但在长期内，消费者可能找到石油的替代品。于是，石油价格上升会导致石油的需求量较大幅度地下降。

（四）价格弹性应用举例

【例 2-2】 某国为了鼓励本国石油工业的发展，于 1973 年采取措施限制石油进口，估计这些措施将使可得到的石油数量减少 20%，如果石油的需求价格弹性在 0.8～1.4 之间，问从 1973 年起该国石油价格预期会上涨多少？

解： 因需求的价格弹性＝需求量变动百分率/价格变动百分率

故价格变动%＝需求量变动%/需求的价格弹性

当价格弹性为 0.8 时，价格变动%＝20%/0.8＝25%

当价格弹性为 1.4 时，价格变动%＝20%/1.4＝14.3%

所以，预期 1973 年该国石油价格上涨幅度在 14.3%～25%之间。

价格弹性还可用于决策分析。价格弹性对有些经济决策是很有用的。例如，怎样给出口物资定价？如果出口的目的在于增加外汇收入，那么对价格弹性大的物资应规定较低的价格，而对弹性小的物资应规定较高的价格。又例如，为了提高生产者的收入，人们往往对农产品采取提价的办法，对电视机、洗衣机、手表等高级消费品采取降价的办法，就是因为前者弹性小，后者弹性大。

【例 2-3】 用于分析"谷贱伤农"这一经济现象。

有人说，在丰收年份，农民的收入会增加；气候不好对农民不利，因为谷物歉收，会减少农民的收入。但也有人说，在丰收年份，农民的收入会减少；气候不好反而对农民有利，因为农业歉收后谷物价格会上涨，农民因此而增加收入。试运用所学经济学原理对这两种说法给予评价。

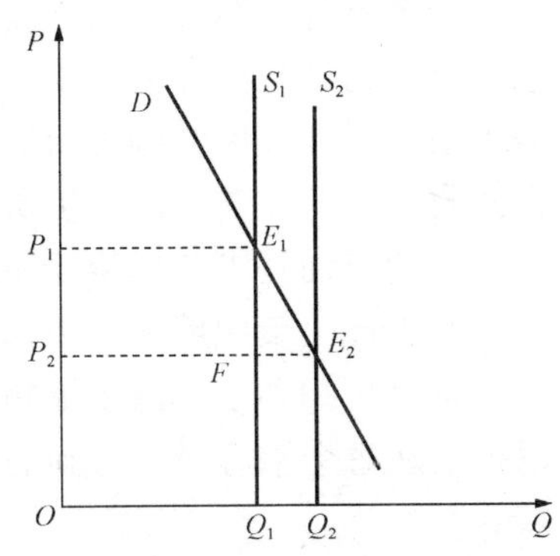

图 2-14 农产品供给与收益

分析：气候不好对农民是否有利，主要看农民的农业收入在气候不好的情况下如何变动。气候不好对农民的直接影响是农业歉收，即农产品的供给减少，这表现为农产品的供给曲线向左移动，从 S_2 移动至 S_1。如果此时市场对农产品的需求状况不发生变化，即需求曲线保持不变，那么农产品供给的减少将导致均衡价格的上升从 E_2 移动到 E_1。

一般来说，人们对农产品的需求是缺乏弹性的，由需求的价格弹性与销售总收入的上升之间的关系可知，此时农民的农业收入将随着均衡价格的上升而增加。因而在需求状况不因气候不好发生变化并且对农产品需求缺乏弹性的情况下，气候不好引致的农业歉收对农民增加收入是有利的。

现在让我们再回到本节开始的引例——农民的故事上来。

通过以上分析我们了解到：对我们来说，这些农产品价格下降或便宜了，我们并不会多消费多少；价格上升了，我们也不会少吃多少，这说明农产品的需求对价格变化的反应不灵敏，即农产品的需求价格弹性是在 0～1 之间。大众对农产品的消费缺乏需求价格弹性。

袁隆平的技术在全国水稻产区推广的结果，使得水稻产量大增，水稻在市场上供给增加很多。而供给大量的增加，在需求不变或没有大量增加的情况下，必定导致大米价格的下降。根据上图可知，种水稻的农民，其卖水稻的收益非但没有因增产而增加收益，反而因增产而减少收益，这就是增产不增收的道理，也是叶圣陶在《多收三五斗》中告诉我们的道理。谷贱伤农，道理也在此。

如果新的水稻种植技术使农民状况变坏，为什么他们要采取这种新技术呢？这是因为对每个农民来说他们在水稻市场上的供给都是微不足道的，他们把价格视为既定，运用新技术，便可以增加产量，增加收入。但当所有农民都运用新技术时，水稻供给增加了，价格下降了。这个例子可以解释我们的城市化现象。随着时间的推移，农业技术进步增加了粮食产量，减少了农业的收益，进而鼓励人们离开农业，进入城市。

【例 2-4】 石油输出国组织为什么不能保持高价格。

在过去几十年间对世界经济具有破坏性的大多数事件都源于世界石油市场。在 20 世纪 70 年代，石油输出国组织的成员通过减少产量提高世界石油价格，以增加他们的收入。从

1973～1974 年，石油价格上升了 50%，1979 年石油价格上升了 14%，随后 1980 年上升了 34%。但欧佩克发现要维持石油的高价格是非常困难的。从 1982～1985 年，石油价格一直每年下降 10%左右，不满与混乱很快蔓延到欧佩克各国。1986 年各成员国之间的合作完全破裂，石油价格猛降。现在欧佩克组织仍然存在，而且也不时成功地减少供给提高价格，但这种合作仍然是不稳定的。

这个事件表明，供给和需求在短期和长期的状况是不同的。在短期中，石油的供给和需求都是较为缺乏弹性的。供给缺乏弹性是因为已知的石油贮藏量和开采能力不能迅速改变，需求缺乏弹性是因为购买习惯不会立即对价格做出反应。短期石油提高价格可以增加石油输出国收入。但在长期内，供给和需求都是富有弹性的。石油勘探和开采能力增加，消费者采用了新的节油技术。提价反而降低了石油输出国的收入。

在管理决策中反映价格弹性的重要性的另一个事例是 1978 年美国各航空客运公司普遍采用票价折扣办法。许多折扣比标准票价低 30%到 40%。降低票价能不能吸引更多的旅客以抵消从每个乘客身上得到的收益的减少，这个问题同航空客运需求的价格弹性问题是有直接联系的。

企业在决定产品价格时也需要知道自己产品的需求曲线的弹性。例如，一个谋取最大利润的企业决不会选择在其需求曲线的非弹性区间降价，因为这样做将会减少总收入，而且产量的增加又会增加总成本。其结果将是利润急剧下降。

二、弹性概念的扩大

（一）需求的交叉弹性

产品的需求不仅受自身价格影响，还会受其他产品的价格的影响。例如，牛肉需求量与其代替品——猪肉的价格相关。随着猪肉价格的上涨，消费者对牛肉的需求量也增加，因为他们将以牛肉取代现在价格较高的猪肉。一种产品的价格与第二种产品购买量之间的上述正相关的关系适用于所有互替品。

另一些产品（如录音机与录音带，相机与胶卷）之间则表现出完全不同的另一种关系。这里，一种产品的提价一般会引起另一种产品需求的减少。这种逆相关的产品称为互补品。它们被一道使用而不是互相取代。

如果苹果价格上涨，我们可能减少它的购买量，增加它的替代品梨的购买量；猪肉价格变化会影响牛肉的需求量；汽油价格上涨，可能会影响汽车的需求量。许多商品的需求量会受到相关商品价格变化的影响，需求的交叉弹性就是用来说明一种产品的需求量对另一种相关产品价格变化的反映程度。

1. 需求的交叉弹性的含义

需求的交叉价格弹性也简称需求的交叉弹性：它表示在一定时期内一种商品的需求量的相对变动对于它的相关商品价格的相对变动的反应程度。它是该商品的需求量的变动率和它的相关商品价格的变动率的比值。

假定商品 X 的需求量 Q_X 是它的相关商品 Y 的价格 P_Y 的函数，即 $Q_X=f(P_Y)$，则商品 X 的需求的交叉价格弹性公式一般表达式为

$$e_{XY}=\frac{\frac{\Delta Q_X}{Q_X}}{\frac{\Delta P_Y}{P_Y}}=\frac{\Delta Q_X}{\Delta P_Y}\cdot\frac{P_Y}{Q_X} \tag{2-9}$$

$$e_{XY}=\lim_{\Delta P_Y\to 0}\frac{\frac{\Delta Q_X}{Q_X}}{\frac{\Delta P_Y}{P_Y}}=\frac{\frac{dQ_X}{Q_X}}{\frac{dP_Y}{P_Y}}=\frac{dQ_X}{dP_Y}\cdot\frac{P_Y}{Q_X} \tag{2-10}$$

需求的交叉价格弹性系数的符号取决于所考察的两种商品的相关关系。若两种商品之间存在着替代关系，则一种商品的价格与它的替代品的需求量之间成同方向变动，相应的需求的交叉价格弹性系数为正值 $e_{XY}>0$。如猪肉和牛肉功能相似，可以相互替代，当猪肉价格上涨，消费者会增加牛肉的需求量；猪肉价格下跌，消费者会减少牛肉的需求量。

若两种商品之间存在着互补关系，则一种商品的价格与它的互补品的需求量之间成反方向的变动，相应的需求的交叉价格弹性系数为负值 $e_{XY}<0$。DVD 机的价格下降，引起 DVD 碟的需求量增加，两者必须共同使用，存在互补关系。

若两种商品之间不存在相关关系，则意味着其中任何一种商品的需求量都不会对另一种商品的价格变动做出反应，相应的需求的交叉价格弹性系数为零 $e_{XY}=0$。

同样的道理，反过来，我们也可以根据两种商品之间的需求的交叉价格弹性系数的符号，来判断两种商品之间的相关关系。如果两种商品的需求的交叉价格弹性系数大于零为正值，则这两种商品之间为替代关系，用途上可以相互替代。若为负值，则表明这两种商品之间为互补关系，两种商品必须同时使用。若为零，则这两种商品之间无相关关系。

2. 交叉价格弹性的应用

由于产品之间具有替代或互补关系，使得相关商品价格弹性与企业的销售收入紧密结合起来。对于那些生产多种产品，各种产品相互之间存在着明显的替代关系或互补关系的企业来说，在制定价格时，必须充分考虑到替代产品和互补产品之间的相互影响。因为就一种产品来说，提高价格可能增加销售收入，但如果把它对相关产品的影响考虑进去，则可能导致销售收入的下降。例如：美国生产吉列牌剃须刀的公司是一家很著名的公司，它的起家是靠对刀片和刀架定不同的价格，吉列牌的刀片必须使用吉列牌的刀架。它对刀架定低价，对刀片定高价。顾客买了它的刀架，就必须买它的刀片。从而增加企业的利润。主机和辅机、整机和零件、设备和所需原材料之间都存在这样的关系，大多可以仿照这种定价策略。

相关产品价格弹性的概念还可用来测定部门之间的关系。如果某个企业的产品与有关部门的产品之间的相关价格弹性很大，且为正值，那么，说明它们属于同一部门或同一行业，企业之间的产品具有很大的替代性。在这种情况下，一旦某企业提高产品的价格，消费者就会转向购买其他企业的产品，对企业来说意味着把大量的销售份额抛给同一行业的其他企业。如果相关价格弹性很小或接近于零，说明企业的产品与有关部门生产的产品互不相关，因而可以判定它们不属于同一部门或同一行业。

通过分析交叉弹性，企业可以知道自己产品的需求对其他产品价格的变化可能起什么反应，这显然对企业有重要意义。这种信息对企业制订自身的价格策略，分析与各种产品有联系的风险问题，都是必要的。对于生产许多种产品、各种产品相互之间存在着明显的互替关系或互补关系的企业来说，这一点特别重要。另一方面，企业可以利用交叉弹性来测定部门之间的相互关系。举例来说，一个企业从外表看来完全控制了某个市场，因为它是该市场上某种产品的唯一供应者。但是，如果这个企业的产品与有关部门的产品之间的交叉弹性很大，且为正值，那么，即使这个企业从狭义说可能是一个垄断者，它要是提高产品价格，也会把其销售额丢给有关部门的其他企业。

【例 2-5】 假定在某市场上 A、B 两厂商是生产同种有差异的产品的竞争者。该市场对厂商的需求曲线为：$P_A=200-Q_A$，对 B 厂商的需求曲线为 $P_B=300-0.5Q_B$。两销售量分别为：$Q_A=50$，$Q_B=100$。求：

（1）A、B 两厂商的需求价格弹性各是多少？

（2）如果 B 厂商降价后，使得 B 厂商的需求量增加为：$Q'_B=160$，同时使竞争对手 A 厂商的需求量减少为：$Q'_A=40$，那么，A 厂商的需求交叉价格弹性是多少？

（3）如果 B 厂商追求销售收入最大化，那么，你认为 B 厂商的降价是一个正确的选择吗？

解：

（1）$P_A=200-Q_A$，　　$Q_A=200-P_A$

$P_B=300-0.5Q_B$，　　$Q_B=600-2P_B$

$Q_A=50$，　　$P_A=200-50=150$

$Q_B=100$，　　$P_B=300-0.5\times 100=250$

$$e_{dA}=-\frac{\mathrm{d}Q}{\mathrm{d}P}\cdot\frac{P_A}{Q_A}=1\times\frac{150}{50}=3，\quad e_{dB}=-\frac{\mathrm{d}Q}{\mathrm{d}P}\cdot\frac{P_B}{Q_B}=2\times\frac{250}{100}=5$$

（2）$\Delta Q_A=40-50=-10$

$Q'_B=160$，　　$P'_B=300-0.5\times Q'_B=220$

$$e_{AB}=\frac{\Delta Q_A/Q_A}{\Delta P_B/P_B}=\frac{\Delta Q_A}{\Delta P_B}\cdot\frac{P_B}{Q_A}=\frac{40-50}{220-250}\times\frac{250}{50}=1.67$$

（3）B 厂降价前 $TR_1=250\times 100=25000$（元）

B 厂降价后 $TR_2=220\times 160=35200$（元）

$TR_2>TR_1$，降价是正确的行为选择。

（二）需求的收入弹性

对许多产品来说，消费者的收入是决定需求的一个重要因素。通常它和价格、广告费及需求曲线中的其他变量是同等重要的。对于奢侈品如外国造的赛车、乡村俱乐部成员资格、艺术珍品等更是这样。在另一方面，盐、面包、火柴等基本生活用品对消费者收入变化的反应是不大灵敏的，消费者收入不管如何变化，他们对这些商品的购买量总是相当稳定的。

1. 需求收入弹性含义

某商品的需求收入弹性表示在一定时期内消费者对某种商品的需求量的相对变动对于消费者收入量相对变动的反应程度。它是商品的需求量的变动率和消费者的收入量的变动率的比值。

假定某商品的需求量 Q 是消费者收入水平 M 的函数，即 $Q=f(M)$，则该商品的需求的收入弹性公式为

$$e_M=\frac{\frac{\Delta Q}{Q}}{\frac{\Delta M}{M}}=\frac{\Delta Q}{\Delta M}\cdot\frac{M}{Q}\text{ 或 }e_M=\lim_{\Delta M\to 0}\frac{\Delta Q}{\Delta M}\cdot\frac{M}{Q}=\frac{\mathrm{d}Q}{\mathrm{d}M}\cdot\frac{M}{Q}$$

以上两式分别为需求的收入弧弹性和点弹性公式。

需求的价格弹性我们取了绝对值，而需求的收入弹性我们不能取绝对值。因为对于某种商品而言，收入的增加可能引起其需求量的增加；对于另一种商品而言，收入的增加可能引

起其需求量减少。因此，需求的收入弹性可能是正值，也可能是负值。

一般来讲，消费者的收入与需求量是同方向变动的。但各种商品的需求收入弹性大小并不相同，依据需求收入弹性数值，可将商品分为以下两种。

正常品（normal good），需求收入弹性系数为正值。说明这种商品的需求量将随着收入的增加（减少）而增加（减少），经济学中称这种商品为正常品。其中需求收入弹性系数介于 0 和 1 之间的商品，需求量变动的幅度小于收入变动的幅度，称为生活必需品，如粮食、服装等；需求收入弹性系数大于 1 的商品，需求量变动的幅度大于收入变动的幅度，称为奢侈品，如珠宝、笔记本电脑等。

劣等品（inferior good），需求收入弹性系数为负值。说明这类商品的需求量将随着收入的增加（减少）而减少（增加），称为劣等品，如土豆、玉米面、高粱米等。当然，将商品划分为高、中、低三个档次是有时间性的。随着时间的推移，收入的增加，高档品可能变为中档品，中档品可能变为低档品。

通过上面的分析，我们可以得出这样的结论：生活必需品的需求收入弹性比较小，而奢侈品和耐用品的需求收入弹性比较高。对此，十九世纪德国统计学家 N·恩格尔根据对有关统计资料的分析，提出了一个定理，即随着收入的提高，食物支出在全部收入中所占的比率越来越小，也就是食物支出占全部收入的比率随着消费者收入水平的提高而递减。这一定理就称为恩格尔定理。

一个居民户或一个国家、地区居民的食物支出占其总收入的比率就称为恩格尔系数。其计算公式为

$$恩格尔系数 = (食物支出 / 全部收入) \times 100\%$$

弹性概念来表述恩格尔定律可以是：对于一个家庭或一个国家来说，富裕程度越高，则食物支出的收入弹性越小。

对各个国家或地区的富裕程度，可以用恩格尔系数为标准进行评价。随着我国商品经济的发展，全国人民向小康社会建设目标迈进，我国居民户的恩格尔系数会逐渐下降。

2. e_M 的政策含义

若 $e_M<1$，则该种产品的生产部门，将不能按比例地分享国民收入的增长额。即该产品的发展速度小于国民收入的增长速度。

例如，如果某种产品的 $e_M=0.25$，这说明消费者收入每增加 1%，他们对该种产品的需求仅增长 0.25%。在这种情况下，该种产品就不能保持它在国民经济中的相对重要性。由于需求量的增长小于国民收入的增长，所以该种产品的生产部门将不能按比例地分享国民收入的增长额，其发展速度就会缓慢一些。

若 $e_M>1$，则该产品的生产部门，将在国民收入的增长额中得到一个超过比例的份额。即说明该产品的发展速度快于国民收入的增长速度。

例如，如果某种产品的收入弹性 $e_M=2.5$，说明需求增长的速度为收入增长的 2.5 倍，即收入每增加 1%，需求将增长 2.5%。因此，当 $e_M>1$ 时，该种产品的生产部门将在国民收入的增长额中得到一个超比例的份额，其发展速度就会快些。

在计划工农业各部门发展速度时，收入弹性是要考虑的一个重要因素。收入弹性大的行业，由于其需求量的增长要快于国民收入的增长，其发展速度也就应当快些。收入弹性小的行业，由于其需求量的增长要慢于国民收入的增长，其发展速度就只能慢些。例如，家用电

器的收入弹性大于农产品的收入弹性，所以家用电器的发展速度一定要快于农业发展速度。

利用需求收入弹性可以分析国民经济各部门、各地区的收入现状，便于制订合理的收入政策。对同一商品来说，如果在某地区的需求收入弹性大于另一地区的收入弹性，说明该地区的收入水平还相对落后，国家就可以想办法有针对性地制订收入调节措施，以达到地区间的收入平衡。

利用收入弹性可以协调国民经济各种商品发展的合理比例。由于各种商品的需求收入弹性不一致，相同的收入变动比率所要求的需求量变动也不一致。因此，在制订国民经济发展计划时，就不应强求发展速度的一致，对需求收入弹性较大的商品，其发展速度可以超过国民经济发展速度，占比例也大些。反之，那些需求收入弹性较小的商品，其发展速度可以低于国民经济发展速度，占比例小些。

利用需求收入弹性原理确定合理的出口商品结构。国际贸易已成为各国重要的经济活动，进口国经济的波动对出口国的出口有较大影响，为尽量避免这种影响，可以根据商品需求收入弹性的大小来安排出口结构。出口商品收入弹性大，说明收入变动对商品出口量影响就大。当进口国经济繁荣时，无疑会增加进口，对出口国有利，但当进口国经济不景气时，就会减少进口，对出口国不利。因此可以采取需求收入弹性大小搭配的出口商品结构，以减少在进口国经济衰退时可能遭受的出口大滑坡而带来的损失。又例如在组织出口物资时，最好能够把收入弹性大的物品与收入弹性小的物品搭配起来。因为收入弹性大的物品，在进口国经济繁荣、居民收入增加时，需求量很大，但一旦碰到经济萧条，居民收入减少，销路就会锐减。与收入弹性小的物品相搭配，就可免受对方经济周期的影响而带来的损失。

3. 收入弹性的应用

【例 2-6】 政府为了解决居民住房问题，要制定一个住房的长远规划。假定根据研究资料，已知租房需求的收入弹性在 0.8～1.0 之间，买房需求的收入弹性在 0.7～1.5 之间。估计今后十年内，每人每年平均可增加收入 2%～3%。问十年后，对住房的需求量将增加多少？

解： 先估计十年后，居民平均收入增加多少。

如果每年增加 2%，则十年后可增加到 $(1.02)^{10}=121.8\%$，即十年后每人的收入将增加 21.8%

如果每年增加 3%，则十年后可增加到 $(1.03)^{10}=134.3\%$，即十年后每人的收入将增加 34.3%。

根据公式

$$收入弹性 = 需求量变动\,\%/\,收入变动\,\%$$

所以，需求量变动%＝收入弹性×收入变动%

收入增加%

		21.8%	34.3%
收入	0.8	+17.4%	+27.4%
弹性	1.0	+21.8%	+34.3%

所以，租房需求量增加幅度在 17.4%～34.3%之间。

十年后买房需求量将增加：

		收入增加%	
		21.8%	34.3%
收入	0.7	+15.3%	+24%
弹性	1.50	+32.7%	+51.5%

所以，买房需求量增加幅度在15.3%～51.5%之间。

课后案例分析

案例2-5

“安全肉”专卖店的生意为什么没有“火”起来?

某食品研究所计划开一个“安全肉”专卖店，所谓“安全肉”是针对市场上的注水肉、私屠乱宰等而言的。该研究所根据市场调研得知，人们对某市场小摊贩销售的猪肉很不放心，如果有这样的“安全肉”专卖店，人们肯定愿意购买。而营销专家认为专卖店不应由研究所开，况且位置应离菜市场较近，价位应与菜市场价位差别不大。研究所人员没有接受营销专家的忠告，结果“安全肉”专卖店开业之日，也正是其开始亏损之日。那些曾经在调研中声称愿意购买“安全肉”的消费者并没有成为其真正的消费者。

引自：(《销售与市场》2004.1)

案例2-6

说明出现“涨价减收和减价增收”现象的基本原理

改革伊始，我国香烟的价格曾大幅度涨价。某市商业局估计，提价30%后，可以新增收入500万元。各部门闻讯，纷纷前来商议，要求“利益均沾”，虽经数月讨价还价，但未能达成一致意见。正在会议议而不决之际，下面来报：由于香烟大幅度涨价，“烟民”决心戒烟，香烟销售量大减，造成数万箱香烟积压，不巧又正遇雨季，仅香烟霉变损失就达500万元，商业局长决定会议继续召开，主题不是“利益均沾”，而是“有难同当”。

又有一例，某电表厂因国民经济调整，产品销售发生严重困难，库存大量上升，工厂领导反复研究，决定忍痛将各种产品平均降价19%，估计将会减收100万元。但年底结算，销售收入反而增加50万元，利润也比去年同期增加25%，连下年的订货都已饱满。降价不仅使这个工厂度过难关，而且开拓了市场，成为建厂以来的销售形势最好的时期。

（三）供给价格弹性

1. 供给价格弹性的含义

供给价格弹性表示在一定时期内某一商品的供给量的相对变动对该商品价格相对变动的

反应程度，即商品供给量变动率与价格变动率之比。用 e_s 表示。

$$e_s=\frac{\frac{\Delta Q}{Q}}{\frac{\Delta P}{P}}=\frac{\Delta Q}{\Delta P}\cdot\frac{P}{Q}\text{或}e_s=\frac{\frac{dQ}{Q}}{\frac{dP}{P}}=\frac{dQ}{dP}\cdot\frac{P}{Q}$$

供给的价格弹性根据 e_s 值的大小也分为五个类型，如图 2-15 所示。

$e_s>1$ 表示富有弹性，供给曲线的特点：较平坦，斜率较小，如 S_4。

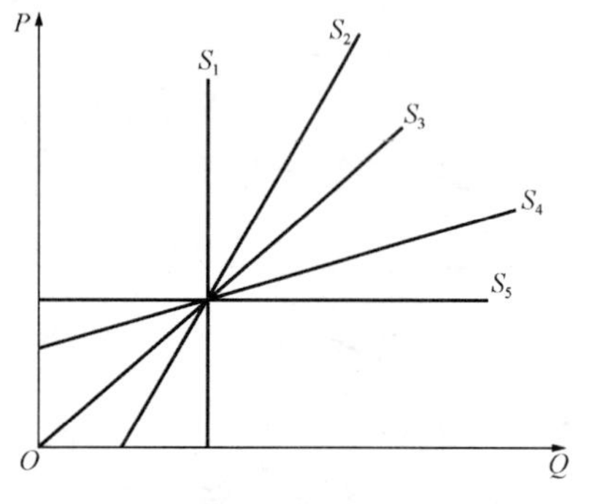

图 2-15 供给弹性

$e_s<1$ 表示缺乏弹性，供给曲线较陡，斜率较大，如 S_2。

$e_s=1$ 表示单一弹性或单位弹性，供给曲线过原点，斜率为 1，如 S_3。$e_s=\infty$表示完全弹性供给曲线平行于横轴，斜率为 0，如 S_5。此时，表示在某一给定价格之下，供给量可以任意增加，厂商想卖多少就卖多少，提高价格一点也卖不出去；降低价格则会使需求量无限增大，致使厂商蒙受损失。

$e_s=0$ 表示完全无弹性，如 S_1。此时，无论价格如何变化，供给量始终不发生变化（$\Delta Q_s=0$）。在这种情况下，无论价格如何变动，供给量都不变。例如，土地、文物、某些艺术品的供给。

2. 影响供给价格弹性的因素

进入和退出的难易程度。如果某一行业进入和退出壁垒很小，厂商可灵活根据价格和需求情况进入和退出该行业，则该产品的供给弹性较大，反之则相反。

劳动密集型行业，增加产品供给比较容易，$e_s>1$。在这种情况下，当产品的价格提高后，增加产品所需追加使用的生产要素的费用无需有较大的增加，使增加供给时所需提高的价格较小，因而供给弹性较大。

资本密集型行业，增加产品供给涉及到设备、技术等问题，比较困难，从而 $e_s<1$。在这种情况下，增加一定量的产出（量）所需追加的生产要素的费用较大，因而使增加产品所需提高的价格幅度也较大，e_s 较小。

供给者的类别。单个生产者的供给弹性小，一个行业的供给弹性大得多。

时间的长短。这是影响供给弹性大小的主要因素。在极短时间内，供给量限于已有库存，无法随价格变化而变化，弹性近乎为零；随着时间的延长，供给弹性逐渐增大。因为生产者对价格变化做出反应尚需一定时间。

产量的大小。从某一行业来说，在产量很小的时候，要扩大产量很容易，供给接近完全弹性，随着产量的增加弹性逐渐减少，直至接近零。

案例 2-7

近年来，邮票已经从业余爱好变成生财之道。单纯玩赏邮票的人士依然不少，但是报纸上引人注目的却是炒邮发财的消息。小小一枚邮票，怎能如此神通广大，身价一翻再翻，扶摇直上？

分析：

原因并不复杂：一是需求很旺，许多人趋之若鹜；二是珍邮稀缺，供求缺口极大。物以稀为贵，市场经济条件下的商品价格是由商品的供求关系决定的，这就是珍邮身价高昂的浅显道理。

百年前发行的清朝邮票，现在所存很少，其供给的价格弹性为零。就是说，你花再多的钱，也不能刺激出几张新的清朝邮票来。随着炒邮的游资增多，清朝邮票的身价还要上扬。“文化大革命”期间错发的“全国山河一片红”邮票，有极少没能收回，现在身价达到原来票面价格的千万倍。

世界上有很多错版邮票成珍品的例子。名画，更是供给的价格弹性等于零的典型例子。梵高当年画出《向日葵》，连糊口的钱也换不到。今天，同一幅《向日葵》的身价，却达几千万美元，足以供上千人过上好日子。这就更应验了“需求狂，无弹性”的商品的价格一定大幅攀升的道理。

课后案例分析

案例 2 - 8

美国飞机票价格调整的故事

二战后不久，美国航空客运业普遍陷入亏损状况。在此情况下，美国航空业协会要求国会批准其调高价格的请求，但国会非但未批准其调高价格，反而要求其降低价格，结果，降价后真的扭亏为盈。原因何在？

20 世纪 70 年代，美国航空客运业再度普遍陷入亏损状况，此时，美国航空业协会要求国会批准其调高价格的请求，国会批准了其请求，结果，提价后真的又再度扭亏为盈。原因又何在？

案例 2 - 9

公园门票降价或涨价的启示

2001 年夏，苏州乐园举办“2001 年仲夏狂欢夜”的首日，门票从 60 元降至 10 元。是夜，到此一乐的游客竟达 7 万之多，大大出乎主办者“顶多 3 万人”的预测，这个数字，更是平时该园日均游客数的 15～20 倍，创下开园 4 年以来的历史之最。

到 7 月 29 日，为期 10 天的“狂欢夜”活动落下了帷幕。园方坐下来一算，喜不自禁。这 10 天累计接待游客 25 万余人，实现营业收入 400 万元以上，净利润 250 万余元……这些指标，均明显超过白天正常营业时间所得。

正常情况下，苏州乐园的门票每人每张 60 元，每天的游客总数在 3000～4000 人之间，营业时间从上午9时到下午5时。而“狂欢夜”是在“业余”时间进行，即从每天下午5时到晚上10时，门票却降到10元。就是说，“狂欢夜”这10天，这家乐园在不影响白天正常营业的情况下，每天延长了5小时的营业时间，营业额和利润就翻了一番以上。

“狂欢夜”与该园举办的“第四届啤酒节”是同时进行的。42个相关厂家到乐园助兴——其实，厂家是乘机宣传和推销自己的产品。据园方介绍，以往搞啤酒节，乐园是要收取厂家一定的“机会”费用的，但是，这次却基本不收或少收些许，而厂家须向游客免费提供一些“小恩小惠”——企业的广告宣传品等。减免了货币的支付，厂家岂有不乐的？园方也承认，众厂家的参与，带来大笔场地费，降低了乐园搞“狂欢夜”活动的风险，不过，它并非这次活动最后成功的决定性因素。

关键原因在于原先60元一张的门票陡降到10元钱。非但如此，每位到乐园过“狂欢夜”的，凭门票，还可以领到与10元门票同等价值的啤酒、饮料和广告衫等。需要说明的是，白天购60元门票入园后，园内的多数活动项目就不再收费；而购10元门票入园后，高科技项目和水上娱乐项目等仍要适当收取一点费用。这样算下来，园方至少可以保证自己不赔钱，何况还有那么多厂家的支撑。消费者算算，也比60元一张门票值，因为，有些游客只是参与部分娱乐项目的消费，甚至只是乘晚间出来纳个凉、吹吹风，尤其是三口之家，更是觉得这样划算，总共花30元就能享受凉爽的空气、新鲜的啤酒、精彩的演出、美丽的焰火、免费赠送的礼品，太实惠了！厂家更精——做了广告，推销了产品，还培育了潜在的消费群体。总之，大家都赚了。

好事能否成为常态？苏州乐园这次大大降低门票价格以后，社会效益和经济效益不降反升，特别是前者，上升的幅度极大。可惜，10天一晃就过去了，闻讯而来的许多游客感到很遗憾：园方干吗见好就收呢？

专家指出，苏州乐园是一个以高科技为主、以参与性为特征的现代化乐园，投资5亿多元，运行成本也比较高。这样的景点尚且有降低门槛的成功实践，那些众多以简单的观赏为主、投资和运行成本都十分有限而门票价格又高居不下的主题公园，恐怕有更大的降价空间。别忘了，降下入园门槛的高度，受益的是消费者，也是娱乐企业自身。

思考题

(1) 为什么苏州公园通过降价就获取了巨大的经济效益？

(2) 为什么后来苏州公园不降价了？假若继续降价苏州公园还能盈利吗？

(3) 你对目前北京的许多公园的高票价现状持什么意见？为什么这些票价降不下来？

(4) 对于像公园这样的准公共用品，其价格应该由什么来决定？政府在其中起什么作用？

案例2-10

如何定飞机票价

旅客常常会对从纽约到洛杉矶的来回飞机票价格之多感到惊讶。例如，近期头等舱票价几乎要2000美元；常规（无限制的）经济舱票价大约1200美元，而特别折扣价（常常要求两星期前预订和（或）星期六晚上机上过夜）只要少到500美元就能买到。虽然头等舱的服务与经济舱服务是不一样的，但其差距似乎不会大到支持4倍高的票价。那么航空公司为什么要这样定票价呢?

理由是这些不同的票价给航空公司提供了一种有利可图的价格歧视形式。从这种歧视的得益是巨大的，因为需求弹性差别很大的不同类型的顾客会分别购买不同类型的机票。如下表2-4显示了在美国境内三类服务的需求的价格（和收入）弹性：头等票、无限制二等票和折扣票。（折扣票常常有限制且可能是部分不退款的）

表2-4 **空中旅行的需求弹性票价类别**

弹 性	头等舱	无限制二等舱	折扣票
价 格	−0.3	−0.4	−0.9
收 入	1.2	1.2	1.8

注意对折扣票的需求的价格弹性是头等舱和无限制二等舱的2～3倍。理由是折扣票通常是家庭或其他有闲暇的旅行者购买的，而头等舱和无限制二等舱则常常是商务旅客购买。商务旅客对何时旅行往往很少能选择，而且他们的公司会承担费用。当然，这些弹性也只属于市场需求，当有几家航空公司竞争旅客时，各家航空公司的需求弹性将要大得多。但是三类服务之间弹性的相对大小应该大约是相同的。当需求弹性差距如此巨大时，就难怪各航空公司不同的服务定如此不同的价格了。

在美国价格歧视现在变得越来越复杂。取决于提前多久买票、旅行改变或取消时退款的百分比，以及旅行中是否含一个周末过夜，可以得到许多种票价。航空公司的目标是更好地在具有不同保留价格的旅客中实行歧视。正如美国航空公司的价格和生产计划副总裁解释的："当某人愿付400美元时，你不会以69美元卖给他一个座位。与此同时，航空公司是愿意69美元卖掉一个座位而不愿意让它空着的。"

第三章 需求估计与预测

教学目标：通过本章的教学，使学生充分认识需求估计与预测的重要作用。掌握需求估计的研究方法，重点掌握市场调查法；熟悉需求预测的基本理论知识，熟练掌握定性和定量的预测方法。

主要内容：本章主要学习需求估计概念，市场调查的方法，市场调查的意义和作用，市场调查的分类，市场调查的程序，需求预测的类型、内容和程序。

引例 1：经理捡纸条

在澳大利亚昆士兰州，许多远道而来的顾客，特别是生怕忘事的家庭主妇，在到商店购物前总喜欢把准备购买的商品名字写在纸条上，买完东西后则随手丢弃。一家大百货公司的采购经理注意到这一现象后，除了自己经常捡这类纸条外还悄悄发动其他管理人员也行动起来。他以此作为重要依据，编制了一套扩大经营的独家经验，结果可想而知：许多妇女从前要跑很远的路才能购买到的商品，现在到附近分店同样也能买到。

引例 2：免费电话巧问计

美国一家生产化妆品等日用化学品的著名厂家，为了听取用户意见，别出心裁推出免费电话向消费者征询意见。他们在产品包装上标明该公司及各分厂的 800 个电话号码，顾客可以随时就产品质量问题打电话反映情况，费用全部记在公司账上。公司则对所来电话给予回复，并视情况奖励。仅 1995 年，该公司就接到近 25 万个顾客电话，从中得到启发而开发出的新产品的销售额近 1 亿美元，而公司的电话费支付不过 600 万美元，一进一出让老板喜不自禁。

引例 3：研究垃圾

一般人听起来，此乃荒唐之举，对经营决策不会有什么影响，但事实恰恰相反。著名的雪佛隆公司即重金请亚利桑那大学教授威廉雷兹对垃圾进行研究。教授每天尽可能多地收集垃圾，然后按垃圾的内容标明其原产品的名称、重量、数量、包装形式等予以分类，获得了有关当地食品消费情况的准确信息。用雷兹教授的话说："垃圾绝不会说谎和弄虚作假，什么样的人就丢什么样的垃圾。"雪佛隆公司借此做出相应决策，大获全胜，而其竞争对手却始终也没搞清雪佛隆公司的市场情报来源。

第一节 需 求 估 计

企业经营的目的不是单纯地为了销售产品和获取利润，而需要不断地开拓市场、满足消费者日益增长的需求。

对市场需求的正确估计是企业做出正确经营决策的前提条件。因为已知企业的需求函数，就可以分析和预测价格与收入、竞争对手的价格、消费者数量、广告费用等各种因素的变动对需求量的影响，以达到利润最大化的目的。

通常进行需求估计有两类方法，一类是直接估计市场需求的方法，包括市场调查法和试验法，另一类是统计分析法，它根据统计资料，用统计方法估计需求函数。

一、市场调查法

（一）市场调查的概念及意义

1. 市场调查的概念

市场调查的含义是随着社会经济的发展而变化的。在商品生产规模不大、市场范围狭小、商品供求关系比较稳定、市场微小变化对商品生产和销售影响不大的商品经济条件下，企业不需要对市场进行深入细致的研究，也就不存在真正意义下的市场调查。随着社会生产力的发展和市场的扩大，市场竞争日趋激烈，产品的销售问题已严峻地摆在每个企业的面前。企业为了推销产品，就需要对市场进行经常性的分析和研究。是对消费者的需求和购买动机、购买行为等各方面的了解及调查，这种调查仅局限于商品的流通领域，是为了推销产品，是一种与推销观念相一致的市场调查。这是狭义的市场调查。

随着商品经济的进一步发展和市场的扩大，企业的经营观念有了新的质的飞跃，随着市场营销观念的建立，所进行的调查不再局限于流通领域，市场调查的范围不断扩大，既有诸如政治、经济、法律等方面，也有企业的产品、定价、销售渠道和促销策略及其效果等方面的内容，大量的调查数据和分析结果为企业的经营活动提供了科学的依据。这是广义的市场调查。可以说，市场调查就是运用科学的方法，系统地、客观地、有目的地收集、整理、分析和研究有关市场营销的资料数据，为企业预测未来发展前景或排除障碍及制定有效的决策提供可靠科学依据的一项经济活动。

2. 市场调查的意义和作用

市场调查是企业参与市场竞争的一个不可缺少的工具，应用的范围极其广泛，包括广告调查、产品调查、价格调查、包装调查、市场占有率调查、市场潜量调查以及销售渠道、促销方式等诸方面的调查。市场的风云变幻既给企业带来了机遇，也带来了风险和挑战。企业为了在激烈的市场竞争中取胜，必须积极开展市场调查，了解市场，认识市场和把握市场。企业决策的分析、计划、实施和控制的每一个阶段，都需要大量的关于消费者、竞争者、中间商及其他相关信息，而市场调查是取得这些信息的最重要的途径之一。市场调查在现代企业中的意义和作用主要表现在以下几个方面：

（1）市场调查是了解市场、认识市场的重要手段。市场调查是认识市场的过去、现在和将来的重要手段。一个企业能否生存和发展，关键看其产品或提供的服务能否满足市场的需求。市场的供求规律受到产品供应量与产品购买力两方面因素的影响。通过对产品库存、进口情况及资源的调查，可了解产品的供应总量；通过对购买力、人口数量、消费水平、消费结构及影响因素的调查，可了解产品的需求总量与需求结构。在对市场的调查中可以获取相关信息资料，掌握市场供求状态，制定供应总量计划和品种计划，合理均衡地组织市场供应，科学有效地引导市场需求，从而根据市场和企业本身的实际，决定企业的发展方向。

（2）市场调查是企业经营预测和决策的基础。现代企业管理的中心在经营，经营的重点在决策。要管理好一个企业，必须管理它的未来；而管理未来就是管理信息。信息是一切经营管理决策的前提。只有通过市场调查收集到比较齐全和可靠准确的信息，并对信息作出科学和比较接近实际的分析，企业才能据此对市场变化趋势作出准确的预测，才能提高企业的经营战略与计划的系统性和科学性，减少失误，把风险降低到最低限度。

(3) 市场调查是企业制定、调整和矫正市场营销策略的重要依据。企业制定市场营销策略的主要目的在于扩大市场，获取最佳的经济效益。通过市场调查，有利于企业把握其产品在市场竞争中的位置，便于制定相应的营销策略，为产品的改进、目标市场的选择、进入时机的确定、促销手段的采用、分销渠道的建立、合理价格的制定、新产品的开发等提供决策依据。在决策的实施过程中，通过市场调查获取的情报资料，可了解市场实际的供求变化状况，检验企业的营销策略是否可行，监测和评价自己的营销活动哪些方面还有疏漏、不足甚至失误，可以认识营销环境是否发生了新的变化，以及时修改或矫正企业的市场营销计划。

(4) 市场调查有利于企业提高管理水平和增强竞争能力。只有通过市场才能对企业经营的好坏和经济效益的高低进行检验。市场调查是企业整个市场经营活动不可逾越的出发点，是认识和了解市场的一种有效方法。企业通过对市场营销环境和市场需求的调查，可取得市场活动的信息资料，进行分析研究，通过对策略执行过程和效果的调查分析，能掌握其经营方针、计划的执行情况，及时发现问题，吸取经验教训，不断提高管理水平。同时，通过市场调查，可掌握本企业服务对象的特征和市场占有情况，了解主要竞争对手在市场营销四大要素方面的方法及策略，知己知彼，取长补短，在市场竞争中占据优势，以增强本企业的竞争能力。因此，搞好市场调查，对改善经营管理、增强企业竞争力、提高经济效益具有十分重要的意义。

(二) 市场调查的类型

为了更好地组织和管理市场调查活动，对市场调查活动进行分类是非常有必要的。按照不同的标准，可以把市场调查划分成不同的类型。下面几种是对市场调查的设计、管理有重要指导意义的常见分类。

1. 按市场调查的功能分类

(1) 描述性调查。描述性调查是通过详细的调查和分析，对市场营销活动的某个特定方面进行客观的描述，以说明它的性质与特征。描述性调查是最基本、最一般的市场调查，其主要目的是真实地描述和反映调查对象目前的现状，以便有关人员对此有比较全面的了解和正确的认识，同时了解有关问题的相关因素和相关关系。它回答“如何”的问题，回答诸如消费者买什么，什么时间买，在哪儿买，怎样买之类的问题。如对产品的市场潜量、顾客态度和偏好等问题的调查，都属于描述性调查。其结果通常说明事物的表面特征，并不涉及事物的本质及影响事物发展变化的内在原因。

(2) 探测性调查。探测性调查是当企业对需要调查的问题不清楚，无法确定需要调查哪些具体内容时的试探性调查。它可帮助查明问题产生的原因，找出问题的关键，确定进一步调查的重点内容，以便再采用其他类型的调查。一般是在正式调查开展之前进行的初步、肤浅的、具有试探性的调查活动。它回答“是什么”的问题，例如，管理部门发现某产品销量一直稳步上升，但市场占有率却似乎在下降。通过探测性调查，该产品市场占有率确实有所下降，原因可能有：产品质量下降；竞争对手产品质量有所改进；消费者兴趣发生转移；原有的经销商推销不力。探测性调查用于探询某个问题的一般性质，判断决策的多种可能性以及要考虑的相关变量等。这种调查方法相当灵活，多以定性为主。

(3) 解释性调查。解释性调查又称为“因果性市场调查”。因果性调查是指针对企业管理活动中出现的一些现象和问题，对深层次的原因进行的研究性调查活动。其主要目的是确定有关事物的因果联系，或者影响事物发展变化的内在原因，为企业经营决策提供信息。它回答“为什么”的问题，通常是在描述性调查所收集、整理资料的基础上，通过逻辑推理和统计分析方法，找出不同因素之间的因果关系或函数关系。

（4）预测性调查。预测性调查是相对较为深入的市场调查，它是在科学理论指导下，主要依据描述性调查和解释性调查得到的资料，结合已知信息进行综合分析研究，预测未来市场的发展。预测性调查回答“未来会是什么”以及“未来的什么会怎么样”的问题。预测性调查对企业制定有效的经营计划，使企业避免较大风险和损失，有特殊重要的作用。

2. 按市场调查的范围分类

（1）专题性市场调查。专题性市场调查是指调查主体为了解决某个具体问题而对市场的某个方面，或者在较小范围内进行的调查活动。这类市场调查的目的性比较明确，涉及的内容少、历时短，所需的费用相对较少，组织实施也较方便，但是，其提供的信息往往具有某种局限性，调查主体也无法仅凭此对市场进行全面地了解。

（2）综合性市场调查。综合性市场调查是指调查主体为了了解市场的整体情况，对市场的各个方面进行的全面调查和研究。这类调查涉及市场的所有方面，范围大，历时长，费用高，其提供的信息可以反映市场的全貌，但是，综合性市场调查的组织实施难度较高，在实践中很少应用。

3. 按调查时间分类

（1）一次性调查。一次性调查是指只进行一次或只能进行一次的调查。如解决某一具体问题的调查，这个问题解决了，就不需要再调查了。

（2）经常性调查。经常性调查包括周期性调查、阶段性调查和不定期的经常调查。周期性调查是指数年、每年、每季、每月定期进行的调查。阶段性调查是指不以时间长度为转移，而以事物发展阶段为依据的连续调查，如根据商品上市的淡季和旺季进行的市场调查。不定期的经常调查，是指根据实际需要而组织的连续调查。

（3）追踪调查。追踪调查是指在不同时期对同一调查对象进行的定点调查，追踪调查可分为长期追踪调查、周期性追踪调查和不定期的追踪调查。

4. 按调查获得信息的性质分类

（1）定性研究。定性研究旨在获得受访者关于感觉、情感、动机和喜好等深层次信息的一类研究。定性研究方法主要包括焦点小组座谈、深度访谈和投影技法等。

（2）定量研究。定量研究的目的是获取样本的定量资料，试图通过样本的某些数字特征推断总体的数字特征。定量研究方法主要包括各种访问方法、观察方法和实验方法等。

5. 按调查的研究方法

（1）基础性研究。基础性研究主要提供理论基础、方法，验证某些市场调查学术问题，支持一些调研学说。执行者通常是大学、商学院、管理学院、专门研究机构、学者、研究者等。

（2）应用性研究。应用性研究主要用来解决营销中的具体问题、来自企业实际营销工作和任务等。执行者是公司或企业，还有独立的市场调查、咨询机构和事务所。

（三）市场调查程序

市场调查不论采取哪一种形式，进行哪一方面的调查，都是一次有组织、有计划的行动，需要经过一定的程序和步骤，才能达到预定的目标。它一般包括如下步骤。

1. 明确问题

企业处在变幻不定的市场环境中，随时面临一系列问题。可能会出现诸如产品销路不畅、库存积压、产品市场占有率下降以及在激烈的市场竞争条件下，由于消费者习惯和需求的不断变化，产品需要不断更新换代或及时改变促销策略，企业在观察市场变化的过程中会发现很多机会，这些机会是企业面临的问题的重要组成之一。

当这些问题被发现后，企业必须进一步分析，以确定问题。例如企业市场销售额下降，其原因可能是产品设计有问题，可能是消费者需求发生了变动，也可能是产品促销策略不准确或销售渠道不畅等等。这种情况下，市场调查人员应根据企业管理人员提出的问题和确定的调查目标，将其提出的基本意图，决策过程中遇到的问题转化为调查问题，把调查目标明确地表述出来。问题提得越明确，越能防止调查过程中不必要的浪费，将信息采集量和处理量减至最低。这就要求调查人员深入到企业中去，利用二手资料或通过与企业的管理人员共同讨论，将已提出的调查目标进一步集中和明确。对一些可通过初步调查予以回答的问题免去正式调查的复杂过程，使调查能真正解决实际问题。

2. 设计市场调查方案

它是市场调查的基本框架。在实际操作中一般以市场调查计划书的形式出现，是市场调查实施的指导方针。一个调查方案应对下列几个问题作出全面安排：

（1）确定调查目标，即市场调查是为了解决什么问题，解决到何种程度。

（2）确定调查项目和范围，调查项目是对调查目标的具体化，调查项目的设置应该围绕调查目标进行。调查范围根据调查目的、主观条件、外界环境而定，包括地域范围、被调查者的范围等。

（3）确定资料来源，决定搜集哪些方面的信息及统计资料，采用第一手资料还是第二手资料。

（4）确定调查方法，是采用量化调查（观察法、实验法、询问法）还是质化调查（焦点座谈会、深度小组访问法）。

（5）决定联系方法，指采用面谈、电话还是邮寄方法与调查者联系。

（6）确定调查时间。要确定市场调查在何时进行，确定调查员的日工作量、时间进度、调查完成时间等。

（7）编制调查预算。每项市场调查活动都需要一定的费用，因此要合理估计调查的各项开支。如调查研讨、计划书撰写和打印、问卷设计、电话联系、交通、调查员培训、资料的整理与分析等各项费用。

（8）制定控制措施。事先设计好调查各个环节上的控制措施。如调查人员的培训内容、方式；调查人员的组织结构；调查人员的激励与监督等等。

一个根据调查目标而周密设计的调查方案有助于保证调查结果的精确性，有助于调查目的的实现，有助于用尽可能低的成本取得调查目标所需要的资料。

3. 抽样设计和问卷设计

抽样设计要决定出抽样对象、抽样范围和抽样方法。抽样方法可分为随机抽样和非随机抽样两大类。随机抽样是建立在数理统计基础上的，比非随机抽样更为严格和科学，但其成本较高。采用何种抽样方案，要根据调查目的的需要以及时间、人力、费用等条件综合考虑。在市场调查中对抽样方案要进行试抽样，以检查方案是否合理，所选样本能否代表母体，如果发现问题，要及时进行修正。

调查问卷是用于收集第一手资料的最普遍的工具。问卷的设计要严格按照调查计划中确定的调查内容来设计。调查问卷的长度和难度要与被调查者的理解和接受程度相适应。调查问卷设计中特别注意是否存在逻辑上的矛盾，要具有相当的科学性和可操作性。

4. 市场调查与实施

调查过程首先要对调查对象进行甄选，即按照调查问卷的要求选择调查对象，确保能够找到符合条件的调查对象，使调查达到良好的效果。然后是访问，即调查员必须严格按照问卷的要求与顺序进行访问，只有这样才能不折不扣地得到调查者想要得到的资料。访问结束后要对调查问卷进行一定比例的复核工作，一是对访问的工作进行检查，二是对调查问卷中不清楚或者不明确的地方进行再确认。复核结束以后，要对访问的效果进行评价，例如访问的合格率、正确率等。调查实施阶段的实际工作量大，支出费用最大，并且最容易出错。在调查实施中还应包括根据调查任务和规模建立调查组织或聘请专业调查机构，培训调查人员，准备调查工具，展开实地调查等。

5. 调查资料的整理与分析

经过调查得到的信息必须经过鉴别、整理与分析才能得到有价值的结果。这一阶段包括：

（1）鉴别、整理资料。鉴别资料就是对调查的文字资料和数字资料等进行全面审核，对所收集的资料进行“去粗取精，去伪存真”，以保证资料的真实、准确和完整。整理资料是对鉴别后的资料进行初步加工，使其条理化、系统化，并以集中、简明的方式反映调查对象的总体情况。

（2）进行统计分析。就是运用统计学的原理和方法对整理好的资料进行分析，研究市场现象的数量关系，揭示事物的发展规模、水平、结构和比例。在统计分析过程中可以借助电子计算机来处理各种数据，以提高统计分析的精度和效率。

6. 撰写调查报告

市场调查得到的结论要以调查报告的形式加以总结，用事实材料对所调查的问题，作出系统地分析说明，提出结论性的意见，提供给企业，供其决策参考。调查报告是整个调查过程的最终成果，是进行决策和评价调查工作的主要依据。调查报告一般应包括以下基本内容。

（1）引言：说明调查目的、对象、范围、方法、时间、地点等。

（2）摘要：简洁概括整个调查的结论和建议。

（3）正文：即报告主体。它是整篇报告中内容最丰富的部分。内容主要有详细的调查目的，详细的调查分析方法，调查结果的描述与剖析等。写作上内容要周全，条理要清楚，材料和观点要统一，对数据要进行可靠性、科学性分析。

（4）结尾：主要是发现和建议部分。这里陈述调查研究的最终成果，是文章的最精粹部分，也是企业决策层最为关注的部分，要求写得简练而有力。这一部分在写作中要注意对调查结果进行反复深入的研究，要以社会主义市场经济理论、国家的方针政策和法律法规作指导，考虑企业的主观能动性、市场竞争的客观必然性，要有创新意识，语言上要掌握分寸。

（5）附件：包括样本分配、数据图表、问卷副本、访问记录、参考资料目录以及为证实本报告的可靠性所附的照片、录像带、录音带、图片等。

（四）市场调查方法与技术

1. 访问法

访问法是市场调查运用最为普遍的方法，它是由调查员直接同受访者接触，通过提问和回答，实现信息沟通，掌握第一手市场信息。

按照调查者与受访者接触的方式和接触的人数的不同，访问调查分为定量调查和定性调查。定量调查包括面谈调查、电话访问、邮寄调查、固定样本持续调查。它主要从事物的数量特征入手，运用数据处理技术，有目的地找出数量中所包含的事物特征及发生、发展规律。定性调查包括深度访谈、焦点座谈会、专家调查等，定性调查是收集受访者凭直接经验判断对所调查事物的意见、建议和创意，去揭示事物的本质和发展趋势。

（1）面谈调查。面谈调查是调查者与被调查者面对面交谈的一种方法，是最直接的访问调查方法。其方式有入户访问、定点访问、街头拦截访问、小组访谈、会议访谈等。面谈调查法的优点在于：面谈调查具有直接性和灵活性的特点，能够直接接触被调查者，收集第一手资料，根据被调查者的具体情况进行深入的询问，从而取得良好的调查效果。同时与素质较高的被调查人员交谈时可把问题引向深入；遇到被调查者因某种原因不愿回答，或对所提问题原意不理解时，则可根据已定的设计要求去解释、启发；还可根据被调查者的心理状态、周围环境等非语言信息来判断所得资料的可靠程度。另外面谈调查了解的问题回收率高，样本代表性强，有助于提高调查结果的可靠程度。

面谈调查的主要缺陷是调查时间长，费用大，再就是调查结论受调查者主观因素影响大，调查者个人的态度与兴趣会使得它对应答者的回答作出不同的解释。访谈的成功与否跟调查人员的素质、技巧有很大关系。同时被调查者可能为使他们的回答符合他们的社会地位，符合人们期望的社会形象，而不真实回答，使得调查带有偏见性。

（2）电话访问。电话访问是利用电话收集市场信息的一种访问调查方法。电话访问需采用精心设计的问卷进行，提问要简单明了，便于回答，不会引起读音上的歧义，内容也不可太多。访问的时机要从受访者的特点出发，选择受访者认为合适的时机，以提高调查的效率。这种方法的优点在于获取信息的速度快，经济省时，且不受地区大小的限制。它对于那些工作繁忙，不愿接待来访者的人比较适用。同时被调查人不受调查人员在场的心理拘束，对于那些当面不便回答的敏感问题或许也能给予比较满意的回答。但电话访问的通话时间不能太长，调查的内容一般难以深入，访问的成功率比较低。调查员无法观察被调查者的动作、表情等非语言信息，无法使用任何辅助工具，很难判断所获信息的真实性。因此，这种方式主要使用于对热点问题、特定问题及比较固定客户的调查。

（3）信函调查。信函调查是指将设计好的调查问卷以信函形式寄给被调查者，请被调查者按问卷说明的要求逐项填写后再寄回，从而收集信息的一种调查方法。这种调查方法可以用较低的成本在一个相当大的范围内进行。被调查者有充分的时间仔细填写问卷，必要时还可以查阅有关资料，准确回答，其回复的参考价值较大。同时可免除调查人员的主观偏见，适宜于敏感问题的调查。信函调查的最大的问题是信息反馈时间较长，问卷回收率低，代表性和准确性难以把握，被调查者也可能因误解问卷原意而出现所答非所问的现象，造成调查有效性不高。信函调查一般只适用于有一定文化程度的调查对象和简单易回答的问题。

（4）网络调查。近年来，利用计算机网络进行调查的情况逐渐增多，而且很有发展前景。网上调查兼有电话访问和信函访问的优点，能提高调查效率和效果，还可以通过网络收集一些相关资料，但要求被调查者经常上网，而且调查者也需要具有较强的分辨信息的能力。

访问法还有其他的一些形式，如：深度访谈，它是指调查者同被调查者进行单独的、面对面的深入交谈，用于收集被调查者对某一问题的动机、信念、感受或态度等深层次信息的一种调查方法；焦点座谈会，它是调查者作为主持人同时与一群被调查者在一定时间内围绕某一个中心问题进行交谈和讨论，以获得被调查者对该问题的意见和态度等定性信息；专家调查，它是指以在某个研究领域或某个问题有一定理论造诣、专业知识和丰富实践经验的学者、经营管理者作为调查对象，收集所需信息的一种调查方法。

2. 观察法

观察法是调查者有目的、有计划地凭借自己的感觉器官或运用各种记录工具，深入调查现场，在被调查者未察觉的情况下，直接观察和记录被调查者行为，以收集市场信息的一种方法。

观察法通常有两种方式：直接观察，调查人员直接到现场观察记录，如直接到商店、家庭、社区等处进行实地观察。测量观察，是由调查人员用特定的仪器或方法，把被调查者在一定时间内的行为记录下来，再从记录中找出所需的市场信息。即通过摄影、摄像、录音、探测、遥控等技术手段获取市场的感性材料。

观察调查法是从侧面观察被调查者的言行和反映，不直接向被调查者提问，被调查者并不感到自己正在被调查，因而所取得的资料真实性、可靠性都较高。可以减少因调查员的成见或失误，以及被调查者的心理因素干扰而产生的误差。某些项目，如商场的客流量，消费者的购买行为特点等无法同调查对象交流或难以回答、无法回答的项目，只有观察调查才能得到有效的信息。观察调查只记录实际发生事项，不受历史和将来意愿的影响。但观察法只能说明事实的发生，不能解释其原因，仅了解到市场表面化信息，而无法获得人的心理信息，如动机、价值观念等；观察的行为或许是间断地发生，因而观察等待的时间较长。当人们知道在被观察时，就会改变他们的行为。观察法多用于探测性调查和描述性调查。

3. 实验调查法

实验调查法是指市场调研者有目的、有意识地改变一个或几个影响因素，来观察市场现象在这些因素影响下的变动情况，以认识市场现象的本质特征和发展规律。企业的经营活动中经常运用这种方法，如通过小规模的营销活动来测试某一产品或某项营销措施的效果，以决定是否有扩大规模的必要。具体做法是调查人员根据调查目的，事先选定某一个或几个营销因素（如价格、产品包装、广告等），人为地改变或控制这些因素，来观察他们对营销活动中其他因素（如销售量、市场占有率等）的影响过程和影响效果。实验法对研究变量之间的因果关系非常有效，所以常用于因果性调查。实验调查法有两种：

（1）实验室实验。实验在专门设计的人工实验环境下实施进行。例如，某企业在测验其产品广告效果时，可以邀请一些目标顾客，向他们展示包括该企业产品广告在内的几十种广告，观测其对广告的反映程度，听取他们的评判意见。

（2）对比实验。一种是将两种条件相当的调查对象分为两组，一组作为实验组，一组作为控制组，在同一时间内，实验组按给定的条件进行实验，控制组则按通常的情况开展活动，两组进行对比，以观察实验结果。在其他主观环境相同的条件下，两组结果的差异就是实验取得的结果。另一种则是在同一组调查对象中进行，指改变选定的某个营销因素，观察试验前和试验后调查对象的行为改变，来了解变化因素对其他营销因素的影响。两种方式结合起来进行，可取得较好的实验结果。

实验法客观性较强，应用范围很广，所得到的信息能比较客观地反映实际情况；可以有控制地分析、观察某些市场现象之间是否存在着因果关系，以及相互影响程度。它通过合适的实验设计，有效地控制实验环境，以提高调查结果的精确度；通过相同条件下的反复试验，验证结果的可靠性。但是实验法也有其难以克服的缺点，一是市场是由多种宏观和微观因素共同作用的结果，而一些因素如政治、文化、自然等因素是无法控制的，因此实验法调查的结果不可能完全准确无误。二是运用具有一定的局限性，实验调查时间较长，费用较高，不易选择出合适的实验对象，在操作和管理上也有相当大的难度。

4. 问卷设计技术

问卷又称调查表，是通过精心设计的一系列问题来征求被调查者的答案，并从中筛选出调查者想了解的问题及答案。它是进行访问调查时经常采用的方式之一。在设计调查问卷时，设计人员必须遵守紧扣目标、合乎逻辑、易于回答、便于统计、保持中立、篇幅适当的原则，使之具有一定的必要性、可行性、准确性和艺术性。即所提问的问题应直接为目的服务，没有价值或无关紧要的问题不宜列入，难以令人回答的问题避免列入，提问要简单明确，切忌难以理解或模棱两可，提问要讲究艺术，有趣味，使被调查者乐于回答。

(1) 问卷设计的基本程序。

第一是确定调查的目的。在设计问卷的开始阶段要深入彻底地研究本次调查的总体方案，弄清设计主题，征求有关人员意见，使问题重点突出，充分把握调查目的和内容。

第二是设计出全部问题。根据资料在确定问卷内容时要考虑到：所提问题能否为被调查者所回答；被调查者是否要花费很大的精力回答问题；被调查者是否愿意回答或提供信息；所提问题的含义是否明确并尽量使提出的问题具有趣味性。

第三是要技巧性地排列上述问题。一般情况下，把列出的问题按照先易后难，先具体后抽象，先一般性问题后敏感性问题，先前提性问题后结论性问题的顺序排列，形成调查问卷的初稿。

第四是进行问卷试答。在问卷正式投入使用之前，应进行试答，以发现可能存在的问题，在正式实施前作出弥补和修改。

第五是修改问卷，使之更加完善。

第六是正式采用。

(2) 调查问卷的问题形式。

问卷中的问题通常分为封闭式和开放式问题两种。

第一种，封闭式问题。问卷表中列有问题的所有可能的答案，被调查者从中选择一个答案。封闭式问题主要有以下几个类型：

①是非型。一个问题提出两个答案供选择，适用于诸如“是”与“否”，“有”或“无”等互相排斥的两择一式问题。

例：请问您家中有空气调节器吗？

有（ ）　　　　无（ ）

②多项选择型。一个问题提出三个或更多的答案供选择。其优点是问题明确，便于资料的分类和整理。

例：如果您想近期购买国产彩电，请问您想购买哪一种品牌？

长虹（ ） 康佳（ ） TCL（ ） 熊猫（ ） 创维（ ）

③顺位型。要求被调查者根据自己的认识来评定事物性质的顺序。

例：您喜欢喝哪个品牌的碳酸饮料？（请您按偏好程度，分别填上顺序号）

可口可乐（ ） 百事可乐（ ） 雪碧（ ） 芬达（ ）

非常可乐（ ） 七喜（ ）

④量表式问句。又称为“态度测量表”，被用来测量消费者对企业及其营销活动的态度、意见和评价。

例：请问您喜欢喝非常可乐吗？

很喜欢（ ） 喜欢（ ） 无所谓（ ） 不喜欢（ ）

很不喜欢（ ）

第二种，开放式问题。又称自由回答式问题，即问卷上没有拟定可选择的答案，所提出的问题由被调查者自己回答，不加任何限制。例如，当您选择一个旅行社外出旅游时，在您的决定中最重要的考虑点是__________。你对我们产品的售后服务有什么看法和意见？

开放式问题可以使被调查者充分发表意见，可以收集到一些设计者事先估计不到的资料和建设性意见。开放式问题在探测调查阶段特别有用。但开放式问题的答案比较分散，难以汇总分析。

（3）问卷的结构。问卷的长短根据调查项目的大小和调查规模的不同而不同，但一份完善的问卷，通常由开头部分、正文部分和附录部分组成。

开头部分一般包括编号、问候语和填表说明等内容。

正文部分是问卷的主体部分或核心部分，它由要求被调查者回答的一系列问题组成。

附录部分通常放在问卷的最后。在这部分里既可以把有关被调查者的个人档案列入，也可以对某些问题附带说明，还可以再次向被调查者致意。

5. 调查对象的选择技术

（1）市场普查。市场普查是以市场调查的总体为对象，主要是对市场上某些商品进行一次全面调查。例如，库存商品普查，某种商品的社会饱和量普查等。市场普查是专门组织的调查活动，主要用于搜集那些不能或不宜通过正常调查取得的比较全面的、精确的统计资料。市场普查有两种形式：一种形式是组织专门的普查机构和人员，对调查单位进行直接调查；另一种形式是利用机关团体、企业内部的统计报表进行汇总。

市场普查的最大优点是取得的资料比较准确。但是，进行市场普查工作量很大，调查内容有较强的时效性，因此需动员较多的人力、物力；同时，有些内容不宜进行市场普查，所以这种方式在市场调查中很少使用。

（2）重点调查。重点调查是通过对使用本企业产品的重点用户和重点地区进行调查，来达到对全局基本了解的目的。重点调查所选择的对象要能对本企业营销产生较大影响，例如购买本企业产品占全部销量的比例较大，或者是老客户，或者对其他用户的购买有一定影响等。这种调查可以使企业用较少的人力、物力、财力、时间并取得重要的市场资料，但其准确性不如市场普查。

（3）抽样调查。抽样调查是一种非全面调查。它是根据概率分布的原则，从被调查总体中抽出一部分单位作为样本进行调查，以此推断总体的一种方法。这种方法可能产生一些误差，但它比普查花费的时间少、成本低，对那些无法进行市场普查的内容也非常适用，同时对那些无力进行普查的企业也比较适用。在经过普查的地方，还可以利用抽样调查对普查的资料进行核对和修正。所以，抽样调查是调查中常用的方法，已被广泛用于企业的市场调查中。

调查中抽样的多少，从数据的准确性来看，是越多越好，但数据越多，成本也越高。因此，抽样的数量应按照被调查事物的性质确定，如果被调查对象之间的差距不大，采用少量样本即可；如果差距大，则需多抽样。

（五）课堂讨论

（1）假如你是某品牌冰淇淋制造商，你想了解更多的有关市场份额、竞争对手产品价格以及最佳销售地点等情况，你应该收集哪些类型的观察数据？为什么？

（2）假如你正准备以大学生为目标受试者，为一种新型的快餐食品做市场测试。你将如何选择产品的测试城市？为什么？

二、市场试验法

市场试验法就是市场专家运用科学研究的一般原理，选择一个或若干个具有典型意义的市场，改变商品的价格、包装、广告费用以及需求函数中的其他可控变量，来观察商品需求在一定时期内或在若干市场之间所发生的变化。市场试验是在收集需求函数信息时所使用的另一种方法，它研究的是在实际市场环境中消费者的行为方式。这种方法具有较大的客观性。真正反映了消费者的行为，但也存在一些明显的缺点。首先，如果试验的规模很大，足以使结果产生很高的置信度，可能要冒很大的风险，因为广告战略变化或价格提高而失去的顾客可能永远回不来了；其次，大规模的可控市场试验是极其昂贵的，所以这种控制量好、费用昂贵的实验进行得并不多，因此在大多试验中，试验的结果可能受企业所不能控制的因素的变化影响，如天气、经济条件或竞争者的经营策略在试验期间发生了变化等，从而影响试验结果；最后，由于市场试验的高成本和高风险，所以这种测试的持续性可能不长，顾客可能并不知道某些参数的变动，因而他们的反应不能充分说明这一变动对需求量的可能影响。

通常，采用试验法时应注意严格控制试验条件，因为试验条件会影响得到的结果。如果条件不充分，试验结果就缺乏可靠性。试验调查法在征求顾客意见方面，常常可以获得较为理想的效果，在短期预测中，使用也比较广泛。然而，由于市场环境是不断变化的，顾客的消费情况也在迅速变化，因此，这种方法不适用于中、长期的需求估计与预测。

三、统计分析法

统计分析法是应用统计资料估计市场需求的方法。这种方法提供的信息一般会更全面，而且成本通常要比运用市场调查方法低得多。其中回归分析是估计需求最常用的统计分析方法。

用回归分析法进行需求估计就是依据多组观察数据，根据最小二乘法的基本原理，找出拟合这些数据点的最佳拟合曲线，从而确定出影响需求量变化的诸因素对需求量变化影响的关系式，并用一确定的需求函数描述出来。详细内容在下一节介绍。

四、课后思考

指出下列市场调查所采用的方法的不妥之处，并给出更加恰当的方法：

（1）一家超市想要对自身的形象进行调查。工作人员在把顾客购买的商品装进袋子之前，在每个袋子里放一份短小的调查问卷。

（2）一家商场为了了解它的市场范围，让调查人员每周一和周五等在停车场旁边，当看到有人在那里停车，调查人员就走上前去索取联系地址。

（3）为了了解一部电影的受欢迎程度，制作组雇了一批人向900个人打电话询问，问他们是否喜欢并是否再次愿意观看电影。每打一个电话支付他们2元。

第二节 需 求 预 测

企业不仅要对市场需求进行各种定性分析，而且必须从量的角度将定性分析准确地转换成以产品、区域、顾客等分类来表示的特定需求的定量估计，即进行需求的测量与预测。这是制定企业经营决策尤其是营销决策的重要依据，对于正确地进行市场机会分析、资源配置和市场控制具有特别重要的意义。

一、需求预测的作用

预测是人们根据过去和现在的已知因素，有目的地运用已有的知识、经验和科学方法，对事物未来的发展趋势进行估计和判断的活动过程。预测又可看作是一种信息变化系统。这种系统是由预测者、预测方法、预测对象和预测资料组成。这一系统输入的是历史和现在的资料，输出的是预测信息。

需求预测就是在市场调查和市场分析的基础上，利用各种信息资料，运用逻辑和数学方法，预先对市场未来的需求发展变化趋势作出描述和量的估计，从而为企业的正确决策提供科学依据。

需求预测是一门掌握市场动态变化的科学。在社会经济活动中发挥着多方面的重要作用。第一，需求预测是企业经营决策的前提。企业通过科学的市场预测，能够把握市场的总体动态和各种营销环境因素的变化趋势，使企业的决策者了解和掌握本企业产品在未来市场的潜在需求状况，从而为企业确定资金投向、经营方针、发展规模等战略性决策提供可靠的依据。科学的需求预测还可以为决策者提供可供选择的多种方案，使经营决策建立在准确的情报资料和正确的逻辑推理基础之上。第二，需求预测为企业确定目标市场提供决策依据。企业在市场营销活动中，有时会面临许多营销机会，这就需要企业作出正确的选择，以确定自己的目标市场。我们知道，评价市场吸引力有两个最主要的标准，这就是市场容量和市场增长。因此，企业决策者需要对整个市场的容量有多大、目标市场的容量又有多大、未来一定时间内市场容量将增大到什么程度、企业未来的销售潜力如何等方面的发展趋势进行详细分析、预测和判断，只有这样才能准确地确定出企业的目标市场。第三，需求预测是企业制定营销策略的前提条件。企业制定市场营销策略是以企业和市场发展变化的种种可能为背景的，因而，企业只有在市场前景、产品、定价、分销、促销等方面作出准确预测后，才能在相关方面制订正确的营销策略，使企业的发展目标建立在可行的基础上。第四，需求预测是提高企业竞争能力和经营管理水平的重要手段。在市场经济条件下，企业的生存和发展与市场息息相关。企业加强市场需求预测工作，掌握市场需求的动态变化，就能在经营上取得主动权，根据需求变动及时调整生产经营方向，向市场提供适销对路的产品，加速资金周转，降低流通费用，提高经济效益，从而增强企业的竞争能力。现代企业为在激烈的市场竞争中求得生存和发展，必须不断提高自身的经营管理水平。而提高经营管理水平的关键是严格遵循客观经济规律的要求，运用科学的管理方法和技术手段，对生产经营活动进行有效的组织和控制。开展市场需求预测，可以提高人们对客观经济规律的认识程度，为正确制定经营决策、增强经营管理的自觉性、减少盲目性提供有效保证。

二、需求预测的类型和内容

（一）需求预测的类型

根据不同的分类标准，需求预测可有以下几种不同的分类方法：

（1）按整个经济活动划分，需求预测可分为宏观预测和微观预测。

宏观预测，是从宏观经济管理的角度，从国民经济全局出发，对整个国民经济发展的趋势进行预测，对整个国家的政治、经济、人口政策以及资源、能源、自然环境等综合开发和治理方面进行预测，对商品生产和流通总体的发展方向进行综合性的预测。它以整个社会经济发展的总图景作为参考对象，研究经济活动中各个有关的总量指标、相对指标和平均指标之间的联系和发展趋势。微观预测，是从企业角度对影响企业生产经营的市场环境以及企业生产的产品、市场占有率、经营活动进行的预测，它以单个经济单位的经济活动前景作为考察对象，研究各个单位的各项经济指标之间的联系和发展趋势。

（2）按预测时间的长短划分，需求预测可分为长期预测、中期预测、短期预测和近期预测。长期预测是指对五年至十年以上的市场发展前景的预测，中期预测是指对一年以上五年以下市场发展前景的预测。短期预测是指对三个月以上一年以下市场发展前景的预测。近期预测是指以日、周、旬、月为单位对三个月以下市场发展前景的预测。也有人将短期预测和近期预测合并，凡是一年以下的市场需求预测称之为短期预测。

（3）按预测方法划分，可分为定性预测和定量预测。定性预测是指凭人们的直觉或经验，对未来市场需求发展的一般变动方向和大致趋势所做的预测，它侧重在对经济过程本身性质的分析和预见。常用的方法有：购买者意向调查法、销售人员综合意见法、专家意见法等。定量预测是根据调查得到的数据资料，运用数学方法对未来市场的发展变化作出“量”与“度”的测算和判定。

（二）需求预测的内容

市场需求是经济发展的驱动力，是企业效益与生命的源泉。在一定的时间内，在特定的市场环境下，市场需求受人口变动、收入水平、价格变动、消费心理、政策条件等诸多因素的直接影响。因此，市场需求预测的内容也就不能排除上述诸因素的相关预测，具体包括：人口趋势预测、社会购买力预测、商品需求结构趋势预测、商品价格趋势预测、消费者需求偏好预测和内需与外需结构趋势预测等。

三、需求预测的特点和应遵循的基本原则

（一）需求预测的特点

1. 预测工作的超前性

预测对象的发展及相应的预测工作可分解为三个时期：当期、观察期和预测期。时间是无始无终的，而对预测对象的研究却是有限的。预测期的长短取决于预测目标的需要。对预测期作出的预测分析使我们把握预测对象的未来信息，为科学决策提供依据。

2. 预测信息的可测性

通过需求预测得到的关于预测对象的未来信息，通常可视为经营决策的目标，必须是可测度的、可量化的、可分解的。

3. 预测内容的时空性

需求预测对象都是在一定的时空中发生与发展的，关于预测对象的未来信息只能通过一

定的时间与空间特征反映出来并加以测度。对预测内容时空特性的理解有助于我们对预测方法做科学地划分和正确地选择。

4. 预测结果的近似性

预测结果的近似性正是其科学性的表现。导致预测结果的近似性有以下原因：

（1）预测对象未来发展趋势影响因素的复杂性。影响预测对象未来发展的因素是十分复杂的，是多元的且是动态的，主因与辅因、内因与外因彼此交织。因此，只要外部条件发生某些变化，预测对象未来发展方向也不可避免地会随之发生某些改变，而这种改变表现为一个过程。

（2）预测者对预测对象及其所处环境的认识的局限性。这种局限性表现在：第一，对复杂的影响因素此起彼落、此消彼长不可能完全把握；第二，对外部条件随机变化引起的预测对象未来运行规律的变动难以控制；第三，预测对象未来变化趋势的规律性变化是一个过程，换言之，其变化规律是逐渐显示出来的，而且被许多现象所掩盖，预测分析是在这一过程显现之前从已知推断未来，对过程的完全准确认识当然是困难的。

（3）预测模型的非精确性。预测模型只考虑影响预测对象未来变化的主要变量，而忽略了若干次要的变量，以此来简化运算。预测模型只能近似地反映客观情况，因而是非精确的。指明预测结果的近似性丝毫不影响对预测结果的科学评价。需求预测工作要求将预测结果的误差限制在允许的范围之内。

（4）预测分析的经验性。预测分析包括质的分析和量的分析，要求尽可能采用现代计算手段和先进的预测技术，即便如此，预测工作也不能排除预测工作者经验因素的影响，也不能排除预测工作者其他主观因素的影响。因此，预测分析质量的高低，同预测者的个人经历、实践经验与综合素质密切相关。

（二）市场需求预测应遵循的基本原则

1. 相关性原则

任何事物的发展变化都不是孤立的，事物之间存在相互依存的关系。我们可以找到一个或几个与预测对象密切相关的经济变量，通过分析彼此间的关联度实现对预测对象的预测。将影响关系作为预测出发点的原则称为相关性原则。

2. 惯性原则

预测的另一个原则是认为事物一般都有一个延续发展的过程，因而在市场需求预测中可以依据历史资料，对未来发展趋势做出某种判断。在预测中，定量预测技术一般以惯性原则为联络基础。

3. 类推性原则

事物的发展往往具有惊人的相似性。预测中可根据不同事物之间的相似性特点进行预测。

四、市场需求预测的程序

（一）确定预测目标

预测目标即预测的内容和目的（它依据企业在一定时期的任务和要解决的问题而定），这是市场需求预测工作的第一步，也是重要的一步，它依据市场及企业经营活动的需要，确定预测要解决什么问题，并根据预测所要解决的问题，拟定预测项目，制定预测计划，确定预测的地域范围要求、时间要求、各种指标及其准确性要求等。

（二）确定影响因素

预测目标确定之后，必须详细分析影响该预测目标的各种因素，并选择若干最主要的影响因素。确定影响因素需注意以下原则：首先，根据预测目标确定影响因素；其次，确定影响因素应尽可能详尽；最后，注意力应集中于确定主要影响因素。

（三）收集整理资料

调查收集资料是市场需求预测的基础工作，占有资料的多寡以及资料的可靠程度对预测结果都将产生直接影响。因此，应根据预测目标，去收集和占有各种有关的资料；并对市场调查所收集得来的资料进行认真的核实与审查，统一计算口径，分析整理，保证资料具有针对性、真实性、完整性和可比性。

（四）分析判断

分析判断是指对收集的历史和现实资料进行综合分析，对未来的发展变化趋势作出判断，为选择预测方法、建立预测模型提供依据。分析判断的内容是多方面的。首先，要分析各种市场影响因素对市场未来需求的影响。其次，要分析预测期内产、供、销关系及其变化。第三，要分析消费心理、消费倾向等对市场未来需求的影响。

（五）选择预测方法

市场预测的方法很多，各种预测方法都有它的适用范围和对所用资料的要求等，所以应根据预测目标和资料情况选择适用可行的预测方法。预测方法选择是否适当，将直接影响预测结果的可靠性。在预测过程中，为保证预测结果的准确性，可同时选用几种方法做初步估测，将估测结果进行比较，并根据理论分析和经验判断，选择最佳方法进行正式预测。

（六）实施预测

在进行预测时，如果是进行定性预测，就要在客观资料的基础上，凭主观的认识和经验，建立一定的逻辑思维模型并选定预测的具体方法，对未来加以判断。如果是定量预测，就要根据企业市场营销活动中各种因素、现象之间相互关联的数据资料建立数学模型，进行外延类推，通过计算将模型展开到未来（预测期）。预测结果出来后，还须用一定的检验方式对预测的准确程度加以评价，以修改和充实模型的预测结果。

（七）提出预测报告

预测报告对预测结果的阐述要简单明了，并对预测过程、预测指标、资料来源等作简单的说明。报告应及时传递到决策者，决策者应根据对预测成果的评价意见，从各种预测方案中，选择最佳预测方法或预测值作为决策和计划的依据。

预测报告是预测结果的文字表述。写好预测报告不仅是预测的完成步骤，而且也是对调研过程的总结和综合反映。预测结果能否对决策产生影响，与能否写好预测报告也有很大的关系。预测报告一般包括题目、摘要、目的、正文、结论与建议以及附录等部分。

写好预测报告是预测人员基本功训练的一项重要内容。撰写时还必须注意以下诸点：说清问题；易于理解；避免使用千篇一律的语言“套话”；注意事实，切忌华而不实、哗众取宠；文字精炼，篇幅不宜过长。

五、需求预测的方法

（一）定性预测的方法

1. 购买者意向调查法

购买者意向调查法是在市场研究中最常使用的一种市场需求预测方法。这种方法通过直接的形式征询潜在的购买者未来的购买量，同时，调查用户意见，分析用户的需求变化趋势，参照市场状况，测算出市场需求。由于市场需求是由未来的购买者来实现的，因此如果在征询中潜在的购买者如实反映自身购买意向的话，那么据此作出的市场需求预测将是相当有价值的。特别是在用户不多或主要用户不多的情况下，使用这种预测方法就更为有效。在应用这一方法时，对生产资料和耐用消费品的预测较非耐用消费品精确，这是因为对非耐用消费品的购买意向往往容易受到许多因素的影响而发生变化。购买者意向调查法在使用时也会受到许多条件的限制。尤其是在用户较多的情况下，要对每一个购买者进行访问，事实上是难以做到的，即使能够做到，也会占用大量的人力，支出较多的调查费用；另外有些购买者不愿意吐露真实的购买意向，增加了信息的不确定性。

2. 销售人员意见综合法

市场需求预测中，充分发挥销售人员的作用是合适的，由于他们直接参与市场上各种营销活动，因而对消费者、企业竞争对手的情况及其市场供求关系的变化动向比较了解，特别是对自己负责的营销范围内的情况更为熟悉。这种方法要求每一位预测者就用户需求及发展趋势、竞争对手状况、产品销售量等作出各自的预测，然后在分析综合他们意见的基础上，作出企业市场预测。这种预测方法的优点在于：能获取丰富的第一手资料和得出近乎实情的预测，在市场因素剧烈变化时，企业能较快地作出反应。但是，一般情况下，这种预测结果需进一步修正。因为：销售人员的判断具有较多的主观因素，容易受个人的认识水平和偏见的影响，受最近营销成败的影响而对于市场发展趋势过于乐观或悲观；由于所处地位的局限性，他们通常意识不到宏观经济的发展变化及其影响，或对企业营销整体规划不甚了解；有时销售人员为减少分配定额而故意低估未来销售额，或为获取额外利益，有意扩大营销风险，压低预测效益。

【例 3-1】 运用销售人员综合意见法进行需求预测。

表 3-1　　销售人员综合意见法

销售人员	预测项目	销售量	概率	销售量×概率
A	最高销售量	900	0.5	450
	适中销售量	800	0.3	240
	最低销售量	600	0.2	120
	期望值			810
B	最高销售量	800	0.6	480
	适中销售量	600	0.5	300
	最低销售量	500	0.2	100
	期望值			880
C	最高销售量	1000	0.2	200
	适中销售量	800	0.5	400
	最低销售量	700	0.3	210
	期望值			810

如果三个销售人员素质接近，权重相同，则平均销售预测值为 833。

3. 专家意见预测法

专家意见预测法以专家为索取信息的对象，其预测的准确性，主要取决于专家的专业知识和与之相关的科学知识基础，以及专家对市场变化情况的洞察程度，因此，依靠的专家必须具备较高的水平。专家意见法在实际应用中有多种形式，具体有：

(1) 专家会议法

专家会议法是由预测主持者组织一个专家小组，由这些专家针对预测问题提出各自的估计，然后交换意见，经过讨论，提出小组预测。这种方式的缺点是，小组成员容易屈从于某个权威，不愿提出不同的意见，使预测组织者最后综合的意见不一定能完全反映出与会者的正确意见。

(2) 单独预测集中法

即由每位专家单独提出预测意见，再由项目负责人综合专家的意见得出结论。

(3) 德尔菲法

现在应用较普遍的方法是德尔菲法。它于40年代由美国兰德公司首先创立，是市场营销预测中应用广泛的一种定性方法。具体做法是：聘请一批专家，采用问卷或表格的形式，征询专家的匿名预测意见，将得到的初步结果综合整理，再随问卷或表格重新发给专家，要求专家在反馈信息的引导下对原有的预测进行修正或不予修正，然后把这些意见再行汇总。这一过程经过多次反复，当专家意见趋于一致时，对最后一轮征询预测问卷或表格进行统计整理，得出预测结果。

德尔菲法具有如下特点：第一，真实性。在整个预测过程中，专家们彼此之间不发生联系，完全消除了心理因素的影响，使之独立自主进行判断，因而预测结果真实；第二，多向反馈性。它是一个征询—答复—反馈—再征询—再答复—再反馈……的多重反复过程，有利于预测的修改和完善；第三，数字化与统计性。即它要求用表格形式与定量的表达方法进行专家间的交流与意见征询，因而预测结果便于汇总统计，也更具科学性、准确性。

【例3-2】 利用德尔菲法，预测某型号微波炉投放某一市场后的年销量。假设选择了15位专家，他们分别进行了三次分析预测，第三次分析预测的结果见表3-2。

表3-2　某型号微波炉年销售量专家预测分析表　单位：台

专家小组成员		1	2	3	4	5	6	7	8	9	10	11	12	13	14	15	合计	平均值
第三次判断	最高经售量	900	900	700	860	600	1000	800	700	700	720	900	800	800	840	900	12120	808
	最可能经售量	600	770	600	600	500	800	600	600	500	600	720	600	700	700	800	9690	646
	最低经售量	480	500	400	450	220	600	440	400	330	350	500	400	500	550	660	6780	452

对专家第三次分析预测结果，需要进行统计处理，求得最后预测值。可以采用两种方法对其数据进行处理。

第一种方法：算术平均法。

最高销售量＝12 120/15＝808(台)

最可能销售量＝9 690/15＝646(台)

最低销售量＝6 780/15＝452(台)

最后预测值采用加权平均的方法，分别给最高销售量、最可能销售量、最低销售量的权数比为：0.3、0.5、0.2，则综合预测值为：

$$808\times0.3+646\times0.5+452\times0.2=656(\text{台})$$

即年销售量为656台。

第二种方法：运用中位数求预测值。

第三次判断数据分别按其数值大小进行排列。

最高销售量：1 000，900，860，840，800，720，700，600

中位数位于第四项和第五项之间。中位数＝(840＋800)/2＝820

最可能销售量：800，770，720，700，600，500

中位数位于第三项和第四项之间。中位数＝(720＋700)/2＝710

最低销售量：660，600，550，500，480，450，440，400，350，330，220

中位数位于第6项的位置，中位数＝450

运用上述同样的概率，确定综合预测值为：

$$820\times0.3+710\times0.5+450\times0.2=691(\text{台})$$

即微波炉在某市场的年销售量为691台。

专家意见法的主要优点是：预测过程迅速，成本低；在预测过程中各种不同的观点都可以表达并加以调和；如果缺乏基本的数据，可以运用这种方法加以弥补。

专家意见法的主要缺点是：专家意见未必能反映客观现实；责任较为分散，估计值的权数相同；一般仅适用于总额的预测，而用于区域、顾客群、产品大类等的预测时可靠性较差。

（二）定量预测方法

1. 时间序列预测法

时间序列是指按时间前后顺序罗列的有关经济变量的一组数据。根据事物发展变化的连贯性原理，通过对时间序列数据的分析，可以找出某种经济变量或市场需求的变化规律。利用分析时间序列数据取得的这些规律来进行预测，称为时间序列分析法。

在应用时间序列数据对经济变量的未来变化趋势进行预测时，通常以如下三点假设为前提：假设事物发展总存在一个过程；假设事物只发生量变而不发生质变；假设时间是影响预测目标的唯一变量。要正确地应用时间序列分析法进行市场预测，一要注意数据的完整性；二要注意数据资料的可比性；三要保证数据资料的一致性。

时间序列分析法的根据是：过去的统计数据之间存在着一定的关系，而且这种关系利用统计方法可以揭示出来。过去的销售状况对未来销售趋势有决定性的影响，销售额只是时间的函数。因此企业利用这种方法预测未来的销售趋势。

时间序列分析法的主要特点是，以时间推移研究和预测市场需求趋势，不受其他外界因素的影响。不过，在遇到外界发生较大变化，如国家政策发生变化时，根据过去已发生的数据进行预测往往会有比较大的偏差。

产品销售的时间序列，可以分成四个组成部分。

一是趋势，它是人口、资本积累、技术发展等方面共同作用的结果。利用过去有关的销售资料描绘出销售曲线就可以看出某种趋势。

二是周期，企业销售额往往呈现出某种波状运动的特征，因为企业销售一般都受到宏观经济活动的影响，而宏观经济活动总呈现出某种周期性波动的特点。周期因素在中期预测中尤其重要。

三是季节，季节指一年内销售量变动的形式。季节一词在这里可以指任何按小时、月份或季度周期发生的销售量变动形式。这个组成部分一般同气候、假日、贸易习惯等有关。季节形式为预测短期销售提供了基础。

四是不确定事件，包括自然灾害、战争恐慌、一时的社会流行时尚和其他一些干扰因素。这些因素属不正常因素，一般无法预测。应当从过去的数据中剔除这些因素的影响，考察较为正常的销售活动。

时间序列分析就是把过去的销售序列 Y 分解成为趋势 T、周期 C、季节 S 和不确定因素 E 等组成部分，通过对未来这几个因素的综合考虑，进行销售预测。这些因素可构成线性模型，即 $Y=T+C+S+E$

也可构成乘数模型，即 $Y=T\times C\times S\times E$

还可以是混合模型，如 $Y=T\times(C+S+E)$

由于采用的方法不同，时间预测法又可分为若干不同的种类。

（1）简单平均数法。它是根据观察期的数据计算算术平均数，以此作为下期的观察值。这种方法简单易行，但精确度差，不能充分反映发展趋势和季节变动影响，适用于短期预测。其计算公式为

$$\overline{X}=\frac{\sum_{i=1}^{n}x_i}{n}$$

式中 $\overline{X}$——算术平均值，即预测数；

x_i——第 i 期的观察值（$i=1$，2，…，n）；

n——总体中数据的个数。

【例 3-3】 某电视机厂 1 月份至 6 月份实际销售电视机分别是 44 万台、50 万台、45 万台、60 万台、55 万台、70 万台，现要预测 7 月份的销售量。计算如下

$$\overline{X}=\frac{44+50+45+60+55+70}{6}=54\text{ 万台}$$

54 万台为 1 月份至 6 月份的平均销售量，也就是 7 月份销售量的预测值。

（2）加权平均数法。对不同时期的观察值根据其重要性的不同，分别给予不同的权数处理后再求平均数。一般给近期数据的权数大，给远期数据的权数小，这样可体现各期数据的不同影响程度，减少误差，因而预测结果比简单平均数法准确。其计算公式为

$$\overline{Y}=\frac{\sum_{i=1}^{n}\omega_i x_i}{\sum_{i=1}^{n}\omega_i}$$

式中 $\overline{Y}$——加权平均数，即预测值；

x_i——观察值（$i=1，2，\cdots，n$）；

ω_i——各观察值对应的权数。

【例 3-4】 若上例中 1 月份至 6 月份各月销售量的权数分别为 $w_1=2$，$w_2=1$，$w_3=2$，$w_4=2$，$w_5=3$，$w_6=4$，则

$$\overline{Y}=\frac{44\times 2+50\times 1+45\times 2+60\times 2+55\times 3+70\times 4}{2+1+2+2+3+4}=56.64\text{ 万台}$$

56.4 万台为 1 月份至 6 月份销售量的加权平均数，也就是 7 月份销售量的预测值。

（3）移动平均法。移动平均法是在简单平均数法的基础上发展起来的。它是将观察值按顺序逐点分段移动平均，以反映出预测对象的长期发展趋势。其具体做法是：将观察期的数据由远而近按一定跨越期进行平均，取其平均值，随着观察期的推移，按既定跨越期的观察期数据也相应向前移动，逐一求得移动平均值，并将接近预测期最后一个移动平均值，作为确定预测值的依据。移动平均法的计算公式为

$$M_t=\frac{Y_t+Y_{t-1}+\cdots+Y_{t-n+1}}{n}$$

式中 M_t——第 t 期的移动平均值；

Y_i——第 i 期的观察值（$i=t，t-1，\cdots，t-n+1$）；

n——移动期数也称跨越期数。

用移动平均法进行预测，本期的移动平均值就是下一期的预测值。即

$$\hat{Y}_{t+1}=M_t$$

（4）指数平滑法。指数平滑法是对移动平均法的改进和发展，是一种特殊的加权平均移动法。指数平滑法是将全部的历史数据而不是一组历史数据参与平均，且对历史数据不是采用算术平均而是采用加权平均，近期的历史数据加较大的权数，远期历史数据加较小的权数，这和近期历史数据对预测有较大影响，远期历史数据则影响较小是相一致的。

指数平滑法的计算公式是

$$S_{t+1}=\alpha Y_{t+1}+(1-\alpha)S_t$$

式中 S_{t+1}——第 $t+1$ 期的指数平滑值；

Y_{t+1}——第 $t+1$ 期的观察值；

S_t——第 t 期的指数平滑值；

α——指数平滑系数 $0\leqslant\alpha\leqslant 1$。

利用指数平滑法进行预测时，一般是将上一期的指数平滑值作为下一期的预测值。即

$$\hat{Y}_{t+1}=S_t$$

同时直接取 $S_1=Y_1$

注意：不同 α 的值，得出的预测值不同。一般地讲，对于呈水平变动趋势且变动幅度不大的数据，预测时 α 值宜取小些；对缓慢的线性上升或下降趋势且变动的幅度较大的数据，预测时 α 值则宜取大些。在实际预测中，可选择不同的 α 值进行试算，然后比较不同的 α 值下的预测误差，选取预测误差相对较小的 α 值进行预测。

【例 3-5】 某公司 10 月份预测销售额为 100 万元，而该月实际销售额为 106 万元，现

要预测该公司 11 月份的销售额。

解： 因为 $F_{10}=100$，$x_{10}=106$，

若取 $\alpha=0.1$，则

$$F_{11}=\alpha x_{10}+(1-\alpha)F_{10}$$
$$=0.1\times106+(1-0.1)\times100=100.6\text{ 万元}$$

若取 $\alpha=0.2$，则

$$F_{11}=\alpha x_{10}+(1-\alpha)F_{10}$$
$$=0.2\times106+(1-0.2)\times100=101.2\text{ 万元}$$

2. 回归分析预测法

回归分析是一种因果分析预测的方法，即是研究变量与变量之间相互关系的一种数理统计方法。回归分析法就是通过研究引起未来状态变化的各种因素所起的作用，找出各种因素与未来状态的统计关系进行预测的方法，应用回归分析可以由一个或多个自变量去预测因变量的数值，回归技术可以处理一元或多元线性问题，也可以用来处理一元或多元非线性问题。由于回归分析有严密的理论基础和较成熟的计算分析方法，只要建立和选择的模型得当，就可以获得比较精确的预测结果，因此这一方法得到了广泛的应用。

回归分析预测的基本步骤：

第一，分析确定变量。用回归方法对需求进行估计时，先要确定变量之间是否存在依存关系，是线性关系还是非线性关系，与因变量对应的自变量是一个还是几个。

第二，收集变量数据。收集变量数据有两种方法，一是收集已有的二手资料，这种方法经济便捷，效率高。二是在没有二手资料或无法取得历史资料的情况下，可以通过市场调查法和市场试验法取得原始资料。

第三，确定回归方程。在需求估计中选定的模型要能充分反映因变量与自变量的依存关系，从而使需求估计与实际尽可能吻合。回归模型根据因变量与自变量的统计规律，呈线性关系的称为线性回归模型，呈曲线关系的称为非线性模型。

线性回归模型有以下两种。

一元线性回归模型，在模型中只有一个自变量的称为一元线性回归模型。如

$$Y=\alpha+\beta X$$
$$Q=\alpha-bP$$

多元线性回归模型，在模型中有多个自变量的称为多元线性回归模型。如

$$Q=\alpha+\beta_1P+\beta_2I+\beta_3A+\beta_4P_i$$

在预测中可以假设其他各项不变为常数，来分别估计各个自变量对需求量的影响或价格弹性、收益弹性和交叉弹性，这样多元线性模型转变为一元线性模型。线性模型第一个特性是通常采用最小二乘法（又称最小平方方法）估计模型的参数，使估计值与实际值偏离最小；第二个特性是自变量每变动一个单位，需求变动的边际值不变，即保持为常数。

非线性模型中自变量一般都有其幂函数，如

$$Q=\alpha P^{\beta 1}I^{\beta 2}A^{\beta 3}P_i^{\beta 4}$$

这种幂函数可以通过对数转换成线性形式

$$\log Q=\log\alpha+\beta_1\log P+\beta_2\log I+\beta_3\log A+\beta_4\log P_i$$

然后用最小二乘法估计参数。

第四，估计模型的参数，建立预测方程。选择确定了回归模型之后，要取得模型中各参数的具体数值，才能建立起一个能实际用于需求估计的模型。计算参数的方法有多种，常用的是最小二乘法。现仅对一元线性回归分析法作一下介绍。

一元线性回归分析法是利用预测对象（因变量）与一个影响因素（自变量）之间的线性相关关系进行预测的一种方法，也称为直线拟合法。当历史数据的变化趋势接近直线时，可用一元线性回归分析法进行预测，其主要步骤是——确定预测目标和影响因素；收集整理历史统计数据，建立一元线性回归方程

$$y = a + bx$$

式中：y 是因变量；x 是自变量；a、b 称为回归系数。

对 a、b 的计算公式可以引用如下

$$a = \bar{y} - b\bar{x}$$

$$b = \frac{\sum(x_i - \bar{x})(y_i - \bar{y})}{\sum(x_i - \bar{x})^2}$$

式中　x_i——自变量（实际值）$i=1, 2, \cdots, n$；

y_i——因变量（实际值）$i=1, 2, \cdots, n$；

$\bar{x}$——n 个 x 值的平均值，即 $\bar{x} = \frac{1}{n}\sum x_i$；

$\bar{y}$——n 个 y 值的平均值，即 $\bar{y} = \frac{1}{n}\sum y_i$。

第五，用模型进行预测。

由得出的回归方程 $y=a+bx$ 进行预测，并对预测结果进行分析。

六、应用举例

【例 3-6】 某省 1993～2004 年国内生产总值和固定资产投资完成额资料见表 3-3。

表 3-3　**一元线性回归模型计算表**　单位：亿元

年　份	国内生产总值 y	固定资产投资完成额 x	xy	x^2	y^2
1993	195	20	3 900	400	38 025
1994	210	20	4 200	400	44 100
1995	244	26	6 344	676	59 536
1996	264	35	9 240	1 225	69 696
1997	294	52	15 288	2 704	86 436
1998	314	56	17 584	3 136	98 596
1999	360	81	29 160	6 561	129 600
2000	432	131	56 592	17 161	186 624
2001	481	149	71 669	22 201	231 361
2002	567	163	92 421	2 669	321 489
2003	655	232	151 960	53 824	429 025
2004	704	202	142 208	40 804	495 616
合　计	4 720	1 167	600 566	175 661	2 190 104

试配合适当的回归模型并进行显著性检验。若 2005 年该省固定资产投资完成额为 249 亿元，当显著性水平 $\alpha=0.05$ 时，试估计 2005 年国内生产总值的预测区间。

1. 绘制散点图

设国内生产总值为 y，固定资产投资完成额为 x，绘制散点图（图略），由散点图形看出两者为线性关系，可以配合一元线性回归模型。

2. 建立一元线性回归模型

$$\hat{y}=a+\hat{b}x$$

3. 计算回归系数

列表计算有关数据，见表 3-3，由计算结果得：

$$\hat{b}=\frac{n\sum xy-\sum x\sum y}{n\sum x^2-(n\sum x)^2}=\frac{12\times 600\ 566-1\ 167\times 4\ 720}{12\times 175\ 661-1\ 167^2}$$

$$=\frac{1\ 698\ 552}{746\ 043}=2.2767$$

$$\hat{a}=\frac{\sum y}{n}-b\frac{\sum x}{n}=\frac{4\ 720}{12}-2.2767\times\frac{1\ 167}{12}=171.9243$$

所求回归预测模型为

$$\hat{y}=171.9243+2.2767x$$

4. 检验线性关系的显著性

$$R=\frac{n\sum xy-\sum x\sum y}{\sqrt{n\sum x^2-(\sum x)^2}\ \sqrt{n\sum y^2-(\sum y)^2}}$$

$$=\frac{12\times 600\ 566-1\ 167\times 4\ 720}{\sqrt{12\times 175\ 661-1\ 167^2}\ \sqrt{12\times 2\ 190\ 104-4\ 720^2}}$$

$$=\frac{1\ 698\ 552}{\sqrt{746\ 043}\ \sqrt{4\ 002\ 848}}=0.9829$$

当显著性水平 $\alpha=0.05$，自由度$=n-m=12-2=10$ 时，查相关临界值表，得 $R_{0.05}(10)=0.576$，因 $R=0.9829>0.576=R_{0.05}(10)$，故在显著性 $\alpha=0.05$ 的水平上，检验通过，说明两变量相关关系显著。

5. 预测

（1）计算估计标准误差。

$$S_y=\sqrt{\frac{\sum y^2-\hat{a}\sum y-\hat{b}\sum xy}{n-2}}$$

$$=\sqrt{\frac{2\ 190\ 104-171.9243\times 4\ 720-2.2767\times 600\ 566}{12-2}}$$

$$=\sqrt{\frac{11\ 312.6918}{10}}=33.6343$$

（2）当显著性水平 $\alpha=0.05$，自由度$=n-m=12-2=10$ 时，查 t 分布表得

$$t_{0.05}(10)=2.228$$

（3）当 $x_0=249$ 亿元时，代入回归模型得 y 的点估计值为

$$\hat{y}_0=171.9243+2.2767\times 249=738.8226\text{ 亿元}$$

预测区间为

$$\hat{y}_0 \pm t_{a/2}(n-m-1)S_0 \cdot S_y\sqrt{1+\frac{1}{n}+\frac{n(x_0-\overline{x})^2}{n\sum x^2-(\sum x)^2}}$$

$$=738.8226 \pm 2.228 \times 33.6343 \times \sqrt{1+\frac{1}{12}+\frac{12\times 151.75^2}{746\ 043}}$$

$$=738.8226 \pm 2.228 \times 33.6343 \times 1.2057$$

$$=738.8226 \pm 90.3518$$

即当2005年全省固定资产投资完成额为249亿元时，在$\alpha=0.05$的显著性水平上，国内生产总值的预测区间为648.4708～829.1744亿元。

回归分析的目的有两个，一是估计真实需求函数的参数；二是检验这些参数的估计值在统计上是否显著。在运用回归分析时，经常会有一些问题，使得结果可能有虚假性，从而会误导决策者的决策和预测。因此在使用回归分析法进行需求估计时要注意以下几个问题：

（1）当采用回归分析时，假设解释变量之间是线性无关的，如果这个假设被违背，就会产生多重共线性问题。

（2）当误差项的方差不是常数时，会产生异方差问题，在很多情况下，异方差性可以被减少或消除，有时能通过对数据或方程的变形来消除。如果不行，就有必要采用加权最小二乘法处理。

（3）在采用时间序列数据时，若随机误差项在时间上不是独立的，就会产生自相关的问题。

（4）注意定性分析与定量分析的结合，回归方程等的建立都是基于现象之间所固有的客观联系之上的。而现象之间是否一定存在相关关系，主要是靠定性分析，即依据社会经济理论、专业知识、实际经验对事物进行分析来判定的。因此相关分析中的一切量化分析都应建立在定性分析基础之上。

（5）注意客观现象质的规定性。某些现象之间的相关关系在一定的限度内正相关，而超过某一界限，则可能是负相关。如果进行统计分析时不加区别，不注意现象间质的数量界限，就可能影响统计分析结论的可信度。还要注意偶然和个别因素的影响，这样才能保证统计分析的质量。

（6）注意对相关系数和回归直线方程的有效性进行检验。相关分析中所得出的回归系数、回归直线方程、估计标准误差等都是根据样本数据求得的，但所作的结论却是对总体的。这里存在一个由样本代表总体的问题。因此，使用相关系数、回归模型进行统计分析时，要对其有效性进行检验。

第四章 生产决策分析

教学目的：通过本章的教学，旨在使学生掌握供给曲线背后的生产者行为，即厂商作为经济人，为实现利润最大化，怎样以最小成本或最大产量的最优要素组合进行生产，论证厂商根据哪些因素和什么原则确定要素投入的合理范围与数量。通过学习，学生应掌握生产函数的含义及图形，各种产量变动的规律与相互关系，特别是从中分析生产要素的合理投入区域。同时掌握实现要素最佳组合的均衡条件，并能结合所学理论分析如何确定适度生产规模等现实问题。

主要内容：一种可变投入的产量曲线及关系、等产量线、等成本线、边际技术替代率、生产者均衡。

引例

Easyjet 航空公司

自从 1992 年欧洲放松了对航空业的管制，降低了对原有公司的保护和新进入者的限制以后，许多新的航空公司进入欧洲的航空市场（这使得产业供给曲线向右移动），这其中就有 Easyjet 航空公司。现有的航空公司所获得的高额利润源于相对于供给不断增加的需求，这表明欧洲的航空市场对新进入者有极大的吸引力。但同时，航空业也是一个进入成本很高的行业。所以，为了成为竞争的胜者，许多新公司选择了少数的航线开始运营。同时，这些公司都力图以比现有公司更低的成本和价格来飞行。因此，对于航空业的供给函数而言，关键变量是自身的价格、替代品的价格（其他航空公司）和成本。

从一开始，Easyjet 航空公司就着手把自己塑造成一个廉价的航运服务提供者的形象，这促使公司不得不仔细研究如何做才能实现其目标。公司对航线运营的各方面，尤其是飞行服务的提供方式及飞行成本都做了认真研究，以降低成本和价格。我们将在后面介绍 Easyjet 公司是如何做的。

对需求进行分析和估计，主要是为了解决企业生产什么、生产多少的问题，一旦企业了解到了对其产品的需求，就会将注意力转移到如何生产这些产品及相关的生产成本上来。假如企业希望获取利润，它必定会提高生产效率。为了高效率地生产某种特定的商品和服务，企业必须将有限的生产要素（如原料、设备、劳动力等）有机地结合起来，转变为最大的产出（商品或劳务）。本章研究企业如何将成本控制在最低，怎样组织生产才能使生产效率最高，即要研究如何用最少的投入生产出同样多的产出，或用同样多的投入生产出最大的产出。

第一节 生产函数

一、生产函数

企业进行生产的过程就是从投入生产要素到生产出产品的过程。在西方经济学中，生产要素一般被划分为劳动、土地、资本和企业家才能这四种类型。生产过程中生产要素的投入量和产品的产出量之间的关系，可以用生产函数来表示。

生产函数表示在一定时间内，在技术水平不变的情况下，生产中所使用的各种生产要素与所能生产的最大产量之间的关系。或者说，一组既定的投入与之所能生产的最大产量之间的依存关系。任何生产函数都以一定时期内技术不变为前提，技术的任何改进都会导致新的投入产出关系，从而产生新的生产函数，不同的生产函数代表不同的技术水平。

假定用 Q 表示所能生产的最大可能产量，用 X_1，X_2，X_3，X_4，…，X_n，表示某产品生产过程中各种生产要素的投入量，若不考虑可变投入与不变投入的区别，则生产函数可用如下一般表达式表示

$$Q = f(X_1,\ X_2,\ X_3,\ \cdots,\ X_n) \tag{4-1}$$

该生产函数表示在既定的生产技术条件下，生产要素组合（X_1，X_2，…，X_n）在某一时期所能生产的最大可能产量为 Q。

在经济学中，为了分析方便，通常假定只使用劳动和资本两种生产要素，如果用 L 表示劳动投入量，用 K 表示资本投入量，则生产函数可用下式表示

$$Q = f(L,\ K) \tag{4-2}$$

二、常见的生产函数

（一）固定投入比例生产函数

这一函数指生产过程中的各种生产要素投入数量之间都存在固定不变的比例关系，固定投入比例生产函数表示在每一产量水平上任何要素投入量之间的比例都是固定的。假定只用 L 和 K，则固定比例生产函数的通常形式为

$$Q = \min\left(\frac{L}{U},\ \frac{K}{V}\right) \tag{4-3}$$

式中：Q 代表产量；L 和 K 分别代表劳动和资本的投入量；U 为固定的劳动生产系数（单位产量配备的劳动数）；V 为固定的资本生产系数（单位产量配备的资本数）。在固定比例生产函数下，产量取决于较小比值的那一要素。这时，产量的增加，必须有 L、K 按规定比例同时增加，若其中之一数量不变，单独增加另一要素量，则产量不变。既然都满足最小比例，也就有

$$Q = L/U = K/V \tag{4-4}$$

（二）柯布—道格拉斯生产函数

柯布—道格拉斯生产函数，又称 C—D 生产函数，是一个非常著名的生产函数，是由美国数学家柯布和经济学家道格拉斯于 1982 年根据历史统计资料提出的。该生产函数的一般形式是

$$Q = AL^{\alpha}K^{\beta} \tag{4-5}$$

式中：Q 代表产量；L 和 K 分别代表劳动和资本的投入量；A 为规模参数，$A>0$；α 为劳动产出弹性，表示劳动贡献在总产量中所占的份额（$0<\alpha<1$），β 为资本产出弹性，表示资本贡献在总产量中所占的份额（$0<\beta<1$）。

柯布和道格拉斯通过对美国 1899～1922 年之间劳动、资本和产量的有关统计资料的估算，得出这一时期生产函数的具体形式为

$$Q = 1.01L^{\frac{3}{4}}K^{\frac{1}{4}} = 1.01\sqrt[4]{L^3}\ \sqrt[4]{K} \tag{4-6}$$

这一生产函数表示：在资本投入量固定不变时，劳动投入量单独增加 1%，产量将增加 1%的 3/4，即 0.75%；当劳动投入量固定不变时，资本投入量增加 1%，产量将增加 1%的 1/4，即 0.25%。这就是该劳动和资本对总量的贡献比例为 3∶1。

此外，柯布—道格拉斯生产函数规模报酬状况取决于 $\alpha+\beta$ 的数值大小。

若 $\alpha+\beta>1$，则规模报酬递增；若 $\alpha+\beta=1$，则规模报酬不变；若 $\alpha+\beta<1$，则规模报酬递减。

第二节　一种可变要素的生产函数

这里讨论的问题是假定只有一种要素的投入是变动的，其余的生产要素的投入是固定的。我们借助于这样一种变动投入的生产函数来讨论产出变化与投入变化的关系。一种可变要素如何投入，才能使生产产量最大化?

一、短期生产与长期生产

微观经济学的生产理论可以分为短期生产理论和长期生产理论。短期是指在这段时期内，生产者来不及调整全部生产要素的数量，至少有一种生产要素的数量是固定不变的时期。长期是指在这段时期内，生产者可以变动所有投入的生产要素（L，K）等的数量的时间周期。微观经济学常以一种可变生产要素的生产函数考察短期生产理论，以两种可变生产要素的生产函数考察长期生产理论。短期生产理论研究在其他投入要素量不变，只有一种投入要素的数量是可变的条件下（如在短期内现有的企业的厂房、设备都无法变更，要增加产量，只有增加劳动力），这种要素的最优使用量（这种使用量能使企业的利润最大）。这就是一种可变要素的最优利用问题。

由于短期内有些生产要素不能改变，我们称为固定投入是指当市场条件的变化要求产出变化时，其投入量不能随之变化的投入。例如，厂房、机器设备、土地等。而可以改变的生产要素称为变动投入，是指当市场条件的变化要求产出变化时，其投入量能立即随之变化的投入。例如劳动量的投入。固定投入与变动投入的划分是建立在长期与短期划分的基础之上的。

需要注意的是，西方经济学所说的短期和长期并不是一段规定的时期（如一年、十年），而是以能否变动全部生产要素投入的数量作为划分标准的，其时间长短视具体情况而定。例如，要想改变钢铁厂的炼钢设备数量可能需要 2 年的时间；而增加一家饮食店，并对其进行全新装修则只需几个月。

二、总产量函数、平均产量函数、边际产量函数

在短期生产中，由于只有一种生产要素可以改变，若假设仅使用劳动与资本两种要素，并设资本要素不变，劳动要素可变，短期生产函数可简记为

$$Q=f(L,\ \overline{K}) \tag{4-7}$$

（一）总产量函数、平均产量函数、边际产量函数

假设你要开一个面包店，除了租赁房屋、注册资金、购买设备和面粉之外，就要开始雇佣劳动力。问题在于你自己忙不过来的时候到底需要几个员工？员工是不是越多越好？

在短期内（规模不变），我们把投入要素分成固定投入和可变投入。面包商在开张之前，需要店铺、面包车间和机器设备，另外还需雇佣个别人从事管理（比如财务），这些都是固定投入（fixed inputs），他们的投入量不依赖于总产量水平。还有一些投入，如雇佣的生产

工人、购买的原料，这些就是可变投入（variable inputs），它们的数量随总产量变化而变化。除了投入要素，还需要了解总产量、平均产量和边际产量的概念及它们的相互关系。

总产量（total product）是在一定技术条件下，既定数量的一种变动投入要素所形成的最大产量。面包店所有工人生产面包的总量就是总产量（TP_L），假设面包商雇佣一个工人，面包店日产面包是 20 个；雇佣两个工人，面包店日产面包是 46 个……
公式为

$$TP_L = f(L, \overline{K}) \tag{4-8}$$

平均产量（average product）是指每单位可变投入要素的产出。在这里，平均产量是指每一个工人生产面包的平均产量（AP_L）。即一个工人的平均产量是 20 个面包，而两个工人的平均产量是 23 个面包……
公式为

$$AP_L = \frac{TP_L}{L} = \frac{f(L, \overline{K})}{L} \tag{4-9}$$

边际产量（marginal product）是增加（或减少）一个单位的要素投入所带来的产出变化量。在这里，边际产量（MP_L）是指每增加一个面包工人所生产的面包增量。即新增第一个工人的产量是 20 个面包，而新增的第二个工人的产量是 26 个面包……由于假定资本的投入量固定不变，产量随劳动投入量的变化而变化。公式为

$$MP_L = \frac{\Delta TP_L}{\Delta L} \quad 或 \quad MP_L = \lim_{\Delta L \to 0} \frac{\Delta TP_L}{\Delta L} = \frac{\mathrm{d}f(L, \overline{K})}{\mathrm{d}L} \tag{4-10}$$

根据表 4 - 1 我们看到劳动的边际产量会随着雇佣工人的增加而先增后减。先是边际产量（MP）递增，原因在于专业化分工可以提高效率。本来你一个人既要和顾客谈话又要收款，还要加工面包、送货上门（批发）。现在你可以节约任务转换的时间。但是，随着工人数量增加到一定的程度将出现边际产量递减的情况。在数值上，边际产量越来越少。在直观上，发现随着雇佣的工人越来越多，里边的工作环境就越拥挤不堪，就要更多地和别人共用设备，反而效率低下。原来专业化分工的收益越来越少，最终还会减少。

表 4 - 1　　劳动投入的变化与总产量、平均产量和边际产量的关系

面包工人数（人数）	总产量 TP（面包个数）	平均产量 AP（面包个数）	边际产量 MP（面包个数）
0	0	0	0
1	20	20	20
2	46	23	26
3	72	24	26
4	92	23	20
5	100	20	8
6	90	15	−10

请注意，这里我们假设劳动力都具有同样的工作效率、教育培训和工作经验。边际产量的递减并非因为新增工人素质差，而是因为相对资本而言，使用的工人过多了。上述关系可以用图形来表示。如图 4 - 1 所示（我们已用实线将图中各点连接成平滑线）。

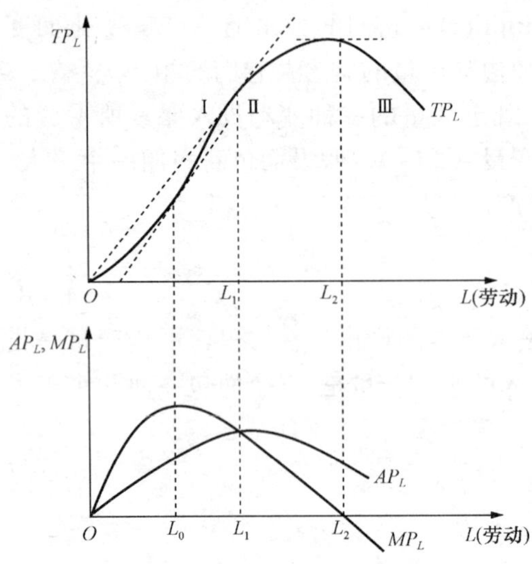

图 4-1 一种可变生产要素的生产函数的产量曲线（一）

1. 总产量曲线、平均产量曲线、边际产量曲线

根据面包房每天的总产量、边际产量和平均产量，绘出总产量、边际产量和平均产量三条曲线，如图 4-1 所示。

总产量曲线的特点：初期随着可变投入的增加，总产量以递增的增长率上升，然后以递减的增长率上升，达到某一极大值后，随着可变投入的继续增加反而下降。

平均产量变动的特点：初期，随着可变要素投入的增加，平均产量不断增加，到一定点达到极大值，之后随着可变要素投入量的继续增加，转而下降。

边际产量曲线变动的特点：边际产量在开始时，随着可变要素投入的增加不断增加，到一定点达极大值，之后开始下降，边际产量可以下降为零，甚至为负。边际产量是总量增量的变动情况，它的最大值在 TP 由递增上升转入递减上升的拐点 L_0 处。

2. 边际报酬递减规律

由表 4-1 和图 4-1 可以清楚地看到，在机器数量、车间面积等生产要素固定不变的条件下，在开始时，随着劳动力的增加，劳动力能与大量丰富的固定生产要素相结合，所以其边际产量是递增的，如 OL_0 段；但随着劳动力的继续增加，能与新增劳动力结合的固定生产要素越来越少，这时边际产量就会递减，如 OL_0 段以后。这一现象称为边际报酬递减规律。它可具体表述为“在技术水平不变的条件下，在连续等量地把一种可变生产要素增加到其他一种或几种数量不变的生产要素上去的过程中，当这种可变生产要素的投入量小于某一特定值时，增加该生产要素所带来的边际产量是递增的；当这种可变要素的投入量连续增加并超过这个特定值时，增加该要素投入所带来的边际产量是递减的。”需要指出的是这不是一种偶然现象，而是各行各业的一个普遍规律。边际报酬递减规律是以生产技术固定为前提的，若技术进步了，显然可使生产要素报酬递减现象延后出现，但不会使报酬递减现象消失。它以其他生产要素固定不变为前提，来考察一种可变要素发生变化时，其边际产量的变化情况。若每种要素同比例变化，产量变动的情况则属于生产规模报酬问题。例如，对于给定的 10 公顷麦田来说，在技术水平和其他投入不变的前提下，考虑使用化肥的效果。开始时，每增加 1 公斤化肥所能增加的农作物产量是逐步提高的。但当所施的化肥达到最佳效果即边际产量最大时，如果继续增加化肥施用量，每增加 1 公斤化肥所能增加的农作物的产量就会递减，此时增加化肥的使用量，就有可能不仅不增加农作物的产量，反而会导致农作物产量的减少。

边际报酬递减律能够解释许多生产现象。我国江浙地区农村人口密度较高，耕耘方式多为精耕细作。在这种情况下，多一个农民在田里耕作，虽还可增加一点产量，但其增量（劳动的边际产量）却微不足道。1958 年所谓“大跃进”曾提倡“合理密植”，但由于浮夸风、瞎指挥，到后来只有密植而没有合理，结果是田里只长青苗不结种子，颗粒无收，造成了中国历史上大规模的“人造灾害”。在工业部门，一个车间里有5台机床4个工人，若增加1个工人，这第5个工人可以操作那台闲置的机床，产量可以增加。此时若再增加1个工人，这第6个工人可做5个操作工人的助手，或乘他们休息时接替操作机床。他还能增加产量，但不会太多。设想往车间里继续增加第7、第8、第9个工人。第7个工人也许还可以帮些忙，那第8、第9个工人无疑是多余的。他们非但无事可干，而且碍手碍脚，弄不好，还闹出点纠纷来，干扰生产，总产量说不定还会降低。这就是说，当车间里的工人数不断增加时，劳动的边际产量越来越小，甚至可能为负。

收益递减是一个普遍的规律。如果收益不递减我们就会放弃其他土地，专耕这一块土地，在一块地上仅靠增加化肥的投入就会满足所有人的吃粮。这显然是荒谬的。生产如此，消费也是一样。肚子饿了吃一口馒头得到了最大的满足，以后越吃越觉得满足的感觉将减退。

对于一种可变生产要素的生产函数来说，边际产量表现出先上升而最终下降的规律，称之为边际报酬递减规律。原因在于，在任何产品的生产过程中，可变生产要素的投入量和固定生产要素的投入量之间都存在着一种最佳组合比例。

3. 三条曲线的相互关系（如图4-2所示）

总产量曲线与边际产量曲线之间的关系：当边际产量上升时，总产量以递增的速率增加；当边际产量为负值时，总产量绝对减少；某一点的边际产量就是某一点总产量的导数；边际产量为零的点就是总产量最大的点。只要边际产量是正的，总产量总是增加的。只要边际产量是负的，总产量总是减少的；当边际产量为零时，总产量达最大值点。

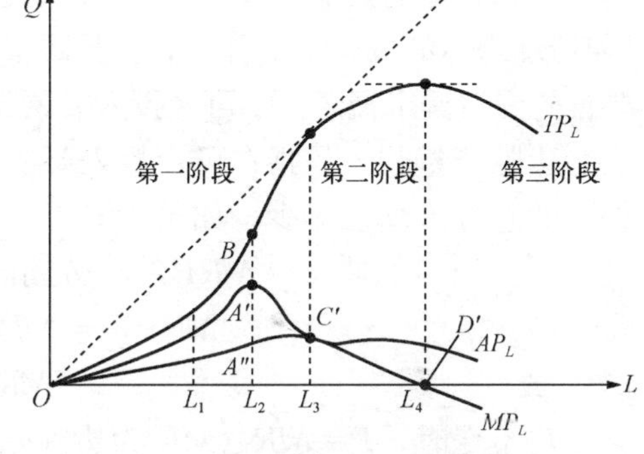

图4-2　一种可变生产要素的生产函数的产量曲线（二）

总产量曲线与平均产量曲线关系：连接总产量曲线上任何一点与坐标原点的线段的斜率，就是相应的平均产量值。

平均产量曲线与边际产量曲线的关系：当平均产量上升时，边际产量大于平均产量；当平均产量下降时，边际产量小于平均产量；当平均产量达到最大值时，边际产量等于平均产量。

4. 短期生产的三个阶段划分

根据短期生产的总产量曲线、平均产量曲线和边际产量曲线之间的关系，可以将短期生产划分为三个阶段。

第Ⅰ阶段（$O \sim L_3$ 阶段）：这一阶段劳动的平均产量递增，生产者不应停留的阶段。在这一阶段中，劳动的边际产量始终大于劳动的平均产量，从而劳动的平均产量和总产量都在上升，且劳动的平均产量达到最大值。说明在这一阶段，可变生产要素相对于不变生产要素投入量显得过小，不变生产要素的使用效率不高，因此，生产者增加可变生产要素的投入量就可以增加总产量，进一步降低成本。生产者将增加生产要素投入量，把生产扩大到第Ⅱ阶段。

第Ⅱ阶段（$L_3 \sim L_4$ 阶段）：劳动的平均产量递减，劳动的边际产量小于劳动的平均产量，从而使平均产量递减。但由于边际产量仍大于零，所以总产量仍然连续增加，但以递减的变化率增加。在这一阶段的起点 L_3，AP_L 达到最大，在终点 L_4，TP_L 达到最大。这一阶段由于总产量呈上升趋势，所以单位产品的固定成本呈下降趋势；又由于平均产量呈下降趋势，故单位变动成本呈上升趋势。固定成本和变动成本的运动方向相反，说明在这一阶段，有可能找到一点使两种成本的变动恰好抵消。在这一点上再增加或减少投入要素的数量都会导致成本的增加。所以，第二阶段是经济上合理的阶段，最优的可变投入要素的投入量只能在第二阶段中找到。

第Ⅲ阶段（L_4 之后）：负收益阶段，生产者不能进入的阶段。在这一阶段，平均产量继续下降，边际产量变为负值，总产量开始下降。这说明，在这一阶段，生产出现冗余，可变生产要素的投入量相对于不变生产要素来说已经太多，生产者减少可变生产要素的投入量是有利的。因此，理性的生产者将减少可变生产要素的投入量，把生产退回到第Ⅱ阶段。

由此可见，合理的生产阶段在第Ⅱ阶段，理性的厂商将选择在这一阶段进行生产。至于选择在第Ⅱ阶段的哪一点生产，要看生产要素的价格和厂商的收益。如果相对于资本的价格而言，劳动的价格相对较高，则劳动的投入量靠近 L_3 点对于生产者有利；如果相对于资本的价格而言，劳动的价格相对较低，则劳动的投入量靠近 L_4 点对于生产者有利。

三、单一可变要素最优投入量的确定

下面继续讨论在生产的第二阶段如何具体确定最优的可变要素投入数量。

假如企业的其他投入要素（如厂房设施、设备等）的投入量是固定的，只有一种投入要素（如劳动力）的投入量是可变的。要回答这种可变投入要素究竟投入多少才是最优的问题，需要首先弄清两个概念：①可变投入要素的边际产量收入；②可变投入要素的边际支出。

边际产量收入是指在可变投入要素一定投入量的基础上，再增加一个单位的投入量会使企业的总收入增加多少。如果 MRP_L 为可变投入要素 L（劳动）的边际产量收入，则有

$$MRP_L = \text{劳动的边际产量} \times \text{单位产品的价格}$$

$$MRP_L = MP_L \times P \qquad (\text{假定 } P \text{ 不变})$$

或

$$MRP_L = MP \times MR$$

P 不变时，$P=MR$（MR 为边际收益）

可变投入要素的边际支出（ME）是指在可变投入要素一定投入量的基础上再增加一个单位的投入量会使企业的总成本增加多少。

$MRP_L > ME$　此时企业通过增加劳动的投入量可以增加利润；

$MRP_L < ME$　此时企业通过减少劳动的投入量可以增加利润；

$MRP_L = ME$　此时企业利润达到最大。

假定印刷品的价格为每单位 0.3 元，工人的日工资率为 2.4 元，工人是该车间唯一的可变投入要素，该车间应雇佣多少工人?

假定工人是该车间唯一的可变投入要素时，该车间各种工人人数的边际产量收入和边际支出 ME（即支付给工人的工资 P_L）计算见表 4-2 所示。

表 4-2

工人人数	1	2	3	4	5	6	7	8	9	10
边际产量 MP_L(2)	13	17	30	44	30	22	12	8	4	0
边际产量收入 $MRP_L = 0.3 \times (2)$	3.9	5.1	9.0	13.2	9.0	6.6	3.6	2.4	1.2	0
边际支出（4）=2.4 $ME = P_L = 2.4$	2.4	2.4	2.4	2.4	2.4	2.4	2.4	2.4	2.4	2.4

从上表可以看出：

当雇佣 7 名工人时，$MRP_L(3.6) > P_L(2.4)$，不是最优；

当雇佣 9 名工人时，$MRP_L(1.2) < P_L(2.4)$，不是最优；

当雇佣 8 名工人时，$MRP_L(2.4) = P_L(2.4)$，利润达到最大。

结论：当 $MRP_L = P_L$ 时，可变投入要素的投入量为最优。此时，利润最大。

总之，在短期内，劳动力的工资水平一般不随产量的增加而增长，而且产品的价格也不变。在这种情况下，企业只有将劳力使用的数量确定在边际产量收入等于劳力工资水平的那一点上，才能实现利润最大化。如果变动投入要素 L 的边际产量大于增加单位劳力所支付的工资，增加劳动的使用量会使利润增加。与此相反，当增加单位劳力所支付的工资大于它的边际产量收入时，减少劳力的使用量会增加利润。

现将投入要素 K 固定，单独研究要素 L 的投入量与边际产量收入的关系。

设：总产量 $Q=f(L, K)$；生产成本 $C=g(L, K)$；销售价格为 P；利润为 π。

显然，$\pi=P\times Q-C$（K 既定，利润 π 是劳力 L 的函数）。若要使利润最大，必有

$$\frac{\partial \pi}{\partial L} = P \cdot \frac{\partial Q}{\partial L} - \frac{\partial C}{\partial L} = 0 \quad 即 \quad P \cdot \frac{\partial Q}{\partial L} = \frac{\partial C}{\partial L}$$

$$P \cdot \frac{\partial Q}{\partial L} = MR_L(或 MRP_L)$$

$$MR_L(或 MRP_L) = MC_L = P_L$$

$$\frac{\partial C}{\partial L} = MC_L$$

结论：企业要想使利润最大，总是要增加某投入要素的使用量，直到它的边际产量收入等于它的边际成本为止。只有 L 的使用量在 $MR_L=MC_L$ 的水平上，利润才能达到最大，L 这种投入要素才算得到最佳利用（对投入要素 K 来说也是这样）。

四、理论运用

（一）土地的边际收益递减与城市化

我国是世界上人与地关系最紧张、农业劳动集约度最高的国家之一。务农人数多，农业的产出很低，是我国穷的根本原因。改革开放之后，一方面随着人口增加，土地边际收益递减规律仍然发生作用，另一方面经济建设的发展使耕地面积减少，因而有限土地上的就业压力进一步增加。

在 20 世纪 80 年代，农业剩余劳动力的转移主要以发展乡镇企业为载体，采取了“离土不离乡，进厂不进城”的内部就地转移方式。据统计，1978～1992 年期间，乡镇企业共吸收 7 500 多万农村劳动力。然而，进入 90 年代以后，乡镇企业由于技术进步加快，资本密集程度迅速提高，吸纳剩余劳动力的能力明显下降。

在农村内部就业潜力有限的情况下，农业剩余劳动力必然会离开土地，告别家乡，加入流动大军的行列。可以说，90 年代以来“农民工”向城市的大流动，不过是未来相当长的一个时期内，农村劳动力跨地区转移的序曲。有人估计农业剩余劳动力的转移要到 2050 年才能最终完成。

过去 20 年，我国的城市化进程缓慢，2000 年我国城市化水平为 36％，低于发展中国家 45％的平均水平。目前 64％的人还在农村住着。未来的二十年中至少有五亿人口要进城，此间我国的城市人口要翻番。而城市化具有巨大的经济效益，又不要求很大空间和传统要素

投入。因此，加快城市化进程是必然选择。

（二）人多真的好办事吗？

人（劳动力）只有与资本保持合适的比例，才能高效率地生产财富。所以，人多好办事是有条件的，即劳动力与资本之间必须保持合理的比例关系。如果一味只增加劳动力，没有资本的相应增加，只会导致生产率的下降。

设想一下，如果汽车的需求增加了。为了适应这一增加，汽车制造商起初可以靠增加工人来增加产量，但这是有限度的，一旦工人人数达到最优，再增加工人，就会导致成本的增加和利润的降低。如果汽车需求的增加是持久的，更明智的做法应当是扩建，既增加工人，又增加设备。又比如种地，要提高土地的产量，光靠增加劳动量也是行不通的。我国“大跃进”期间，在土地上大搞“人海战术”，并没有收到效果，就是例证。为什么我国要实行计划生育？一个最重要的原因，就是国家的耕地和其他许多资源是有限的，如果人口（劳动力）无限地增长，就必然会导致生产率的下降，从而降低人民生活的水平。

如果仅靠增加劳动力真的能无限增产，那么，在一家汽车厂里就能制造出全世界需要的汽车来，在一亩土地上就能长出全球人口所需的粮食来。显然，这是不可能的，因为有边际收益递减规律在起作用。

五、课堂讨论

1. 用边际生产力递减规律说明在人民公社期间，众多农民加上山下乡的城市知识青年在农村务农，为什么这么多的人口还是解决不了吃饭问题？

2. 试谈谈近几年来在我国企业中推行的“减员增效”的道理。

第三节 多种投入要素的最优组合

在实际产品的生产过程中，特别是在长远规划中，往往需要有多种投入要素，各种投入要素之间有可能在一定限度内互相替代。因而同一产量的某种产品就可以通过不同比例的投入要素来生产。例如，建一个一定规模的织布厂，需要用设备和劳动力。可以采用先进的技术织布，即使用贵重的设备与少量劳动力相组合；也可以用手工织布，即使用便宜的设备与较多的劳动力相组合。可见，在确定如何新建一个织布厂时，在设备与劳动力之间是可以互相替代的。又如，盖一定建筑面积的厂房，需要土地、建筑材料与人工。可以盖平房，即用较多的土地和较少的建筑材料与人工相结合；也可以盖高楼，即用较少的土地和较多的建筑材料与人工相结合。可见，为了盖一定建筑面积的厂房，在土地和建筑材料与人工之间也是可以互相替代的。既然投入要素之间可以互相替代，在这种情况下，企业将面临一个最优组合的问题，企业可以有以下两种选择：一是在资源（如资金）既定情况下，如何优化投入组合，才能实现产量最大化；二是在保持一定的产量水平下，如何通过优化投入组合，才能使成本达到最小。为了寻找最优投入要素组合，需要利用等产量曲线和等成本曲线进行理论分析。

一、等产量曲线的类型和特征

（一）等产量曲线的概念

等产量曲线是在技术水平不变的条件下，生产同一产量的两种生产要素投入的所有不同组合点的轨迹，见表 4-3。

表 4-3 等产量表

资本＼劳动	1	2	3	4	5	资本＼劳动	1	2	3	4	5
1	20	40	55	65	85	4	65	85	100	110	115
2	40	60	75	85	90	5	75	90	105	115	120
3	55	75	90	100	105						

表中数据表示不同劳动与资本投入量组合能够提供的最大产出量（即技术上最有效率的产出量）。从横向看，在资本投入量固定时产出随着劳动投入增加而增加；从纵向看，在劳动投入量固定时产出随着资本投入增加而增加。将表中产量相等的要素组合点光滑地连接起来，即为等产量曲线，如图 4-3所示。

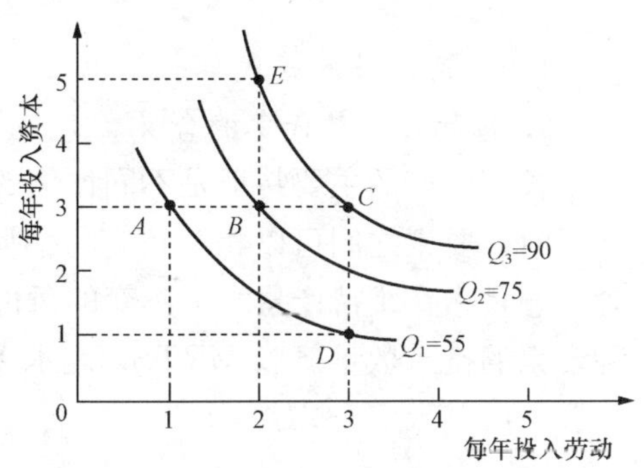

图 4-3 等产量曲线

（二）等产量曲线的特征

图 4-3 中等产量线的集合又称作等产量图，它描述了企业的生产函数，即通过采用一定技术和不同投入品组合来获得不同数量的产出。等产量曲线具有以下的特征：在同一平面内，可以有无数条等产量曲线。同一条等产量曲线代表同样的产量，不同的等产量曲线代表不同的产量。离原点越远（或处于较高位置）的等产量曲线所代表的产量越高，反之则越低；在同一平面上，任意两条等产量曲线不能相交；在等产量曲线上，产出维持不变，但投入要素的比例不断变化，没有一处相同；等产量曲线是一条凸向原点的曲线。

（三）等产量曲线的类型

1. 投入要素之间完全不能替代

如生产自行车，在投入要素车架和车轮之间是完全不能替代的。这种等产量曲线的形状是一条直角线。直角型等产量线表示在技术条件不变时，如果两种生产要素只能采用一种固定比例进行生产，说明两种生产要素不能互相替代。如图 4-4 所示，图中等产量线的顶角（如 A、B、C 点）代表投入要素最优组合点。比如生产 q_1 的产量，可以用劳动 L_1 和资本 K_1，如果资本固定在 K_1 上，无论 L 如何增加，产量也不会变化。同样的道理也适用于劳动固定不变的情形。只有当劳动和资本同时按固定比例增加，如图中从 A 点到 B 点，才会使产量从 q_1 增加到 q_2。这种等产量曲线中，单独增加的生产要素的边际产量为 0。

2. 投入要素之间完全可以替代

例如，在发电生产中，如果发电厂的锅炉燃料既可全部用煤气又可全部用石油（当然也可以部分用煤气、部分用石油），我们就称这两种投入要素是完全可以替代的。这种等产量曲线的形状是一条直线。如图 4-5 煤气和石油的替代比例是个常数。

3. 投入要素之间的替代是不完全的

例如，在生产中，设备能够在一定程度上替代劳动力，但不可能替代所有的劳力，就属于这种情况。这种等产量曲线的形状一般为向原点凸出的曲线，如图 4-3 所示。

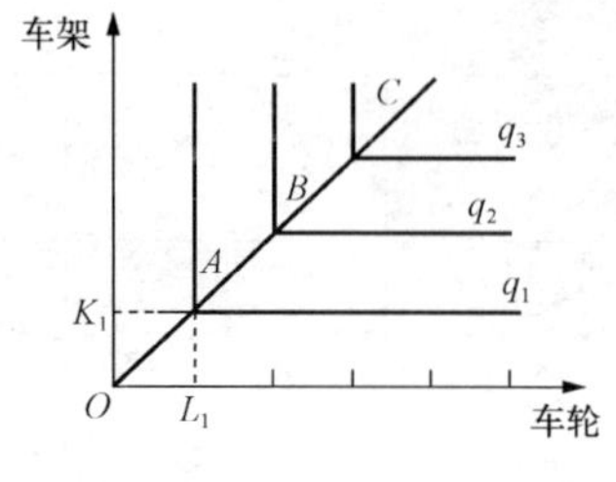

图 4-4 完全不能替代

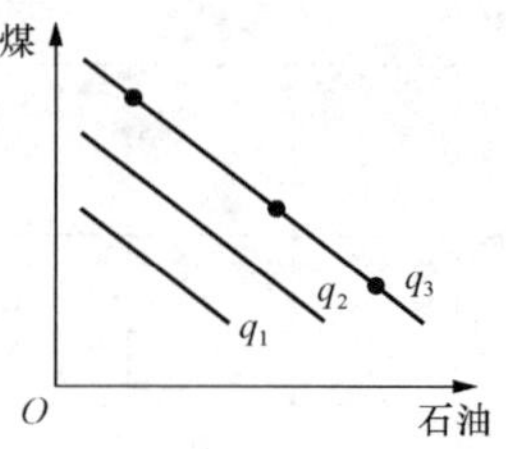

图 4-5 完全替代

（四）边际技术替代率

1. 边际技术替代率的含义

长期生产的主要特征是不同比例的要素组合可以生产同一产量水平，即在维持同一产量水平时，要素之间可以相互代替。边际技术替代率是研究要素之间替代关系的一个重要概念，它是指在维持产量水平不变的条件下，增加一单位某种生产要素投入量时所减少的另一种要素的投入数量。以 $MRTS_{XY}$ 表示 X 对 Y 的边际技术替代率，则

$$MRTS_{XY} = -\frac{\Delta Y}{\Delta X} \tag{4-11}$$

式中：ΔY 和 ΔX 分别表示 Y 投入量的变化量和 X 投入量的变化量，式中加负号是为了使 $MRTS_{XY}$ 为正值，以便于比较。

如果要素投入量的变化量为无穷小，上式变为

$$MRTS_{XY} = \lim_{\Delta X \to 0} -\frac{\Delta Y}{\Delta X} = -\frac{\mathrm{d}Y}{\mathrm{d}X} \tag{4-12}$$

上式说明等产量曲线上某一点的边际技术替代率就是等产量曲线该点斜率的绝对值。边际技术替代率为负值，因为在代表某一给定产量的等产量曲线上，作为代表一种技术上有效率的组合，意味着为生产同一产量，增加 X 的使用量，必须减少 Y 的使用量，二者反方向变化。

2. 边际技术替代率与边际产量的关系

边际技术替代率（绝对值）等于两种要素的边际产量之比。

设生产函数 $Q=f(X,Y)$，则

$$\mathrm{d}Q = \frac{\mathrm{d}Q}{\mathrm{d}X} \cdot \mathrm{d}X + \frac{\mathrm{d}Q}{\mathrm{d}Y} \cdot \mathrm{d}Y = MP_X \cdot \mathrm{d}X + MP_Y \cdot \mathrm{d}Y$$

由于同一条等产量线上产量相等，即 $\mathrm{d}Q=0$，则上式变为

$$MP_X \cdot \mathrm{d}X + MP_Y \cdot \mathrm{d}Y = 0$$

即

$$-\frac{\mathrm{d}Y}{\mathrm{d}X} = \frac{MP_X}{MP_Y}$$

由边际技术替代率公式可知

$$MRTS_{XY} = \frac{MP_X}{MP_Y} \tag{4-13}$$

上述关系是因为边际技术替代率是建立在等产量曲线的基础上，所以对于任意一条给定的等产量曲线来说，当用劳动投入代替资本投入时，在维持产量水平不变的前提下，由增加 X 投入量所带来的总产量的增加量和由减少 Y 投入量所带来的总产量的减少量必然相等。

3. 边际技术替代率递减规律

边际技术替代率递减规律是指在维持产量不变的前提下，当一种要素的投入量不断增加时，每一单位的这种要素所能代替的另一种生产要素的数量是递减的。以图 4 - 6 为例，当要素组合点沿着等产量曲线由左上向右下方按顺序移动的过程中，劳动投入等量的由 1 增加到 2、3 和 4。即劳动投入量以一单位递增，相应的资本投入的减少量为 2，1，2/3，1/3。这恰好说明了产出为 75 等产量线的 $MRTS$ 从 2 减少到 1，到 2/3，再到 1/3。边际技术替代率是递减的。

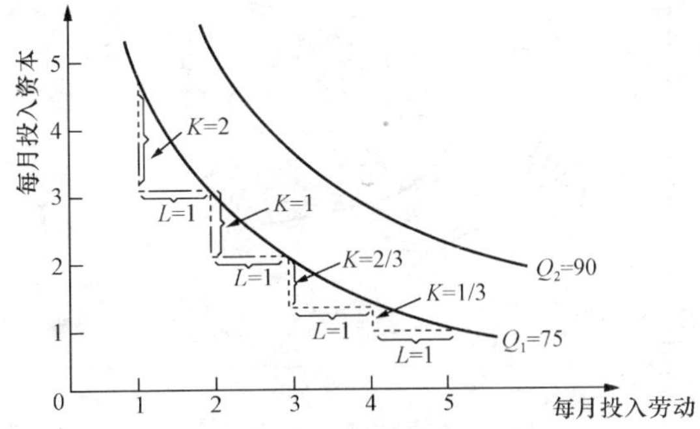

图 4 - 6 边际技术替代率

边际技术替代率递减是由于边际产量是逐渐下降的。其一，当资本量不变时，随着劳动投入量的增加，则劳动的边际产量有递减趋势；其二，当资本量也下降时，劳动的边际产量会下降得更多。等产量线上的切线斜率绝对值递减，使等产量线从左上方向右下方倾斜，并凸向原点。

$MRTS$ 递减性质的经济含义是，当大量使用劳动来替代资本时，劳动的生产率会下降；同样，大量使用资本来替代劳动时，资本的生产率会下降；因而，生产过程应“平衡”和“适当”地利用劳动和资本。

二、等成本曲线

等产量曲线只能说明生产一定的产量可以有哪些不同的投入要素组合方式，不能说明哪一种组合方式是最优的。为了求最优解，就要考虑成本因素，即要看哪一种组合方式成本最低。为此，在等产量曲线图上有必要引进等成本曲线。

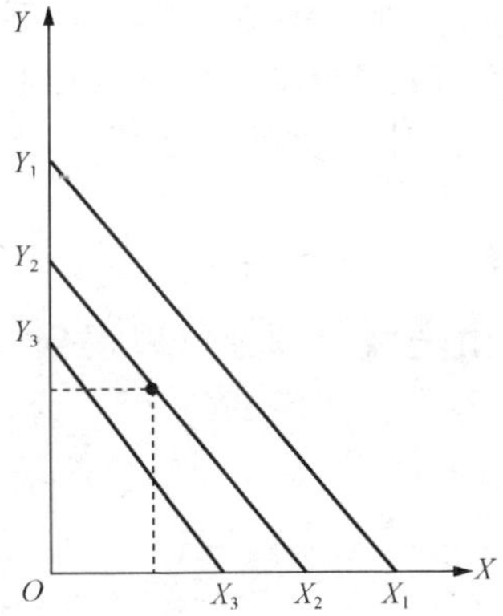

图 4 - 7 等成本线

等成本曲线表示在成本和要素价格既定的条件下，生产者能够购买到的两种生产要素最大数量组合的连线。

假定有两种投入要素 X、Y，它们的价格分别为 P_X、P_Y，C 表示总成本。

等成本曲线表示在既定成本（经费）之下，可以购买的各种生产要素（或投入要素）的数量的最大组合。

$$C = X \cdot P_X + Y \cdot P_Y \tag{4 - 14}$$

只要两种生产要素的价格不随购买量的变动而变动时，等成本线必定是一条直线。而且，在不同的成本之下，移动也是平行移动。成本增加，等成本线向右平移；成本降低，等成本线向左平移。如果投入要素的价格发生变化，则成本线的斜率发生变化。

三、多种投入要素最优组合的原则

确定多种投入要素的最优组合，可以用图解法，也可以根据最优组合的一般原理来计算。图解法一般用于两种投入要素的情况，两种或两种以上的投入要素的最优组合可以用计算来确定。

（一）图解法

如果只有两种投入要素，又已知等产量曲线与等成本曲线，就可以用图解法来找最优的投入要素组合。如图 4－8 所示，等产量曲线 Q_2 与等成本曲线相切于 a 点，就是要素的最优组合点。Q_2 上的其他点都要求有较高的成本，而等成本曲线与 Q_1 的交点表明用同样的成本生产的产量低于 Q_2。所以，要素组合点（X_0，Y_0）代表了生产产量 Q_2 的最低成本或既定成本产量最大的要素组合点。同理可以求得既定产量条件下，成本最低的要素组合点。这样的要素组合点，同时也是利润最大化的要素组合点。

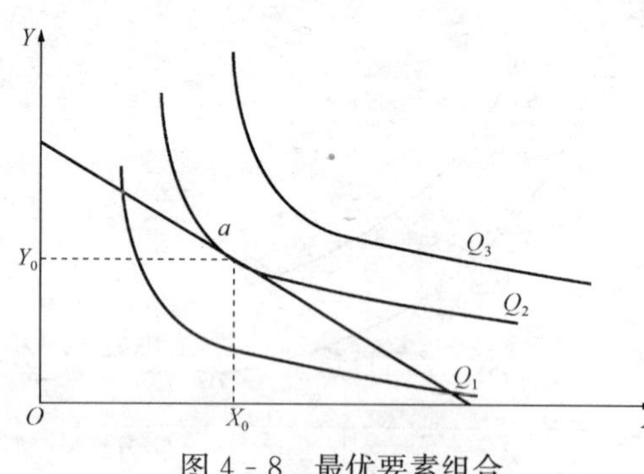

图 4－8 最优要素组合

最优要素组合点 a 的条件是：等产量曲线斜率＝边际技术替代率。

即 $MRTS=-\dfrac{\Delta Y}{\Delta X}=\dfrac{MP_X}{MP_Y}$ 与等成本线的斜率 $\dfrac{P_X}{P_Y}$ 相等。因此，

平衡条件：

$$\frac{MP_X}{MP_Y}=\frac{P_X}{P_Y}$$

约束条件：

$$P_XX+P_YY=C$$

当有多种投入要素时，可以推广为

$$\frac{MP_X}{P_X}=\frac{MP_Y}{P_Y}=\frac{MP_Z}{P_Z}=\cdots$$

结论：只有当所有投入要素每增加 1 元的边际产量相等时，投入要素的组合才是最优的。凡是 MP_X 对 P_X 的比值小的就要减少投入量；凡是 MP_X 对 P_X 的比值大的就要增加投入量，这样可以保证用最低成本生产同样数量的产量。

（二）数学法

设生产函数为 $Q=f(X,Y)$，若其各偏导数都存在且连续，则由全微分理论可以得到，在某一点上 Q 的增量为

$$\mathrm{d}Q=\frac{\partial Q}{\partial X}\cdot\mathrm{d}X+\frac{\partial Q}{\partial Y}\cdot\mathrm{d}Y \quad ①$$

等成本线的方程为

$$C=P_X\cdot X+P_Y\cdot Y$$

成本的增量为

$$\mathrm{d}C=P_X\mathrm{d}X+P_Y\mathrm{d}Y$$

为维持成本不变，则有

$$\mathrm{d}P_X\mathrm{d}X+P_Y\mathrm{d}Y=0$$

$$\mathrm{d}Y=-\frac{P_X}{P_Y}\mathrm{d}X \quad ②$$

将式②代入式①得：

$$\mathrm{d}Q=\frac{\partial Q}{\partial X}\cdot\mathrm{d}X-\frac{P_X}{P_Y}\cdot\frac{\partial Q}{\partial Y}\cdot\mathrm{d}X=\left[\frac{\partial Q}{\partial X}-\left(\frac{P_X}{P_Y}\cdot\frac{\partial Q}{\partial Y}\right)\right]\cdot\mathrm{d}X$$

在产出最大之下，$\frac{dQ}{dX}=0$，故有

$$\frac{\partial Q/\partial X}{\partial Q/\partial Y}=\frac{P_X}{P_Y}$$

$$\frac{\partial Q}{\partial X}=\frac{P_X}{P_Y}\cdot\frac{\partial Q}{\partial Y}$$

因为

$$\frac{\partial Q}{\partial X}=MP_X;\ \frac{\partial Q}{\partial Y}=MP_Y$$

所以

$$MRT=\frac{\Delta Y}{\Delta X}=\frac{MP_X}{MP_Y}=\frac{P_X}{P_Y}$$

结论：投入价格比等于边际技术替代率时生产效率最高，或者说经费既定之下，优化组合，使产量实现最大化。

【例 4-1】 某车间男工和女工各一半。在男工和女工之间可以互相替代。假定男工每增加 1 人可增产 10 件；女工每增加 1 人可增产 8 件。男工每小时工资为 4 元，女工每小时工资为 2.5 元。问该车间男工和女工的组合比例是否最优？如果不是最优，应向什么方向变动为好？

解：$MP_{男}=10$ 件，$P_{男}=4$ 元，$MP_{男}/P_{男}=10/4=2.5$ 件

$MP_{女}=10$ 件，$P_{女}=2.5$ 元，$MP_{女}/P_{女}=8/2.5=3.2$ 件

由于 $2.5\neq3.2$，说明此时男工和女工的组合比例不是最优。由于女工支出每增加 1 元的边际产量大于男工（$3.2>2.5$），所以，变动的方向，应是减少男工，增加女工。

【例 4-2】 假设等产量曲线的方程为 $Q=K^aL^b$，其中 K 为资金数量，L 为劳力数量，a、b 为常数。又假定 K 的价格（即借入单位资金所付的利息）为 P_K，L 的价格（即工资）为 P_L。请求出这两种投入要素的最优组合比例。

解：先求出这两种投入要素的边际产量。

L 的边际产量：$MP_L=bK^aL^{b-1}$；K 的边际产量：$MP_K=aK^{a-1}L^b$。

根据最优组合的一般原理，最优组合的条件是 $\frac{MP_L}{P_L}=\frac{MP_K}{P_K}$ 即 $\frac{bK^aL^{b-1}}{P_L}=\frac{aK^{a-1}L^b}{P_K}$，$\frac{K}{L}=\frac{aP_L}{bP_K}$。

所以，K 和 L 两种投入要素的最优组合比例为

$$\frac{aP_L}{bP_K}$$

【例 4-3】 某出租汽车公司现有小轿车 100 辆，大轿车 15 辆。如再增加一辆小轿车，估计每月可增加营业收入 10 000 元；如再增加一辆大轿车，每月可增加营业收入 30 000 元。假定每增加一辆小轿车每月增加开支 1 250 元（包括利息支出、折旧、维修费、司机费用和燃料费用等），每增加一辆大轿车每月增加开支 2 500 元。该公司这两种车的比例是否最优？如果不是最优，应如何调整？

解：$MP_{大}=30\ 000$，$P_{大}=2\ 500$，$\frac{MP_{大}}{P_{大}}=\frac{30\ 000}{2\ 500}=12$ 元

$$MP_{小}=10\ 000，P_{小}=1\ 250，\frac{MP_{小}}{P_{小}}=\frac{10\ 000}{1\ 250}=8 元$$

说明大轿车每月增加 1 元开支，可增加营业收入 12 元，而小轿车只能增加营业收入 8 元。两者不等，说明两种车的比例不是最优。如想保持总成本不变，但总营业收入增加，就应增加大轿车，减少小轿车。

需要注意的是，在本例中，$P_{大}$，$P_{小}$ 不应是大轿车和小轿车的购置价格，而应是因投入这两种车而引起的每月开支的增加额，因为营业收入也是指每月的增加额。

课后案例分析

案例分析 4 - 1

家具厂生产家具是多雇工人还是多买电动工具?

家具厂生产居民用的家具可以使用两种方法，既可以多雇工人进行生产，也可以少雇人多买电动工具。两种方法都可以生产出家具。作为家具厂的厂长在用什么方法进行生产时要做出选择。如果劳动力价值很低，而电动工具又很贵，厂长会选择多雇工人少用资本。在生产家具的过程中劳动和资本这两种生产要素是完全可以替代的。这就是本节讲的边际技术替代率。即用一种生产要素替代另一种生产要素技术上的比例。

四、价格变动对投入要素最优组合的影响

为了追求利润最大化，从要素的最优组合出发，如果投入要素的价格比例发生变化，企业将会用较便宜的一种生产要素替代较贵的一种。从而会更多地使用比以前便宜的投入要素，少使用比以前昂贵的投入要素。例如，劳力价格提高，或资金价格（指利率）下降，会导致最优组合的比例发生变化，将使人工投入减少，资金投入增加。

这种现象说明，从纯经济观点看，对工业化国家来说是适宜的先进技术，对发展中国家来说，则不一定合适。因为发展中国家工人工资水平低，采用一般技术反而更经济。

这种现象也可以用来解释为什么有些国家的农业主要采取广种薄收的方针，而另一些国家则采取精耕细作的方针。因为有些国家土地便宜而劳力昂贵，而另一些国家则是土地昂贵，劳力相对便宜。

五、生产扩大路线

假定生产要素的价格不变、生产技术条件不变，随着生产规模的扩大（增加产量）或厂商成本开支发生变化，将会引起最优要素组合均衡点的变化。厂商的不同的等产量线与等成本线相切所形成的一系列不同的生产均衡点的轨迹，称为生产扩大路线（扩张线）。

如果生产要素价格不变，厂商的经费支出增加，等成本线会平行地向上移动；如果厂商改变产量，等产量线也会发生平移。这些等产量曲线将与相应的等成本线相切，形成一系列生产者均衡点，把所有这些连接起来形成的曲线叫做生产扩展线。图 4 - 9 中的曲线 ON 就是一条扩展线。由于生产要素的价格保持不变，生产者均衡约束条件又是 $MRTS_{LK}=w/r$，所以扩展线上的所有的生产均衡点的边际技术替代率相等。在生产扩展线上，可以用最小成本生产最大产量，从而获得最大利润，所以厂商愿意沿此路径扩大生产，虽然其他路径也能达到使产量扩大的结果，但不是最优路径，只有沿均衡点扩大规模是最优路径。但厂商究竟会把生产推进到扩展线上的哪一点上，单凭扩展线是不能确定的，还要看市场上需求的情况。

（请学生回答：如何用不同形状的生产扩展线，反映两种要素组合比例不同的变化情况，如向资本密集型扩展还是向劳动密集型扩展？并作出图形来。）

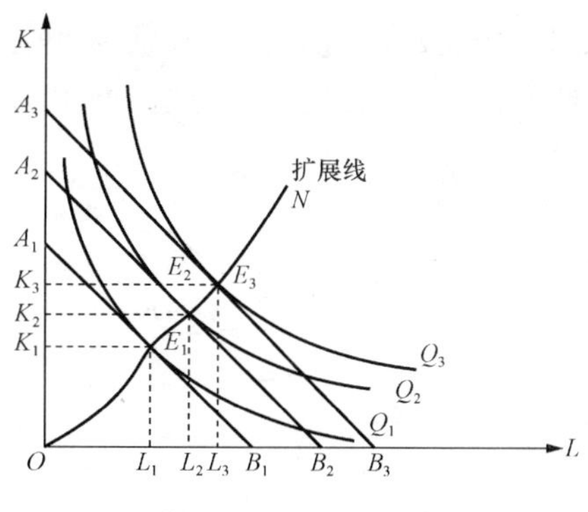

图 4 - 9 扩张线

第四节 规模报酬分析

一、规模报酬

经济学里另一个关于产量随投入量变化而变化的概念是规模报酬。我们注意到，造船厂、钢铁厂没有数千工人够不上规模；而服装厂、食品厂若雇上成千个工人，恐怕就太大了。可见不同的生产技术有不同的适度规模。造船厂太小，效率不高；服装厂太大，效率也不高。也就是说，当生产规模逐渐扩大时，对某些生产技术，效率会越来越高，但对另一些生产技术，效率会越来越低。这就是规模报酬问题。

规模扩大或缩小涉及所有投入要素的改变，各种要素在调整过程中，可以以不同组合比例同时变动，也可以按固定比例变动。在生产理论中，常以全部生产要素以相同的比例变化来定义企业的生产规模变化。因此，所谓规模报酬是指在其他条件不变的情况下，各种生产要素按相同比例变动所引起的产量的变动。根据产量变动与投入变动之间的关系可以将规模报酬分为三种：规模报酬不变、规模报酬递增和规模报酬递减三种情况。

二、规模与产量之间变动关系的三种情况

规模报酬的上述三种情况也可以用公式表示。假设生产函数 $Q=f(L, K)$ 为 n 次齐次函数，当全部要素投入量变动 λ 时，产量变动为 h，生产函数的公式为

$$hQ=(\lambda L, \lambda K) \tag{4-15}$$

如果 $h>\lambda$，为规模报酬递增；

如果 $h<\lambda$，为规模报酬递减；

如果 $h=\lambda$，为规模报酬不变。

（一）规模报酬递增

所谓规模报酬递增是指产量增加的比例大于各种生产要素增加的比例（即 $h>\lambda$）。

如图 4 - 10（a）所示，当劳动和资本扩大一个很小的倍数就可以导致产出扩大很大的倍数。如图中，当劳动和资本分别投入为两个单位时，产出为 100 个单位，但生产 200 单位产量所需的劳动和资本投入分别小于四个单位。产出是原来的两倍，投入却不到原来的两倍。

（二）规模报酬不变

规模报酬不变是指产量增加的比例等于各种生产要素增加的比例（即 $h=\lambda$）。

如图 4 - 10（b）所示，生产要素的投入数量扩大某一倍数，产出也增加相应的倍数。

图中当劳动和资本投入分别为 2 个单位时，产出为 100 个单位，当劳动和资本分别为 4 个单位时，产出为 200 个单位。产出与投入增加相同的倍数。

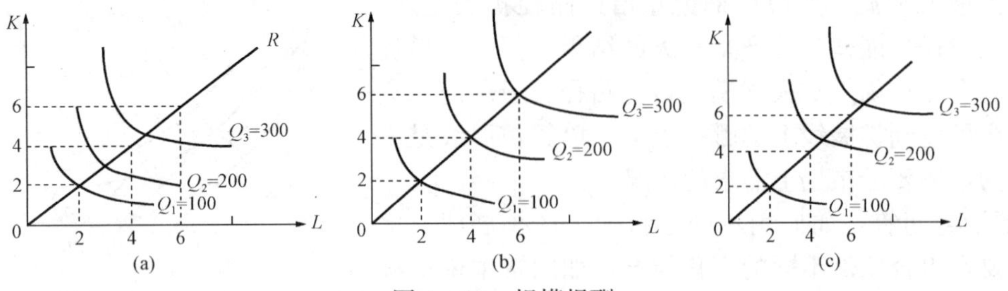

图 4－10　规模报酬

（a）规模报酬递增；（b）规模报酬不变；（c）规模报酬递减

（三）规模报酬递减

所谓规模报酬递减是指产量增加的比例小于各种生产要素增加的比例（即 $h<\lambda$）。

如图 4－10（c）所示，劳动与资本扩大一个很大的倍数，而产出只扩大很小的倍数。如图中，当劳动与资本投入为 2 个单位时，产出为 100 个单位；但当劳动与资本分别投入为 4 个单位时，产出低于 200 个单位，投入是原来的两倍，但产出却不及原来的两倍。

三、影响规模报酬的因素

西方经济学认为，一般而言，随着企业的生产规模的扩大，最初往往规模报酬递增，然后可能有一个规模报酬不变的阶段；如果厂商继续扩大生产规模，就会出现规模报酬递减。之所以会出现这样三个阶段，是因为在不同的阶段，有不同的因素在起作用。在长期内，追求利润最大化的厂商的主要任务是，通过生产规模的调整，尽可能降低长期平均成本。

（一）促使规模报酬递增的因素

如果原来生产规模较小，现在增加生产规模，这时会使规模报酬递增。这是因为有以下因素在起作用。

工人可以专业化分工。在小企业中，一个工人可能要做好几种作业。在大企业，产量大，工人多，就可以分工分得更细，实行专业化。这样就有利于工人提高技术熟练程度，从而提高劳动生产率。

可以使用专门化的设备和较先进的技术。小企业因为产量少，只能采用通用设备。大企业产量大，有利于采用专用设备和较先进的技术。比如，随着生产规模扩大，有可能利用过去受资金规模限制不能添置新的设备，如巨型吊车、更大功率的计算机。如果这些设备效率提高带来的产量提高大于所有投入增加的比例，也可能导致规模报酬递增。

大设备单位能力的制造和运转费用通常比小设备要低。例如，大高炉比小高炉、大型电机比小型电机单位能力的制造成本和运转成本要低。

生产要素具有不可分割性。例如，一座 1 000 吨的高炉，由于不可分割，除非产量达到 1 000 吨，否则就不能充分利用。

交易规模经济。一次大规模的采购或销售比分几次小规模交易的总和，更节省时间和费用。

（二）促使规模报酬递减的因素

规模报酬递增的趋势不可能是无限的，当生产达到一定规模之后，上述促使规模报酬递增的因素会逐渐不再起作用。

生产能力限度。投入增加超过了一定点，由于边际收益递减规律的作用，边际产出将会下降。规模经济不是越大就越经济，而是一个投入与产出的滚动发展的适度规模。

管理能力限度。如果管理幅度过大，管理层次太多，企业管理决策所需的信息传递速度就会变慢，甚至失真，就会造成内部各种业务之间的协调困难，对外部的市场变化反应迟缓，使管理效率降低，规模报酬递减。

人的能力限度。人并不是机器的附属品，如果分工过细，长期从事单一重复性工作，就会产生厌倦，影响生产效率和产品质量。

课后案例分析

案例分析 4 - 2

Easyjet 航空公司的成本控制

为了确定如何提供飞行服务，必须决定土地、劳动和资本三者的投入量以及如何协调它们之间的关系以达到效率最大化。就土地要素而言，主要有两个关键问题：一个是停放飞机的库房，另一个是公司所在地的确定。决定将其公司地址定在伦敦北部的 Luton 机场，以避免在航空公司密集的地区购买土地。这是在获得土地的同时保持了低成本的优势。通过作出了与竞争者不同的选址决策，获得了早期的优势。

在资本的投入方面，尽管购买了大量的客机，但在运营的初期只有两架租来的飞机。为了提高飞机的使用效率，每架飞机每天的飞行班次高于行业的正常水平。同时公司放弃所有的维修工作，以避免在这方面机器、工具等设备的投资。公司也进行了大量的革新工作，例如开展了网上订票业务，也使公司与以前相比能够以更快的速度满足旅客的要求。尽管这需要在计算机技术方面投资——资本要素投入，但这也意味着处理航空订票业务的人员减少。同时，由于直接面向消费者售票，免除了很多中间的代理费用。

通过计算机的推广来减少员工的数量，正是公司为降低劳动力要素投入而进行的革新。除了专业化训练要求非常高的员工（例如飞行员）之外，公司对员工进行了多项技能培训，使员工在公司需要的情况下可以完成各种工作。例如，在预定目的地不设有专门负责登机的员工，而是由乘务员来担当这个职责。

总之，通过运用不同于现有航空公司的劳动力、资本的组合方式来满足市场需求，提高了航空公司的竞争力。

案例分析 4 - 3

城市化道路的选择——小城镇还是大城市

20 世纪 80 年代初，在如何推进我国城市化问题上，费孝通提出走小城镇道路的观点。

1982 年全国城市规划会议明确提出并实际执行了“控制大城市规模，合理发展中等城市，积极发展小城镇”的全面推进城市化的方针。1990 年又进一步上升为“小城镇、大战略”。

主张小城镇道路的依据是所谓的“国情”：①中国现有城市数量不多，无法承受农民进城的巨大冲击；②城市本身的就业压力已经很大，不可能再吸纳农民；③每增一个市民需投入一万元，现有基础设施和财力难以负担；④发展大城市会导致“城市病”。

1985 年，我国有建制镇 2 851 个，未设建制的县城 377 个，共有小城镇 3 228 个。1992 年，建制镇已达到 14 182 个，是 1985 年的 5 倍，加上 30 000 多个非建制镇，共有小城镇 44 000 多个。1999 年小城镇数目达到 79 000 多个，其中建制镇 19 000 多个，非建制镇约 60 000 个。

小城镇带来大问题：小城镇道路使农村城市界限模糊，经济发达的江浙一带“村村像城市，城城像农村”，有些小康村今天看是政绩，明天将成为发展成本。农民反复建房，浪费大量土地和财力。而且小城镇集聚效应极差，绝大多数人口在 20 万以下的县城规模不经济也十分明显：服务业达不到分工起始条件；工业形不成产业链和行业群；基础建设和环境保护的投资效益过低。

国际上城市化是一种自上而下的发动机制，即先发展大中城市，然后再配套发展小城镇，而我国的小城镇道路却是自下而上的。

认为中国城市化应走大中城市扩容为主道路的专家关注城市的集聚效应和扩散效应。集聚效应是指一大批人和企业集中在一个相对小的地方以获取规模经济和外部性。企业更易降低成本，更接近要素和产品市场，同时享受知识溢出。仅就第三产业而言，与现代经济相联系的主要产业，如金融、保险、信息、广告、电信、房地产、医疗、娱乐、旅游、文化、体育、环保、教育等，都与城市规模有正相关关系。从亚洲看，东京、香港、汉城等国际性都市的经济实力和吸纳人口能力惊人。

据江苏昆山市的典型调查，非农产业相对集中在城市发展，至少可节约土地 5%～10%，节约基础设施资金 10%～15%。小城镇人均用地为 450～550 平方米，而城市人均用地为 60～100 平方米，特大城市低于 60 平方米。有关模型分析证明，人口规模在 100 万～400 万之间的城市，成本收益最合理。近 5 年世界百万人口以上城市数量增加约一倍。因此，有人建议：重点发展 100 万～400 万人口的城市；在特大城市周边发展城市群；在沿海地区以经济一体化推动都市带、都市圈的发展。也有人建议重点发展省会城市、副省级城市和一批条件好的地级市。

第五章 成本利润分析

教学目的：本章通过研究生产成本与产量间的关系，明确厂商各种成本的变动特点与关系，各自曲线特别是MC和LMC曲线的形状及推导。从产量变动与成本变动的相互关系中了解厂商收益变动特点，分析利润最大化问题。通过本章学习使学生掌握厂商实现利润最大化的条件的基本原理和运用。

主要内容：成本函数与生产函数之间的关系，各种成本之间的关系以及各种成本曲线的推导。

引例

追求精益管理的纳铁福

上海纳铁福的前身是上海汽车传动轴厂，主要生产卡车传动轴等产品。企业厂房设备陈旧老化，职工综合素质不高，不仅产品档次低，而且管理水平落后。1988年9月，上海汽车传动轴厂与世界著名的跨国公司GKN集团合资组建上海纳铁福传动轴有限公司，引进国外先进的技术和设备以及管理经验，生产含有高技术高附加值的桑塔纳等速万向节传动轴等轿车零部件产品。从此，企业进入了现代化科学管理的轨道。

至1996年上海纳铁福传动轴有限公司，在企业职工绝对数不增的情况下，固定资产增加了22倍，销售总额增加了25倍，劳动生产率提高了14倍，企业资产负债率为36%，综合经济指标位居全国汽车零部件行业榜首。上海纳铁福的经验告诉我们：坚持以成本控制为中心的精益管理，是企业走向市场获得成功的必由之路。

上海纳铁福在实施精益管理中，始终把成本控制作为全面管理的中心课题，从1990年开始，上海纳铁福就成立了成本管理中心，负责企业的成本管理，并在下属的各个车间、工段和部门分设了36个成本中心，形成了一个覆盖全企业的成本监控网络，把企业全部经营活动纳入成本中心有效监控之下。成本中心参与企业的财务预算、决算、重大技改项目的预测和决策、技术设备引进、质量控制、营销开发等一系列生产经营活动。

注重精益投资，追求高回报率，是上海纳铁福精益管理的一大特色。8年间，上海纳铁福共进行了4次重大技改。为了避免决策失误，减少投资风险，成本管理中心每年都要进行三年期的市场预测，对每项重大投资项目进行大量调研并进行严密科学论证和可行性分析，使之万无一失。四期技改项目，上海纳铁福的年产能力从6万台套、10万台套、20万台套直至发展到40万台套，始终保持了与市场需求同步发展的良好势头。每期项目投资，由于精确计算，“量体裁衣”，用足资产存量，设备满负荷运转，没有产生生产能力和设施放空的现象。

加速产品国产化进度，提高新品开发能力，扩大生产规模，是上海纳铁福实施精益管理，促使成本下降的一条有效途径。上海纳铁福轿车传动轴国产化从CKD起步。CKD件要用外汇结算，而且生产成本高，利润薄。要降低成本，只有加速国产化，并早日形成规模生产能力。按当时上海纳铁福的基础和条件，外方估计桑塔纳轿车传动轴国产化要5年时间。

但是，上海纳铁福组织技术精兵强将奋力攻关，仅用3年时间就使传动轴主要零部件实现国产化，同时实现产品批产供货。目前桑塔纳轿车传动轴批产供货能力已达40万台套，国产化率达94%以上。在桑塔纳轿车传动轴国产化、生产能力有余的情况下，他们又先后开发出奥迪、捷达、富康、标致、切诺基等轿车传动轴，并与之配套供货。目前已形成汽车传动轴和工业传动轴两大系列近百个品种的产品新格局。零部件国产化和新品开发以及规模能力的形成，使上海纳铁福的经济效益大幅度提高，成本迅速下降。从1991年开始，上海纳铁福的销售额直线上升，1996年实现销售额4.2亿元，利润1.5亿元。产品质量是企业的生命，抓产品首先抓人的质量，是上海纳铁福精益管理的又一特色。上海纳铁福较早就提出了"零缺陷"的质量目标，实施ISO 9000质保体系。他们在强化质量管理、提高工艺工装设备先进性的同时，不断强化职工的技术培训和质量培训。几年来，公司坚持职工上岗培训、持证上岗的制度，对不合格的职工再培训再上岗，奖优扶差，从而形成了职工自觉重视产品质量的良好氛围。目前，上海纳铁福的车间已不设专职质检员，产品质量全靠班组自检把关。废品率从1994年的1.4%降至1996年0.95%，每年减少废品损失80余万元。公司自1993年获得上海大众A级质保证书之后，产品已连续数年获得免检殊荣。两项产品分别通过ISO9002、9001认证，进入国际市场。

上海纳铁福管理层的管理思想和管理作用深得外方股东的赞赏和信任。GKN集团新任总裁周松岗先生在考察了上海纳铁福公司之后，曾作了这样的评价：上海纳铁福是GKN在亚洲最成功的合资企业。

企业要增加利润，就要合理配置资源，努力降低成本。成本决策主要是从建立理性决策思路，而不是具体数字计算，依据对成本函数理论实质的分析，提出把成本管理的重点应由事后算账，转变为事先分析；掌握常见成本的变化趋势规律，应由面向单纯的财务管理，转变为面向市场需求—生产组合—成本利润的整体过程统筹安排的集成管理。

第一节　相关成本和非相关成本

企业的生产成本通常被看成是企业对所购买的生产要素的货币支出。然而在企业决策中仅仅从这样的角度来理解成本的概念还远远不够。成本的具体内涵的确定，取决于是出于会计目的，还是决策目的。本节从企业决策的需求出发，探讨必须弄清的几个概念。

一、相关成本

相关成本是指适宜于做经济决策分析的成本。或者说，指在经济决策分析中应该估计到的有关成本。

（一）机会成本（经济成本）

使用一种资源的机会成本是指把该种资源投入到某一特定的用途以后所放弃的在其他用途中所能获得的最大利益。西方经济学从稀缺的经济资源进行合理配置的问题，即从经济资源的稀缺性这一前提出发，认为当一个社会或一个企业用一定的经济资源生产一定数量的一种或者几种产品时，这些经济资源就不能同时被使用在其他的生产用途方面。也就是说，这个社会或这个企业所获得的一定数量的产品收入，是以放弃用同样的经济资源来生产其他产品时所能获得的收入为代价的。这意味着必须用机会成本概念来研究厂商的生产成本。西方经济学中，生产成本概念与会计成本概念的区别在于后者不是从机会成本而是从各项直接费用的支出来统计成本的。例如，当一个厂商决定将一吨原油用作燃料时，就不能再用这一吨原油生产化纤等其他产品。假定原油价格为1 000元，可发电1 000度，可生产化纤500吨。假定化纤收入是各种产品中最高的，则用一吨原油发电的机会成本就是一吨原油所能生产的化纤带来的收入。假定化纤价格为10元每吨，则用货币表示的每一度电的机会成本是5元，而会计成本仅为1元。利用机会成本概念进行经济分析的前提条件是：资源是稀缺的；资源具有多种用途；资源已经得到充分利用；资源可以自由流动。

理解这一概念时要注意三个问题：机会成本不等于实际成本，它不是做出某项选择时实际支付的费用或损失，而是一种观念上的成本或损失；机会成本是做出一种选择时所放弃的其他若干种可能的选择中最好的一种；机会成本并不全是由个人选择所引起的。

在我们做出任何决策时都要使收益大于或至少等于机会成本。如果机会成本大于收益，则这项决策从经济学的观点看就是不合理的。

（二）增量成本

指因作出某一特定的决策而引起的全部成本的变化。或者说，指因决策的选择而变动的成本。例如，决策前的成本为C_1，决策后的成本为C_2，那么增量成本ΔC就等于C_2-C_1。运用增量成本进行决策的方法是：把增量成本与增量收入相比较（这里，增量收入是指因作出某一特定决策而引起的总收入的变化），如果增量收入大于增量成本，说明这一方案会导致总利润的增加，因而是可以接受的。否则，就是不可接受的。

（三）边际成本

指在一定产量水平上，增加（或减少）一单位产品时，引起总成本的增加量（改变量）。例如，一家航空公司在从甲地到乙地的航班上，每一位乘客全部成本为250元，那么，当飞机有空位时，他能不能以较低的票价（如150元）卖给学生呢？这里应考虑增加一个学生所额外增加的运输成本。因学生乘坐而引起的边际成本很小（如30元），它可能包括学生的就餐费和飞机因增加载荷而增加的燃料支出。因学生乘坐的额外收入叫边际收入。学生票价收入150元就是边际收入大于边际成本30元，说明按低价让学生乘坐仍然可以增加企业利润。

增量成本和边际成本的区别在于：二者都具有随着某些决策变量的变动而变动的性质。边际成本是增加或减少一个单位的产量所带来的总成本的变化，增量成本则是由于某项决策所引起的成本的总变化。增量成本的涵义比边际成本涵义广泛得多，它不仅包括边际成本的概念，而且包括随着决策的任何变化而变化的成本的概念。例如，改变产品的结构，更新设备等决策所引起的成本变化，都属于增量成本的概念。

（四）变动成本

指随着产量的变化而变化的成本，如直接发放的工人工资、直接垫付的材料费用等。

二、非相关成本

非相关成本指不适于决策分析的成本。

（一）会计成本

指会计师在账面上记录下来的成本，是一种历史成本，它反映企业的实际支出。会计成本虽不直接用于经济决策，但它却是确定相关成本的基础。经济决策分析用的相关成本往往通过会计数据的调整来求得。因此，会计数据的准确性，对经济决策分析也很重要。

（二）沉没成本

指不受决策中各种选择影响的成本。即不管决策的有关行动方案如何变化，成本的数额都不改变。

（三）固定成本

指不受产量变化影响的成本。如租金、利息、保养费、折旧费、管理人员工资以及企业管理费等。

三、相关成本与非相关成本的区别

与经济决策分析有关的成本属于相关成本，而与经济决策分析无关的成本则属于非相关成本。

【例 5-1】 某建筑公司，一年前购进一批木材 1 000m^3，每立方米木材当时的价格为 300 元，现在该公司要在承建一批居民住宅中使用这些木材，所以要对承建住宅中将被使用掉的木材规定成本。这里可能有两种情况：一种情况是今年木材价格还与去年相同，每立方米仍为 300 元，也就是历史成本与现行成本相同，那么对在建住宅中将被使用掉的木材，就可仍按每立方米 300 元规定成本。另一种情况是今年木材的价格上涨了 15%，每立方米的售价为 450 元，则对在承建住宅中将被使用掉的木材，就应按每立方米 450 元规定成本。

注意：无论在会计账面上或报表中，木材的成本都按历史成本（300 元）计算。

结论：用市场价格计算出来的成本是相关成本，用过去价格计算出来的成本是非相关成本。

【例 5-2】 某企业有一台车床，已经使用十年，其原价也全部折旧完，账面价值已等于零（残值=0）。如果这台车床现在出售，可得价款 2 000 元，而再继续使用一年后出售，估计售价只有 400 元。试问这家企业对这台车床使用一年的时间相关成本是多少？

这个问题可以有两种计算方法：一种是不考虑货币时间价值的简单计算方法，就是由现在售价减去一年后所得的差额，即为相关成本 2 000−400=1 600 元。该台车床再使用一年的未来计划成本是 1 600 元。

另一种是考虑货币时间价值的科学计算方法。假设折现率为 10%，由当前价值减去一年后的售价按现值折算的价值所得差额，即为未来的计划成本，2 000−400×0.909=1 636.4元。该台车床再使用一年的未来计划成本是 1 636.4 元。后者大于前者。

四、增量成本和沉没成本的确定

【例 5-3】 一家企业原来生产任务不足，现在要接受新订货。新订货会引起全部变动成本（如直接人工费、直接材料费等）的增加，但不会引起全部固定成本（如折旧、房租等）的变化。在这里，变动成本的增加量是接受新订货的增量成本，固定成本则是沉没成本。决策时予以考虑的是变动成本的增加量——即增量成本，而不予考虑的是固定成本——即沉没成本。

要注意的是，增量成本必须包括由于决策而引起变化的一切成本，但又只能包括那些由于决策而在实际上起了变化的成本（如上例中，变化的是变动成本）。闲置的生产要素，没有其他用途，使用它并不需要增加成本，因而对现行的特定决策来说，可以看作是没有成本的。

同样，过去花在建筑物、机器设备方面的支出，不应进入决策过程，除非它们的机会成本是正值。也就是说，除非这类设备另有其他用途，否则，它在现行决策中的增量成本将是零。

凡过去发生的上述此类费用支出，不是现在或将来任何决策所能改变的成本，称做沉没成本（上例中，虽新增订货，但固定成本未发生变化）。

沉没成本的概念与增量成本相对应，也很重要。假定一个企业付出5万元购买了一台专用机器。这5万元的机器投资就成了沉没成本，过去发生的事情就算过去了。事后可能认识到这项购买是不明智的，但懊悔也没有用，木已成舟，任何未来的决策都不能取消这项成本。这5万元从决策的观点看已经失去，不论你将来采取什么行动方案都必须承担这项支出，这就叫沉没成本。

五、外显成本和内含成本

一般来说，一种资源的相关成本决定于为它支付的价格，这种资源的成本从表面看来显然是为获得它所需支出的现金额。企业支付的工人工资、水电费、原材料费用、债券利息、厂房租金等都是外显成本的例子。

同任何一个决策有关的内含成本就难算多了。内含成本并没有牵涉到现金支出，因而在分析决策时往往被人忽视。如果一个农场主本人不利用自有房地产而出租给别人使用，他可以获得租金，这些租金便是他自己经营农场的一项内含成本。

再举一个例子，即考察下列一个同购买和经营默塞·贝克馅饼店有联系的成本的例子，来搞清外显成本和内含成本的区别。这家馅饼店的营业执照假定能用10 000美元买到手，还需要营业周转资金5 000美元。再假设有两个人——琼斯和史密斯，都想买进和经营这家铺子。琼斯有个人积蓄15 000美元可以充当该店投资，而另一个可能的经营者史密斯则必须以每年支付息金1 500美元（即年息10%）的代价向别人借款，来筹措这笔资金——15 000美元。

现在进一步假设这家铺子的经营管理费用不管店主是谁都一样，史密斯和琼斯的经营管理能力也相当。那么，史密斯每年必须支付息金1 500美元，这是否意味着他的经营费用要比琼斯经营这家铺子的费用多呢？从经营管理决策的目的来看，回答是“否”。这是因为，即便史密斯付出了借款利息而使其外显成本较高，但他们两人的真实财务费用（即把内含费用和外显费用都考虑在内）却并无二致。琼斯那里有一项内含费用，其金额相当于他把自己积蓄的15 000美元用于其他方面可能得到的收入。假如琼斯把这笔款项投资到具有同等风险的其他企业，就能得到10%的报酬，那么，他把积蓄15 000元投资于馅饼店的机会成本将是每年1 500美元。在这一情况下，史密斯或琼斯每年都要负担财务费用1 500美元，其差别只在于前者明显，后者含蓄而已。

正像在分析中要把琼斯的资本的内含财务费用包括进去那样，对经营管理方面的内含费用也必须作同样处理。假设琼斯是个烤面包助手，每年赚10 000美元，而史密斯是个烤面包师，每年赚17 000美元，他们两人的内含经营管理费用就不同了。这就是说，史密斯的内含经营管理费用等于他从事另一项最适合的工作报酬，即当面包师可能挣得的17 000美元。而琼斯的机会成本却只是10 000美元。可见，史密斯购买和经营这家馅饼铺的全部相关成本将比琼斯的相关总成本多出7 000美元。

课后案例分析

案例分析 5-1

某安装工程公司投标承包一条生产线，其工程预算见表 5-1。

表 5-1 某公司工程预算表 单位：元

项目	金额
招标准备费	200 000
固定成本（不中标也要支出的费用，如折旧、管理人员工资等）	200 000
变动成本（中标后为了完成合同需要增加的支出，如材料费、工人工资等）	500 000
总成本	900 000
利润（33%）	300 000
报价	1 200 000

安装工程公司报价 1 200 000 元，可是投标后，发包方坚持只愿出 600 000 元，而该安装公司目前能力有富裕。该公司应不应接受承包这项工程？

解：在本例中投标准备费（200 000 元）和固定成本（200 000 元）是沉没成本，因为它们都是在投标前已经支出了的，无论承包不承包这项工程，都已经无法收回。所以这些成本与决策无关。决策应考虑的是增量收入和增量成本的关系。这里如果承包这项工程的增量收入为 600 000 元，增量成本是 500 000 元（变动成本）。增量收入大于增量成本。所以可以接受这项承包工程，因为它能带来增量利润 100 000 元（600 000－500 000）。

案例分析 5-2

别让沉没成本误导决策

沉没成本是决策非相关成本，但与其相伴随的机会成本却是决策相关成本，需要在决策时予以考虑。

中国航空工业第一集团公司在 2000 年 8 月决定今后民用飞机不再发展干线飞机，而转向发展支线飞机。这一决策立时引起广泛争议和反弹。该公司与美国麦道公司于 1992 年签订合同合作生产 MD90 干线飞机。1997 年项目全面展开，1999 年双方合作制造的首架飞机成功试飞，2000 年第二架飞机再次成功试飞，并且两架飞机很快取得美国联邦航空局颁发的单机适航证。这显示中国在干线飞机制造和总装技术方面已达到 20 世纪 90 年代的国际水平，并具备了小批量生产能力。就在此时，MD90 项目下马了。在各种支持或反对的声浪中，讨论的角度不外乎两大方面：一是基于中国航空工业的战略发展，二是基于项目的经济因素考虑。我们不想就前一角度展开讨论，在这方面航空专家最有发言权。单从经济角度看，干线项目上马、下马之争可以说为“沉没成本”提供了最好的案例。

许多人反对干线飞机项目下马的一个重要理由就是，该项目已经投入数十亿元巨资，上万人倾力奉献，耗时六载，在终尝胜果之际下马造成的损失实在太大了。这种痛苦的心情可以理解，但丝毫不构成该项目应该上马的理由，因为不管该项目已经投入了多少人力、物力、财力，对于上下马的决策而言，其实都是无法挽回的沉没成本。

究竟什么是沉没成本呢？沉没成本是指业已发生或承诺、无法回收的成本支出，如因失误造成的不可收回的投资。沉没成本是一种历史成本，对现有决策而言是不可控成本，不会影响当前行为或未来决策。从这个意义上说，在投资决策时应排除沉没成本的干扰。

事实上，干线项目下马完全是“前景堪忧”使然。从销路看，原打算生产150架飞机，到1992年首次签约时定为40架，后又于1994年降至20架，并约定由中方认购。但民航只同意购买5架，其余15架没有着落。可想而知，在没有市场的情况下，继续进行该项目会有怎样的未来收益？

对一个行业或产业来说，其沉没成本的状况往往构成了进出壁垒的关键，并最终决定市场结构。贝恩咨询公司（Bain）早在1956年就指出过，若一个产业的固定成本或沉没成本很高，就会形成进入门槛。

那些具有明显规模经济和庞大硬件投入的资本密集型产业，如能源、通信、交通、房地产、集成电路、医药等产业，其超额回报可谓诱人，但其惊人的初始投入和高退出成本则往往使许多市场“准进入者”却步，因为这首先是一场“谁输得起”的比拼。

由于这些高沉没成本的产业往往同时具备低边际成本的特性，“输得起”的一方最终会成为市场的赢家。许多资本实力雄厚的企业正是利用沉没成本来建立自己的竞争优势。小企业通常只能选择沉没成本较低的竞争性行业求得发展。

第二节 短期成本函数

在市场经济中成本的变化趋势与产量大小有关，而企业的产量又必须与市场需求量相均衡。因此，为提高成本管理的水平，必须把成本分析、生产分析、供求分析作为一个整体进行研究。

一、企业短期成本函数

成本函数反映产品的成本C与产量Q之间的关系。用数学式表示，就是：$C=f(Q)$。

企业产品的成本函数取决于产品的生产函数和投入要素的价格。成本函数导源于生产函数，只要知道某种产品的生产函数以及投入要素的价格，就可以推导出它的成本函数。

所谓“短期”是指这个时期很短，以致在诸种投入要素中至少有一种或若干种投入要素的数量不变。其特点在于有固定成本与变动成本之分。

例如，对一家已经建成的钢铁厂来说，无论产量如何变化，厂房和设备总是固定不变的，可变的只是劳力和原材料的数量。在这种条件下形成的产量和成本之间的关系，就叫做短期成本函数。其几何表现（或图形）就是短期成本曲线。显然在短期成本中，因为有一部分投入要素固定不变，所以它除了包括变动成本之外，还包括固定成本。

短期产量函数$Q=f(L,\ \overline{K})$表示：在资本投入量固定的前提下，可变要素劳动投入量L是Q的函数。反之，企业可以根据产量的不同决定劳动的投入量，假定要素市场劳动的价格w和资本的价格r既定，则可以求出每一产量水平上的成本

$$STC(Q)=w\times L(Q)+r\times\overline{K}$$

如果以$\Phi(Q)$表示可变成本$wL(Q)$，b表示固定成本$r\overline{K}$，则有

$$STC(Q)=\Phi(Q)+b \tag{5-1}$$

二、短期成本曲线及特征

短期成本函数通常用来反映现有企业中产量与成本的关系，所以，它主要用于日常的经营决策。短期成本曲线的变动特征及其相互关系如图 5-1 所示。

（一）总不变成本 TFC

是指那些短期内无法改变的固定投入所带来的成本，这部分成本不随产量的变化而变化。一般包括厂房和资本设备的折旧费、地租、利息、财产税、广告费、保险费等项目支出。即使在企业停产的情况下，也必须支付这些费用。当产量为 0 时，也需付出相同数量，产量增加这部分支出仍不变，因此曲线为一条水平线。如图 5-1 所示。

（二）总可变成本 TVC

是指短期内可以改变的可变投入的成本，它随产量的变化而变化。例如原材料、燃料、动力支出、雇佣工人的工资等。当产量为零时，变动成本也为零，产量越多，变动成本也越多。表现为从原点开始的不断向右上方上升的曲线。

总可变成本曲线初期随着产量增加先递减上升，到一定阶段后转入递增上升，这是因为，在可变要素投入之初，随着投入的增加，投入得到充分利用，生产率不断提高，总变动成本虽然随着产量的提高而增加，但增加的速度比较缓慢；到一定的程度以后，由于边际收益递减法则发挥作用，生产的效率会下降，这时，随着产量的提高，总可变成本会急剧上升。如图 5-1 所示。

（三）总成本 TC

指短期内生产一定产量所付出的全部成本，是厂商总固定成本与总变动成本之和。由于 TVC 是产量的函数，因此 TC 也是产量的函数。用公式表示为

$$TC(Q) = TFC + TVC(Q)$$

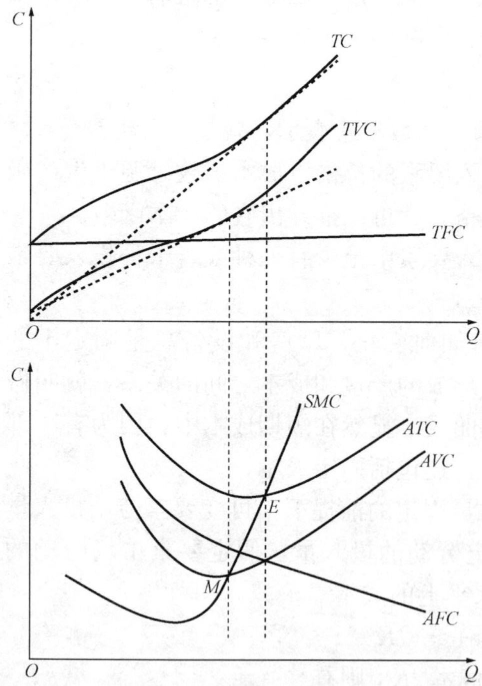

图 5-1 短期成本曲线

由于 TFC 值不变，所以 TC 与 TVC 任一点的垂直距离始终等于 TFC，且变动规律与 TVC 的变动规律一致，只是不是从原点出发。如图 5-1 所示。

总成本、总固定成本、总变动成本的曲线形状及相互关系可以用图 5-1 说明。图中 TFC 是一条水平线，表明 TFC 与产量无关。TVC 与 TC 曲线形状完全相同，都是先以递减的速度上升，再以递增的速度上升。不同的是 TVC 的起点是原点，而 TC 的起点是 TFC 与纵坐标的交点。这是因为总成本是由总固定成本和总变动成本加总而成的，而总固定成本是一常数，所以任一产量水平的 TC 与 TVC 之间的距离均为 TFC。

（四）平均不变成本

是指厂商短期内平均每生产一单位产品所消耗的固定成本。公式为

$$AFC = \frac{TFC}{Q} \tag{5-2}$$

从图 5 - 1 中可以看到 AFC 曲线随产量的增加一直呈下降趋势。这是因为短期中总固定成本保持不变。由 $AFC=\frac{TFC}{Q}$，可知随 Q 增加，平均固定成本递减，但 AFC 曲线不会与横坐标相交，这是因为短期中总固定成本不会为零。

（五）平均可变成本

是指厂商短期内平均每生产一单位产品所消耗的变动成本。公式为

$$AVC=\frac{TVC}{Q} \tag{5 - 3}$$

平均可变成本曲线如图 5 - 1 所示，初期随着产量增加而不断下降，产量增加到一定量时，AVC 达到最低点，而后随着产量继续增加，开始上升。

平均可变成本的最低点：从原点引一条射线与 TVC 相切，切点的左边，总可变成本增长慢于产量增长，因此$\frac{TVC}{Q}$的值是下降的。在切点的右边，总可变成本快于产量增长，因此$\frac{TVC}{Q}$的值是上升的。在切点对应的产量上，平均可变成本达到最低点。

（六）平均总成本

是指厂商短期内平均每生产一单位产品所消耗的全部成本。公式为

$$ATC=\frac{TC}{Q}=\frac{TFC+TVC}{Q}=\frac{TFC}{Q}+\frac{TVC}{Q} \tag{5 - 4}$$

即

$$ATC=AFC+AVC$$

上式说明平均成本由平均固定成本和平均变动成本构成。

平均总成本曲线如图 5 - 1 所示，初期随着产量的增加而不断下降，产量增加到一定量时，ATC 达到最低点，而后随着产量的继续增加，ATC 开始上升。

平均总成本曲线的最低点：从原点引一条射线与 TC 相切，切点的左边，总可变成本增长慢于产量增长，因此$\frac{TC}{Q}$的值是下降的。在切点的右边，总可变成本快于产量增长，因此$\frac{TC}{Q}$的值是上升的。在切点对应的产量上，平均总成本达到最低点。

这里 ATC 与 AVC 的变动规律相同，但两点不同须特别注意：

（1）ATC 一定在 AVC 的上方，两者差别在于与 AFC 的垂直距离不同。当 Q 无穷大时，ATC 与 AVC 无限接近，但永不重合，不相交。

（2）ATC 与 AVC 最低点不在同一个产量上，而是 ATC 最低点对应的产量较大。即 AVC 已经达到最低点并开始上升时，ATC 仍在继续下降，原因在于 AFC 是不断下降的。只要 AVC 上升的数量小于 AFC 下降的数量，ATC 就仍在下降。

（七）短期边际成本

是指厂商在短期内增加一单位产量所引起的总成本的增加。公式为

$$SMC=\frac{\Delta TC}{\Delta Q}$$

当 $\Delta Q\to 0$ 时，

$$SMC=\lim_{\Delta Q\to 0}\frac{\Delta TC}{\Delta Q}=\frac{\mathrm{d}TC}{\mathrm{d}Q} \tag{5 - 5}$$

从公式可知：SMC 是 TC 曲线上相应点的切线的斜率。

边际成本曲线的变动如图 5 - 1 所示，MC 随着产量的增加，初期迅速下降，很快降至最低点，而后迅速上升，上升的速度快于 AVC、ATC。MC 的最低点在 TC、由递减上升转入递增上升的拐点的产量上。

由于 $TC=TFC+TVC$，而 TFC 始终不变，因此 MC 的变动与 TFC 无关，MC 实际上等于增加单位产量所增加的可变成本。即

$$SMC=\frac{\mathrm{d}TC}{\mathrm{d}Q}=\frac{\mathrm{d}VC}{\mathrm{d}Q}$$

以上的成本概念的曲线以及它们之间的关系如图 5 - 1 所示。ATC、AVC、SMC 曲线都是“U”形。ATC 曲线在 AVC 曲线的上方，它们之间的距离相当于 AFC，而且 SMC 曲线在 AVC 曲线、ATC 曲线的最低点分别与之相交，即 M、E 点。

三、短期成本变动的决定因素：边际报酬递减规律

所谓边际报酬递减规律是指在技术水平和其他要素投入量不变的条件下，连续地增加一种可变生产要素的投入量，当这种可变生产要素的投入量小于某一特定数值时，增加该要素的投入量所带来的边际产量是递增的；当这种可变要素投入量连续增加并超过这一特定值时，增加该要素投入所带来的边际产量是递减的。

边际报酬递减规律是短期生产的一条基本规律，是消费者选择理论中边际效用递减法则在生产理论中的应用或转化形态。边际报酬递减规律成立的原因在于，在任何产品的生产过程中，可变生产要素与不变生产要素之间在数量上都存在一个最佳配合比例。开始时由于可变生产要素投入量小于最佳配合比例所需要的数量，随着可变生产要素投入量的逐渐增加，可变生产要素和不变生产要素的配合比例越来越接近最佳配合比例，所以，可变生产要素的边际产量是呈递增的趋势。当达到最佳配合比例后，再增加可变要素的投入，可变生产要素的边际产量就是呈递减趋势。

四、成本函数与产量函数间的关系

（一）平均产量与平均可变成本

$$AVC=\frac{TVC}{Q}=\frac{w\cdot L(Q)}{Q}=w\cdot\frac{1}{\dfrac{Q}{L(Q)}}$$

即

$$AVC=w\cdot\frac{1}{AP_L} \tag{5 - 6}$$

上式反映了平均产量与平均可变成本的关系：

第一，AP_L 与 AVC 成反比。当 AP_L 递减时，AVC 递增；当 AP_L 递增时，AVC 递减；当 AP_L 达到最大值时，AVC 最小。因此 AP_L 曲线的顶点对应 AVC 曲线的最低点。如图 5 - 2所示。

第二，SMC 曲线与 AVC 曲线相交于 AVC 的最低点。由于产量曲线中 MP_L 曲线与 AP_L 曲线在 AP_L 曲线的顶点相交，所以 MC 曲线在 AVC 曲线的最低点与其相交。如图 5 - 2所示。

（二）边际产量与边际成本

由 MC 的定义得

$$MC=\frac{\mathrm{d}TC}{\mathrm{d}Q}=\frac{\mathrm{d}[(w\cdot L(Q)+r\cdot\bar{k})]}{\mathrm{d}Q}=w\cdot\frac{\mathrm{d}L(Q)}{\mathrm{d}Q}+0$$

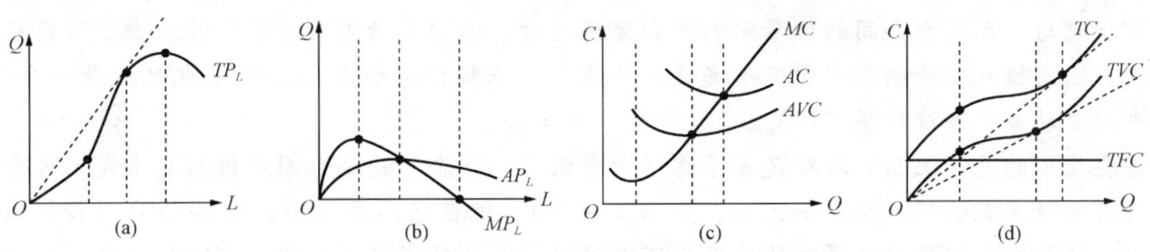

图 5-2 短期生产成本和短期成本函数之间的对应关系

因为
$$MP_L = \frac{\mathrm{d}Q}{\mathrm{d}L(Q)}$$

所以
$$MC = w\frac{1}{MP_L} \tag{5-7}$$

MC 与 MP_L 成反比关系。二者的变动方向相反。由于 MP_L 曲线先上升，然后下降，所以 MC 曲线先下降，然后上升；且 MC 曲线的最低点对应 MP_L 曲线的顶点。

从上式中可看出，生产函数与成本函数存在对偶关系，可以由生产函数推导出成本函数。结合 MP 与 MC 的关系可知：当 TP_L 曲线以递增的速度上升时，TC 曲线和 TVC 曲线以递减的速度上升；当 TP_L 曲线以递减的速度上升时，TC 曲线和 TVC 曲线以递增的速度上升；TP_L 曲线上的拐点对应 TC 曲线和 TVC 曲线上的拐点。

课后案例分析

案例分析 5-3

为什么有些企业的短期平均变动成本在一定产量范围内是不变的

从理论上讲，企业的短期平均变动成本曲线呈“U”形。但在实际生活中，不少企业的短期平均变动成本曲线是碟形的（见下面附图）。在图中，企业的平均变动成本曲线在产量从 q_1 到 q_2 的范围内是水平的。即在此范围内平均变动成本是不变的（同样，在此范围内，边际成本等于平均变动成本，也不变）。超出这个范围，曲线向上翘起，成本上升。

为什么从理论上说，短期平均变动成本曲线呈“U”形？这是因为在理论探讨时，我们假定企业的固定投入是不可分割的，即企业的全部固定投入，要么全部被使用，要么全部不用，不能只使用某一部分，其余部分闲着不用。因此，当企业开始投入并逐渐增加一种可变投入要素（比如劳动力）时，该可变要素与固定要素（比如资本之间的数量比例）起初逐渐接近最优，这时平均变动成本呈下降趋势。当两者的比例达到最优时，平均变动成本就最低。此时，如再继续增加可变要素的投

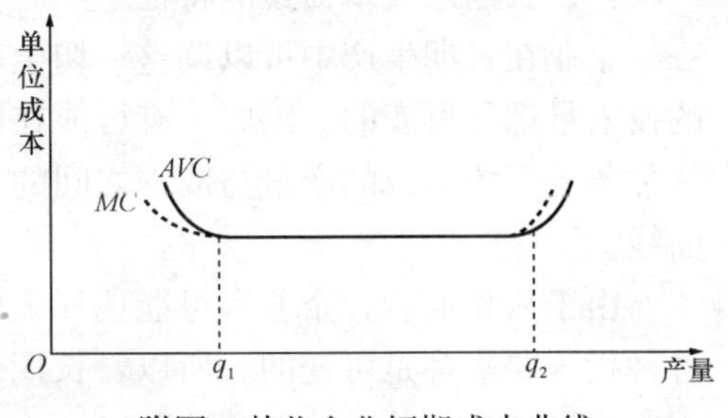

附图 某些企业短期成本曲线

入量，它与固定要素之间的数量比例就会变得过大，平均变动成本就会上升。由于可变投入要素与固定投入要素的最优比例限定在一个点上，平均变动成本的最低处也只能是一个点，故平均变动成本曲线就呈“U”形。

要指出的是，上面的解释是基于这样一个假设，即企业的全部固定投入要素是不可分割的（有些行业也的确如此，如化工、炼油工业等）。但在实际生活中，有些行业（如机械制造、服装加工和家具工业等）的情况则不是这样，企业的固定投入要素有可能是可以被分割的。即企业可以根据需要只使用一部分固定投入要素，而让剩下的固定投入要素闲着。举个简单的例子，有一家工厂拥有10台缝纫机，每台由一个人操作，每天产量为20件。如果需要每天生产200件，就要由10名工人来操纵10台缝纫机。但如果企业的需求减少到每天180件，那么，有一名工人可能会被解雇，同时，有一台机器也就会被“停用”，这样工人和机器之间的比例仍能保持不变。也就是说，当每天产量在20～200件之间变动时，工人和机器之间的比例关系仍可以保持不变，从而这个厂的边际成本和平均变动成本在这个产量范围内就不会变。只有当产量大于200件时，成本才会上升。因为那时就需要加班加点，或用其他办法来使更多的工人去与最多10台机器相结合，从而导致工人与机器之间最优比例的破坏。

类似的情况也会在一家企业拥有多家工厂时发生。例如，一名制造商，拥有几家工厂，他可以通过暂时关闭一家或几家工厂的办法来减产，而让其他工厂仍然正常生产。又如一家企业为了减产可暂时让所属的工厂每天都只开工6小时或每周只开工4天。这两种情况都是同时减少工人和设备的投入，使工人和设备的使用数量比例始终保持不变。企业的短期平均变动成本也就会保持不变。

讨论问题：

1. 结合本案例思考在企业面对经济不景气时，通常会以调节人员和设备的数量作为应对手段的经济学意义。

2. 你认为保持低成本生产还有哪些方法？请举例说明。

第三节　长期成本曲线及其特征

在长期内，企业可以根据产量的要求调整全部的生产要素投入量，甚至进入或退出一个行业。因此，企业所有的成本都是可变的。由于有足够的时间来调整生产要素的使用量，寻求最优的组合方式，所以生产同样数量的产品，长期成本要比短期成本低。企业的长期成本可以分为长期总成本、长期平均成本和长期边际成本。

一、长期总成本曲线的特征

企业在长期生产中可以调整一切生产要素。或者说，在多种投入要素中无论哪一种要素的投入量都是可变的。因此，有可能在各种产量水平上，选择最优的投入要素结合比例。在这种条件下所形成的产量与成本之间的关系，就是长期成本函数，其几何表现就是长期成本曲线。

由于从长期看，企业有可能选择最优的规模、最优的技术来生产一定数量的产品，因而各种投入要素都是可变的。所以，长期成本曲线实际上就是长期变动成本曲线，它没有长期固定成本曲线。

（一）长期总成本定义

长期总成本是指厂商在长期内，在各种产量水平上通过改变生产要素的投入量所能达到的最低总成本。它反映的是理智的生产者在追求利润最大化的趋动下通过改变生产要素的投入在不同产量点上成本的最低发生额。

长期总成本函数可以写为

$$LTC = LTC(Q) \tag{5-8}$$

（二）长期总成本曲线的推导

长期总成本可以由短期总成本曲线推出，它是无数条短期总成本曲线的包络线。在短期内，对于既定的产量（例如不同数量的订单），由于生产规模不能调整，厂商只能按较高的总成本来生产既定的产量。但在长期内，厂商可以变动全部的生产要素投入量来调整生产，从而将总成本降至最低。从而长期总成本是无数条短期总成本曲线的包络线。

如图 5-3 所示，假设长期中只有三种可供选择的生产规模，分别由图中的三条 STC 曲线表示。这三条 STC 曲线都不是从原点出发，每条 STC 曲线在纵坐标上的截距也不同。从图 5-3 中看，生产规模由小到大依次为 STC_1、STC_2、STC_3。现在假定生产 Q_2 的产量。厂商面临三种选择：第一种是在 STC_1 曲线所代表的较小生产规模下进行生产，相应的总成本在 d 点；第二种是在 STC_2 曲线代表的中等生产规模下生产，相应的总成本在 b 点；第三种是在 STC_3 所代表的较大生产规模下，相应的总成本在 e 点。长期中所有的要素都可以调整，因此厂商可以通过对要素的调整选择最优生产规模，以最低的总成本生产每一产量水平。在 d、b、e 三点中 b 点代表的成本水平最低，所以长期中厂商在 STC_2 曲线所代表的生产规模生产 Q_2 产量，所以 b 点在 LTC 曲线上。这里 b 点是 LTC 曲线与 STC 曲线的切点，代表着生产 Q_2 产量的最优规模和最低成本。通过对每一产量水平进行相同的分析，可以找出长期中厂商在每一产量水平上的最优生产规模和最低长期总成本，也就是可以找出无数个类似的 b（如 a、c）点，连接这些点即可得到长期总成本曲线。

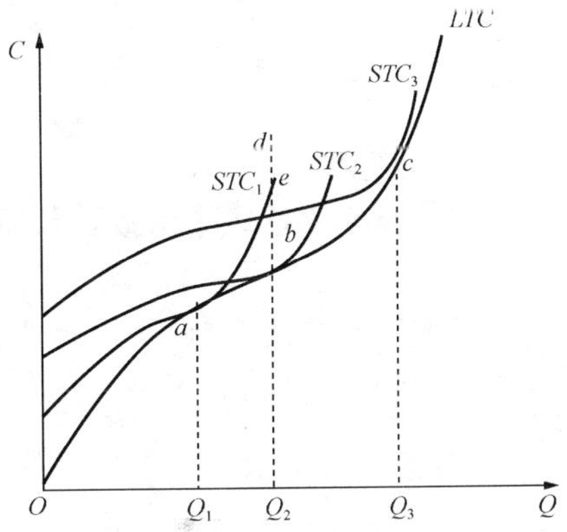

图 5-3　最优生产规模的选择和长期总成本曲线

长期总成本曲线也可由企业的扩展线推出。因为扩展线本身就表示对于既定的产量，使成本最小的两种生产要素最佳组合投入点的轨迹。而“两种生产要素最佳组合投入”就是一个长期的概念。于是，将产量点以及对应于产量点所得到的成本点（可以通过 wOB 或 rOA 算出）在坐标图上描出，即可得到长期总成本 LTC 曲线。

说明长期总成本曲线如何从生产扩展线中推导出来的，对理解长期成本概念很有帮助。如图 5-4 所示。

从前面的分析中可知，生产扩展线上的每一点都是最优生产要素组合，代表长期生产中某一产量的最低总成本投入组合，而且长期总成本又是指长期中各种产量水平上的最低总成本，因此可以从生产扩展线推导长期总成本曲线。

以图中 E_1 点为例进行分析。E_1 点生产的产量水平为 50 单位，所应用的要素组合为 E_1 点所代表的劳动与资本的组合，这一组合在总成本线 A_1B_1 上，所以其成本即为 A_1B_1

所表示的成本水平，假设劳动价格为 w，则 E_1 点的成本为 $w\cdot OB_1$。将 E_1 点的产量和成本表示在图 5 - 4（b）中，即可得到长期总成本曲线上的一点。同样的道理，找出生产扩展线上每一个产量水平的最低总成本，并将其标在图 5 - 4（b）中，连接这些点即可得到 LTC 曲线。

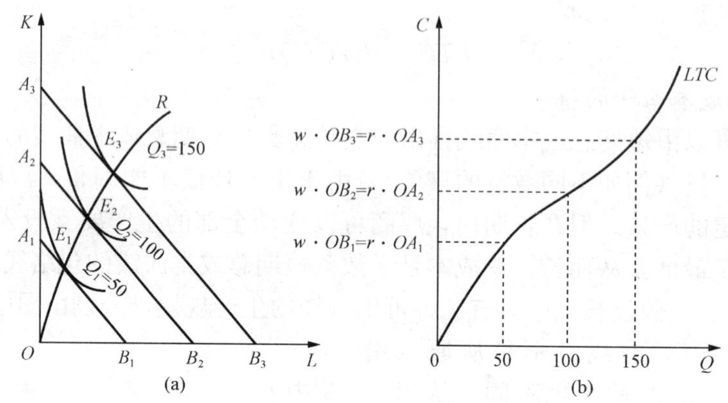

图 5 - 4　生产扩展线和长期总成本曲线

二、长期平均成本函数和长期平均成本曲线

（一）长期平均成本定义

长期成本曲线 LAC 表示企业在长期内按产量平均计算的最低总成本。长期平均成本函数可以写为

$$LAC(Q)=\frac{LTC(Q)}{Q} \tag{5 - 9}$$

（二）长期平均成本曲线推导

长期平均成本曲线可以根据长期总成本曲线的推导。在上面的分析中，我们得出长期总成本曲线是每一产量水平上的最小总成本，也就必然实现了每一产量水平上的最小平均成本。把长期总成本曲线上每一点的长期总成本值除以相应的产量，便得到每一产量点上的长期平均成本值。再把每一产量和相应的长期平均成本值描绘在平面坐标图中，即可得长期平均成本曲线。

长期平均成本曲线也可由无数条短期平均成本曲线的包络线划出。从上式可以看出 LAC 是 LTC 曲线连接相应点与原点连线的斜率。因此，可以从 LTC 曲线推导出 LAC 曲线。此外根据长期和短期的关系，也可由 SAC 曲线推导出 LAC 曲线。本书主要介绍后一种方法。

假设可供厂商选择的生产规模只有三种：SAC_1、SAC_2、SAC_3，如图 5 - 5 所示，规模大小依次为 SAC_3、SAC_2、SAC_1。现在来分析长期中厂商如何根据产量选择最优生产规模。假定厂商生产 Q_1 的产量水平，厂商选择 SAC_1 进行生产。因此此时的成本 OC_1 是生产 Q_1 产量的最低成本。如果生产 Q_2 产量，可供厂商选择的生产规模是 SAC_1 和 SAC_2，因为 SAC_2 的成本较低，所以厂商会选择 SAC_2 曲线进行生产，其成本为 OC_2。如果生产 Q_3，则厂商会选择 SAC_3 曲线所代表的生产规模进行生产。有时某一种产出水平可以用两种生产规模中的任一种进行生产，而产生相同的平均成本。例如生产 Q_1' 的产量水平，即可选用 SAC_1 曲线所代表的较小生产规模进行生产，也可选用 SAC_2 曲线所代表的中等生产规模进行生产，两种生产规模产生相同的生产成本。厂商究竟选哪一种生产规模进行生产，要看长期中产品的销售量是扩张还是收缩。如果产品销售量可能扩张，则应选用 SAC_2 所代表的生产规模；如果产品销售量收缩，则应选用 SAC_1 所代表的生产规模。由此可以得出只有三种可供选择的生产规模时的 LAC 曲线，即图中 SAC 曲线的实线部分。

在理论分析中，常假定存在无数个可供厂商选择的生产规模，从而有无数条 SAC 曲线，于是便得到如图 5-6 所示的长期平均成本曲线，LAC 曲线是无数条 SAC 曲线的包络线。在每一个产量水平上，都有一个 LAC 与 SAC 的切点，切点对应的平均成本就是生产相应产量水平的最低平均成本，SAC 曲线所代表的生产规模则是生产该产量的最优生产规模。

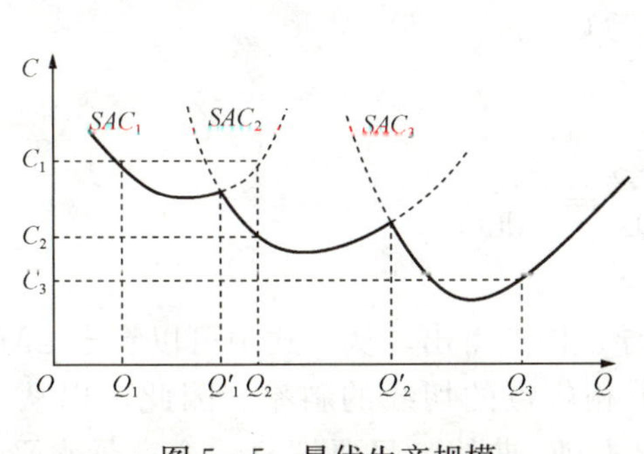

图 5-5　最优生产规模

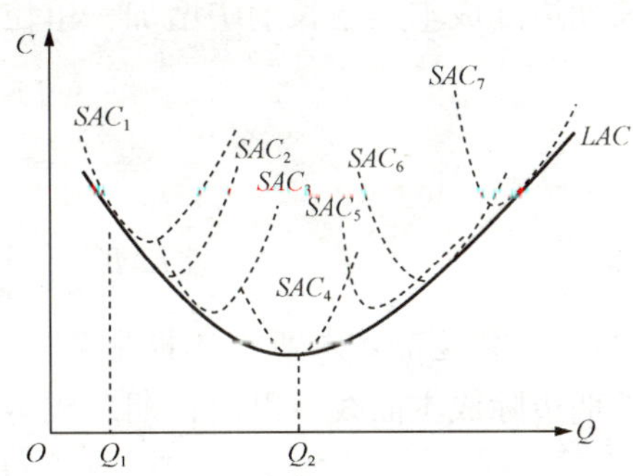

图 5-6　长期平均成本曲线

（三）LAC 曲线 U 形特征的原因

长期平均成本 U 形特征是由长期生产中内在的规模经济与规模不经济所决定的。规模经济是指厂商由于扩大生产规模而使经济效益得到提高，此时产量增加倍数大于成本增加倍数。规模不经济是指厂商由于生产规模扩大而使经济效益下降。此时，产量增加倍数小于成本增加倍数。规模经济和规模不经济都是由厂商自己的企业生产规模变动所引起的，所以，也称作内在经济和内在不经济。一般来说，在企业的生产规模由小到大的扩张过程中，会先后出现规模经济和规模不经济。

规模经济与规模不经济与生产理论中提到的规模报酬不同，二者区别在于前者表示在扩大生产规模时，成本变化情况，而且各种要素投入数量增加的比例可能相同也可能不同；而后者表示在扩大生产规模时，产量变化情况，并假定多种要素投入数量增加的比例是相同的。但一般说来，规模报酬递增时，对应的是规模经济阶段，规模报酬递减时，对应的是规模不经济的阶段。往往在企业生产规模由小到大扩张过程中，先出现规模经济，产量增加倍数大于成本增加倍数，因而 LAC 下降；然后再出现规模不经济，产量增加倍数小于成本增加倍数，LAC 上升。由于规模经济与规模不经济的作用，LAC 曲线呈 U 形。

（四）LAC 曲线位置的移动

企业的外在经济与外在不经济会影响 LAC 曲线的位置。外在经济是由于厂商的生产活动所依赖的外界环境改善而产生的，从而降低了厂商的长期平均成本。外在经济会引起 LAC 曲线向下移动。例如整个行业的发展，可以使行业内在的单个厂商从中受益。企业外在不经济是指厂商生产所依赖的外界环境日益恶化，从而提高了厂商的长期平均成本。外在不经济会影响 LAC 曲线的向上移动。例如，该行业厂商大量增加，导致行业过度集中，引起该行业生产要素价格上升。

此外，学习效应和范围经济也会影响企业的成本。学习效应是指，在长期的生产过程中，企业的工人、技术人员、经理人员等可以积累起产品生产，产品的技术设计，以及管理人员方面的经验，从而导致长期平均成本的下降。范围经济是指在相同的投入下，由一个单一的企业生产关联产品比多个不同的企业分别生产这些关联产品中每一个单一产品的产出水平要高。因为这种方式可以通过使多种产品共同分享生产设备或其他投入物而获得产出或成本方面的好处。

三、长期边际成本函数和长期边际成本曲线

（一）长期边际成本定义

长期边际成本是指长期中增加一单位产量所增加的最低总成本。公式为

$$LMC = \frac{\Delta LTC}{\Delta Q}$$

当 $\Delta Q \to 0$ 时，

$$LMC = \lim_{\Delta Q \to 0} \frac{\Delta LTC}{\Delta Q} = \frac{\mathrm{d}LTC}{\mathrm{d}Q}$$

（二）长期边际成本曲线的推导

长期边际成本曲线可以由长期总成本曲线求导、描点得出。从上式中可以看出 LMC 是 LTC 曲线上相应点的切线的斜率。因此可以从 LTC 曲线推导出 LMC 曲线。只要把每一个产量水平上的 LTC 曲线的斜率值描绘在产量和成本的平面坐标图中，便可得到长期边际成本曲线 LMC。

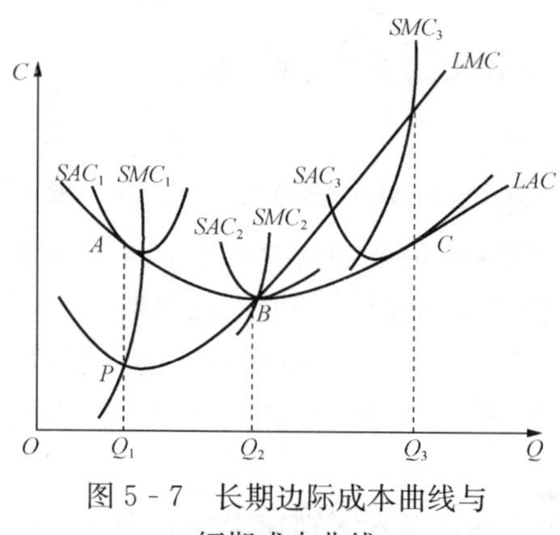

图 5 - 7 长期边际成本曲线与短期成本曲线

也可以由短期边际成本曲线求出。由于长期总成本曲线是短期总成本曲线的包络线推出：对应于某一产量点，短期总成本曲线和长期总成本曲线在该点的斜率相等，即 $LMC=SMC$。将每一产量点上对应的 SMC 计算，再用一条平滑的曲线连起来，便得到一条光滑的曲线，即为长期边际成本 LMC 曲线（如图 5 - 7 所示）。

（三）长期边际成本曲线的形状

长期边际成本曲线呈 U 型，它与长期平均成本曲线相交于长期平均成本曲线的最低点。其原因在于：根据边际量和平均量之间的关系，当 LAC 曲线下降时，LMC 曲线一定处于 LAC 曲线的下方，当 LAC 曲线上升时，LMC 曲线一定处于 LAC 曲线的上方。

四、成本曲线的应用

（一）生产任务的分配

假如公司所属两家工厂的边际成本是随产量的增加而增加的，公司应当怎样在两家工厂之间分配任务，使总成本最低？

【例 5 - 4】 假定某公司用两个工厂生产一种产品，其总成本函数为

$$C = 2Q_1^2 + Q_2^2 - Q_1Q_2$$

式中：Q_1 表示第一个工厂生产的产量；Q_2 表示第二个工厂的产量。

求：当公司的产量为 40 时，能够使公司生产成本最小的两个工厂的产量组合。

解：$MC_1=4Q_1-Q_2$　　$MC_2=2Q_2-Q_1$

$MC_1=MC_2$　　$Q_1+Q_2=40$

$Q_1=15$　　$Q_2=25$

结论：每个工厂的边际成本都相等时，各个工厂之间产量的分配能使总公司的总成本最低。

（二）利用成本曲线分析专业化水平高的工厂，是否一定是最优的工厂

专业化水平高、成本低的建厂方案，不一定就是最优方案。因为专业化水平高的工厂，因大量使用专用设备，如产量低于或高于期望产量，成本就会迅速提高。专业化水平低的工厂，由于使用通用设备和手工劳动较多，所以灵活性较大，就是说，如果产量增加或减少，不会使成本变化过大。因此，不能笼统地讲专业化水平高、成本低的方案就是最优方案。哪个方案最优还取决于：①市场需求概率分布的情况。②不同产量水平上两个方案的成本差别有多大。如果需求概率分布摆动较大，对专业化水平低的方案有利。如果需求概率分布摆动较小，则对专业化水平高的方案有利。

（三）怎样利用长期平均成本曲线，在不同的生产规模上选用不同的技术

假定要建设一座发电厂，它的汽轮机是用蒸汽发动的。蒸汽的热能来源可以用天然气、煤、石油和核能。如果利用不同能源的长期平均成本曲线如图 5-8 所示，那么，从图中就可以根据将来销售量的大小来选择最优的技术。产量小于 oa 时，宜用天然气作为能源；产量在 ab 之间时，宜用煤和油；产量大于 ob 时，宜用核能。

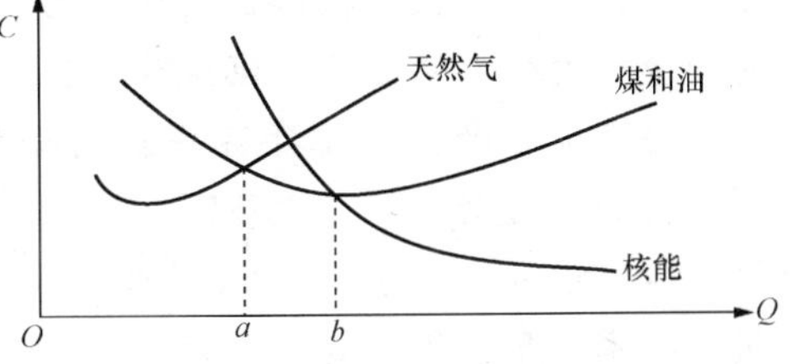

图 5-8　不同能源的长期平均成本曲线

课后案例分析

案例分析 5-4

规模经济与规模不经济

学校规模应有多大

规模不经济是一个经济学术语，通常与规模经济并联在一起使用。一般来说，当企业投入增加时，产出增加的比例超过投入增加的比例，单位产品的成本随产量的增加而降低，这时企业的规模效益（或规模报酬）递增，称为规模经济；而当企业产出增加的比例小于投入增加的比例，单位产品的成本随产量增加而增加时，企业的规模效益递减，即是规模不经济。学校发展也存在一个规模经济和规模不经济的问题。学校规模绝不是越大越好，而是有限度的，学校规模经济只有在规模适度的前提下才能获得。巨型学校规模不经济是显而易见的。巨型学校使师生员工之间的关系变得疏远，学校的组织形态和工作程序变得臃肿、繁琐，行政管理僵化，校长深入教学第一线的时间越来越少以至于越来越像官僚。

也许有人会说，中小学规模再大也大不过当下的大学。那些万人大学不是照样办得很好吗？为何中小学规模大了就会导致规模不经济呢？这主要是由于中小学在组织性质与管理方式上不同于大学所决定的。尽管中小学和大学都拥有“学校”这个共同名称，但它们却存在显著差异。大学以学科为中心，以院系为基础，管理上松散，文化上也很松散。大学的这种特性保证了巨型大学可以有效地运营。中小学与大学不同，其整体性更强，学科教学之间的依赖性和关联性更高。从组织特征上看，中小学不仅管理上紧密，文化上也很紧密。正因如此，中小学规模一旦超大，学校性质和管理方式就会发生变化。由此引发的后果之一就是学校组织目标的模糊、逆转、倒置，学校规模效益也随之下降。

案例分析 5 - 5

百事可乐并购案

百事可乐无论在市场份额还是市场认同度上都无法与可口可乐相抗衡，1993 年可口可乐普通股流通市值和税前赢利率均为百事的两倍。百事的总裁韦恩·卡洛威想依托百事积累的资金势力介入快餐业，他认为不但能改善百事业务结构还能通过快餐店的营销网络争取百事的潜在消费者。1977 年百事收购必胜客、塔克—贝尔、肯德基三家快餐店。他迅速超过了麦当劳成为全球第一快餐商。1993 年百事的营业收入为 250 亿美元，纯利 16 亿美元，虽然可口可乐汽水销量以 4∶1 压倒百事，但后者总收入却高出前者 75%，百事的多元化规模扩张战术似乎取得了成功。然而 1996 年百事突然宣布将快餐业务分离出去成立新公司，以使自身能专心致力于饮料市场竞争。原因是快餐膨胀，使百事业务结构发生根本性改变，原来的核心业务——可乐制造只占总业务的 35%，营业收入只占三分之一。快餐与饮料在管理方式上差异甚大，快餐并购占了企业大量资金，使公司精力分散。百事在 1996 年市场占有率落后于可口可乐 11 个百分点。这是 20 年来差距最大的一次（这便是规模扩张时犯的“富人病”，百事对多元战略实施失控超过其掌控能力是典型的规模不经济）。

案例分析 5 - 6

多元化策略

在许多人的心中，总是认为企业规模越大越经济，但是，事实教育人们，企业规模扩大以后，对外与市场的协调成本越来越高，内部运行机制的协调难度越来越大，加上管理与指挥系统的复杂化，信息的上传下达速度减慢，使管理效率大大降低，边际收益下降，甚至会变成负值，出现规模不经济现象。最权威的解释是：随着企业规模的扩大，内部结构的复杂性增强，这种复杂性是要消耗能量和资源的，这种消耗使规模扩大本来带来的好处相互抵消，化为乌有，所以“规模就不经济”了。

格兰仕强势介入空调、冰箱制冷业就是一个很好的例子。在企业发展的初期，格兰仕一直坚持微波炉的专业化生产，到二十世纪末，格兰仕已经是世界微波炉的第一大生产商，但格兰仕的生产极限是 1 200 万台，按照当时的速度，不出两年就会出现微波炉饱和的局面。格兰仕已经将微波炉这种产品做的很透了，基本接近饱和能力，同时也接近规模的平衡点。因为，全世界的消费能力基本上也就是 1 500 万台，如果再扩大生产，就会出现单台所摊费用增加、增加库存、销售费用增加的局面，出现规模不经济。因此，一向宣称专注专业化的格兰仕不得已也实行了多元化。于是，格兰仕在 2000 年宣布，将一次性投入 20 亿元进军制冷行业，形成 800 万台空调的年生产能力，从专业化迈向多元化。

报纸的发行也是一个很好的例证，一般情况下，省级以上有点影响的报纸的发行量都比较理想，报纸的发行量越大，单份报纸的所摊费用就越少，但发行量也不是无限制的大，也有一个规模问题。因为报纸的主要收入靠广告，一期报纸的广告收入是固定的，超过了一定的规模，就会出现单份报纸成本、发行和管理费用增多的现象，就会出现规模不经济。

规模经济又称“规模利益”。规模指的是生产的批量，具体有两种情况，一种是生产设备条件不变，即生产能力不变情况下的生产批量变化，另一种是生产设备条件即生产能力变化时的生产批量变化。规模经济概念中的规模指的是后者，即伴随着生产能力扩大而出现的生产批量的扩大，而经济则含有节省、效益、好处的意思。按照权威性的包括拉夫经济学辞典的解释，规模经济指的是给定技术的条件下（指没有技术变化），对于某一产品（无论是单一产品还是复合产品），如果在某些产量范围内平均成本是下降或上升的话，我们就认为存在着规模经济（或不经济）。具体表现为长期平均成本曲线向下倾斜，从这种意义上说，长期平均成本曲线便是规模曲线，长期平均成本曲线上的最低点就是“最小最佳规模”。上述定义具有普遍性，银行业规模经济便由此引伸而来。

耐克公司自 1964 年创立至今已实现了 40%的增长率，其战略要素之一就是不断大规模的发展恰当的相邻业务以充分发挥公司的优势，实现新一轮的增长。耐克的增长模式是开发出一波接一波的各具特色的增长型的相邻业务，以扩大企业规模。1976 年～1983 年间，耐克一心扑在制造跑鞋，年营业额以 80%的速度增长，当跑鞋销售开始清淡后耐克将其产品扩展到新领域（如服装）。1994 年～1997 年，公司注重于运动鞋的制造。“名人推崇产品”的产品形象使增长率重新提升到 36%。2000 年耐克又推出高尔夫品牌产品，甚至包括泰格伍滋偏爱的高尔夫球。（这个案例向我们展示了怎样通过向相邻业务进行合理资源配置实现核心业务增长情况下成功的实现规模经济效益。）

获取规模经济效益是扩大经济规模的基本目的和要求。规模经济反映的是生产要素的集中程度同经济效益之间的关系。就企业来说，只有在取得规模经济效益的前提下，才是实现了真正意义上的规模经济。因此，衡量一个企业是否达到了规模经济的要求，并非看其资产总量有多大，而应看其资产质量和效率的高低。例如，建设两个年产 15 万吨乙烯生产企业的投资尽管大于建设一个年产 30 万吨的乙烯生产企业，但是，两个年产 15 万吨乙烯生产企业的产品成本要高于一个年产 30 万吨乙烯生产企业的生产成本。两个年产 15 万吨乙烯生产企业合并后，产品产量可以达到 30 万吨，但规模经济效益却不如一个年产 30 万吨的乙烯生产企业高。可见，合理组织经济规模，合理确定生产要素组合的数量和比例，发挥规模的总体优化功能，是实现最佳规模经济效益的保证。

第六章　产品市场与企业行为

教学目的：本章通过研究企业如何根据利润最大化原则确定产量，以及不同市场企业不同的需求曲线和收益曲线，进一步论证其长期均衡产量确定的特点，依此对不同市场条件下经济效率的差异做出比较。通过本章的学习，使学生掌握不同市场中企业需求曲线、收益曲线的区别，长期均衡产量的确定有何特点、条件、相同点与不同点，进一步论证其市场效率的差异。还需了解有关博弈理论的知识。

主要内容：在深入到市场需求曲线背后对消费者选择理论进行分析和深入到市场供给曲线背后对生产者的生产理论与成本理论进行分析后，我们重新回到市场上来探讨价格与最优产量点的决定。不过我们现在不再泛泛地谈供给与需求如何决定价格，而是结合市场组织形式探讨在不同的市场类型下，企业如何决定其产品的价格与最优产量点，以及企业在各种不同的市场条件之下的行为分析。

引例

百事可乐与可口可乐的较量

可口可乐公司创建于1886年，百事可乐公司创建于1898年。近百年来，可口可乐以其独特的品质称霸世界软饮料市场。在与可口可乐的无数竞争者中，唯有百事可乐经过近半个世纪的不懈努力，自1977年以来，在美国软饮料市场的销售量开始赶上可口可乐。称霸近百年的可口可乐是怎样被百事可乐夺去市场的半壁江山？其中奥妙耐人回味。

早在30年代，百事饮料便在世界上首次通过广播宣布，将当时最高价为10美分的百事饮料降价一半，从而拉开了软饮料工业中争夺战的第一幕。第二次世界大战期间，可口可乐公司的经营目标转向开拓国外市场，可口可乐随着战争行销世界。到第二次世界大战结束，国外可口可乐瓶装厂增加到64家。百事可乐利用这一机会，以其低廉的价格抢走可口可乐在国内的部分市场。然而好景不长，战后可口可乐杀回马枪，使百事可乐销量猛跌，可口可乐的销路也以5∶1的优势领先于百事可乐。为扭转局势，百事可乐不断改进包装和味道，采取在局部市场与可口可乐竞争的策略，经过一番奋战，使可口可乐与百事可乐的市场差距缩小为5∶2。

20世纪60年代是两家饮料公司在美国市场竞争的关键时期。1963年，百事可乐声称其成功地掀起了一场称之为百事新一代的市场营销运动。该公司决定将重点放在考虑用户的需求上，做出了长期占领市场的战略决策。决定将产品打入当时尚未完全依赖于可口可乐的新一代消费者市场。公司认为，与其说艰难地吸引可口饮料的忠实客户，让他们变换口味改百事饮料，不如努力赢得尚未养成习惯的目标市场。大约25年后，百事可乐仍然依赖它的这种“世代”策略进行销售。1983年，百事可乐将销售方针修正为“新一代的选择”，并一直持续到20世纪90年代。百事以它富有独创性的强有力的广告攻势，包括邀请著名演员等出面大做电视商业广告，来吸引新的一代人。1985年，百事花在广告上的费用估计有4.6亿美元。

各种报道表明，“百事挑战”运动从20世纪70年代中期开始掀起时就困扰着可口可乐的董事们。1985年可口可乐公司突然宣布改变沿用99年之久的老配方，采用刚研制成功的新配方，并声称要以新配方再创可口可乐在世界饮料行业中的新纪录。但推出以来，却遭到许多人的反对，还有人举行示威，反对使用新配方。这可乐坏了其对手百事可乐公司。

正当百事可乐公司乐不可支时，可口可乐公司突然宣布，为了尊重老顾客的意见，公司决定恢复老配方的可口可乐生产，同时，考虑消费者的新需要，新配方的可口可乐也同时继续生产。

引人注目的是，几十年来竞争的双方都各有千秋，很难分出胜负。

在前面各章，我们对消费者如何决定其消费行为和生产者如何决定其生产行为问题分别进行了分析。在本章，我们将把前面消费者需求和生产者的供给再次结合起来，集中分析二者的共同作用所形成的体系——市场。

市场是指商品或者服务交换的场所。市场可以从不同的角度来进行划分：按照其有无具体固定场所可以分为有形市场和无形市场；按照交换客体可以分为产品市场和要素市场，而要素市场又可以具体细分为货币市场、资本市场、劳动力市场、土地市场、技术市场以及产权市场等等；按照买卖双方力量的对比可以分为买方市场和卖方市场——买方市场即买方力量大于卖方力量的市场，或者说是供大于求的市场，卖方市场即卖方力量大于买方力量的市场，或者说是供小于求的市场；按照市场竞争的强弱程度可以分为：完全竞争市场、完全垄断市场、垄断竞争市场、寡头市场四种类型。

资源要得到有效的配置，就必须有一个完整的市场体系，这一市场体系是各类市场组成的有机的整体，我们可以将它分成两大类：产品市场和生产要素市场。本章将着重讨论产品市场的市场结构，以及作为市场微观主体的企业在这一体系中的行为。

第一节　市场结构与市场竞争

一、产品市场

产品市场经常被人们定义为货物市场，但事实上，从广义来说，产品市场还应该包含有各种服务。商品和服务的交换是产品市场的核心，所以产品市场经常被称为商品市场。随着生产力的发展和社会分工的深化，市场得到了充分全面的发展，形成了统一的市场体系。而商品交换是市场交换的最基本内容，产品市场在整个市场体系中占有最为基础的地位。

在产品市场中，按照交易对象的不同，我们经常将其细分为生产者市场和消费者市场。生产者市场是提供资本品用以满足生产者中间投入需要的市场。从这个角度看，生产者市场应该属于生产要素市场；但从商品交换的角度来看，生产者市场更加具有产品市场的一般特点。生产者市场的交易客体是各种中间产品，中间产品的交易主要是在生产企业之间进行，需求弹性较小，需求量大，经常由大批量生产来完成，大批量成交，产品易于标准化、系列化，容易形成相对集中独立的市场。消费者市场是指提供最终产品，直接满足人们消费需要的市场。它同人们的衣食住行息息相关。同生产者市场相比，这个市场中交易对象种类繁多，单位金额较小，直接面向消费者。

二、市场类型

市场可以有多种划分标准。在经济学中，划分市场类型的标准是商品的供求状态。它具体体现在商品市场竞争力量的强弱。而影响市场竞争程度的具体因素主要有以下四点：

（1）买卖双方数量的多寡；

（2）厂商之间各自提供的产品的差别程度；

（3）厂商进入或退出一个行业的易难程度；

（4）交易双方所得到的信息是否完全。

由此，我们可以根据上述的几个具体影响因素，按照市场上卖方的竞争程度，将市场结构大体上划分为：完全竞争市场、完全垄断市场、垄断竞争市场、寡头垄断市场。

完全竞争市场是一个理想的市场，在现实生活中，几乎不存在这样的市场。但是，它是研究其他各类型市场的基础。完全垄断市场则是另一种极端情况。现实之中，大量存在的市场是介于两者之间的垄断竞争市场和寡头垄断市场。

第二节　完全竞争条件下的企业经营行为分析

一、完全竞争市场的基本特征

完全竞争市场是指竞争充分而不受任何外力阻碍和干扰的一种市场结构。这一市场上存在大量的卖者和买者。作为众多参与市场经济活动的经济单位的个别企业或个别消费者，单个的销售量和购买量都只能占很小的市场份额，其供应能力或购买能力对整个市场来说是微不足道的。这样，无论卖方还是买方都无法控制或影响（由于影响力量非常小，小到可以忽略不计）市场价格，或者说单个经济单位都不把价格作为决策变量，他们是价格的接受者。因而，对于单个的生产者或者消费者来说，市场的价格是一个常数。

（一）产品的同质性

企业出售的产品具有同质性。这里的产品同质不仅指商品之间的质量、性能、规格等无差别，还包括在销售条件、装潢等方面是相同的。因为产品是同质的，对于购买商品的消费者来说，购买哪一个企业生产的产品并不重要，他们不会偏爱某一企业的产品，也不会为得到某一企业的产品而必须支付更高的价格。同样对于企业来说，没有任何一家企业拥有市场优势，他们将以可能的市场价格出售自己的产品。

（二）生产要素流动自由

所有的资源都可以在各行业之间自由流动，即企业可以无成本地进入或退出一个行业。劳动可以随时从一个岗位转移到另一个岗位，或从一个地区转移到另一个地区；资本可以自由地进入或撤出某一行业。资源的自由流动使得企业总是能够及时地向获利的行业运动，及时退出亏损的行业，这样，效率较高的企业可以吸引大量的投入，缺乏效率的企业会被市场淘汰。资源的流动是促使市场实现均衡的重要条件。

（三）信息充分

参与市场活动的经济主体具有完全信息。市场中的每一个卖者和买者都掌握与自己决策、与市场交易相关的全部信息，这一条件保证了消费者不可能以较高的价格购买，生产者也不可能以高于现行价格出卖，每一个经济行为主体都可以根据所掌握的完全信息，确定自己最优购买量或最优生产量，从而获得最大的经济利益。

经济理论分析上所假设的完全竞争市场的条件是非常严格的，在现实的经济中没有一个市场真正具有以上四个条件，完全的竞争市场在现实中是不存在的。通常，只是将某些农产品市场看成是比较接近的完全竞争市场类型。但是完全竞争市场作为一个理想经济模型，有助于解释或预测现实经济中厂商和消费者的行为，了解经济活动和资源配置的一些基本原理。在理论上，完全竞争市场配置资源的效率最优，经济效益最高，因而，我们通常把完全竞争市场当作一个尺度来度量现实世界中的各种各样的市场。

二、完全竞争企业收益和利润最大化

（一）完全竞争企业面临的需求曲线

在商品市场中，一种产品的市场需求是针对市场上所有企业组成的行业而言的，所有的消费者对整个行业所生产的这种产品的需求称为行业所面临的需求，相应的需求曲线称为行业所面临的需求曲线，也就是市场的需求曲线。

所有消费者对行业中的单个企业所生产的商品的需求量，称为企业所面临的需求量，相应的需求曲线称为企业所面临的需求曲线，简称为企业的需求曲线。在完全竞争条件下，企业所面临的需求曲线是一条由既定的市场均衡价格出发的水平线。图 6－1（b）中的 d 曲线就是一条完全竞争厂商的需求曲线，是一条与横轴平行的水平线。

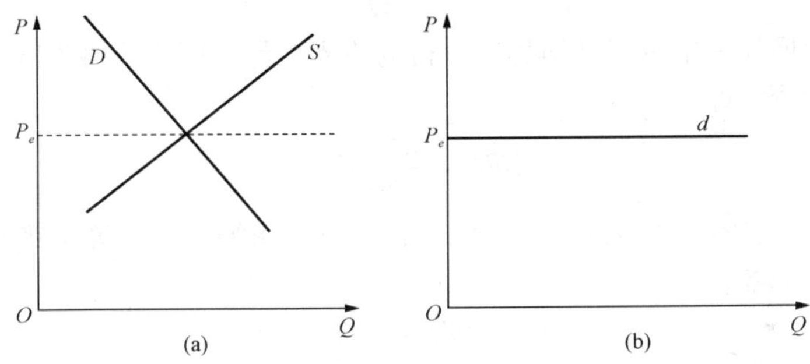

图 6－1　完全竞争企业面临的需求曲线

在一个完全竞争市场之中，单个企业是市场价格的接受者，而不是价格的控制者。假设某家企业把价格定的略高于市场价格，由于产品具有同质性，而且消费者具有完备信息，那么将没有人购买该厂商的产品。也就是说，厂商一旦涨价，它所面临的需求会下降为零。如果企业的价格等于市场价格，则由于企业数目众多的条件，一个企业的供应量是无足轻重的，无论企业供应多少，价格都维持不变，或者说在既定的市场价格下，企业可能销售掉他所能够生产任意数量的商品。企业如果把其产品价格降到市场价格以下，其销售量也不会因此而增加（在市场价格下，企业就已经可以销售完所有的产品）。因而，在完全竞争市场条件下，企业既不能提高价格，又不愿降低价格，只能是市场价格接受者。从需求的角度看，竞争企业所面临的需求曲线是水平的，水平需求曲线的需求价格弹性是无穷大的，价格在趋近于零的位置上升，需求量降为零，价格在趋近于零的位置下降，购买者会蜂拥而至，企业面对的需求会变成无穷大。

图 6－1（b）中的企业的需求曲线 d 是相对于图 6－1（a）中的市场需求曲线和市场供给曲线共同作用所决定的均衡价格 P_e 而言的。如果市场的供给曲线或需求曲线的位置发生移动，就会形成新的市场均衡价格，相应地，在图 6－1（b）中便会形成另一条从新的均衡

价格水平出发的呈水平线形状的企业面临的需求曲线。

（二）完全竞争企业面临的收益曲线

企业以一定的价格销售一定数量的产品，就可以获得一定的销售收入。企业的收入在经济学中称为收益，具体可以分为总收益、平均收益和边际收益。

总收益 TR 指企业按一定价格出售一定量产品时所获得的全部收入，即价格与销售量的乘积，以 P 表示商品的市场价格，以 Q 表示销售量，则有

$$TR(Q) = P \times Q \tag{6-1}$$

因为在完全竞争市场中单个企业无法通过改变销售量来影响市场价格，相反企业每销售一单位的商品都接受相同的价格，也就是说企业只能被动地接受价格，这样，随着企业销售量的增加，它的总收益是不断增加的。但由于商品的单位市场价格是固定不变的，所以总收益曲线是一条从原点出发的斜率不变的直线。

平均收益指企业出售一定数量商品，每单位商品所得到的收入，在完全竞争市场中也等于平均每单位商品的卖价。它等于总收益与销售量之比。由于企业只能按既定价格出售，因此平均收益也等于商品的单位价格。即

$$AR = \frac{TR}{Q} = \frac{P \times Q}{Q} = P \tag{6-2}$$

边际收益指企业增加一单位产品销售所获得的收入增量。商品价格为既定时，边际收益就是每单位商品的卖价。即

$$MR = \frac{\delta TR}{\delta Q} \tag{6-3}$$

可见，在完全竞争市场，企业的平均收益与边际收益相等，且都等于既定的价格，或者说在任何销售量水平上都有

$$P = MR = AR \tag{6-4}$$

相应可以绘出完全竞争企业的收益曲线，如图 6 - 2 所示。

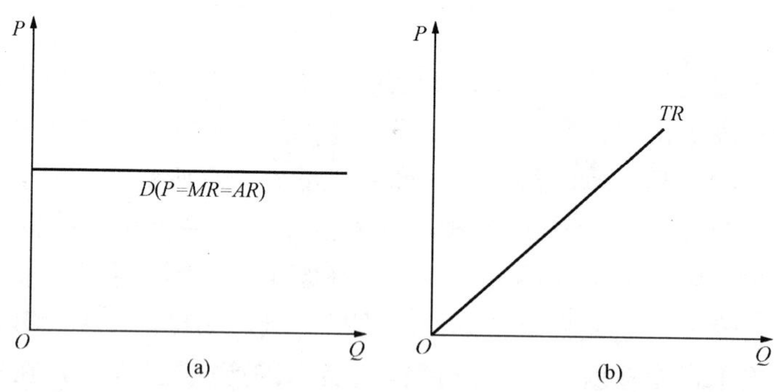

图 6 - 2 完全竞争企业面临的收益曲线

图 6 - 2 中横轴表示企业的销售量或所面临的需求量，纵轴表示商品的价格。图中的收益曲线具有如下特征：完全竞争企业的平均收益 AR 曲线、边际收益 MR 曲线与需求曲线 d 是重合的，是从既定价格出发的平行于横轴的一条水平线。这正是因为对于完全竞争企业来说，在既定的市场价格下，任何销售量上都有 $P=MR=AR$，而完全竞争企业所面临的需求曲线就是一条由既定的市场价格水平出发的水平线。同时也由于每一销售量上的边际收益值

是相应的总收益曲线的斜率，且边际收益是不变的，等于既定的市场价格，所以决定了总收益曲线是斜率不变的直线。

（三）企业实现利润最大化的均衡条件

企业利润等于总收益减总成本，即

$$\pi(Q)=R(Q)-C(Q) \tag{6-5}$$

式中：π 为利润；R 为总收益；C 为总成本。

由于收益与成本都是产出的函数，即 $R=R(Q)$，$C=C(Q)$，所以利润也是产出的函数，即 $\pi=\pi(Q)$。就 $\pi(Q)=R(Q)-C(Q)$ 式的利润函数对产出求一阶导数，并令该导数值等于0，可以得到利润最大化的必要条件。

$$\frac{d\pi}{dQ}=\frac{dTR}{dQ}-\frac{dTC}{dQ}=0 \tag{6-6}$$

因为$\frac{dTR}{dQ}=MR$，$\frac{dTC}{dQ}=MC$，所以 $MR=MC$。

得到 $MR=MC$。

其中$\frac{dTR}{dQ}=MR$，为某产量点的边际收益；$\frac{dTC}{dQ}=MC$，为某产量点的边际成本，即企业达到利润最大化的必要条件是生产推进到边际成本等于边际收益的产量点。

在 $MR=MC$ 的均衡点上，企业可能是盈利的，也可能是亏损的。如果是盈利的，这时的利润就是相对最大利润；如果是亏损的，这时的亏损就是相对最小亏损。不管是盈是亏，在 $MR=MC$ 点上，企业在这个点的生产都是对自身最有利的。

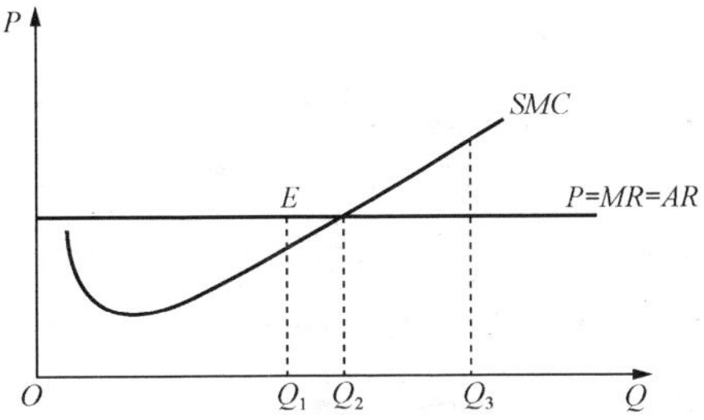

图 6-3　利润最大化条件

三、完全竞争市场上企业的短期决策

在完全竞争市场条件下，企业只能靠调整自己的产量来达到利润最大化。在短期内，产品生产的固定投入是不变的，但是可以通过在一定的范围之内调整自己的变动投入的量来改变产量，以达到利润最大化（或者亏损最小化）的目的。

（一）企业的短期均衡

由于在短期生产中，产品市场的价格是既定的，且企业只能用既定的生产规模进行生产，所以厂商只能通过对产量的调整来实现 $MR=MC$ 的利润最大化的均衡条件，而企业的短期均衡的盈亏状况将直接受市场价格的影响，厂商的短期均衡可以分五种情况。

1. 第一种情况：获得超额利润

获得超额利润的短期均衡 $AR>SAC$，即超过正常利润的利润。当一种商品由于各种原因出现供不应求时，价格必定上涨。MC 与 MR（$=AR$）的交点在 MC 与 AC 的交点上方，从而 $AR>AC$，此时总收益 $TR=AR\times Q_0$，总成本 $TC=AC\times Q_0$，而 $AR>AC$，所以总收益 $TR>$总成本 TC。由于这时，新的企业不能参加进来，老的企业不能扩大工厂规模，因而，企业获得超额利润（如图 6-4 所示）。

2. 第二种情况：获得正常利润

盈亏平衡的短期均衡 $AR=AC$，企业获正常利润。当供求平衡时，MR 与 MC 的交点也正好是与 AC 的交点，即 $MR=MC=AR=AC$，总收益 $TR=$总成本 TC。此时，企业获正常利润，在成本理论中说过，正常利润是总成本的一部分。此时现有企业不愿意离开这个行业，没有新的企业愿意加入这个行业（如图 6 - 5 所示）。

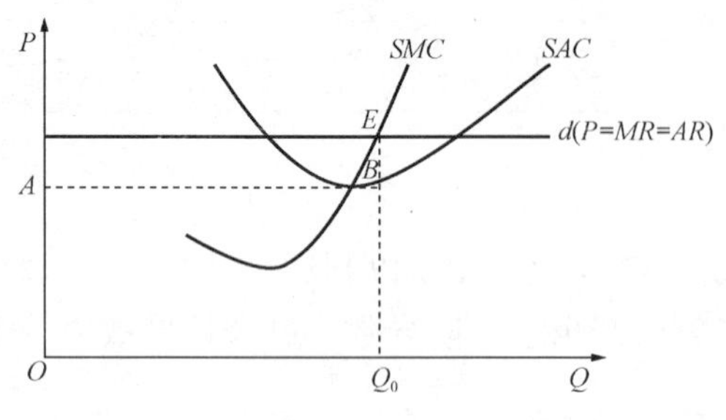

图 6 - 4 企业获得超额利润

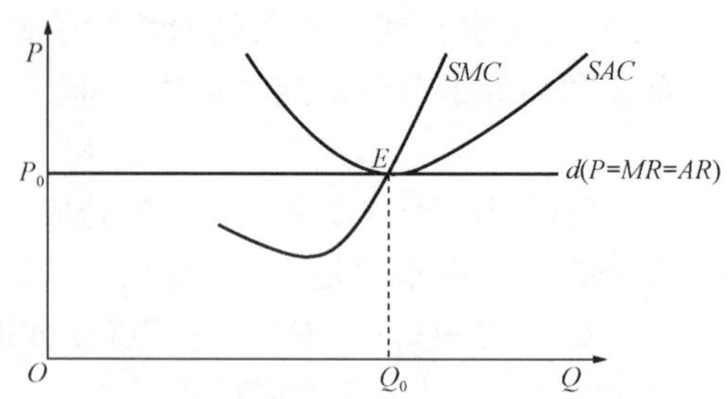

图 6 - 5 企业获得正常利润

3. 第三种情况：有亏损，但仍可生产

企业亏损。当一种商品由于各种原因出现供过于求时，价格必定下跌。MC 与 MR（$=AR$）的交点在 MC 与 AC 的交点下方，从而 $AR<AC$，总收益 $TR<$ 总成本 TC，这时原有企业来不及缩小规模或退出该行业，因而企业发生亏损。但在最佳产量 Q_0 处，$AVC<AR<AC$，如图 6 - 6 所示，平均收益高于平均可变成本，但仍小于平均成本。这时，虽然亏损发生，但企业从事生产还是有利的，因为所得到的收益能弥补一部分固定成本，使得亏损额比不生产时小些。假若停止生产，它将负担全部的固定成本损失。

4. 第四种情况：停止营业点

$AR=AVC$。当价格等于 OP_0 时，平均收益恰好等于平均可变成本，企业从事生产和不从事生产所受的亏损是一样的，其亏损额都等于固定成本。这时企业处于营业的边际状态。因此，价格等于最低的平均可变成本这一点（图中的均衡点 E）就叫做停止营业点。如图 6 - 7所示。

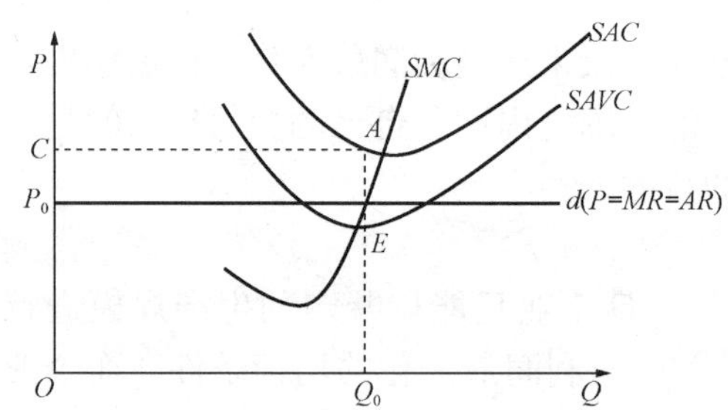

图 6 - 6 企业有亏损，但仍可生产

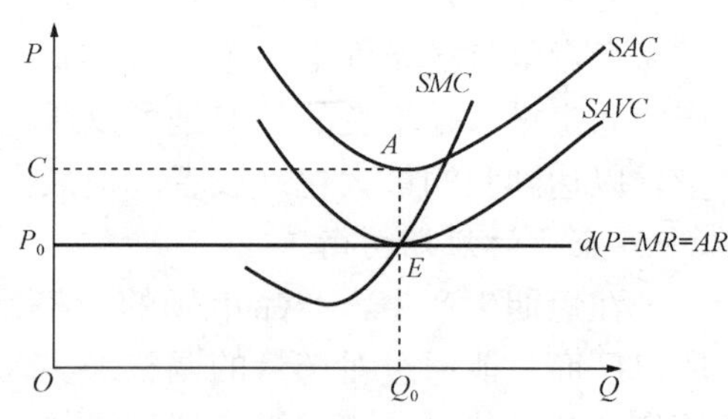

图 6 - 7 企业的停止营业点

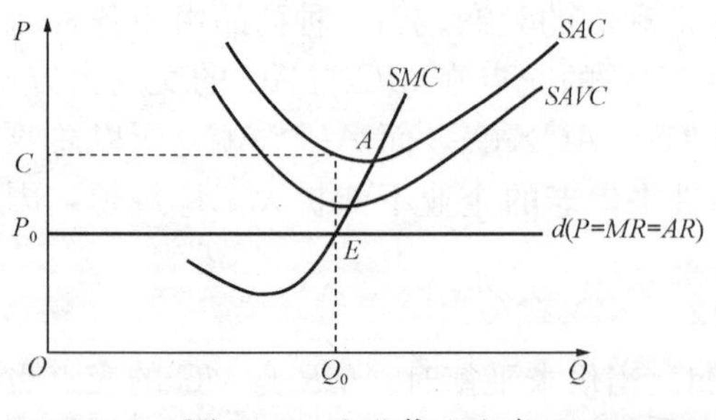

图 6 - 8 企业停止生产

5. 第五种情况：停止生产

$AR<AVC$。当价格等于 OP_0 时，平均收益小于平均可变成本，此时，如果继续生产，则全部收益连可变成本都无法弥补。因此应停止生产。如图 6 - 8 所示。

（二）企业的短期供给曲线

前面的论证已经表明使利润最大化的产量是由边际收益等于边际成本决定的，而在完全竞争市场上，企业的产量并不会影响价格，它面对的需求是水平的，因此企业多出售一单位产品所增加的收益就等于价格，即企业的边际收益等于价格。于是企业利润最大化的产量也决定于如下条件

$$P = SMC(Q) \tag{6-7}$$

该式表明，完全竞争企业为了获得短期最大利润，应该把最优产量确定在使得商品的价格和边际成本相等的水平上。就是说在每一个短期均衡点上，企业的产量与价格之间都存在着一种对应的关系。在图 6-4～图 6-8 中可以看到，根据 $P = SMC(Q)$ 或 $MR = SMC(Q)$ 的短期均衡条件，当商品市场价格为 P_1 时，企业所选择的最优产量为 Q_1，当商品市场价格为 P_2 时，企业所选择的最优产量为 Q_2，等。由于每一个商品价格水平都是市场给定的，所以，在短期均衡点上商品价格与企业的最优产量之间的对应关系可以明确地表示为以下的函数关系

$$Q_s = f(P) \tag{6-8}$$

式中：P 表示商品的市场价格；Q_s 表示企业的最优产量或供给量。

根据 $P=SMC$ 的利润最大化的短期均衡条件，企业所愿意提供的产量和商品的价格的组合都出现在 SMC 曲线上等于或大于 AVC 曲线最低点的部分（停止营业点的部分以上），如图 6-9 所示。

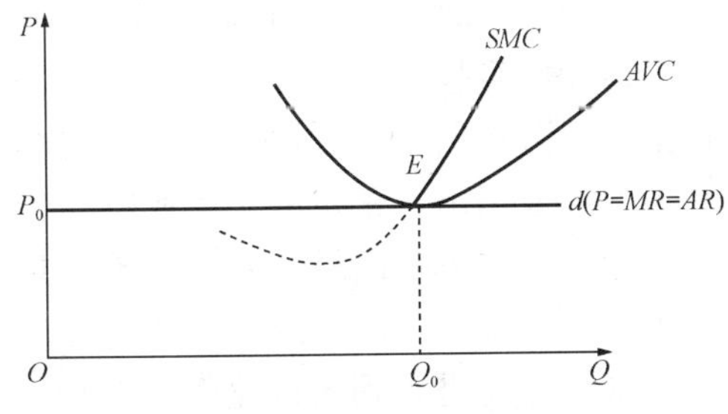

图 6-9　企业的短期供给曲线

基于以上分析，可以得到如下结论：完全竞争企业的短期供给曲线，就是完全竞争企业的短期边际成本 SMC 曲线上等于和高于平均可变成本 AVC 曲线最低点的部分。毫无疑问，完全竞争企业的短期供给曲线是向右上方倾斜的。图 6-9 中实线部分所示即为完全竞争企业短期供给曲线。

完全竞争企业短期供给函数说明了企业的产量是如何随着价格变化而变化，但是只有作为价格接受者的企业其产量才随着价格变化而变化。企业若是价格设定者，则价格和产量都是企业的决策变量。这时，问“给定某一价格，企业将生产多少”是没有意义的。因此只有价格接受者才有供给函数。

从对完全竞争企业短期供给曲线的推导过程中，可以清楚地看到供给曲线背后的生产者追求最大利润的经济行为。供给曲线不仅仅是表示在其他条件不变的前提下，生产者在每一价格水平愿意而且能够提供的产品的数量，更重要的是，生产者所提供的产品数量是在既定价格水平下能够给其带来最大利润或最小亏损的产品数量。

（三）市场的短期供给曲线

假定生产要素价格不变，完全竞争行业的短期供给曲线就是由行业内所有企业的短期供给曲线的水平加总而成的。市场的短期供给曲线也是向右上方倾斜的。用公式表示就是

$$S(P) = \sum S_i(P) \quad (i = 1,2,3,\cdots n) \tag{6-9}$$

为什么要假定生产要素价格不变？消费者需求理论告诉我们，通过对单个消费者需求曲线的加总可以得到市场需求曲线。在讨论完单个企业的短期供给曲线以后，是否可以通过对单个企业短期供给曲线的加总得出市场供给曲线？一般而言，我们不能像通过对个人需求曲线的简单加总得到市场需求曲线那样，通过对单个企业供给曲线的简单加总而得到产业供给

曲线。因为在得出各个企业的短期供给曲线时是假定生产要素的价格不变，所以边际成本不变，从而供给曲线与边际成本曲线一致。若所有的企业都扩大产量，则生产要素的价格将会发生变化。比如，若所有的农户都增加农产品的生产，将会引起农药、化肥等投入物价格的上涨。企业投入物价格的上涨将会导致单个厂商边际成本曲线向上移动，因而导致短期供给曲线变化，其变动的量难以确定。在这种情况下，通过对单个企业短期供给曲线的加总而得到短期产业供给曲线是困难的。如果所有的企业同时扩大产量时不会引起生产要素的价格上涨，则可以通过对单个企业短期供给曲线的简单加总得到短期产业供给曲线。

四、完全竞争企业的长期决策

在短期内，企业无法调整固定生产要素投入，只要市场价格高于平均变动成本的最低点，企业就会继续生产。但是在长期，企业有足够的时间来调整生产的规模，企业的成本曲线也因此而发生变动，市场的供给曲线与需求曲线也都有可能发生变动。只有当市场价格高于企业的平均成本曲线的最低点时，企业才会生产。如市场价格低于企业平均成本曲线的最低点时，企业就会停止生产，退出该行业。

（一）行业中企业数目的调整

前面已经指出，在完全竞争市场，要素可以在不同部门之间自由流动，或者说企业可以自由进入或退出一个行业。实际上生产要素总是会流向能获得更大利润的行业，也总是会从亏损的行业退出，正是由于行业之间生产要素的自由流动或企业的自由进出，导致了完全竞争企业长期均衡时的经济利润为零。具体来看，如果当某一行业开始时的产品价格较高，企业根据利润最大化均衡条件，将选择最优生产规模进行生产，此时企业获得了利润，这会吸引一部分企业进入到该行业中。随着行业内企业数量的增加，市场上的产品供给就会增加，在市场需求相对稳定的情况下，市场价格就会不断下降，单个企业的利润随之逐步减少，企业也将随着价格的变化进一步调整生产规模。只有当市场价格水平下降到使单个企业的利润减少为零时，新企业的进入才会停止。

相反，如果市场价格较低，厂商根据 $MR=MC$ 的条件，相应的最优生产规模选择在较低产量上。此时，企业是亏损的，这会使得行业内原有企业中的一部分退出该行业的生产，随着行业内企业数量的逐步减少，市场上产品的供给就会减少，若市场需求相对稳定，产品的市场价格就会上升，单个企业的利润又会随之逐步增加。只有当市场价格水平上升到使单个企业的亏损消失即利润为零时，企业的退出才会停止。

总之，不论是新企业的加入，还是原有企业的退出，最终这种调整将使市场价格达到等于长期平均成本最低点的水平。在这一水平，行业中的每个企业既无利润，也无亏损，但都实现了长期均衡。

（二）完全竞争企业自身对最优生产规模的调整

图 6 - 10 中，D 表示市场需求曲线；S_0 表示起初的供给曲线；P_0 表示起初形成的市场价格；AC 表示企业的平均成本曲线。

在完全竞争条件下，由于企业进出某个行业是自由的，所以从长期看，企业的经济利润（或经济亏损）会趋于消失。

由图 6 - 10 可以看出：当起初形成的市场价格为 P_0 时，$P_0>AC$，企业有超额（经济）利润。由于存在超额利润，就会吸引许多新企业加入这个行业，使行业供给量增大。由于行业供给量增大，就使供给曲线向右下方移动。

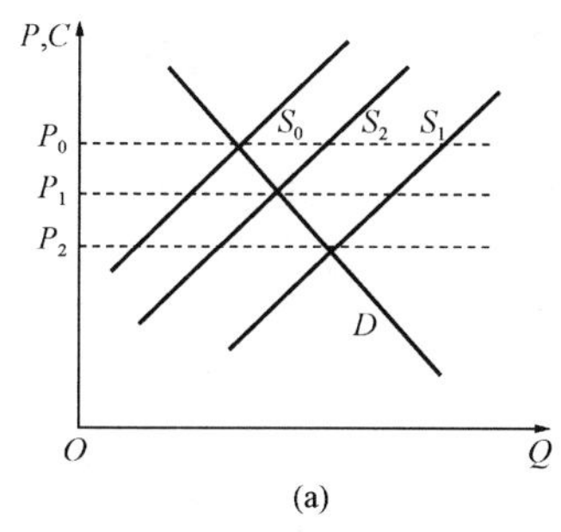

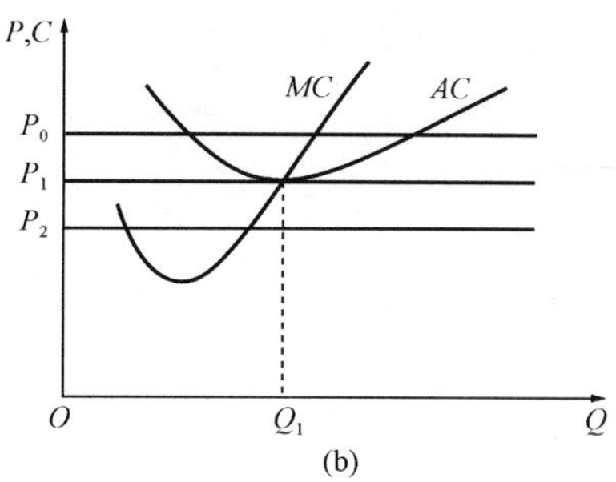

图 6－10　企业对最优生产规模的调整

若 $S_0 \rightarrow S_1$，此时，$P_2 < AC$ 的最低点，企业会有经济亏损。由于有经济亏损，经营较差的企业就会离开这个行业，行业的供给量就会减少。由于行业供给量减少，供给曲线又向左上方移动到 S_2。这样，又使价格上升到 P_1。此时，因 $P_1 = AC$ 的最低点，超额经济利润为零，企业不再进入，也不再离开这个行业，即处于均衡状态。上述变动情况，也可概括表述如下：

当 $S < D$ 时，由于有超额利润存在，企业必然扩大生产，其他行业的企业也会涌入此行业（资源可以自由转移），这将导致整个行业的供给增加，又迫使价格下降，超额利润消失。

当 $S > D$ 时，由于有亏损存在，企业必缩小生产或退出该行业，这将导致整个行业的供给减少，又迫使价格上升，亏损消失。如图 6－11 所示。

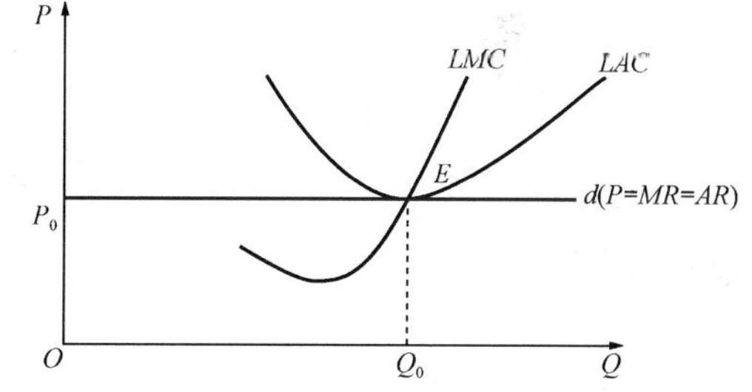

图 6－11　完全竞争企业的长期均衡条件

总之，在完全竞争条件下，只要企业有经济利润（经济亏损），市场上就有一种力量，使市场价格接近企业的平均成本的最低点，使经济利润消失。这时，企业处于均衡状态。也就是说，当企业处于长期均衡时，其产量水平 Q 必定能同时满足两个条件：

（1）$P = AC$ 的最低点，经济利润为零；

（2）$P = MC$，企业的产量最优。

因此我们得到完全竞争企业的长期均衡条件为

$$P = MR = LMC = SMC = LAC = SAC = AR \tag{6-10}$$

此时单个企业的利润等于零，企业的边际收益曲线、短期边际成本曲线、短期平均成本曲线、长期边际成本曲线、长期平均成本曲线五条线相交于一点。

（三）市场的长期供给曲线

在进行短期分析的时候，我们知道，在生产要素价格不变的情况下，通过对厂商供给的简单加总可以得到产业的供给曲线。是否也可以通过这种方法得到产业的长期供给曲线呢？答案是否定的。即使生产要素价格在长期内不发生变化，我们也不能通过对单个厂商供给的简单加总得到产业的供给曲线。因为长期内，厂商自由进出该产业，我们不知道对哪些企业的供给进行加总。何况在长期内，产业的扩张、收缩会引起生产要素价格的变化，我们更不可能通过对单个厂商供给的简单加总得到产业供给曲线。根据行业产量变化对生产要素价格所可能产生的影响，本节我们将分别不变成本产业、递增成本产业以及递减成本产业三种情况讨论产业长期供给曲线。

1. 成本不变行业的长期供给曲线

什么是成本不变行业？它的产量变化所引起的生产要素需求的变化，不对生产要素的价格发生影响。这种行业中各厂商的长期平均成本不受整个行业产量变化的影响，无论产量如何变化，长期平均成本是基本不变的。这种行业就是“成本不变行业”。形成这些行业成本不变的原因主要有两个：

（1）这一行业在经济中所占的比重很小，所需要的生产要素在全部生产要素中所占的比例也很小，从而它的产量的变化不会对生产要素的价格发生影响。

（2）这一行业所使用的生产要素的种类与数量与其他行业成反方向变动。这样，它的产量的变动也就不会引起生产要素价格的变动，从而保持长期平均成本不变。

在图 6－12 中，起初该行业及其中的企业都处于均衡状态，由市场需求曲线 D_1 和市场短期供给曲线 S_1 的交点所决定的市场均衡价格为 P_1，行业的生产量是厂商生产量的总和。现在市场需求增加，需求曲线由 D_1 向右移到 D_2，与原来的供给曲线 S_1 相交，相应的市场价格提高到 P_2。基于新的价格水平，企业不仅可以获得净利润，而且在原有规模上扩大产量至 Q_{i2}，获得更多的利润。从长期看，新的企业会不断进入到该行业中来，新企业的加入，虽然没有引起生产要素价格的变化，从而企业的成本曲线位置不变，但却使供给曲线不断向右移动，总产量增加使价格下降，单个企业的利润也随之下降，原有企业沿着它们的边际成本曲线削减生产。这个过程一直要延续到单个企业的利润消失为止，即供给曲线移动到 S_2 的位置，使得市场价格又回到原来的长期价格水平，单个企业在原来的长期平均成本曲线 LAC 的最低点实现均衡，仍然生产原来的产量，市场的均衡产量的增加量为 QQ_2，它是由新加入的企业提供的。将各个短期需求曲线和相应的供给曲线的长期均衡点连接起来，就是完全竞争行业成本不变时的长期供给曲线 LS。总之，不变成本行业有着一条水平的长期供给曲线。如果需求增加，产品价格将提高，随着新企业加入该行业，供给曲线向右移动，最终迫使价格恢复到原有水平。企业能长期维持成本不变，主要是由于生产要素的供给是完全弹性的。

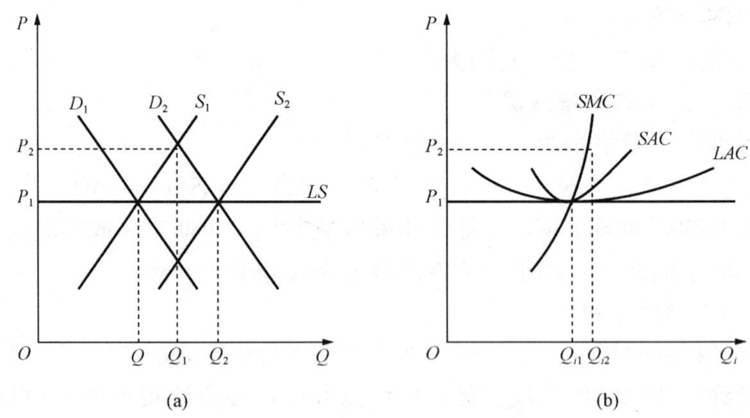

图 6－12 成本不变行业的长期供给曲线

（a）行业；（b）厂商

2. 成本递增行业的长期供给曲线

成本递增行业是指该行业的产量增加所引起的生产要素需求的增加，会导致生产要素的价格上升。当成本递增时，完全竞争行业达到长期均衡的供给曲线是一条向右上方倾斜的曲线。它表明当行业实现长期均衡时，虽然产量增加了，但是其价格也上涨了。这是由于外部不经济提高了投入物的价格或降低了投入物的生产效率引起的。

图 6 - 13 表明需求增加时，成本递增行业调整供给的过程。设该行业和其中的企业是在价格为 P_1 时达到初始的均衡状态。假如这时需求增加，需求曲线向右移动，短期价格上涨，企业在短期内仍以短期的边际成本曲线所代表的既定的生产规模调整生产，并因此获得利润。长期内，净利润的出现吸引新企业进入到该行业，整个行业的供给增加。行业供给增加，会增加对生产要素的需求，生产要素需求的增加使得生产要素的市场价格上升，从而使得企业的长期平均成本曲线 LAC 的位置上移。同时行业内新企业的加入，产量增加，供给增加使供给曲线向右移动为 S_2。最终在 LAC_2 曲线和短期边际成本 SMC_2 曲线的位置及 S_2 曲线的位置，实现厂商和行业的长期均衡。虽然新企业的进入增加了全行业的产量，但成本的上升不会使价格回跌到原来的水平，而是形成一个新的均衡价格水平 P_2，厂商在 LAC_2 曲线的最低点实现长期均衡，每个企业的利润又都为零。连接行业的两个长期均衡点的直线就是行业的长期供给曲线 LS。它是一条向右上方倾斜的长期供给曲线。很显然，对于成本递增行业，在长期内，行业的产品价格和供给量成同方向变动，市场需求的变动不仅会引起行业长期均衡价格同方向变动，还引起行业长期均衡产量的同方向变动。

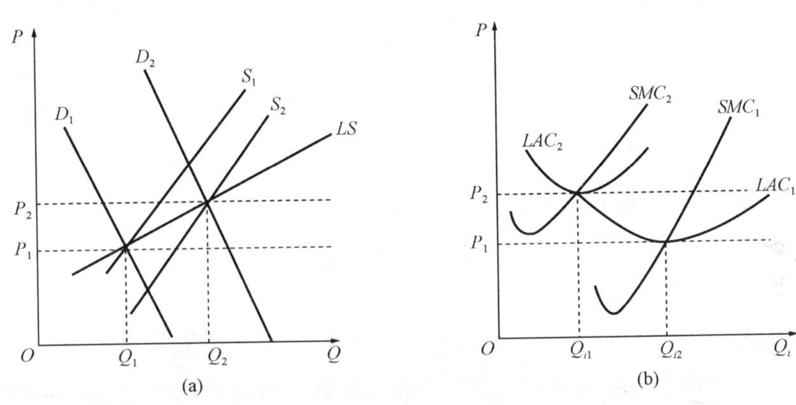

图 6 - 13　成本递增行业的长期供给曲线

(a) 行业；(b) 厂商

3. 成本递减行业的长期供给曲线

成本递减行业是指该行业的产量增加所引起的生产要素需求的增加，会导致生产要素的价格下降。当成本递减时，完全竞争行业达到长期均衡的供给曲线是一条向右下方倾斜的曲线。它表明：当行业实现长期均衡时，不但产量增加，而且其价格也降低了。这主要是由于外部经济在起作用。随着一个行业的发展而产生的外部经济可以概括为两个方面：一是降低了投入物的价格，二是提高了投入物的生产效率。外部经济能降低厂商的长期平均成本。

图 6 - 14 表明需求增加时，成本递减行业调整供给的过程。设该行业和其中的企业是在价格为 P_1 时达到初始的均衡状态。假如这时需求增加，需求曲线向右移动，短期价格上涨，企业在短期内仍以短期的边际成本曲线所代表的既定的生产规模调整生产，并因此获得利润。长期内，净利润的出现吸引新企业进入到该行业，整个行业的供给增加。行业供给增加，会增加对生产要素的需求，但生产要素的增加使得生产要素的市场价格下降了，从而使

得企业的长期平均成本曲线 LAC 的位置下移。同时行业内新企业的加入，产量还是增加了，供给增加使供给曲线向右移动为 S_2。最终实现企业和行业的长期均衡。虽然新企业的进入增加了全行业的产量，但成本的下降不会使价格回升到原来的水平，而是形成一个新的均衡价格水平实现长期均衡，每个企业的利润又都为零。连接行业的两个长期均衡点的直线就是行业的长期供给曲线 LS。它是一条向右下方倾斜的长期供给曲线。很显然，对于成本递减行业，在长期内，行业的产品价格和供给量成反方向变动。市场需求的变动引起行业长期均衡价格反方向变动，引起行业长期均衡产量的同方向变动。

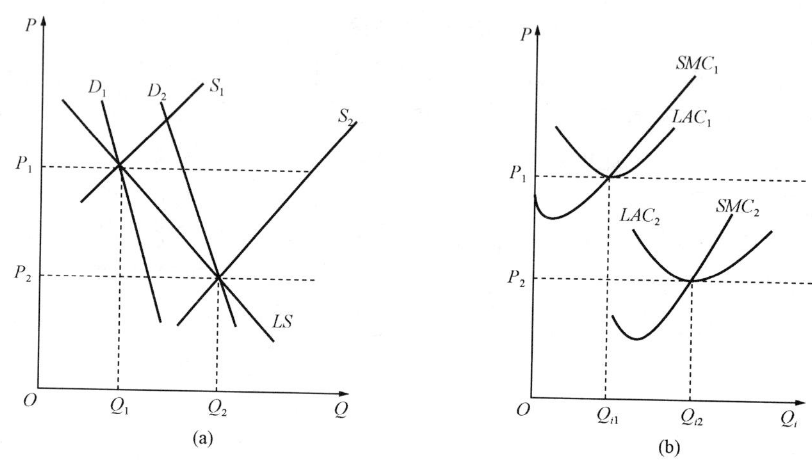

图 6－14　成本递减行业的长期供给曲线

(a) 行业；(b) 厂商

五、完全竞争市场条件下企业的行为分析

在完全竞争市场条件下，企业的行为有如下特点：

（一）企业刚好获得正常利润

在这一市场条件下，只要允许企业在行业内获得高出正常利润的利润，新的企业就会马上加入进来，行业中的企业容量马上就会增加。这就导致行业的产品供给量的增加，价格就会下降到低于短期和长期平均边际成本的水平之下，高于正常利润的利润就会消失。相反，如果企业在长期出现亏损，那么一部分企业就会退出行业，留下来的企业则会把规模调整到长期平均成本的最低点。这样的结果是，供给量减少，价格上涨，企业亏损消失，仍然可以获得正常利润。

（二）企业调整产量获得正常利润

在这一市场条件下，由于对价格完全没有控制力，企业只能根据市场的价格来调整自己的产量，价格上涨，企业增产；价格下降，企业减产。在长期内，企业甚至不能控制自己的产量，为了获得正常利润，企业只能在长期平均成本的最低点进行生产。

（三）长期均衡时，资源配置最为合理，消费者得到最大满足

在这一市场条件下，市场价格等于边际成本，企业没有获得任何超额利润，说明此时企业的生产效率达到了最高点，资源在各种产品之间的分配也是最优的。对于消费者来说，获得产品时所需要付出的价格已经是企业能够接受的最低价格，这样，消费者也得到了最大限度的满足。

（四）完全竞争企业之间没有竞争

在这一市场条件下，企业彼此感觉不到相互之间的竞争。因为每一家企业都只是按照市场价格来销售自己的产品，自己能够提供的任何产量都会被市场所消化，行业中任何一家企业的决策不会影响到其他企业。企业面对的只是市场，当市场发生变化，企业的成本高于市场价格，企业就会出现亏损，有可能被迫离开行业。行业中所有企业产品的同质性，决定了企业不可能做到产品的差异化，那么，广告行为也没有任何的必要性。也正是因为如此，完全竞争市场上的所有企业的唯一的最佳竞争策略就是不断地改进生产技术，提高管理水平，降低经营成本，尽可能以低成本获得竞争优势，稳固自己的市场地位。

第三节　完全垄断条件下的企业经营行为分析

一、完全垄断市场的基本特征

完全垄断又称卖方垄断，与完全竞争市场结构相反，完全垄断市场结构是指一家厂商控制了某种产品全部供给的市场结构。在完全垄断市场上，具有以下特征：

（1）行业内只存在一家企业，这家企业控制了某种产品的全部供给。由于整个行业仅存在唯一的供给者，企业就是行业。完全垄断市场上垄断企业排斥其他竞争对手，独自控制了一个行业的供给。

（2）完全垄断企业是市场价格的决定者。垄断企业控制了整个行业的供给，也就控制了整个行业的价格，成为价格决定者。

（3）完全垄断企业的产品不存在任何相近的替代品。否则，其他企业可以生产替代品来代替垄断企业的产品，完全垄断企业就不可能成为市场上唯一的供给者。因此消费者没有任何其他选择。

（4）任何其他厂商进入该行业都极为困难或不可能，要素、资源难以流动。完全垄断市场上存在进入障碍，其他厂商难以参与竞争。

完全垄断市场和完全竞争市场一样，都只是一种理论假定，是对实际中某些产品的一种抽象，现实中绝大多数产品都具有不同程度的替代性。

完全垄断是如何形成的呢？

垄断厂商之所以能够成为某种产品的唯一供给者，是由于该厂商控制了这种产品的供给，使其他厂商不能进入该市场并生产同种产品。导致垄断的原因一般有以下几方面。

（1）资源独控。如果一家厂商控制了用于生产某种产品的全部资源或基本资源的供给，其他厂商就不能生产这种产品，从而该厂商就可能成为一个垄断者。

（2）规模经济。某些行业具有十分明显的规模经济性，需要大量固定资产投资，规模报酬递增阶段要持续到一个很高的产量水平，此时，大规模生产才可以使成本大大降低。那么由一个大厂商供给全部市场需求的平均成本最低，两个或两个以上的厂商供给该产品就难以获得利润。这种情况下，该厂商就形成自然垄断。许多公用行业，如电力供应、煤气供应、地铁等是典型的自然垄断行业。

（3）拥有专利。专利权是政府和法律允许的一种垄断形式。专利权是为促进发明创造，发展新产品和新技术，而以法律的形式赋予发明人的一种权利。专利权禁止其他人生产某种产品或使用某项技术，除非得到发明人的许可。一家厂商可能因为拥有专利权而成为某种商品的垄断者。不过专利权带来的垄断地位是暂时的，因为专利权有法律时效。在我国专利权的法律时效为15年，美国为17年。

（4）政府特许。在某些行业，政府因为某种特殊需要，允许某个企业进行垄断。很多情况下，一家厂商可能获得政府的特权，而成为某种产品的唯一供给者，如邮政、公用事业等。执照特权使某行业内现有厂商免受竞争，从而具有垄断的特点。作为政府给予企业特许权的前提，企业同意政府对其经营活动进行管理和控制。

二、完全垄断企业的需求曲线和收益曲线

（一）需求曲线

在完全垄断情况下，一家企业就是整个行业。因此，整个行业的需求曲线也就是一家企业的需求曲线。这时，需求曲线就是一条表明需求量与价格成反方向变动的向右下方倾斜的曲线，如图6-15（a）所示。

（二）平均收益与边际收益

在完全垄断下，平均收益仍等于价格，因此，平均收益曲线 AR 仍然与需求曲线 d 重合，如图6-15（a）所示。但是，在完全垄断市场上，当销售量增加时，产品的价格会下降，从而边际收益减少，边际收益曲线 MR 就再也不与需求曲线重合了，而是位于需求曲线下方，而且，随着产量的增加，边际收益曲线与需求曲线的距离越来越大，表示边际收益比价格下降得更快，如图6-15所示。这样，平均收益就不会等于边际收益，而是平均收益大于边际收益。

（三）总收益曲线

企业的 TR 曲线是先上升，达到最高点以后再下降，如图6-15（b）所示。因为在每一个销售量上的 MR 值都是相应的 TR 曲线的斜率，所以当 MR 为正，TR 上升，MR 为负，TR 下降，MR 为零，TR 达最大值点。

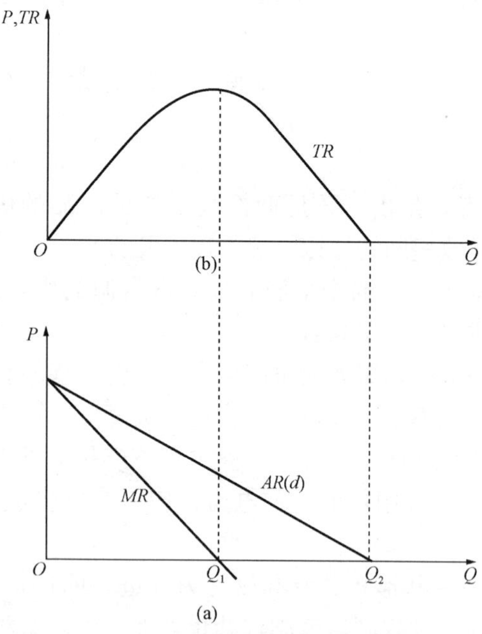

图6-15 完全垄断企业的需求曲线和收益曲线

（四）边际收益、价格和需求的价格弹性

当企业所面临的需求曲线向右下方倾斜时，我们来证明一下三者的关系。

设 $P = P(Q)$

则 $TR(Q) = P(Q) \times Q$

$$MR(Q) = \frac{\mathrm{d}TR(Q)}{\mathrm{d}Q} = P + Q \times \frac{\mathrm{d}P}{\mathrm{d}Q}$$

$$= P \times \left(1 + \frac{Q\mathrm{d}P}{P\mathrm{d}Q}\right)$$

即
$$MR = P \times \left(1 - \frac{1}{E_p}\right) \tag{6-11}$$

E_p 是需求的价格弹性，$E_P = -\frac{P\mathrm{d}Q}{Q\mathrm{d}P}$。

三者的关系有以下三种情况：

$E_p > 1$ 时，$MR > 0$，即 $\frac{\mathrm{d}TR}{\mathrm{d}Q} > 0$，说明完全垄断企业的 TR 与商品的销售量成同方向的变动。

$E_p < 1$ 时，$MR < 0$，即 $\frac{\mathrm{d}TR}{\mathrm{d}Q} < 0$，$TR$ 与 Q 反

向变动。

$E_p=1$ 时，$MR=0$，即$\frac{dTR}{dQ}=0$，TR 达到最大值，TR 不受 Q 变化的影响。

注意：以上分析适用于所有不完全竞争条件下的企业。

三、完全垄断市场条件下企业的短期决策

（一）制定短期决策的依据

垄断企业为了获得最大利润，也必须遵循 $MR=MC$ 的原则。在短期内，垄断企业无法改变不变要素的投入量，垄断企业是在既定的生产规模下通过对产量和价格的同时调整，来实现 $MR=SMC$ 的利润最大化的原则的。

（二）短期决策的分析

第一种情况：有经济利润。图 6－16（a）中，假定企业的需求曲线 d、平均成本曲线 SAC、边际成本曲线 SMC 和边际收入曲线 MR 为已知，如果企业以追求最大利润为目标，那么，它的价格与产量决策应在 $MR=SMC$ 之处，这时企业所得利润最大。从 SMC 曲线与 MR 曲线的交点，可求出它的最优产量为 Q^*，最优价格为 P^*。此时，它的总利润额（即超额利润）应等于 P^*abc 的面积。

为什么垄断企业只有在 $MR=SMC$ 均衡点上，才能获得最大的利润呢？这是因为，只要 $MR>SMC$，垄断企业增加一单位所得到的收益增量就会大于所付出的成本增量。这时，企业增加产量是有利的。随着产量的增加，MR 会下降，而 SMC 会上升，两者之间的差额逐步缩小，最后达到 $MR=SMC$ 的均衡点，企业也得到了增加产量的全部好处。而 $MR<SMC$ 时，情况正好与上面相反。所以，垄断企业的利润在 $MR=SMC$ 处达到最大值。

第二种情况：有经济亏损。图 6－16（b）中，假定企业的需求曲线 d、平均成本曲线 SAC、边际成本曲线 SMC 和边际收入曲线 MR 为已知，如果企业以追求最大利润为目标，那么，它的价格与产量决策应在 $SMC=MR$ 之处，这时企业所得利润最大。从 SMC 曲线与 MR 曲线的交点，可求出它的最优产量为 Q^*，最优价格为 P^*。此时，它的总亏损额应等于 P^*abc的面积。

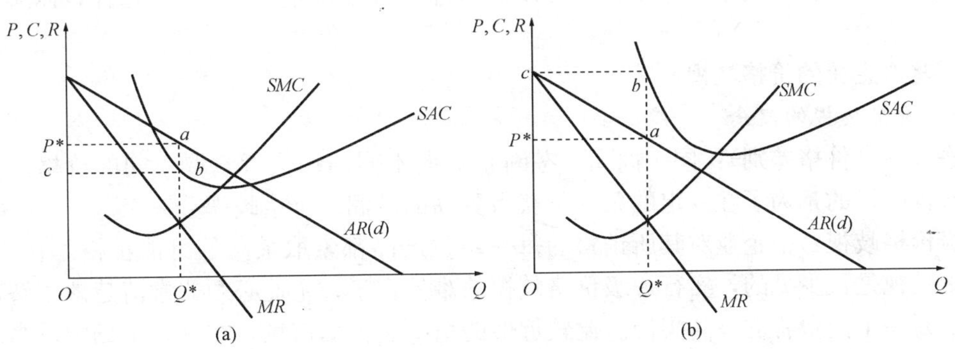

图 6－16　完全垄断市场条件下企业的短期决策

四、完全垄断市场条件下企业的长期决策

完全垄断企业在长期内可以调整全部生产要素的投入量，通过调整生产规模，从而实现最大的利润，由于垄断行业排除了其他厂商加入的可能性，因此，短期内获得利润的垄断企业，其利润在长期内可以得到保持。垄断企业在长期内对生产规模的调整一般有

三种可能的结果：

（1）企业在短期内是亏损的，但在长期中，无论该企业如何调整规模，依然无法摆脱亏损局面，于是该企业退出该行业。

（2）企业在短期内是亏损的，但通过对最优生产规模的选择，摆脱了亏损的状况，甚至获得利润。

（3）企业在短期内已获利，在长期中，通过对生产规模的调整，使自己获得更大的利润。

下面我们就第三种情况加以图形分析：

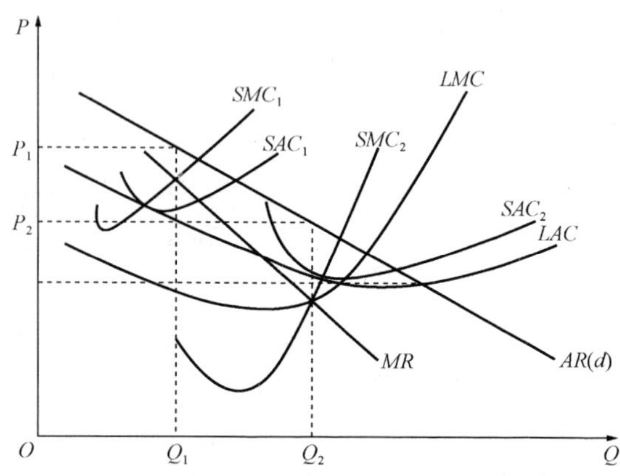

图 6-17　完全垄断市场条件下企业的长期决策

在图 6-17 中，假设垄断企业现有设备之短期平均成本曲线 SAC_1，为了赚得最大利润，其销售的产量是（MR 与 SMC_1 相交之点相应的）Q_1，销售价格为 P_1。因为在产量为 Q_1 时，$MC \neq LMC$，所以这样的均衡是短期均衡，而不是长期均衡。在长期内，其将扩大厂房设备的规模，其短期平均成本曲线为 SAC_2，短期边际成本曲线 SMC_2 与 MR 相交之点相应的产销量 Q_2 和销售价格为 P_2，这时 $MR=LMC=SMC_2$，就实现了长期均衡。

完全垄断企业短期均衡的条件是 $MR=SMC$，长期均衡的条件是 $MR=LMC=SMC$。长期均衡与短期均衡的区别是，后者要求长期边际成本 LMC 与边际收益 MR 相等，而前者则不要求它们相等。

通过上述图形分析说明，在短期中，垄断企业无法调整全部生产要素，因此不一定能实现利润最大化。但在长期中，企业可以调整全部生产要素，因此可以实现利润最大化，这时就存在垄断利润。在长期中，垄断企业可以在高价少销与低价多销中进行选择，以实现利润最大化。

五、垄断企业的价格歧视

（一）价格歧视的概念

价格歧视（价格差别）：同一商品，垄断企业向不同的购买者索取不同的价格。企业实行价格歧视的目的是为了在一定的条件下获得更高的利润。价格歧视分三级。

一级价格歧视：指企业对其所销售的每一单位产品都索取最高的可能价格。在实践中，一级价格歧视是很少见的，实行一级价格歧视的难处在于，企业必须非常清楚地了解市场需求，了解每一个消费者的最高买价。比较近似的情况是拍卖市场，在这一市场中，当对所拍卖的商品有兴趣的消费者都在场的时候，通过消费者之间的相互竞争价，每一件商品都可能按其最高价格出售。

二级价格歧视：指企业按照消费者购买商品的数量来确定价格，称为二级价格歧视。二级价格歧视较为普遍，典型例子是旅游景点对不同顾客群的不同定价、航空公司的打折机票。

三级价格歧视：指企业把市场划分成两个或多个不同的子市场，并将同一种商品在不同的子市场上按不同价格销售，称为三级价格歧视。

（二）实现价格歧视的条件

三级价格歧视在现实中较为常见，但企业要成功地实现价格歧视，有两个必不可少的条件：

（1）市场充分隔绝。消费者在不同的子市场之间被完全隔绝是成功实行价格歧视的必要条件。例如外国人不准使用内宾门票进入风景点旅游观光。如果子市场之间未被隔绝，那么商品很容易在两个子市场之间流动。

（2）需求弹性不同。不同的消费者或不同的子市场具有不同的需求价格弹性是保证企业实现价格歧视获得更高利润的条件。比如，新产品进入市场时，可按产品进入市场的时期的长短来区分市场，对任何一种新产品，消费者的偏好是不一样的，时尚商品的销售是最典型的例子，在正当时令的季节，时尚商品的价格一般非常贵，会令消费者望而却步，而时令过去，价格马上就会降下来。

六、完全垄断与完全竞争的比较

根据垄断市场和完全竞争市场的比较分析，人们通常认为垄断对经济是不利的；完全竞争市场条件要比完全垄断市场条件下，企业的效率更高一些。

（一）生产不足

因为在垄断企业里，$P>MC$，用较少的追加资源可以生产出较高价值的产品，从社会资源合理分配的角度看，说明企业的产量不是最优，再增加产量对社会更为有利。

（二）生产效率不高，存在生产资源的浪费

在完全竞争条件下长期均衡的条件是 $MR=AR=MC=AC$，即厂商是在最低的成本情况下，保持生产均衡，因而生产资源得到最优配置。在完全垄断条件下的长期均衡，由 MR 曲线与 MC（包括 SMC 与 LMC）曲线的交点确定均衡产量。由于生产是在生产成本高于最低平均成本处保持均衡，因此资源未能得到最优配置。

（三）社会福利损失

垄断厂商实行价格歧视，即价格差别，消费者所付的价格高，就是消费者剩余减少。这种减少是社会福利的损失。

（四）垄断造成社会分配不公平

垄断企业可以长期维持超额利润，而这一利润并非与投入相关。少数垄断资本家能保持垄断利润，是以全社会消费者收益的减少为代价的。

（五）垄断也容易引起腐败

由于政府的授权会形成垄断，垄断企业有可能通过“寻租”行为来维持垄断地位。

第四节　垄断竞争市场条件下企业经营行为

在现实中符合完全竞争或垄断的严格条件的市场是极为罕见的，市场上的大多数企业都介于这二者之间，或者接近于完全竞争市场，或者接近于寡头垄断市场，我们称之为垄断竞争和寡头垄断的市场。

一、垄断竞争市场的特征

垄断竞争是一种介于完全竞争和完全垄断之间的市场组织形式，在这种市场中，既存在着激烈的竞争，又具有垄断的因素。

作为垄断竞争的市场应具有如下基本的特征：

市场中存在着较多数目的企业，彼此之间存在着较为激烈的竞争。由于每个企业都认为自己的产量在整个市场中只占有一个很小的比例，因而企业会认为自己改变产量和价格，不会招致其竞争对手们相应行动的报复。

企业所生产的产品是有差别的，或称“异质商品”。至于产品差别是指同一产品在价格、外观、性能、质量、构造、颜色、包装、形象、品牌、服务及商标广告等方面的差别以及消费者想象为基础的虚幻的差别。由于存在着这些差别，使得产品成了带有自身特点的“唯一”产品了，也使得消费者有了选择的必然，使得企业对自己独特产品的生产销售量和价格具有控制力，即具有了一定的垄断能力，而垄断能力的大小则取决于它的产品区别于其他企业的程度。产品差别程度越大，垄断程度越高。

企业进入或退出该行业都比较容易，资源流动性较强。垄断竞争市场是常见的一种市场结构，如肥皂、洗发水、毛巾、服装、布匹等日用品市场，餐馆、旅馆、商店等服务业市场，牛奶、火腿等食品类市场，书籍、药品等市场大都属于此类。

二、垄断竞争企业的需求曲线和收益曲线

由于垄断竞争企业生产的是有差别的产品，因而对该产品都具有一定的垄断能力，和完全竞争的企业只是被动地接受市场的价格不同，垄断竞争企业对价格有一定的影响力。比如，企业如果将其自身产品的价格提高一定的数额，则习惯于消费该物品的消费者可能不会放弃该物品的消费，该产品的需求不会大幅度下降。但若企业大幅度提价的话，由于存在着大量的替代品，消费者就可能舍弃这种偏好，转而购买该商品的替代品。因此，垄断竞争企业所面临的需求曲线相对于完全竞争企业而言要更陡一些（即更缺乏弹性），而相对于垄断企业来讲需求曲线要更缓，即更富有弹性。

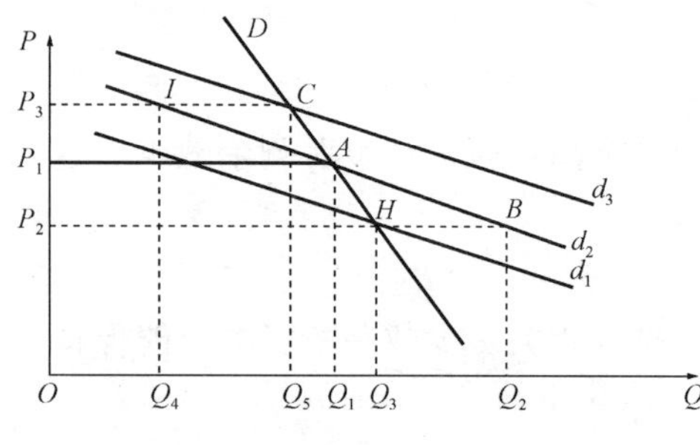

图 6 - 18　垄断竞争企业的需求曲线

由于垄断竞争企业产品是有差别的，因此其需求曲线是一条向右下方倾斜的曲线；同时其产品之间又具有很强的替代性，因而其需求曲线是一条向下倾斜、相对平坦的曲线。垄断竞争企业所面临的需求曲线有两种：d、D 需求曲线，如图 6 - 18 所示。

当某企业降价时，设想其他企业都不会采取降价措施，这样，该企业不仅可能增加对原有顾客的销售量，而且还能把较多的顾客从其他企业那里吸引过来，企业的销售量可望有较大幅度的增加，用 d 来表示，d 较为平坦，表示需求曲线弹性较大，企业一旦降价，可以增加很大的销售量。如 P_1 降至 P_2，Q_1 增至 Q_2，由于 d 曲线出现的情况仅存在于企业的设想之中，称为“假想的”需求曲线。

当某企业降价时，其他企业也会做出同样的反应。这样，该企业就无法从其他企业那里吸引新的顾客，而只可能增加原有顾客的销售量，因此增加的销售量是十分有限的，反映在图中就是 D，D 较为陡峭，表示需求弹性较小，企业一旦降价，可以增加的销售量有限，在同样的降价幅度下，企业只能由 Q_1 增加到 Q_3（$<Q_2$），由于假定所有厂商的销售量都以同样幅度增加，因此，每个企业所占有的市场份额将不会改变，所以 D 曲线也被称为“市场份额”需求曲线。

三、垄断竞争条件下企业的行为分析

（一）垄断竞争企业的短期均衡

在短期内，垄断竞争企业是在现有的生产规模下通过对产量和价格的同时调整，来实现 $MR=SMC$ 的均衡条件。下面我们用图 6－19 来分析垄断竞争企业的短期均衡的形成过程。

设该企业最初在某点进行生产，企业为了达到 $MR=MC$ 的最大利润点，决定降价，增加产量。由于生产集团内每一个企业所面临的情况都相同，都希望降低价格，增加产量。于是，整个市场的价格降为各企业预期的价格，但每个企业的产量却小于预期的产量，因而此时市场仍未达到均衡。因而企业将继续调整价格，进而调整产量，以实现最大利润，重复第一次降价的过程，这种降价过程将持续到企业实现 $MR=SMC$ 的均衡条件为止，在 E 点企业实现短期均衡，E 点产量 Q^*，价格 P^*，获利。此时，企业的总经济利润等于 P^*abc 的面积。Q^*、P^* 即为垄断竞争条件下，企业的短期最优价格和产量。

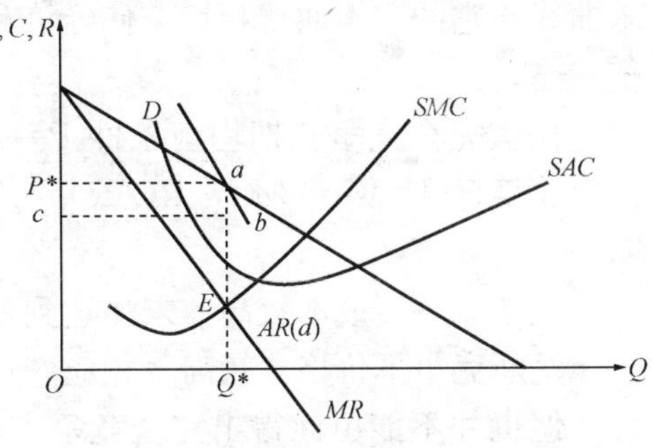

图 6－19　垄断竞争企业的短期均衡

因此，短期均衡条件为：$MR=SMC$。

（二）垄断竞争企业的长期均衡

在长期内，企业可以任意变动一切生产投入要素。若某一行业出现超额利润或亏损，会通过新企业进入或原有企业退出，最终使超额利润或亏损消失。因此，垄断竞争不能像完全垄断那样，长期保有超额利润，而是又是像完全竞争一样，在长期只能获得正常利润。

在图 6－20，假定代表性企业开始时在 I 点上经营。由于生产集团内存在利润，新的企业就会被吸引过来。随着生产集团内企业数量的增加，在市场需求规模不变的条件下，每个企业所面临的市场销售份额就会减少。

相应地，代表性企业的 D 曲线列向左下方平移，从而使企业原有的均衡点的位置受到扰动。当企业为建立新的均衡而降低价格时，d 曲线便沿着 D 曲线也向左下方平移。这种 d 曲线和 D 曲线的不断地向左下方移动的过程，一直要持续到不再有新的企业加入为止。也就是说，一直要持续到生产集团内的每个厂商的利润为零为止。

最后企业在图 6－20 中的 E_2 点实现长期均衡。

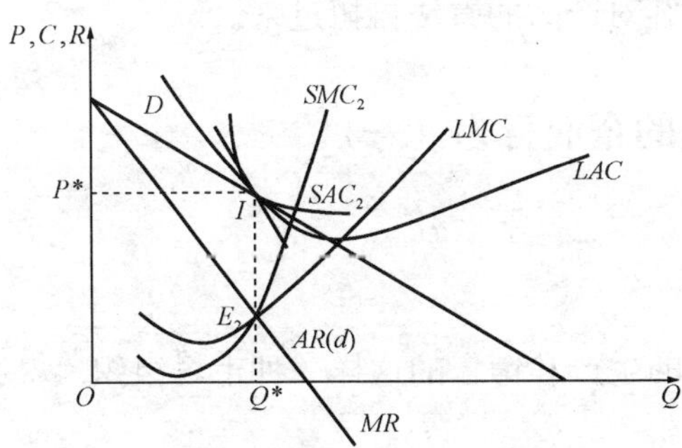

图 6－20　垄断竞争企业的长期均衡

垄断竞争市场上长期均衡的条件为

$$MR=LMC=SMC \qquad AR=LAC=SAC$$

简言之，在垄断竞争条件下，企业可以自由进出某个行业，企业的经济利润只能是暂时的。从长远看，由于企业有经济利润可得，就会吸引新的企业进入该行业，结果会使行业的供给量增加。由于供给增加，就会使这种产品的价格下降，从而导致需求曲线向左下方移动（因为各企业现在只有较小的市场份额）。

如果因需求向下移动，以致需求曲线低于 AC 曲线，企业就要亏损。如果有经济亏损，一部分企业就会退出这个行业，导致行业供给量减少。行业供给量的减少，就会导致产品价格上升，从而又使需求曲线向右上方移动。

总之，在垄断竞争条件下，只要企业有经济利润或亏损，市场就有一种力量使企业的需求曲线与它的成本曲线相切，使经济利润或亏损为零。这时，企业不进也不出，处于长期均衡状态。

比较完全竞争长期均衡条件 $P=MR=AR=MC=AC$，两者都有 $P(AR)=AC$。差别是完全竞争下 $AC=MC$，$P(AR)=MR$，而垄断竞争市场 $AC>MC$，$P(AR)>AC$。这说明：

垄断竞争下成本较高，未能达到最低点，存在资源浪费。

垄断竞争下价格比较高，相应产量较低，对消费者不利。

但也并不能由此得出完全竞争市场就优于垄断竞争市场的结论。因为尽管垄断竞争市场上平均成本与价格高，资源有浪费，但消费者可以得到有差别的产品，从而满足不同的需求。而且垄断竞争市场上的产量要高于完全垄断市场，价格却要低。特别是垄断竞争有利于鼓励进行创新。因此，许多经济学家认为，垄断竞争从总体上看还是利大于弊的。

四、非价格竞争

企业之间的竞争一般采取两种手段，一是价格竞争，二是非价格竞争。价格竞争是企业通过压低价格争夺市场。非价格竞争是企业通过提高产品的质量，改进产品的性能，改变产品的设计、包装、装潢，或者通过大量的广告推销产品。价格竞争会影响对每一个企业产品的需求曲线，非价格竞争会影响企业的成本。不管是两种影响中的哪一种，在长期都会消除企业的超额利润。

垄断竞争企业的非价格竞争包括：广告宣传、改进产品式样和提高产品质量、改善信贷条件、训练推销人员和健全销售网点。

通过非价格手段进行竞争，也会引起对方的反应，但这种反应比起价格竞争引起的反应要慢得多。这是因为非价格因素的变化，一般不易被对方所发觉，即使对方发觉之后，到有所反应也要一个过程（如设计新产品、训练推销人员需要时间）。用非价格因素进行竞争，一方面对方反应较慢，另一方面其效果又比较长久。

非价格竞争的效果集中到一点就是改善消费者对本企业产品的看法，使本企业的产品在消费者头脑中与别的企业的产品区别开来。显然，一旦企业在竞争中取得了这种效果，对方要把顾客重新夺回去是不很容易的，因为这需要把顾客对产品的看法再扭过来。

第五节　寡头垄断市场条件下的企业行为（一）

一、寡头市场的特征

（一）寡头市场含义

寡头市场是指少数几个企业控制整个市场的产品的生产和销售的这样一种市场组织。

（二）寡头行业的分类

如果寡头行业每个企业所生产的产品是同质的，例如钢铁、水泥、铜等产品生产的寡头，则称为纯粹寡头行业。

如果寡头行业每个企业所生产的产品是有差别的，例如汽车、电脑产品生产的寡头，则称为差别寡头行业。

（三）寡头市场的特征

与完全竞争、完全垄断、垄断竞争市场上企业的一个重要差别是寡头间行为相互不独立。在完全竞争、完全垄断、垄断竞争三种市场上企业的行为是相互独立的，每个企业在作决策时都无须考虑其他企业会做出什么反应。由于寡头市场上少数几个企业生产一个产业的全部或绝大部分产量，因此每一个企业的行为都会对该市场发生举足轻重的影响。一个企业通过产品降价或新模式产品的推出而扩大自己产品的市场，就会使得对其他寡头产品需求量下降。因为一个企业的行为会对本产业整个产品市场发生举足轻重的影响，所以一个企业采取某种对策扩大自己的产量，会遇到其对手的反对策行为。企业之间的竞争行为是不确定的。一个企业通过降价来扩大自己的市场份额可能会导致对手如法炮制。一个寡头通过广告战争夺市场，也会引起对手用相同手法来遏制它的行为。寡头之间也可能不是通过竞争而是通过合作的方式共同谋取好处。

（四）寡头市场的产量与价格决定模型

由于寡头间对策不确定，因此要想建立一个理想的模型解释寡头的价格与产量的决定是不可能的。实际上存在多种解释寡头行为的模型。模型的结论依赖于对寡头行为的假定。对寡头行为做出的假定不同，模型的结论也就不同。有多少关于竞争对手反应方式的假定，就有多少寡头企业的模型，就可以得到多少不同的结果。因此，在经济学中，目前还没有找到一个寡头市场模型，可以对寡头市场的价格和产量的决定做出一般的理论总结。本节我们介绍几种常见的模型。

1. 古诺模型

古诺模型是由法国经济学家古诺于 1838 年在分析双寡头行为时提出的理论模型，因而又被称为“双头模型”。它假定市场上只有 A、B 两个成本为零的生产和销售相同矿泉水的企业，他们共同面临一条线性的市场需求曲线，A、B 两个企业都是在已知对方产量的情况下，各自确定能够给自己带来最大利润的产量。

A 企业首先进入市场，它的最优产量为市场总容量的 1/2，如图 6 - 21 所示，因为该矩形面积即厂商利润量是直角三角形中面积最大的内接矩形。之后，B 进入市场，B 在已知 A 的产量之后决定根据剩余市场容量决定的最优产量是全部市场容量的 1/4。之后，当 A 知道 B 留给它的市场容量为 3/4 时，为了利润最大化，A 将产量调整至总市场容量的 3/8。如此等等，经过一系列的产量调整后，A 的产量逐渐减少，B 的产量逐渐增加。最终，当 A 和 B 的产量分别达到市场总容量的 1/3 时，市场处于均衡。

证明：设市场需求函数为 $Q=a-\frac{a}{b}P$。

市场总供给量 Q 为两个企业产量之和 $Q=Q_A+Q_B$。

则市场的线性反需求函数为 $P=b-\frac{b}{a}(Q_A+Q_B)$。

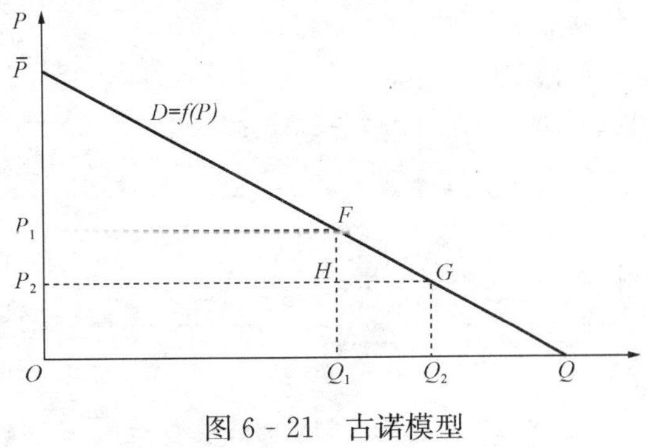

图 6 - 21　古诺模型

企业 A 的利润为

$$\pi_A = TR_A - TC_A = PQ_A = \left[b - \frac{b}{a}(Q_A + Q_B)\right] \times Q_A$$

A 企业利润最大化的一阶条件为

$$\frac{d\pi_A}{dQ_A} = b - 2 \times \frac{b}{a} \times Q_A - \frac{b}{a} \times Q_B = 0$$

得

$$Q_A = \frac{1}{2}(a - Q_B)$$

同理得

$$Q_B = \frac{1}{2}(a - Q_A)$$

将 Q_B 代入 Q_A 得

$$Q_A = \frac{1}{3}a,\ Q_B = \frac{1}{3}a$$

2. 斯威齐模型（弯折的需求曲线模型）

斯威齐模型是由美国经济学家保罗·斯威齐于 1939 年建立的。它解释了在寡头市场上企业之间打价格战，最终两败俱伤的现象。该模式将从理论上说明，在寡头垄断下，产品的价格比较稳定，一旦企业规定了产品的价格，就不轻易变动。

基本假设：对应于一个特定的价格，一家企业如果提价，别的企业一般不会跟着提价，但一家企业如果降价，别的企业一般就会跟着降价。其原因在于为了在竞争中能保持以至扩大自己的销售量或销售份额。或者说，靠别的企业因提价而减少了销售量来增加本企业的销售份额。根据这样的假设，个别企业面临的需求曲线在当前的价格产量水平上出现了弯折点。

图 6 - 22 中，E 为现在的价格点。如果这家企业打算降价以扩大销路，则别的企业也要跟着降价。结果，这家企业销售量的增加比预期要少的多。降价后的需求曲线将是一条弹性较小的需求曲线（D_i）。如果这家企业打算提高价格，但别的企业并不跟着提价。结果，提价后的需求曲线将是一条弹性较大的曲线（D_e）。这样一来，寡头垄断条件下，个别企业的需求曲线由两部分（D_e 和 D_i）组成，它们共同构成一条曲折的需求曲线。

已知需求曲线 D_e 和 D_i，则可求得 MR_e 和 MR_i，由这两部分构成的边际收入曲线则是一条中断的折线。

从图中可以看出，最大利润的产量是 MC 曲线与 MR 曲线相交处的 Q^*，价格为 P^*。同时，即使边际成本发生变化，只要 MC 曲线在 FG 范围之内与 MR 相交，价格将固定不变。

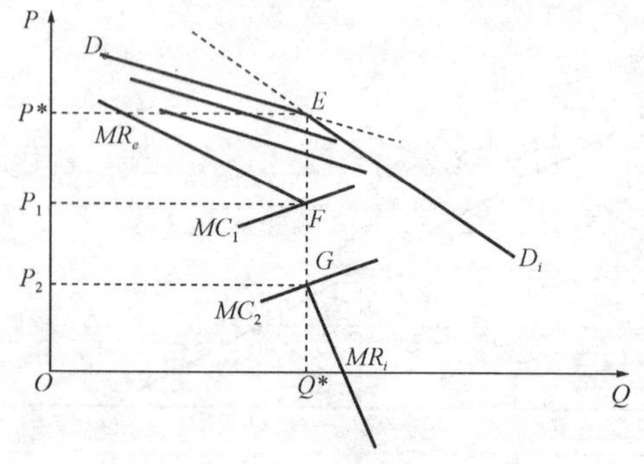

图 6 - 22 弯折的需求曲线模型

也就是说，边际成本曲线 MC 在缺口 FG 之间摆动时，企业的最优价格和产量决策不变。只有当技术上有很大突破，企业的成本变化很大，MC 曲线的变动超出 FG 范围时，才需要对价格重新做出调整。

3. 卡特尔（正式串谋）

前面我们所讨论的都是寡头企业之间没有串通、勾结的情况。实际上，占据同一市场的少数几家企业为了避免两败俱伤，在一定情况下，往往会达成协议，这样卡特尔就形成了。卡特尔是一种正式的串谋行为，它能使一个竞争性市场变成一个垄断市场，属于寡头市场的一个特例。卡特尔以扩大整体利益作为它的主要目标，为了达到这一目的，在卡特尔内部将订立一系列的协议，来确定整个卡特尔的产量、产品价格，指定各企业的销售额及销售区域等。

卡特尔常常是国际性的。例如欧佩克卡特尔就是产油国政府间的一个国际协定，它在十多年间成功地将世界石油价格提高到远远高于本来会有的水平。其他成功的提高了价格的国际卡特尔还有：在20世纪70年代中期，国际铝矾土联合会将铝矾土价格提高到4倍；而一个秘密的国际铀卡特尔提高了铀的价格；一个被称为水银欧洲的卡特尔将水银价格保持在接近于垄断水平；而另一个国际卡特尔一直都垄断着碘市场。

可是，大多数卡特尔都没能提高价格。一个国际铜卡特尔一直运作到今天，但它从未对铜价有过显著的影响。还有试图抬高锡、咖啡、茶和可可的价格的卡特尔也都失败了。

由于许多原因，一般来说，卡特尔协议的寿命比较短暂。这不仅是因为从长期看，会不断出现新的产品，会有新的生产者，而且因为卡特尔内部成员之间总是勾心斗角、明争暗夺。联合起来谋求最大利润固然谁都不反对，但是如何分配利润，则矛盾很大。往往是表面遵守协议，暗中互相欺骗，使卡特尔协定的条款很难得到遵守，从而难以长久存在下去。

卡特尔成功要有两个条件：一个稳定的卡特尔组织必须要在其成员对价格和生产水平达成协定并遵守该协定的基础上形成；垄断势力的潜在可能。如果合作的潜在利益是大的，卡特尔成员将有更大的解决他们组织上的问题的意愿。

4. 价格领导模式

价格领导模式是操纵价格中的一种。它是由某行业中最有影响（或最大）的厂商先定价或与其他同行协商后定价，定价后其他同行企业都服从。这种模式常用来解释国内或国际市场上大企业和小企业之间的价格和产量关系。

由于其他企业是根据领导企业的价格定价，他们是价格的接受者，而不是制订者，所以其产量决策类似完全竞争市场结构，最优产量水平确定在$P=MC$之处。对于领导企业来说，其决策类似完全垄断市场结构，最优产量确定在$MC=MR$之处，可以获得最大利润。

二、对寡头垄断市场的评价

很多人认为，垄断者提供的只是平淡的生活、低劣的质量以及不文明的服务。关于垄断的一种普遍的抱怨是，垄断者很少注意产品的质量。例如，当美国电话电报公司垄断了电话设备时，许多年以来消费者不得不满足于不甚清晰的通话质量，一旦竞争者进入该行业，电话的颜色、式样和辅助设备的种类就有了急剧的增加。汽车业也是如此，来自国外的竞争压力使得美国的汽车制造商不得不生产更为可靠、安全的产品。很明显，寡头垄断会抬高价格，损害消费者利益和社会经济福利。但寡头垄断有利于实现规模经济和促进科学技术进步，并对经济的发展有积极作用。

第六节　寡头垄断市场条件下的企业行为（二）博弈论与决策行为

在前面的章节中，我们看到企业无论是进行价格决策还是产量决策，都必须考虑竞争对手的反应。这与此前所考察的企业行为有着明显的不同。当在决策过程中必须考虑其行为对竞争对手的影响以及竞争对手的反应时，我们实际上就进入了博弈论分析的领域。

博弈论就是对上述互动情形的研究。在这些情形中，有多个行为主体参与行动，他们的活动共同决定每个参与人所获得的奖励或惩罚。顾名思义，博弈论的一个直接的也是最初的应用就是现实中诸如打扑克和下棋之类的游戏。但博弈论从一开始就广泛涉及到人类行为中有关决策的相互作用或互动决策的各个方面，包括战争和政治活动。近年来，博弈论本身已得到丰富和发展。如今，博弈论已是厂商经济决策分析的必备工具，这也是对上一章寡头行为分析的继续和深入。

一、博弈论的基本知识

所谓博弈指的是一种决策，即每一行为主体的利益不仅依赖它自己的行动选择，而且有赖于别人的行动选择，以致它所采取的最好行动有赖于其竞争对手将选择什么行动。博弈论所研究的就是两个以上行为主体的互动决策及策略均衡。博弈论的基本要素包括：

1. 局中人

博弈中的每个决策者被称为局中人（也可称作选手和参与者），在具体的经济模型中，它们可以是厂商，也可以是厂商消费者或任何契约关系中的人，根据经济学的理性假定，局中人同样是以利益最大化为目标。

2. 支付

支付是指博弈结束时局中人得到的利益。支付有时以局中人得到的效用来表示，有时以局中人得到货币报酬来表示。局中人的利益最大化也就是指支付或报酬最大化。

3. 策略

策略（也称作战略）是局中人为实现其目标而采取的一系列行动或行动计划，它规定在何种情况下采取何种行动。

4. 策略均衡

经济学中，均衡一般指某种稳定的状态。而博弈论中的均衡是策略均衡，它是指由各个局中人所使用的策略构成的策略组合处于一种稳定状态，在这一状态下，各个局中人都没有动机来改变自己所选择的策略。这样，各人的策略都已给定，不再发生变化，博弈的结果必将确定。从而，每一个局中人从中得到的支付也就确定了。每个局中人的最优决策也就可以确定了。可见，要解一个博弈问题，首先需确定博弈的策略均衡。

研究博弈的最终结局，这里引入占优策略均衡和纳什均衡两个概念。

占优战略均衡指无论其他参与者采取什么策略，其参与者的唯一的最优策略就是他的占优策略。也就是说，如果某一个参与者具有占优策略，那么，无论其他参与者选择什么策略，该参与者确信自己所选择的唯一策略都是最优的。博弈均衡是指博弈中的所有参与者都不想改变自己的策略的这样一种状态。如果所有参与者选择的都是自己的占优战略，该博弈均衡又被称为占优战略均衡，即由博弈中的所有参与者的占优策略组合所构成的均衡就是占优策略均衡。

然而在有的博弈均衡中，某参与者并不存在既定的占优策略，他的占优策略随着其他参与者的策略的变化而变化。在一个均衡里，如果其他参与者不改变策略，任何一个参与者都不会改变自己的策略，则为纳什均衡。所谓纳什均衡是指这样一组策略组合：第一，在该策略组合中，每个局中人的策略都是给定其他局中人的策略情况下的最佳反应。有一个局中人的策略发生变化，原来的策略组合就不再是纳什均衡。第二，该策略具有自我实施的功能。

在纳什均衡下，没有一个局中人可以通过单方面改变自己的策略而提高自己的支付。也就是说，没有人愿意偏离均衡。这一概念是由美国数学家约翰·纳什提出的，故称为纳什均衡。

由此可见，占优策略均衡是比纳什均衡等策略强的一个博弈均衡概念。占优策略均衡要求任何一个参与者对于其他参与者的任何策略选择来说，其最优策略都是唯一的。而纳什均衡只要求任何一个参与者在其他参与者的策略选择给定的条件下，其选择的策略是最优的。所以占优战略一定是纳什均衡，而纳什均衡不一定就是占优策略均衡。

二、博弈的分类

经济学家从不同角度对博弈进行了分类。

（一）双人博弈和 n 人博弈

根据局中人的数量，博弈可以划分为双人博弈和 n 人博弈。

（二）静态博弈和动态博弈

从局中人是否同时行动的角度，博弈又可以划分为静态博弈和动态博弈。所谓静态博弈，是指局中人同时选择策略或非同时选择策略，但不知道对手采取的具体行动，并且这种选择是一次性的，也就是说同时做出选择后博弈就出结果。动态博弈，是指局中人行动有先后顺序的博弈，后行动者能观察到先行动者的行动。典型的动态博弈如“进入博弈”，市场中存在一个在位者厂商 I 以及一个潜在进入的厂商 E。厂商 E 首先决定是否进入市场，然后厂商 I 决定是否发动价格战，最后厂商 E 再次行动，决定是否迎战。日常生活中动态博弈比比皆是，比如购物中的砍价过程就是一个典型的动态博弈。

（三）零和博弈与非零博弈

所谓零和博弈，是指博弈双方的支付结果加起来为零。这意味着双方的利益在博弈中是相互冲突的。从支付结果看，除了零和博弈外，还有正和博弈，即双方的支付结果加起来为一个正常的数。这意味着双方的利益冲突不再是那么激烈，有可能出现所谓双赢或共赢局面。至于负和博弈，如果假定局中人都是理性的，理论上没有人会参与这种博弈，尽管现实中不乏损人不利己的事。

（四）合作博弈与非合作博弈

互动的情况既可以在单个的个体之间开展，也可以是在团体之间展开，这样，从参与主体角度，我们可以把博弈划分为合作博弈和非合作博弈。具体来说，在非合作博弈中，分析的对象是个体参加者，考察的是单个的参与人在具体的博弈规则以及一定的信息条件约束下，面对其他人可能的反应将如何行动。在非合作博弈中，局中人之间通常无法达成有约束力的协议进行合作，以获得合作收益。非合作博弈强调的是个人理性、个人最优策略。但结果可能有效率，也可能无效率。而在合作博弈分析中，分析的对象经常是一个团体，用博弈论的术语称之为“联盟”。该联盟是由参与博弈的若干局中人通过达成有约束力的协议形成。合作博弈通常并不涉及具体的博弈规则，而集中于不同的人结盟将得到什么。合作博弈强调的是团体理性。

在博弈论的分析史上，对于合作博弈的分析一度是人们研究的重点。在纳什的研究之后，人们认识到非合作博弈分析对于揭示现实中的经济现象有更强大的作用。在众多学者的努力下，非合作博弈分析已经成为博弈论研究的主流。本节将主要介绍非合作博弈分析的基本概念和分析方法。

三、描述博弈的基本形式

常以支付矩阵的直观形式表述博弈，也称为标准型。

我们试通过一个博弈论中的经典例子——囚徒困境来说明标准型博弈形式。

（一）囚徒困境

囚徒困境是一个双人博弈，描述的是这样一种情况：两个人因涉嫌犯罪而被捕，但警察没有足够的证据指控他们确实犯了罪，除非他们两个人中至少有一个坦白交代。他们被隔离审查并被告知：如果两人都不坦白，因证据不足，每人都将坐1个月的牢；如果两人都坦白，每人都将坐4个月的牢；如果只有一个人坦白，那么坦白者将立即释放，不坦白者将坐7个月的牢。图6-23列出了这个博弈的支付矩阵。这里我们用坐牢时间的长短表示局中人的支付。

		囚徒二	
		不坦白	坦白
囚徒一	不坦白	1，1	−7，0
	坦白	0，−7	−4，−4

图6-23 囚徒的困境

在这个博弈中，对囚徒一来说，如果对方选择坦白，那么他也将坦白，两个人都坐4个月牢（因为如果他不坦白的话，等待他的将是7个月的刑期）；如果对方选择不坦白，他也会坦白，这样他会立即释放，而对方将坐7个月的牢。因此，无论对方是否坦白，他都会选择坦白。以囚徒二来说，情况也是一样。这里，“坦白”就是两个囚徒的占优策略。

由于理性的局中人不会选择下策，因此，在上述囚徒困境中，如果两个囚徒都是理性的，他们都将选择坦白。这样，博弈的结果将是（坦白，坦白），这是一个占优策略均衡。

在囚徒博弈中，（坦白，坦白）这一策略组合构成一个占优策略均衡。但是，这一均衡给双方带来的支付低于策略组合（不坦白，不坦白）带来的支付。这一结果被称为是囚徒困境。囚徒困境带给我们的启发是，个人的理性选择有时不一定是集体的理性选择。换言之，个人的理性有时将导致集体的无理性。现实生活中有很多囚徒困境的例子，如国家间军备竞赛、厂商间的价格战、公共物品的搭便车问题等。

（二）智猪博弈

猪圈里两头猪，一大一小，一个猪食槽，其上有一个按钮，按一下按钮就有10个单位的猪食进槽，但谁按谁就会有2个单位的成本，且吃饭在后，若同时按则同时吃。若大猪先吃，则吃到9个单位，小猪只能吃1个单位，若同时吃，则大猪吃7个单位，小猪吃3个单位，若小猪先吃，则吃4个单位，大猪吃6个单位。问纳什均衡是什么？

这两头猪会作什么样的选择呢？

若大猪选择按，则小猪的策略是：

选择与大猪同时按，则得1个单位净收益；若选择等待，则得4个单位净收益，所以小猪的最佳选择是等待。

		小猪	
		按	等待
大猪	按	（5，1）	（4，4）
	等待	（9，−1）	（0，0）

图6-24 智猪博弈

若大猪选择等待，则小猪的最佳选择还是等待，所以无论大猪如何选择，小猪的最佳策略都是等待。

在上述条件下，大猪的最佳策略只能是选择“按”，因为“按”比“等待”多4个单位的净收益。

所以，智猪博弈的纳什均衡是大猪按，小猪等待。

（三）智猪博弈模型在经济生活中的运用

改革中，由改革中得利多的人推动改革，是大猪，得利少的人则是小猪。大猪多则改革快。

股票市场上的大户与小户的炒股关系还是大猪与小猪的关系，小户跟大户是最佳选择。

股份公司管理中的大股东与小股东的关系的纳什均衡就是大猪与小猪的关系。

公共产品供给中的富人与穷人在修路架桥中的关系也是大猪与小猪的关系。富人有车、朋友多，只好自己干，穷人跟着享受。

四、重复博弈

重复博弈是动态博弈的一种特殊情况。显然在一次性博弈的情况下，任何欺骗行为和违约行为都不会遭到报复，参与者的不合作解是难以避免的。但在重复博弈中，情况就会得到改变。

先看无限期重复博弈，在无限期重复博弈中，对于任何一个参与者的欺骗和违约行为，其他参与者总会有机会给予报复，如不再与其合作。这样一来，违约或欺骗方会遭受长期的惨重损失，因此每个参与者都不会采取违约或欺骗的行为，囚犯困境合作的均衡解是存在的。

如果是有限期的重复博弈，情况就有所不同了。用逆推法来分析博弈过程，可以表明，参与者若明确合作到了最后一期，以后不会再有重复博弈，那么，最后一期的博弈和一次性的博弈就没有区别，参与者的欺骗和违约行为是不可能被报复的，于是最后一期单个参与者的占优策略就是不合作的欺骗或违约。逆推到前一期，每个参与者都推知以后将不合作，所以也不会合作。如此等等，在有限期重复博弈中，囚犯困境博弈的纳什均衡是参与者的不合作。

其实，无限期重复博弈的主要特征是每一个参与者都不知道哪一期是末期，因而，每一个参与者在每一期都认定下一期还要继续相互合作，这就和无限期重复博弈没有什么区别。所以在没有确定终止期的有限期重复博弈的模型中，纳什均衡的合作解是可以存在的。

课后案例分析

案例分析 6 - 1

农村春联市场：完全竞争的缩影——完全竞争

去年临近春节，我有机会对某村农贸市场的春联销售进行了调查，该农贸市场主要供应周围 7 个村 5 000 余农户的日用品需求。贴春联是中国民间的一大传统，春节临近，春联市场红红火火，而在农村，此种风味更浓。

在该春联市场中，需求者有 5 000 多农户，供给者为 70 多家零售商，市场中存在许多买者和卖者；供应商的进货渠道大致相同，且产品的差异性很小，产品具有高度同质性（春联所用纸张、制作工艺相同，区别仅在于春联所书写内容的不同）；供给者进入退出没有限制；农民购买春联时的习惯是逐个询价，最终决定购买，信息充分；供应商的零售价格水平相近，提价基本上销售量为零，降价会引起利润损失。原来，我国有着丰富文化内涵的春联，其销售市场结构竟是一个高度近似的完全竞争市场。

供应商在销售产品的过程中，都不愿意单方面降价。春联是农村过年的必需品，购买春联的支出在购买年货的支中只占很小的比例，因此其需求弹性较小。某些供应商为增加销售量，扩大利润而采取的低于同行价格的竞争方法，反而会使消费者认为其所经营的产品存在瑕疵（例如上年库存、产品质量存在问题等），反而不愿买。

该农村集贸市场条件简陋，春联商品习惯性席地摆放，大部分供应商都将春联放入透明的塑料袋中以防尘保持产品质量。而少部分供应商则更愿意损失少部分产品暴露于阳光下、寒风中，以此展示产品。因此就产生了产品之间的鲜明对照。暴露在阳光下的春联更鲜艳，更能吸引消费者目光、刺激购买欲望，在同等价格下，该供应商销量必定高于其他同行。由此可见，在价格竞争达到极限时，价格外的营销竞争对企业利润的贡献不可小视。

在商品种类上，例如"金鸡满架"一类小条幅，批发价为0.03元/副，零售价为0.3元/副；小号春联批发价为0.36元/副，零售价为0.50元/副。因小条幅在春联中最为便宜且为春联中的必需品，统一价格保持5、6年不变，因此消费者并不对此讨价还价。小条幅春联共7类，消费者平均购买量为3到4类，总利润可达1.08元，并且人工成本较低。而小号春联相对价格较高，在春联支出中占比重较大，讨价还价较易发生；由此，价格降低和浪费的时间成本会造成较大利润损失，对小号春联需求量较大的顾客也不过购买7到8副，总利润至多1.12元。因此，我们不难明白浙江的小小纽扣风靡全国、使一大批人致富的原因；也提醒我们，在落后地区发展劳动密集、技术水平低、生产成本低的小商品生产不失为一种快速而行之有效的致富方法。

春联市场是一个特殊的市场，时间性很强，仅在年前存在10天左右，供应商只有一次批发购进货物的机会。供应商对于该年购入货物的数量主要基于上年销售量和对新进入者的预期分析。如果供应商总体预期正确，则该春联市场总体商品供应量与需求量大致相同，则价格相对稳定。一旦出现供应商总体预期偏差，价格机制就会发挥巨大的作用，将会出现暴利或者亏损。

综上可见，小小的农村春联市场竟是完全竞争市场的缩影与体现，横跨经济与管理两大学科。这也就不难明白经济学家为何总爱将问题简化研究，就像克鲁格曼在《萧条经济学的回归》一书中，总喜欢以简单的保姆公司为例得出解决经济问题的办法，这也许真的有效。

案例来源：杨晓东（内蒙古）：《农村春联市场：完全竞争的缩影》，经济学消息报599期（2004年6月25日）

案例分析6-2

我国彩电市场的价格博弈

1996年6月上旬，在中国几大新闻媒体，如《经济日报》、《中国电子报》等报刊上同时刊出一份深圳康佳电子集团的"宣言"，称康佳要"领先国内，赶超世界"，宣布说"谁升起，谁就是太阳"。与此同时，康佳集团宣布：从6月6日起，康佳彩电从37cm（14英寸）至74cm（29英寸）所有的品种全部降价，让利幅度达20%，最高让利金额达1200元/台(2910A)。一石激起千层浪，康佳这一举措使得1996年本不平静的彩电市场风云再起，形成自长虹率先宣布降价后的又一次降价风潮。

1996年3月26日，中国最大的电视机生产厂家四川长虹电器股份有限公司宣布大幅度降低其主导产品彩电的销售价格，其规格由43～74cm共76个品种，降价幅度从8%～

18%，降价额由100～850元，由此引发了自1989年以来彩电市场的又一次降价风潮。如果说自上一次彩电降价后，几年来彩电市场的竞争还是比较温文尔雅的话，那么，此次长虹又一次率先大规模降价，则使竞争局面变得表面化、白热化。

虽然长虹声称此举是针对4月1日开始的大幅度降低进口关税而做出的重大举措，但是，人们尚未看到进口彩电有何反应，倒是其他国内彩电企业纷纷闻风而动——TCL彩电宣布：以拥抱春天为题自4月份到奥运会结束期间让利5%；康佳则以迎奥运五环大奖回报消费者为口号，大搞产品促销活动；也有如北京牡丹电器集团表示要以其质量和完善的售后服务稳定原有的市场份额，而不是以降价为手段进行促销。由此看来，长虹的此次降价，与1989年的降价有异曲同工之妙——那就是彩电行业又将面临一次资产重组和结构调整，这就意味着又有部分本处于劣势的国内彩电企业将面临再一次被淘汰出局的考验，而抵御进口彩电“入侵”的作用目前看来则在其次了。有目共睹的事实是，进口彩电并未因为关税降低而大幅度降低其零售价格，除韩国三星电子的“名品”7277P因售价偏低而在销售上占有一定优势外，其他进口彩电均处于平销状态。事实也多多少少证明了这一点。有资料显示在长虹降价后的一个月内，北京彩电市场的国产彩电销售格局发生巨大变化，像长虹、康佳、TCL王牌等主动参与此次降价风潮的企业，在北京的市场销售均有大幅度提高，尤其是长虹的销售几夺榜首，那些在生产规模、技术水平、资金实力有诸多不足的企业则明显大受影响。

一波未平一波又起。继长虹降价之后，康佳集团紧随其后，掀起了更大规模的降价浪潮。据康佳集团发言人宣称，此次降价的目的：一是为回报社会，回报消费者；二是欲与长虹联手，共同抵御国外彩电行业对中国民族彩电行业的冲击。据北京市几大商场的市场调查，康佳在此间的销售额已开始出现明显的抬头势头。康佳的降价给本已不平静的家电市场又激起层层浪花。

从市场经营角度看，产品降价大致可以分为两类：其一是竞争性降价，主要是为扩大自己产品的市场占有率；其二是常规性降价，将原有过时或过季的老产品清仓销售。综观今年长虹与康佳降价举措，既有扩大市场份额之意图，又有清仓甩卖之效果，而扩大市场份额则是首要之举。在国产彩电的售价中，51～74cm这一范围内，长虹的零售价是偏高的，尤其是64cm（25英寸）以上的产品。而长虹彩电的年产量已于1995年达到300万台，市场占有率达到23%。1996年长虹产量将达400万台，康佳为200万台，而1996年全国市场需求量为1 500万台。这样一个竞争格局，一旦市场上有风吹草动，势必会造成上述两大彩电企业的产品积压。同时，国内年产量50万台以下的彩电企业仍有数十家，依然占有一定的市场份额。据统计，长虹与康佳两家的国内市场占有率加起来为30%，另有50%被进口彩电所占有。此番长虹率先降价，无疑其竞争对象首先主要是国产彩电企业，因为降价后长虹大屏幕彩电价格并未与进口彩电价格拉开多大的档次。康佳集团总经理陈伟荣表示，降价后康佳29英寸（2910A）的零售价为5 000多元，与进口大屏幕彩电8 000元的价格有近3 000元的差距（三星“名品”的最低售价为7 500元左右），所以与进口彩电的竞争优势自不待言，这也是欲与长虹联手共同抵御进口彩电“入侵”的优势之所在。

近年来，国外彩电企业的“大举入侵”已经不单纯是异地生产、进口销售了。以日本为例，其彩电生产基地正由东南亚一带向中国内陆转移，像松下正与山东电视机厂合资，索尼公司与上海合资。另外韩国三星电子与天津“北京”合资，菲利浦与苏州“孔雀”合资等。

据说这些合资企业的年生产能力均可达到千万台以上，加之它们拥有的先进技术，建成后足以对国产彩电企业造成灭顶之灾。因为人们不难看出，由长虹彩电引发的降价热潮，也绝非属于一两个厂家的个体行为，而是大小气候都蓄积到一定程度的必然产物。但是，在此次彩电风潮中受冲击最大的，首当其冲的是国产彩电企业。长虹与康佳的大幅度降价，势必首先打破现有国内彩电企业市场占有的格局，在这场激烈的拼杀中，必然会有一批中小企业优胜劣汰，从而形成新的市场格局。因为市场经济的法则就是自由竞争，适者生存。而市场经济的核心是资本经济，谁拥有雄厚的资本，谁就有可能拥有先进的技术，进而拥有更多的市场份额，最后达到瓜分市场，获得最大利润的目的。

在规范的市场经济条件下，一个企业的生存依赖于四个方面：技术、产品、市场、资金。有了上述四个条件，就如同一辆汽车形成四轮驱动一样，才有可能在市场经济的轨道上纵横驰骋。一个企业的强弱之分，也恰恰是看其是否兼备上述的“四轮驱动”的实力。今天的长虹与康佳之所以有如此大幅度降价的魄力，主要取决于它们在技术、产品、市场、资金上的实力。

长虹的“红太阳”一族，康佳的“彩霸”系列，以及它们各自的生产规模，市场占有率，都决定了它们有实力参与对中国彩电市场的竞争，进而与进口彩电一争天下。长虹、康佳两企业均为上市公司，不但本身自有资金雄厚，且有融资渠道。据介绍，1994 年长虹自有资金达 10 亿元，到 1996 年上半年，自有资金达 20 亿元。而其他企业则不具备这一优势，流动资金的 80％由银行提供。在资金匮乏的情况下，一些企业引进技术，扩大生产规模，加大广告宣传力度已成为奢谈，更谈不上扩大市场占有率，能保住原有的市场份额已属万幸。综观中国彩电市场，长虹、康佳、熊猫、福日等几家企业，拥有国产彩电市场的 70％份额，而这些企业又无一不是在技术领先、规模经济、资金运作等方面进入良性循环的轨道。

第七章　生产要素市场与企业行为

教学目的：本章论证对生产要素需求的特点，厂商对要素需求的原则及要素需求曲线，说明边际生产力理论是要素收入分配的理论基础；研究生产要素的供给原则，分析不同要素供给的不同特点以及对均衡价格决定的影响。通过学习，要能够掌握边际生产力的有关重要概念，如边际收益产品、边际产品价值及其与边际产量的区别，边际收益产品曲线与厂商对要素需求曲线的关系，厂商要素需求曲线与市场要素需求曲线的关系。认识要素供给原则与效用最大化原则的关系，理解不同要素供给曲线的特点。

主要内容：本章讨论生产要素市场的价格决定，讨论生产要素市场的均衡问题以及在生产要素市场上企业的行为。由于生产要素的价格决定也就是生产要素所有者取得收入的过程，因此，生产要素价格决定理论也被称为收入分配理论。生产要素价格决定可以分两个方面来论述：生产要素价格决定的需求方面、生产要素价格决定的供给方面。而且我们把要素的供给和需求结合起来，得出要素价格和最优使用量的决定理论，从而完成对要素市场的分析。从而了解要素市场的各个因素对企业微观经济行为的影响。

引例

解决工资问题的瑞典模式

瑞典执行高工资、高福利和高税收政策，但作为瑞典人收入来源的工资主要是由劳动市场的劳资双方——雇主和工会通过直接谈判而确定的。瑞典这种劳资两大派组织通过集中谈判解决工资和劳动力条件的努力、与之相配合的政府劳动市场政策以及由此所促成的稳定的劳动力市场和经济结构的迅速变革，在国际上被称为“瑞典模式”。

社会产值分配要求公平与效益兼顾

社会产值的分配涉及劳动市场各方的切身利益，既需要做到相对公平合理，又不能平均分配，阻碍生产力的发展。在这方面瑞典社民党和总工会采取了二者兼顾的方针，其措施主要有：

(1) 实行团结工资政策。早在工人运动的初期，社民党和总工会就提出了公平和团结的口号。大战结束后，总工会进一步发展了这一思想，进而提出了同等工作同样报酬的主张，强调工资的多少只能取决于工作的性质和要求，如难度、危险、保障安全和所受教育程度及其技能的高低等。总工会在社民党支持下长期在不同行业、不同地区和不同企业间追求同工同酬的结果大大加重了那些设备陈旧、效率低下企业的负担，迫使它们为了生存不得不奋力拼搏，而经受不起这种内部压力和国际竞争的企业被迅速淘汰。同时在工会的建议下，社民党还采取了积极的劳动市场政策，对失业职工及时进行再教育，并赞助他们向有发展前途的部门和地区流动，从而加速了瑞典经济结构的改革。

(2) 控制工资增长总幅度。为了便于进行谈判，劳资双方专家还在工资统计方面进行密切合作，并定期发表各类统计资料。同时，人们还积极研究社会经济对工资增长的承受能力。20世纪60年代末，总工会、职员协会中央组织和雇主协会的经济专家联合进行调查后，在其《工资形成与社会经济》报告中提出，瑞典作为一个严重依赖外贸的工业小国，其经济可分为两大部分，即受到外国竞争威胁的产业（简称K产业）和受到国家保护的产业。前者主要包括工业、林业、渔业和部分交通运输业；后者主要有农业、建筑业和其他服务行业。报告认为，瑞典的社会产值主要取决于K产业的发展，因此工资和利润增长的幅度不能超过K产业生产率的增长和国际市场价格上涨的总和。这一情况决定了K产业在工资谈判中的主导地位。这个报告为瑞典等北欧工业化小国计算国民经济对工资增长的承受能力时提供了某种借鉴，因此被人们称为"斯堪的纳维亚模式"，或"EFO（三个经济学家名字的缩写）模式"。

进入20世纪70年代之后，以美元为中心的国际货币支付体系的破产和石油危机的打击使瑞典经济增长速度逐步放慢。同时随着公共部门的膨胀，工会内部力量对比也发生了变化，给这种"EFO模式"的实施带来了困难。1987年，瑞典劳动市场的上述三个组织的代表经过联合调查后对这一模式进行了重要补充。他们认为，随着公共部门的发展，瑞典经济已由两大产业发展为三大部门：K部门、公共部门和受到保护的私人部门。因此，工资和利润的增长不仅取决于K产业的生产率增长和国际市场价格变化，而且也受到国际货币市场、国内劳动费用和半成品价格等一系列问题的影响，强调工资的增长不能影响瑞典商品的国际竞争能力和经济的未来发展。

劳资双方协调同步发展

尽管在每次谈判中双方代表都很强硬，有时甚至也发生一些较大规模的冲突，但双方最后总能找到妥协办法并达成协议，而且在新的谈判开始之前，人们常常发现工资增长的幅度会大大超过了原有协议的规定。这是因为有许多企业往往愿意比协议规定出更多的钱来刺激职工的积极性或吸引技术较高的职工。这种协议外的增长在一些私人企业中能达到甚至超过协议规定的增长，从而使其他一些企业职工，特别是公共部门的职工的工资发展落在后面。为了减少市场机制所带来的这种苦乐不均的现象，谈判前，工会（首先是公共部门）往往要求从工资增长总额中先留出一部分用于补偿那些协议外工资增长很少的职工。在这种要求难以实现时，他们就要求在新协议中对此做出某些规定。

（1）工资增长补偿条款。这种条款在20世纪70年代颇为流行。开始把这类条款写入协议时，人们往往拿工业工人的工资增长作标准，事先估算一个应补偿的金额，如1974年的协议把这一金额估定为每小时0.55克朗，规定其他成年工人的协议外工资增长如达不到0.55克朗/小时，年底应自动上调到此数。同年，在国家雇员的工资协议中把整个劳动市场上的这种增长规定为3%，规定其中的0.6%自协议生效起增长，剩下的2.4%年底才生效。在另外一些协议中有时把这种补偿分为两部分，前一部分立即支付，后一部分只有协议中用来作为对比标准的职工（如产业工人）的协议增长超过了原估计时才实行。补偿程度有大有小，但大部分不超过80%。

（2）物价上涨保证条款。除工资的多少之外，对职工生活影响最大的因素是物价上涨，因此在一些工资协议中还写入了"物价上涨保证条款"，即规定物价上涨一旦超过某一界限，双方就必须重新进行谈判，或者干脆规定按协议条款使职工自动得到补偿。

瑞典工资制度的优点

瑞典工资制度和其调整工资的谈判制度非常复杂，缺点也不少。优点主要在于：①能够保证社会的稳定。劳资双方直接参与关系到自己切身利益的社会分配的谈判，这就使他们在享受这一权利的同时也为维护社会的稳定承担了义务。②有利于发展生产和科技。工会直接参与社会分配谈判，他们能够深入了解结构改革和技术进步对发展生产、保证社会产值来源具有重要意义，因而能对经济结构改革和技术革新采取较为开朗和开放的态度。③能缩小社会差距，包括劳动人民内部的差距。工会直接参加谈判的结果，促使社会产值在劳资的分配上产生了有利于劳动人民的变化。④能形成较合理的工资关系，由于在采取工资谈判制度的同时，又鼓励在劳动市场上进行自由流动，因而在不同职业中可以形成较合理的工资关系。

瑞典人休假期频繁且休假期间工资要比平常高出0.8%

瑞典是世界上节假日比较多的国家，全年算下来，人们一年里享受到的法定节假日长达38天。其中，法定带薪年假25个工作日，各种法定公休节日13个。法定节日在日历上都是用红字标明的，瑞典人习惯称其为红日子。

瑞典全国总工会假日问题法律专家博·埃里克松和库特·埃里克松说，瑞典确定节假日首先是以人为本，目的就是让劳动者人人都有充足时间休息、恢复精力、消除疲劳和培养业余爱好。

根据瑞典几经修改的休假法，人们只要在一个单位一年里工作满180天，就可以享受25个工作日的带薪年假。为鼓励休假，休假法还规定，人们休假期间的工资要比平常高出0.8%。要是实在因工作需要而无法休假，雇主要付出较高代价，须付给雇员高出其正常收入近50%的工资。同样，如节日期间不能休息，人们拿到的工资也要高出正常水平的好几倍。多拿钱要多交税，而且收入涨到一定幅度后，其税率要高出一大截子，人们当然选择休假。

瑞典瑟德特恩大学学院民族文化学高级讲师昂内塔·利亚说，瑞典节假日以人为本的特点还体现在日子的确定上，即尽可能让人们有一个较长的休息时间。如根据传统，瑞典曾把仲夏节一直定在每年的6月24日。1953年，瑞典政府决定把仲夏节调至每年离6月24日最近的星期六。瑞典仲夏节的庆祝活动主要安排在节前的星期五举行，政府还把这天定为全国法定假日之一，以便人们有时间赶往乡村欢庆节日，并在随后的周末里得到好好的休息。

前面我们论述了在不同类型的产品市场上企业的决策，本章我们将研究在不同生产要素市场上企业所面临的决策。具体包含有：劳动力市场上企业行为分析；资金市场上企业行为分析；土地市场上企业行为分析。这些生产要素市场同产品市场一起构成了完整的市场体系。

第一节　要素市场

一、生产要素需求和供给的性质

生产要素市场和产品市场在许多方面都是相似的，同样，生产要素的价格和使用量是由生产要素的需求和供给共同决定的，并且通过这种方式来有效配置资源。但是同产品的需求和供给相比，生产要素的需求和供给又具有不同的性质。

从企业对生产要素的需求角度来看，生产要素的需求来自企业。企业对要素的需求不同于一般消费者对消费品的需求。消费者对消费品的需求是一种直接需求，也就是为了直接满足自己的欲望。企业购买要素不像消费者购买商品那样是为了直接满足消费的需要，而是为了用要素来生产产品以供应市场。

所以，同消费者对产品的需求是取决于产品的效用和边际效用不同，企业对生产要素的需求是取决于生产要素所具有的生产出产品的能力。换言之，企业对要素的需求反映了或根源于人们对产品本身的需求，所以，经济学把企业对生产要素的需求称为派生的需求，意指厂商对要素的需求是人们对要素所产出的产品的需求派生出来的。

生产要素的需求不仅是一种派生的需求，也是一种联合的需求或相互依存的需求。这就是说，任何生产行为所需要的都不是一种生产要素，而是多种生产要素，这样各种生产要素之间就是互补的。如果只增加一种生产要素而不增加另一种，就会出现边际收益递减现象。而且，在一定的范围内，各种生产要素也可以互相替代。生产要素相互之间的这种关系说明它们之间的需求是相关的。

就要素的供给来看，它不是来自企业，而是来自个人或家庭。个人或家庭在消费理论中是消费者，在要素价格理论中是生产要素所有者。个人或家庭拥有并向企业提供各种生产要素。

通常来讲，生产要素主要包含有四种，即劳动、资本、土地与企业家才能。这四种要素的所有者分别是劳动者、资本所有者、土地所有者和企业家，他们为企业提供这些生产要素而分别取得工资、利息、地租和利润。工资、利息、地租和利润就是这些生产要素的价格。我们前面说过，产品价格取决于它的效用和边际效用，而企业需要这些生产要素则是因为它们能生产产品，因此是取决于它们各自对生产产品所做出的贡献。

在商品经济条件下，产品市场和生产要素市场是相互依存相互制约的：企业作为产品的生产者需求要素而供给产品。与此相对应，生产要素的所有者则供给要素而需求产品。企业在生产要素市场上买进要素时，付出的价款形成要素所有者的收入，同时也构成产品的成本；生产要素的所有者出卖要素取得的收入成为企业出卖其产品的销售价款的源泉。所以，从整个社会生产过程来看，成本、收入和价值这三个经济范畴具有如下关系：产品成本＝要素收入＝产品价值。

与产品的价格（和产销数量）是由产品的供给和需求共同决定的一样，生产要素的价格（和使用量）也是由生产要素的需求和供给共同决定的。产品的供求关系与要素的供求关系在逻辑上是完全对称的，只要掌握了前面分析产品的问题时的各个概念和推理，对于生产要素的供求问题的理解，应该是并不困难的。

但由于企业对要素的需求取决于人们对产品的需求，而产品的供求与要素的供求关系存在着如上所说的相互依存和相互制约的关系，所以对要素的需求的分析要比对产品的需求的分析复杂一些，在概念的理解方面有时容易混淆不清，这是初学者必须注意的一点。同时，我们知道，产品价格的决定因市场结构的不同而不同，因此，对要素需求进行分析时还必须区分各种更加复杂的情况。

二、要素市场的利润最大化原则

在分析商品的均衡价格和产量的决定时，我们已经指出，为了实现最大限度的利润，企业需要做出决策，即使其产量调整到一定的水平，即该产量的边际收益 MR 等于该产量的边际成本 MC。现在考察的问题是企业对生产要素的需求，因而需要回答的问题是企业将怎样调整其某种生产要素的投入量，以使其所产产品的销售价值与成本之差，即利润总量最大。

在这里，企业之所以要增加某种生产要素的投入，是因为增加它可以增加产品，从而相应地增加收益。在其他条件不变的情况下，增加一单位某种生产要素所增加的产品（$\delta Q/\delta F$）或者这种产品所带来的收益（$\delta TR/\delta F$）叫做该生产要素的边际生产力。每增加一单位某种生产要素所增加的产品（$\delta Q/\delta F$）叫做边际物质产品（缩写为 MPP），有时被简称为边际产品（MP）。而每增加一单位产品所增加的收益（$\delta TR/\delta Q$）叫做边际收益（MR）。

因此，这里需要引进一个新的概念，企业每增加一单位某种生产要素所增加的收益，或者说企业每增加一单位某种生产要素所增加的产品所带来的收益（$\delta TR/\delta F$），叫做边际收益产品（缩写为 MRP），它等于边际产品与边际收益的乘积，即 $MRP=MPP\times MR$。（按照定义 $MRP=\frac{\delta TR}{\delta F}$，则 $\frac{\delta TR}{\delta F}=\frac{\delta Q}{\delta F}\times\frac{\delta TR}{\delta Q}=MPP\times MR$。）

跟企业通过调整产出量以实现最大利润所需具备条件是 $MR=MC$ 完全一样，企业通过调整某种生产要素投入量以实现最大利润的条件是，投入某种生产要素最后一个单位带来的收益（边际收益产品 MRP）恰好等于增加最后那个单位的生产要素投入所增加的成本，叫边际要素成本（缩写为 MFC），即 $MRP=MFC$。

假如 $MRP>MFC$，这表示继续增加该种生产要素的投入带来的收益会超过为此付出的成本，因而增加投入量可以使利润总量有所增加；反之，假如 $MRP<MFC$，这表示最后增加的那单位生产要素反而造成损失，从而导致利润总量的减少。因此，无论是 $MRP>MFC$，还是 $MRP<MFC$，厂商的利润都不是最大的。只有在 $MRP=MFC$ 时，利润才达到最大。也就是说，$MRP=MFC$ 是要素市场的企业均衡的一般条件。

第二节　生产要素市场上企业的决策——需求分析

一、完全竞争市场

前面讲过的完全竞争市场称为完全竞争产品市场，现在我们要分析的是要素市场。既然企业是完全竞争厂商，那么不仅要求产品市场是完全竞争的，而且要求要素市场也是完全竞争的。

完全竞争要素市场的基本性质可以描述为：要素的供求双方人数都很多；要素没有任何区别；要素供求双方都具有完全的信息；要素可以充分自由的流动等。我们把同时处于完全竞争产品市场和完全竞争要素市场中的厂商称为完全竞争企业。

二、完全竞争企业使用要素的原则

（一）使用要素的“边际收益”——边际产品价值

在完全竞争产品市场中我们介绍了企业的总收益函数 $TR=QP$，P 为既定常数，TR 是 Q 的函数。

现在我们在要素市场中进行分析，Q 本身又是生产要素的函数。假设完全竞争企业使用的生产要素为劳动 L，则使用一定量的劳动要素将创造出一定量的产量，得生产函数为 $Q=Q(L)$。

代入上式得总收益函数为 $TR(L)=Q(L)P$。

即总收益是生产要素的复合函数。

因为是在完全竞争环境下讨论，所以，P 仍为常数。对生产要素的函数求导，得边际产

品价值为

$$VMP=\frac{\mathrm{d}Q(L)}{\mathrm{d}L}\times P=MP\times P$$

式中：MP 是要素的边际产品，表示增加使用一个单位要素所增加的产量；VMP 是在完全竞争条件下，厂商增加使用一个单位要素所增加的收益。

注意边际产品价值 VMP 与产品的边际收益 MR 的区别：MR 是对产量而言，VMP 则是对要素而言，是要素的边际产品价值。VMP 曲线的位置高低取决于 $MP(L)$ 和 P。随着价格水平的上升或要素的边际产品函数上升，VMP 曲线将向右上方移动，反之则向左下方移动，如图 7-1 所示。

$VMP(L)$ 与 $MP(L)$ 的相对位置关系取决于产品价格是大于 1，还是小于或等于 1。

如果 $P>1$，则 $VMP>MP$，即 VMP 曲线位于 MP 曲线上方；

如果 $P<1$，则 $VMP<MP$，即 VMP 曲线位于 MP 曲线下方；

如果 $P=1$，则 $VMP=MP$，即 VMP 曲线与 MP 曲线重合。

（二）使用要素的“边际成本”——要素价格

根据前面讲的成本理论，我们可以得到使用要素的成本方程：$C=W\times L$（其中，W 为常数）。

在完全竞争条件下，使用要素的边际成本为常数，等于劳动价格。所以，边际成本曲线图为一条水平直线，如图 7-2 所示。

由于要素价格为既定常数，使用要素的“边际成本”即成本方程对要素的导数恰好等于劳动价格。

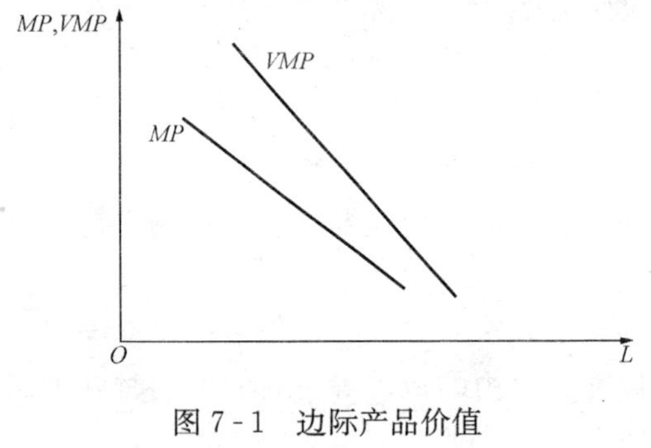

图 7-1 边际产品价值

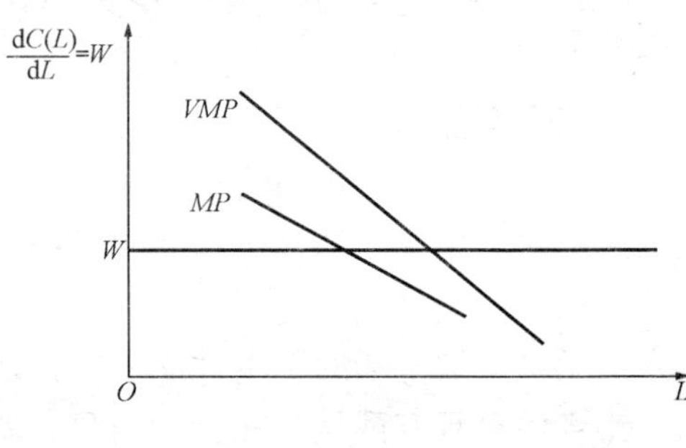

图 7-2 要素价格

（三）完全竞争厂商使用要素的原则

企业的目标是实现利润最大化。在前面我们讲过，企业要实现利润最大化，必须使边际成本等于边际收益。同样，企业使用要素的原则依然是实现利润最大化，依然要让使用要素的“边际成本”和相应的“边际收益”相等。因此，完全竞争企业使用要素的原则可以表示为

$$VMP=W\text{ 或 }MP\times P=W$$

分析：$VMP>W$，增加使用一单位生产要素所带来的收益大于成本（工资），企业将增加要素的使用以提高利润，直至相等。

$VMP<W$，减少使用一单位生产要素所损失的收益小于所节省的成本，企业将减少要素的使用以提高利润，直至相等。

推导：$\pi(L) = P \times Q(L) - W \times L = 0$

为了达到利润最大化，必须使

$$\frac{\mathrm{d}\pi(L)}{\mathrm{d}L} = P\left[\frac{\mathrm{d}Q(L)}{\mathrm{d}L}\right] - W = 0$$

即 $P\left[\frac{\mathrm{d}Q(L)}{\mathrm{d}L}\right] = W$，所以 $VMP = W$。

使用要素的"边际成本"与成本理论中的边际成本有所不同：在论述产品市场时，成本是作为产量的函数；而在要素市场中，成本是作为要素的函数。前者指增加一单位产品所增加的成本，是产品的边际成本；后者指增加一单位要素所增加的成本，是要素使用的边际成本。在完全竞争条件下，使用要素的边际成本为一常数，等于劳动价格。所以，边际成本曲线为一条水平直线。

三、完全竞争企业对生产要素的需求曲线

这里我们讨论的是完全竞争企业对生产要素的需求曲线。实质上就是要讨论一下：在其他条件不变时，完全竞争厂商对要素 L 的需求量与要素价格 W 之间的关系。随着要素价格的上升，厂商对要素的最佳使用量将下降。因此可知，完全竞争企业的要素需求曲线与其边际产品价值曲线一样，是向右下方倾斜的，并且两条曲线完全重合。

下面来分析一下，为什么这两条曲线完全重合。根据要素市场完全竞争的假定，无论单个企业如何改变要素使用量，要素价格均不受影响。因此，如图 7-3 所示，给定一个要素价格 W_0，就有一条水平直线。同时，根据要素使用原则 $VMP=W$，在图形上的表示就是 VMP 曲线与 W_0 曲线的交点 A。

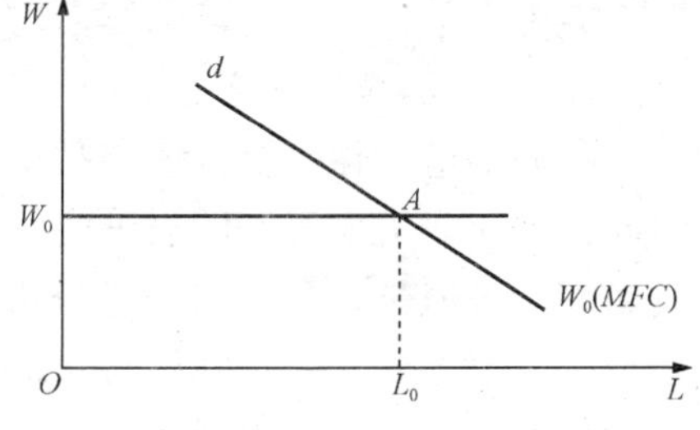

图 7-3　完全竞争企业对生产要素的需求曲线

A 点表明，当要素价格为 W_0 时，要素需求量为 L_0。同样，如果给定另一个要素价格，则有另外一条水平直线与 VMP 相交于另外一点。根据同样的分析可知，新的交点也是需求曲线上一点。因此，在使用一种生产要素的情况下，完全竞争企业对要素的需求曲线与要素的边际产品价值曲线恰好重合。

注意：虽然两条曲线重合，但变量 L 的含义却不同。在边际产品价值曲线中，L 表示要素使用量；在要素需求曲线中，L 表示要素需求量。

四、从企业的生产要素需求曲线到市场的生产要素需求曲线

上面我们讨论了单个完全竞争企业的需求曲线，它等于边际产品价值曲线。那么，整个市场的要素需求曲线又是什么样的呢？前面我们在讨论单个企业的需求曲线时，假定了其他企业均不进行调整。现在要研究的是整个市场的动态，也就是说，现在所有企业都面临调整，那么，单个企业的要素需求曲线又是如何的呢？

下面我们来分析一下。现在要素价格变动不仅引起单个企业，而且引起所有其他企业的要素需求量和使用量，以至其产量均发生变动。由于全体企业的产量变动将改变产品的供给曲线，从而在产品市场需求量不变时，将改变产品的市场价格。产品价格的改变反过来会使每一个厂商的边际产品价值曲线发生改变。因此，单个企业的要素需求曲线不再等于其边际产品价值曲线。

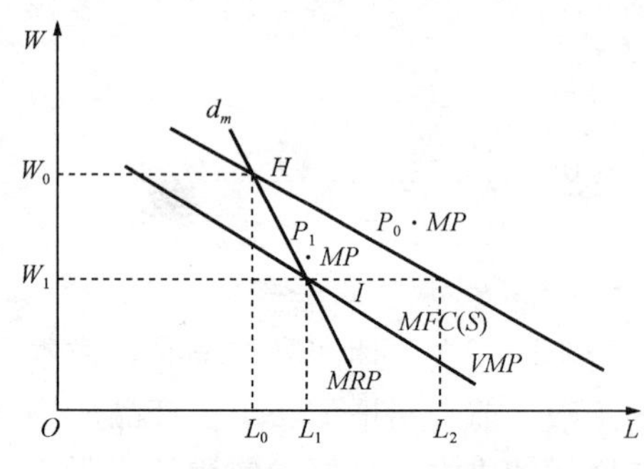

图 7-4 市场的生产要素需求曲线

如图 7-4 所示，设给定初始要素价格为 W_0，相应有一个产品价格 P_0，从而有一条边际产品价值曲线 $P_0 \cdot MP$。根据该曲线确定 W_0 下的要素需求量 L_0。因此，H 点为所求需求曲线上一点。现要素价格下降到 W_1，若其他企业不调整，则要素需求量应增加到 L_2。但现在所有企业都在调整，于是要素价格下降使 L 的边际产品价值曲线向左下方移动。至 $P_1 \cdot MP$，从而 L 在要素价格 W_1 下的需求量不是 L_2，而是 L_1。于是又得到要素需求曲线上一点 $I(W_1, L_1)$。

重复上述过程可以得到其他的点，将这些点连接起来，即得到多个企业调整情况下单个厂商对要素 L 的需求曲线 d_m，称为行业调整曲线。向右下方倾斜，但比边际产品价值曲线陡。刚才所分析的 d_m 曲线仍是单个企业的要素需求曲线。而整个市场的要素需求曲线就等于行业内每个企业经过行业调整后的要素需求曲线水平相加，即 $D=n \cdot d_m$（设有 n 个企业）。

五、非完全竞争市场上的企业行为

这里所说的非完全竞争包括除完全竞争以外的所有或多或少含有垄断因素的产品市场结构。其中包括：产品市场不完全竞争——要素市场完全竞争；产品市场完全竞争——要素市场不完全竞争；产品市场和要素市场均为不完全竞争。

（一）产品市场不完全竞争——要素市场完全竞争

我们知道，在完全竞争产品市场上，对任意企业来说，产品的销售价格是给定不变的，因此，企业对可变要素的需求曲线可以由可变要素的边际产品价值（$VMP=MPP \times P$）曲线来表示。但是，在非完全竞争市场上，产品的销售价格不是固定不变，而是随销售量的增加而下降，亦即企业销售的产品的需求曲线是自左向右下方倾斜的，边际收益曲线位于需求曲线下方且越离越远，因为边际收益比价格下降得更快。这样，被定义为边际收益与边际产品之乘积的边际收益产品曲线，就再也不像前面那样，与被定义的价格与边际产品的乘积的边际产品价值曲线重合（即 $MRP \neq VMP$），而是位于边际产品价值曲线的下方，且越离越远。（图 7-5 中，$VMP > MRP$，二者差额 AE，即是 Q_0 单位要素受到的卖方垄断利润。）

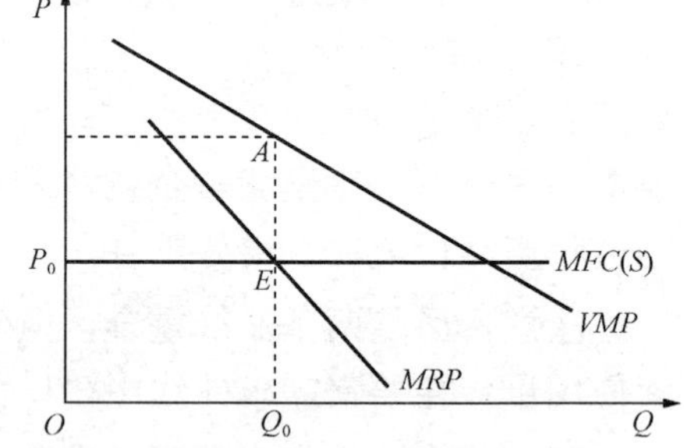

图 7-5 产品市场不完全竞争——要素市场完全竞争

我们这里假定在要素市场仍是完全竞争，而在产品市场是不完全竞争的情况。这时企业均衡的情况如图 7-5 所示。在要素价格为 P_0 条件下，企业的边际成本曲线 MFC 与边际收益产品曲线 MRP 相交于 E，决定最大要素投入量为 Q_0。

均衡条件是 $MRP=MFC$。

（二）产品市场完全竞争——要素市场不完全竞争

如果生产要素市场是非完全竞争的，例如在生产要素只有一家买主的情况下，那么，生产要素的供给曲线 S 同边际要素成本曲线 MFC 就不重合了，并且厂商的 MFC 曲线位于要素的供给曲线S的上面。见表7-1，即要素供给表和企业成本表，以及图7-6，即要素的供给曲线和独家买主的MFC曲线。

表7-1　要素供给表和厂商成本表

(1) 要素价格	(2) 要素供给数	(3) 要素总成本	(4) 边际要素成本 MFC
1	0		
2	1	2	2
3	2	6	4
4	3	12	6
5	4	20	8
6	5	30	10
7	6	42	12
8	7	56	14

表7-1的第一列和第二列表示要素的价格和要素的所有者愿意供应的数量，两者同方向变化，即价格越高，要素所有者愿意供应的数量越多。要素价格与相应的供给量这两者的关系，由图7-6中的S曲线描述出来。

表7-1的第三列表示，当企业买进2个单位时，必须付出6个单位的费用，因为每单位的要素的价格是3；同理，当企业增加购买一个单位，即一共买进3个单位时，就必须付出12；其余依此类推。根据第三列的数据可以得出第四列的边际要素成本，即企业每追加购买一个单位的要素的总成本的增加量。购买的要素与相应的MFC的数据由图7-6的MFC曲线表达出来。

再引进代表企业对要素的需求的MRP曲线，当产品市场为完全竞争的情况下，企业的边际产品价值曲线与边际收益产品曲线是重合的（$VMP=MRP$）。如果其他要素不变，只有一个要素变动时，企业将要素使用量调整到边际产品价值曲线与边际要素成本曲线的交点F，即$VMP=MFC$时，才能取得最大利润。图中MRP（VMP）与AFC的差额是FE，FE就是5单位要素受到的买方垄断剥削。

由于要素的供给曲线与边际要素成本曲线是分离的，所以在F点只能知道企业对要素的均衡使用量5，而不能知道此使用量时卖者愿意接受的价格，即要素的均衡价格，它必须在反映一组要素价格与要素数量相互关系的要素供给曲线上产生。E点是要素数量为5时供给曲线上的一点，它表示按价格6购买数量5的要素可以成交，所以E点所对应的要素价格便是均衡价格。

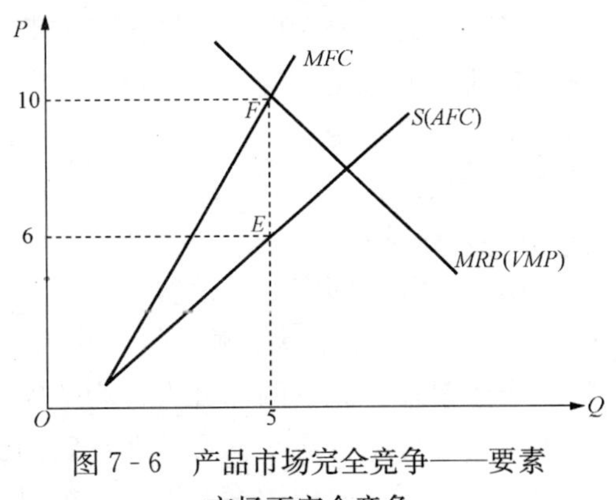

图7-6　产品市场完全竞争——要素市场不完全竞争

这样，在产品市场完全竞争而要素市场不完全竞争情况下，要素的均衡价格和使用量要分两步来确定。第一步由VMP与MFC曲线的交点确定要素的均衡使用量；第二步再找出要素供给曲线上与该购买量对应的点所指示出的要素价格，即均衡价格。该种市场情况下的企业均衡条件为 $VMP=MRP=MFC$。

（三）产品市场和要素市场均为不完全竞争

当产品市场和要素市场均为垄断情况下，则兼有前面（一）、（二）两种市场类型的特点，如图 7-7 所示，边际产品价值曲线高于边际收益产品曲线，后者为此时的要素需求曲线；边际要素成本曲线高于要素平均成本曲线（供给曲线）。

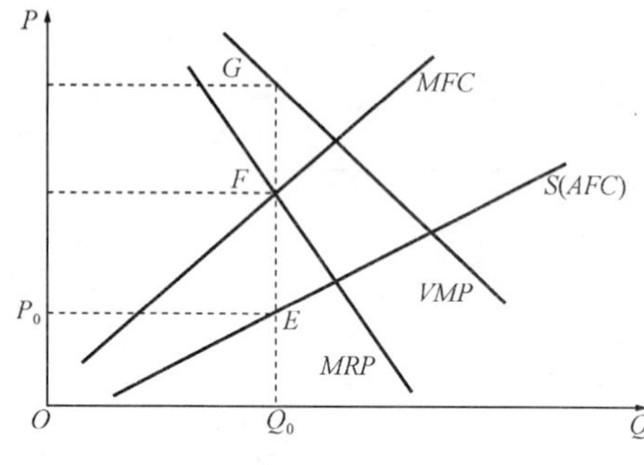

图 7-7 产品市场和要素市场均为不完全竞争

如果其他要素不变，只有一个要素变动时，企业将雇佣量调整到边际收益产品曲线与边际要素成本曲线交点 F，即调整到 $MRP=MFC$ 时，可以取得最大利润。此时，F 点所对应的 Q_0 为要素的均衡使用量，均衡使用量同要素供给曲线的交点 E 所对应的 P_0 为此时的要素均衡价格。

产品市场和要素市场均为垄断情况下的厂商均衡条件为 $MRP=MFC$。

上面的分析都是基于企业经营利润最大化的角度来进行的，如果生产要素的供给一方也处于垄断的条件下，问题的分析还要更复杂一些，这里不再论述。

图中 GE 是第 Q_0 单位要素受到的总剥削，其中 $FG=VMP-MRP$ 为卖方垄断剥削，$FE=MFC-AFC$ 为买方垄断剥削。

第三节 生产要素市场上企业的决策——供给分析

一、生产要素所有者、最大化行为和供给问题

（一）要素供给者的分类及其最大化行为

1. 中间要素的所有者

现代生产的特征之一是迂回生产，因而生产者要生产许多将要再次投入生产过程的中间生产要素。这类要素所有者提供要素的目的是利润最大化。我们已经在产品市场中分析过这一类所有者的行为，现在主要分析第二类。

2. 原始要素的所有者

经济中的消费者向市场提供诸如劳动等“原始生产要素”。这类要素所有者提供要素的目的是效用最大化。这类要素供给具有一个特点：消费者拥有的要素数量（资源）在一定时期内总是既定不变的。例如消费者拥有时间一天，只有 24 小时，其可能的劳动供给不可能超过这个数值。

（二）供给问题

由于资源是固定的，消费者只能将其拥有的全部资源的一部分（当然，这部分可以小到 0，也可能大到等于其资源总量）作为生产要素提供给市场。全部既定资源中除去供给市场的生产要素外，剩下的部分可称为“保留自用”（或简称为“自用”）的资源。因此，所谓要素供给问题可以看成是消费者在一定的要素价格水平下，将其全部既定资源在“要素供给”和“保留自用”两种用途上进行分配以获得最大效用。

二、要素供给原则

（一）效用最大化条件

要素供给问题可以看成是：消费者在一定的要素价格水平下，将其全部既定资源在“要素供给”和“保留自用”两种用途上进行分配，以获得最大效用。那么，怎样分配才能使效用达到最大呢？为了获得最大效用必须满足：作为“要素供给”的资源的边际效用要与作为“保留自用”的资源的边际效用相等。

分析：若要素供给效用小于保留自用效用，这时会将原来供给的资源转移到保留自用上去，从而增大总的效用。因为减少一单位要素供给所损失的效用要小于增加一单位保留自用资源所增加的效用。反之，则相反。

由于边际效用是递减的，上述调整过程最终能达到均衡状态，即要素供给的边际效用和保留自用的边际效用相等。

（二）要素供给的边际效用

消费者通过供给生产要素以获得收入，从而获得效用，因此，要素供给的效用是“间接效用”。设要素供给增量为 δL，收入增量为 δY，而由收入增量所引起的效用增量为 δU，则

$$\frac{\delta U}{\delta L}=\frac{\delta U}{\delta Y}\times\frac{\delta Y}{\delta L}$$

等式两边取极限值得

$$\frac{\mathrm{d}U}{\mathrm{d}L}=\frac{\mathrm{d}U}{\mathrm{d}Y}\times\frac{\mathrm{d}Y}{\mathrm{d}L}$$

即：要素供给的边际效用＝收入的边际效用×要素供给的边际收入。

当消费者处于完全竞争条件下，其所提供要素的多少不影响要素的市场价格，此时，要素的边际收入$\left(\frac{\mathrm{d}Y}{\mathrm{d}L}=W\right)$等于要素的价格，因此，上式可以简化为

$$\frac{\mathrm{d}Y}{\mathrm{d}L}=W\times\left(\frac{\mathrm{d}U}{\mathrm{d}Y}\right)$$

上式为完全竞争条件下，消费者要素供给的边际效用公式。

（三）自用资源的边际效用

自用资源的边际效用可以分为直接效用和间接效用。例如时间资源（娱乐、休息是直接效用，做家务是间接效用，这样就省了一笔开支）。

为了方便我们分析，假定自用资源的效用都是直接的，用 L 表示自用资源数量，则自用资源的边际效用就是效用增量与自用资源增量之比的极限值$\frac{\mathrm{d}U}{\mathrm{d}L}$，它表示增加一单位自用资源所带来的效用增量。

（四）要素供给原则

消费者供给要素的目的是效用最大化，那么，前面我们已经讲过，获得最大效用必须满足条件：作为“要素供给”的资源的边际效用等于作为“保留自用”的资源的边际效用，因此，我们可以将效用最大化条件表示为

$$\frac{\mathrm{d}U}{\mathrm{d}L}=W\times\frac{\mathrm{d}U}{\mathrm{d}Y}\quad\text{或}\quad\left(\frac{\mathrm{d}U}{\mathrm{d}L}\right)/\left(\frac{\mathrm{d}U}{\mathrm{d}Y}\right)=W$$

约束条件

$$Y+W\times L=W\times \overline{L}$$

即：从要素供给中得到的收入=总资源价值。

三、无差异曲线分析

上面关于要素供给原则的讨论是以基数效用为基础的，类似的原则也可以在假设条件更加宽松一些的序数效用基础上建立起来。与消费者行为理论一样，下面也用无差异曲线的分析工具来加以说明。

图 7-8 中，横轴 L 表示自用资源的数量，纵轴 Y 表示要素供给所带来的收入，并且 $U_3>U_2>U_1$。设消费者初始时拥有 $\overline{L}$ 单位的既定资源和 $\overline{Y}$ 单位的非要素收入（例如财产收入），即处于 E 点。如果消费者将全部初始资源 $\overline{L}$ 都供给市场，则收入为 $\overline{L}W$，其拥有的全部收入（要素收入加上非要素收入）就是 $K=\overline{L}W+\overline{Y}$，连接 E、K，得该消费者的预算线。现在预算线、无差异曲线都有了，根据消费者行为理论，我们就可以知道消费者的最优组合在何处，这个最优组合就是预算线与 U_2 的切点 A。

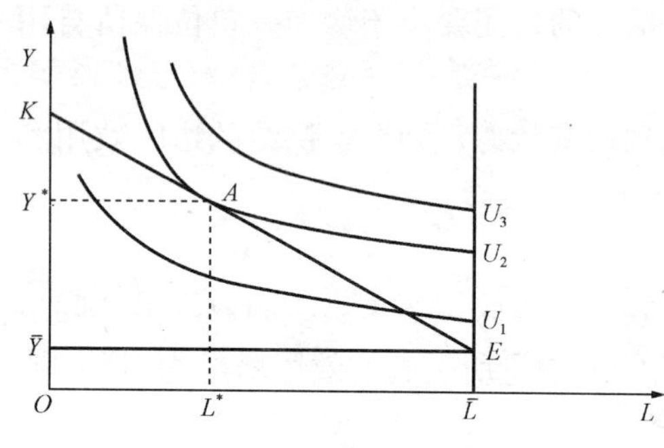

图 7-8　无差异曲线分析

为什么是 A 点，消费者行为理论曾详细介绍过，最优点 A 必须满足一个条件：无差异曲线的斜率等于预算线的斜率。由于预算线的斜率为

$$-\frac{K-\overline{Y}}{\overline{L}}=-\overline{L}\times\frac{W}{\overline{L}}=-W$$

则无差异曲线的斜率为

$$\frac{\mathrm{d}Y}{\mathrm{d}L}=-W$$

两边同乘以−1，即得

$$-\frac{\mathrm{d}Y}{\mathrm{d}L}=W$$

上式左边为资源供给的边际替代律，它表示消费者为增加一单位自用资源所愿意减少的收入量；右边的要素价格可以看成是消费者为增加一单位自用资源所必须放弃的收入量。因此，上式的含义是：消费者为增加一单位自用资源所愿意减少的收入量等于必须减少的收入量。

如果假定效用可以用基数来衡量，则资源供给的边际替代率 $\frac{\mathrm{d}Y}{\mathrm{d}L}$ 可以表示为自用资源和收入的边际效用之比，即

$$\frac{\mathrm{d}Y}{\mathrm{d}L}=\frac{MU_L}{MU_Y}$$

代入 $-\frac{\mathrm{d}Y}{\mathrm{d}L}=W$，即得到上一段在基数效用基础上得到的要素供给原则。

四、要素供给问题

我们现在来讨论一下要素的供给问题，也就是要来解决一下要素供给量与要素价格之间的关系。

图 7 - 9 中，横轴 L 为自用资源，纵轴 Y 为收入，E 为消费者的初始状态。当要素价格为 W_0 时，全部资源供给市场得全部收入 $K_0=\overline{L}W_0+\overline{Y}$，预算线为 EK_0。

大家可以看到，随着要素价格的上升，预算线将绕着 E 点顺时针方向旋转，随着预算线的旋转，它与无差异曲线的切点也在不断变化，将所有切点连接起来，得到曲线 PEP，称为价格扩展线，它反映了自用资源数量 L 如何随价格变化而变化，同时反映了要素供给量如何随要素价格的变化而变化，因此可得要素供给曲线（如图 7 - 10 所示）。

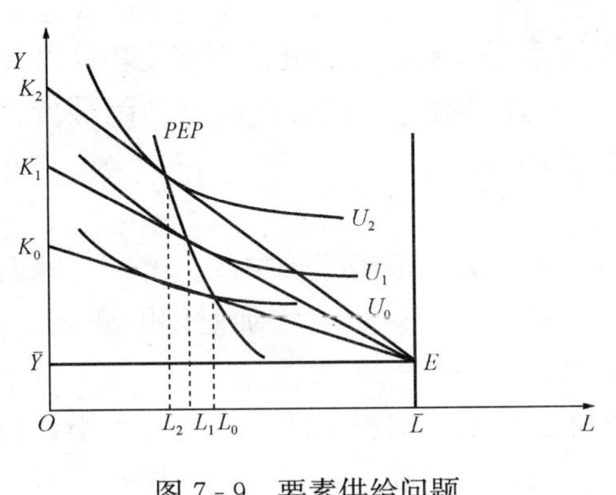

图 7 - 9　要素供给问题

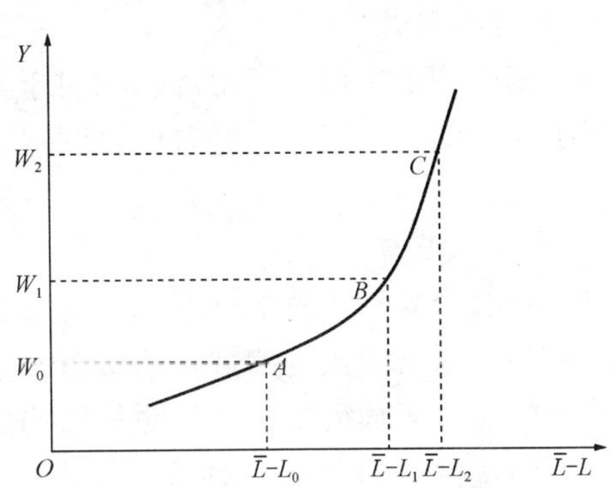

图 7 - 10　要素供给曲线

第四节　劳动力市场和企业行为

一、劳动和闲暇

图 7 - 11 和图 7 - 12，横轴 H 为闲暇，纵轴 Y 为收入，E 为初始状态点。当劳动价格工资为 W_0 时，可以得到相应的预算线 EK_0，与 U_0 相切于 A。当价格上升到 W_1、W_2 时，相应的预算线 EK_1、EK_2，分别与 U_1、U_2，相切于 B、C 点。每一个切点都对应着一个最优闲暇量 H_0、H_1、H_2。相应的劳动供给量分别为（$16-H_0$），（$16-H_1$），（$16-H_2$）。于是可得劳动供给曲线上三个点 a、b、c。连接 A、B、C 得价格扩展线 PEP，连接 a、b、c 得劳动供给曲线 S。

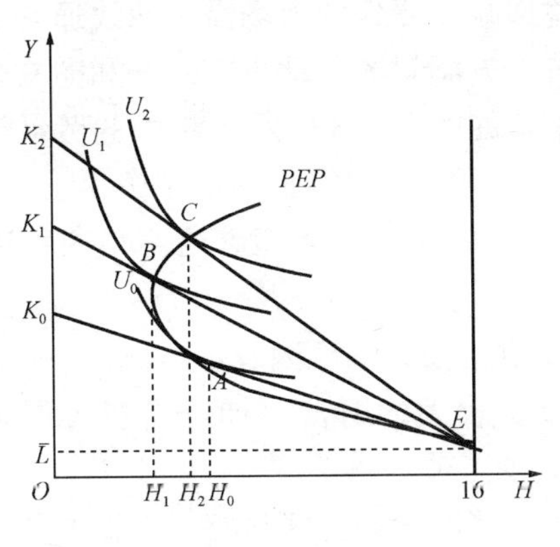

图 7 - 11　价格扩展线

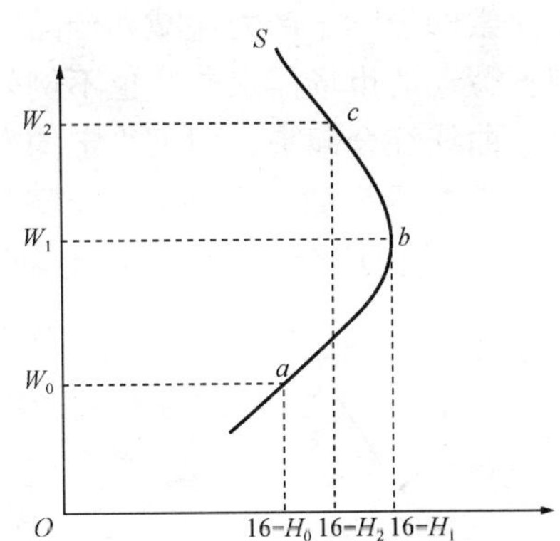

图 7 - 12　劳动供给曲线

劳动供给曲线是向后弯的，当 W 较低时，随着 W 的上升，消费者将减少闲暇，增加劳动供给，劳动供给曲线向右上方倾斜；当工资涨到 W_1 时，劳动供给量达最大。继续增加工资，劳动供给量不增加反而减少，劳动供给量从 W_1 处起开始向后弯曲。

二、替代效应和收入效应

劳动供给与闲暇的需求存在着反方向变化关系。我们可以把工资视为闲暇的机会成本或是闲暇的价格。因此我们现在就可以用闲暇需求曲线来解释劳动供给曲线。我们知道，正常物品的需求曲线之所以向右下方倾斜是因为受到替代效应和收入效应的影响。同样，闲暇的需求也受到替代效应和收入效应的影响。

（一）替代效应

假定闲暇的价格即工资上涨。相对于其他商品而言，闲暇这个商品现在变贵了，于是消费者减少对它的“购买”，而转向其他替代品。由于替代效应，闲暇需求量与闲暇价格反向变动。

（二）收入效应

对于一般商品，价格上升意味着消费者实际收入下降，但闲暇价格的上升却意味着实际收入的上升。随着收入的增加，消费者将增加对商品的消费，也会增加对闲暇商品的消费。由于收入效应，闲暇需求量与闲暇价格的变化相同。

随着闲暇价格的上升，闲暇需求量究竟是下降还是上升取决于两种效应的大小：替代效应大于收入效应时，闲暇需求量随着工资的增加而减少；当收入效应大于替代效应时，闲暇需求量随着工资的增加而增加（劳动供给曲线向后弯）。通常收入效应要小于替代效应，但闲暇价格变化有时也会超过替代效应。当工资处于较高水平，此时工资上涨引起的整个劳动收入增量就会很大，从而可以超过替代效应。因此供给曲线在较高的工资水平上开始向后弯曲。

三、劳动的市场供给曲线和均衡工资的决定

将所有单个消费者的劳动供给曲线水平相加，即得到整个市场的劳动供给曲线。尽管许多单个消费者的劳动供给曲线可能向后弯曲，但劳动的市场供给曲线却不一定也是如此。在较高的工资水平上，现有的工人也许提供较少的劳动，但高工资也吸引进来新的工人，因而总的市场劳动供给一般还是随着工资的上升而增加，从而市场劳动供给曲线仍然是向右上方倾斜的。

由于要素的边际生产力递减和产品的边际收益递减，要素的市场需求曲线通常总是向右下方倾斜。劳动的市场需求曲线也不例外。将向右下方倾斜的劳动需求曲线和向右上方倾斜的劳动供给曲线综合起来，即可决定均衡工资水平，如图 7 - 13 所示。图中的劳动需求曲线 D 和劳动供求曲线 S 的交点是劳动市场的均衡点。该均衡点决定了均衡工资 W_0，均衡劳动数量为 L_0。因此，均衡工资水平由劳动市场的供求曲线决定，且随着这两条曲线的变化而变化。

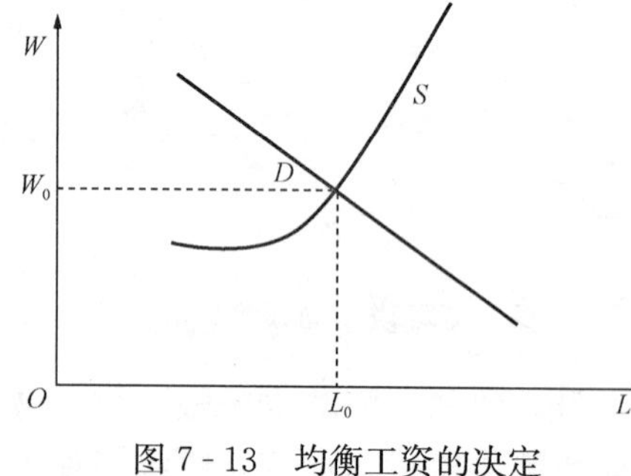

图 7 - 13 均衡工资的决定

影响劳动供给曲线的原因有：

（1）财富。较大的财富增加了消费者保留时间自用的能力，减少了劳动供给。

（2）社会习俗。例如，阿拉伯国家许多妇女不允许参加工作。

（3）人口。例如，欧洲一些国家出现人口老龄化，人口负增长，减少了劳动供给，所以引进劳工。

第五节　资金市场和企业行为

一、资本和利息

（一）资本（资本品）

由经济制度本身生产出来并被用做投入要素以便进一步生产更多的商品和劳务的物品。资本的特点是，它的数量是可以改变的，即它可以通过人们的经济活动生产出来；它被生产出来的目的是为了以此获得更多的商品和劳务；它是作为投入要素，即通过用于生产过程来得到更多的商品和劳务。

资本主要有三类：建筑（如工厂和住宅）、设备（耐用消费品，如汽车；耐用生产设备，如机器工具及计算机）以及投入和产出的存货（如经销商推销过程中的汽车）。

（二）利息

资本的价格通常称为利息（r）。利息等于资本服务的年收入与资本价值之比，即

$$r=\frac{Z}{P}$$

若资本价值本身发生变化，则利率的公式改为

$$r=\frac{Z+\delta P}{P}(\delta P\text{ 为资本价值增量})$$

对于不同的资本来说，其价值或年收入可能不相同，但其比率却有趋于相等的趋势。因为，当资本具有较高的利率时，人们将去购买它，从而它的市场价格即资本价值被抬高，由上式可知，它的利率将下降。这个过程将一直持续到与其他资本的利率相等为止。

二、资本的供给

由于资本所有者拥有的资本数量是可变的，因此要讨论资本的供给问题，就要先确定最优的资本拥有量。一个资本拥有者要么进行当前消费，要么进行储蓄以增加资本拥有量，以便于将来进行更多的消费。因此，资本最优配置问题可以看成是消费者的长期消费决策问题。下面我们用无差异曲线来分析消费者的均衡位置。

图 7-14 中，假定只有一种商品，只有今、明年两个时期，商品可以借入、借出。横轴 C^0 代表今年消费的商品量；纵轴 C^1 代表明年消费的商品量，A 点（C_0^0，C_0^1）为初始状态，是预算线上一点。下面我们来确定一下消费者的预算线：如果消费者把所有收入都放到明年消费，那么今年的收入存到明年，本息总共为 $C_0^0(1+r)$。再加上明年收入，总共可以消费 $C_0^0(1+r)+C_1^1$。这就是 W' 点，相反，如果消费者把明年收入全部预支到今年消费，为了保证他明年的收入足以还本付息，他最多只能借 $\frac{C_0^1}{1+r}$。再加上今年收入 C_0^0，他在今年总共可以消费 $C_0^0+\frac{C_1^1}{1+r}$。这就是 W，连接 W、W'，即得到预算线。其斜率为 $-OW'/OW=-(1+r)$。

因为假定消费者所面临的市场利率为 r，则他减少一单位商品的今年消费就可以增加（$1+r$）个单位商品的明年消费。换句话说，预算线的斜率必为－（$1+r$）。

现在我们便可以确定消费者的均衡位置。即预算线与无差异曲线 U_2 的切点 B，长期最优消费决策是，今年消费 C_1^0，明年消费 C_1^1。从上面分析知：给定一个市场利率 r，消费者今年有一个最优的储蓄量从而贷出量。令利率变化提高，则预算线将绕 A 顺时针旋转，与另一条无差异曲线相切，得到相应的均衡点。将不同利率水平下消费者的最优储蓄量画出，

就得到一条储蓄或贷款供给曲线，如图 7-15 所示。随着利率的上升，会增加人们的储蓄，曲线向右上方倾斜。当利率处于非常高的水平上时，贷款曲线可能出现向后弯曲的现象，其原因与劳动供给曲线相同。

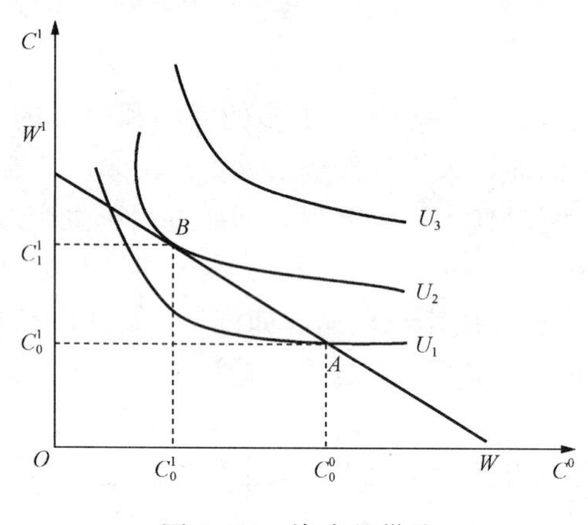

图 7-14 资本的供给

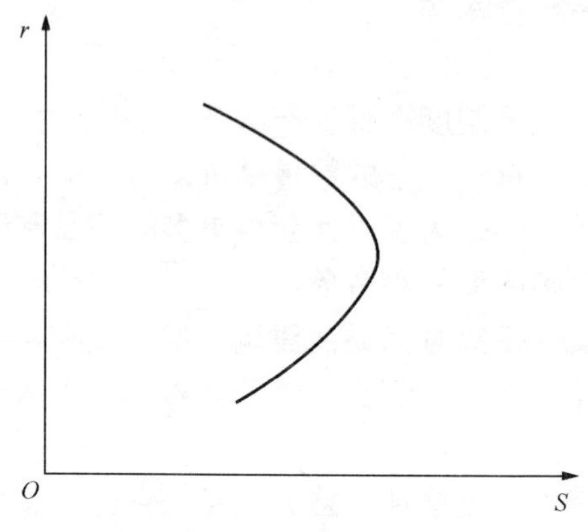

图 7-15 资本的供给

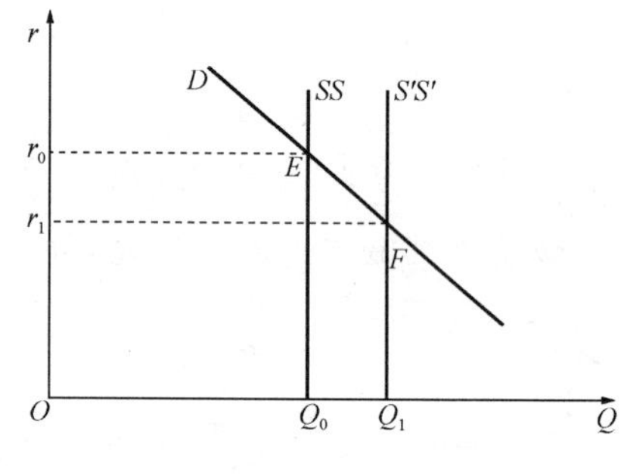

图 7-16 资本市场的均衡

三、资本市场的均衡

利息率的水平决定于资本市场的供求均衡状况。如图 7-16 所示，垂直的供给曲线 S 和倾斜的需求曲线 D 相交于 E，该点所确定的短期利息率为 r_0，资本量为 Q_0。随着时间推移，积累资本日益增多，一直继续到 F 点，这是一个新的长期均衡点。在该点，长期利息率为 r_1，整个市场的资本量为 Q_1。此时，资本边际产品价值正好等于所有资本供给者期望得到的为等待更多的未来消费而牺牲现期消费的报酬。

第六节 土地市场和企业行为

一、概念

经济学上的土地，泛指一切自然资源，其特点被描述为“原始的和不可毁灭的”。说它是原始的，因为它不能被生产出来；说它是不可毁灭的，因为它在数量上不会减少。土地数量既不能增加也不能减少，因而是固定不变的。或者也可以说，土地的“自然供给”是固定不变的，它不会随着土地价格的变化而变化。在正式讨论土地（以及资本）的供给之前，有几个概念需要首先明确。

（一）生产服务源泉和生产服务

生产服务的源泉不同于生产服务本身。例如，劳动服务的源泉是人类或劳动者，但劳动服务却是“人—时”（或代表劳动者在某个特定时期工作的其他单位）；同样，土地是生产服务的源泉，但该生产服务本身却是用“亩—年”（即使用 1 亩土地 1 年）的单位来衡量的。类似的区别也适用于资本，比如，建筑物和机器作为源泉也不同于它们所提供的服务。

（二）源泉的供给（需求）和服务的供给（需求）

源泉的供求是指卖和买生产服务的“载体”；服务的供求则是指卖和买生产服务本身而

非其“载体”。有些生产要素的源泉及其服务都可以在市场中交易，如土地和资本；有些生产要素则不能，如劳动。劳动服务可以被买卖，但劳动服务的源泉（即人类自身）却不能被买卖——至少现在的文明社会是这样的。

（三）源泉的价格和服务的价格

如果源泉和服务均可在市场上交易，则就有两个价格，即源泉价格和服务价格。例如，就土地而言，有一个“1 亩土地（即源泉）的价格”，还有一个“使用 1 亩土地 1 年（即服务）的价格”。再如建筑物和机器，它们本身有一个市场价格（即源泉价格），还有一个使用它们一定时间的价格（即服务价格）。这两个价格显然不同，因而有加以区别的必要。

生产要素的源泉价格，特别是资本物品（如机器）的价格，是由市场的供求曲线所决定，其过程与上面已经论述过的商品价格的决定大致相同。我们在分配论中不再重复。因此，分配论中所论述的是生产要素服务价格的决定。劳动是一个例外。由于只有劳动服务能够买卖，因此只有一个价格，即劳动服务的价格。

为明确起见，假定下面讨论的土地、土地供给及土地价格（资本、资本供给及资本价格）均是指土地的服务、土地服务的供给以及土地服务的价格（资本服务、资本服务的供给及资本服务的价格）。其中，土地服务的价格称为地租，资本服务的价格称为利息。由于劳动是一个例外，只有劳动服务能够买卖，只存在劳动服务的价格即工资。在谈到劳动供给和劳动价格时，它必定是指劳动服务的供给和劳动服务的价格，不会引起任何误解。

二、土地的供给曲线

土地所有者如何分配土地的使用才能使其效用达到最大呢？土地资源同样面临保留自用和供给市场两方面用途。但一般认为：土地的消费性使用只占土地的一个很微小的部分，因此在分析土地资源时一般假定土地所有者自用土地的效用为 0。因此，土地效用只取决于土地收入。为了获得最大效用就必须使土地收入达到最大。也就是说要尽可能多的供给土地。因此，无论土地价格是多少，土地供给曲线将在其土地总量的位置上垂直，如图 7 - 17 所示。

我们下面用无差异曲线来分析一下土地供给曲线为什么是垂直的？如图 7 - 18 所示，横轴 Q 表示自用土地数量，纵轴 Y 为土地收入，E 为初始状态，$\overline{Y}$为非土地收入，拥有全部土地数为$\overline{Q}$，K_0，K_1 为两条无差异曲线，均为水平直线。因为土地所有者的效用只取决于土地收入，与自用土地数量无关。通过这条水平的无差异曲线可以知道：无论土地价格如何变化，最优的自用土地数量为 0，从而土地供给量为$\overline{Q}$，即等于土地所有者拥有的全部土地资源。所以，土地供给曲线垂直。

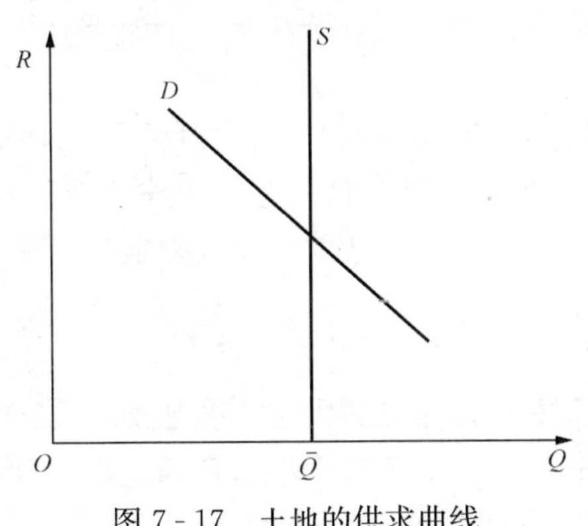

图 7 - 17　土地的供求曲线

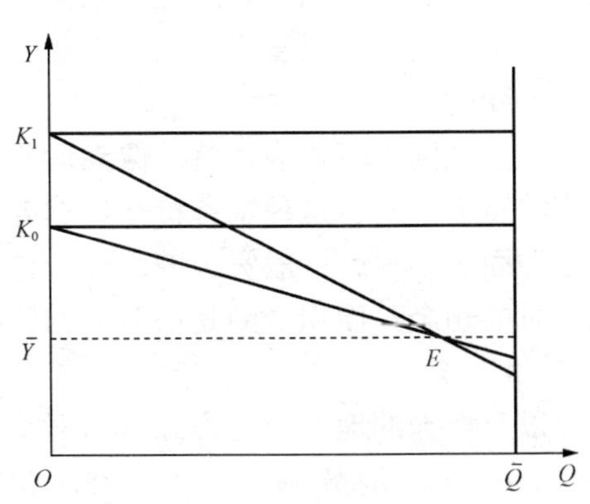

图 7 - 18　土地无差异曲线

事实上，任意一种资源，如果它在某种用途上的机会成本等于0，则它对该种用途的供给曲线就垂直。它不受价格的影响。

三、使用土地的价格和地租的决定

将所有单个土地所有者的土地供给曲线水平相加，即得到整个市场的土地供给曲线。再将向右下方倾斜的土地的市场需求曲线与土地供给曲线结合起来，即可决定使用土地的均衡价格。如图7-19所示，需求曲线D与供求曲线S的交点是土地市场的均衡点。该均衡点决定了土地服务的均衡价格R_0。特别是，如果假定土地没有自用价值，则单个土地所有者土地供给曲线为垂直线，故市场的土地曲线称为垂直线。

当土地供给曲线垂直时，它与土地需求曲线的交点所决定的土地服务价格具有特殊意义：它通常被称为“地租”。如图7-20所示，由于此时土地的供给曲线垂直且固定不变，故地租完全由土地的需求曲线决定，而与土地的供给曲线无关：它随着需求曲线的上升而上升，随着需求曲线的下降而下降。如果需求曲线下降到D'，则地租将消失，即等于0。

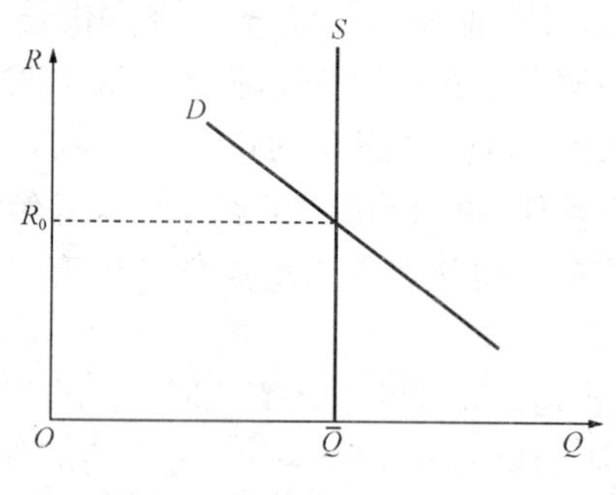

图7-19 使用土地的价格

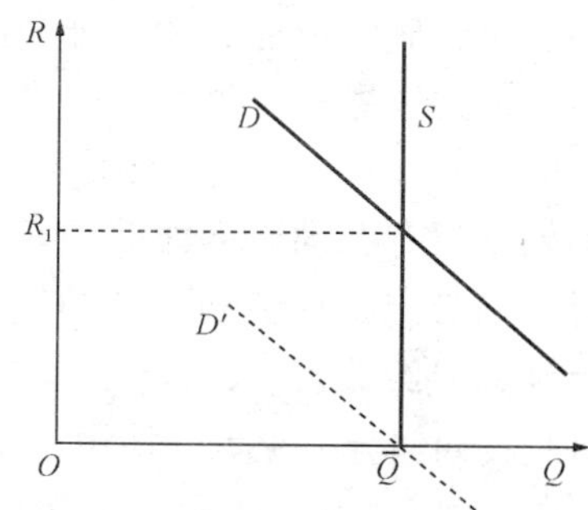

图7-20 地租的决定

根据上述地租决定理论，可以给出一个关于地租产生的解释。假设开始时，土地供给量固定不变，对土地的需求曲线为D'，从而地租为0；现在由于技术进步使土地的边际生产力提高，或由于人口增加使粮食需求增加，从而地租开始出现。因此，可以这样来说明地租产生的原因：地租产生的根本原因在于土地的稀少，供给不能增加；如果给定了不变的土地供给，则地租产生的直接原因就是土地需求曲线向右移动。

四、租金、准租金和经济租金

（一）租金

地租是当土地供给固定时的土地服务价格，因而地租只与固定不变的土地有关。但在很多情况下，不仅土地可以看成是固定不变的，而且有许多其他资源在某些情况下，也可以看成是固定不变的。

例如某些人的天赋才能，就很像土地一样，其供给是固定不变的。这些固定不变的资源也有相应的服务价格。这种服务价格显然与土地的地租非常相似。为与特殊的地租相区别，可以把这种固定不变的一般资源的服务价格叫做“租金”。换句话说，地租是当所考虑的资源为土地时的租金，而租金则是一般化的地租。

（二）准租金

租金以及特殊的地租均与资源供给固定不变相联系。这里的固定不变显然对（经济学意义上的）短期和长期都适用。但是，在现实生活中，有些生产要素尽管在长期中可变，但在短期中却是固定的。

例如，由于厂商的生产规模在短期内不能变动，其固定生产要素对厂商来说就是固定供给。它不能从现有的用途中退出而转到收益较高的其他用途中去，也不能从其他相似的生产要素中得到补充。这些要素的服务价格在某种程度上也类似于租金，通常被称为“准租金”。正式的定义为：所谓准租金就是对供给量暂时固定不变的生产要素的支付，即固定生产要素的收益。

准租金可以用厂商的短期成本曲线来加以分析。如图 7-21 所示，产品价格为 P_0，产量为 Q_0。则总变动成本面积为 $OGBQ_0$，而 GP_0CB 就是准租金。它等于总固定成本与经济利润之和。当经济利润为 0 时，准租金等于总固定成本。当厂商亏损时，准租金小于总固定成本。

准租金＝总固定成本＋经济利润

经济利润＝准租金－总固定成本

准租金＝总收入－总变动成本

（三）经济租金

经济租金指支付给生产要素的超额报酬，以及报酬中超过为得到要素的某种服务而必须支付的最低报酬部分，称为经济租金。如图 7-22 所示，图中 R_0AE 为经济租金。因为要素全部收入为 OR_0EQ_0，要素所有者提供 Q_0 量要素所愿接受的最低要素收入是 $OAEQ_0$。因此，去掉 R_0AE 部分也不会影响要素的供给量，R_0AE 部分为经济租金。

经济租金的大小取决于要素供给曲线的形状。供给曲线越陡，经济租金越大。当供给曲线垂直时，全部要素收入均变为经济租金，它恰好等于租金或地租。

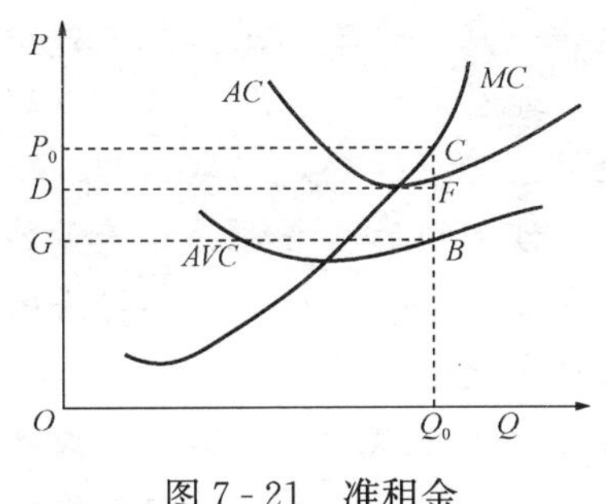

图 7-21　准租金

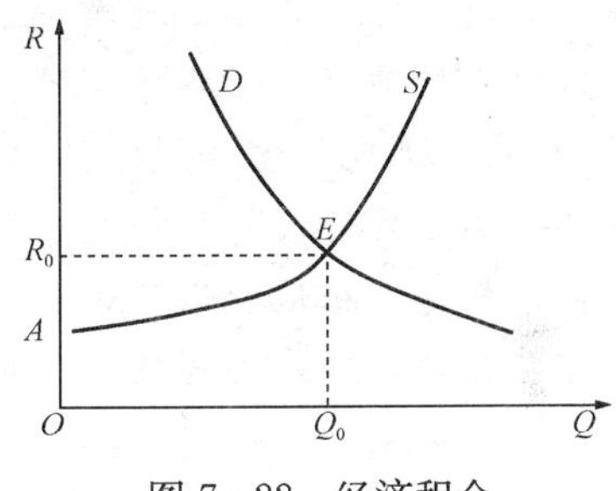

图 7-22　经济租金

课后案例分析

案例分析 7-1

中国现行基本土地制度与土地征用制度

根据宪法，中国实行社会主义土地公有制。具体而言，中国实行城市土地国家所有制和农村土地劳动群众集体所有制。中国不存在私人土地所有权。宪法第十条第四款规定，土地的使用权可以依照法律的规定转让。依照这一条款，国有实体、集体、公司和任何个人均可依法取得土地使用权。本次修正案没有涉及到这一基本土地制度。宪法的原第十条第三款规定，“国家为了公共利益的需要，可以依照法律规定对土地实行征用。”修改后为：“国家为了公共利益的需要，可以依照法律规定对土地实行征收或者征用并给予补偿。”（人民日报，2004）修正后的条款意在对土地（所有权）征收和土地（使用权）征用给予区分，并增加了对于被征收或者征用的土地“给予补偿”的文字（在下文中，为了叙述的方便，将沿用“征用”这一术语）。在宪法中明确规定对于被征用土地者予以补偿，体现了宪法对于土地产权的明确保护。这对于改革和完善现有土地征用制度具有重大的意义。

中国现行的土地征用制度的具体内容是由《中华人民共和国土地管理法》及土地管理法实施条例所规定的。除了农村集体和个人为了兴建乡镇企业或者村民住宅外，土地管理法禁止任何单位和个人使用农民集体所有的土地进行建设。当建设单位确实需要使用农村集体所有的土地时，必须经过土地管理主管部门批准，通过国家征用将农村集体所有的土地转化为国家所有的土地，然后通过出让或者行政划拨方式取得国有土地使用权。土地管理法也规定了各级政府对于征用各类土地，包括基本农田、基本农田以外的耕地和其他土地的审批权限。根据自2002年实施的《征用土地公告办法》，被征用土地所在地的市、县人民政府应当在征用农民集体所有土地时，对征用土地方案和征地补偿、安置方案进行公告。按照《国土资源听证规定》，征地当事人有权利就拟定征地项目的补偿标准和安置方案，以及拟定非农业建设占用基本农田方案申请等事项举行听证。

在现有土地征用制度下，征用土地的补偿不是以土地的市场价值为标准的，而是以被征用土地的原用途的产出水平为基础来进行核定。征地补偿费包括土地补偿费、安置补助费以及地上附着物和青苗补偿费。土地管理法规定了征用耕地的土地补偿费和安置补助费的上限，而被征用土地上的附着物和青苗的补偿标准以及征用非耕地的土地补偿费和安置补助费由各省级地方政府制定。在国土资源部最近发布的“指导意见”中，虽然允许在征地补偿费过低而不能保证农民原有生活水平不降低的情况下，土地补偿和安置费总额可以超过前三年平均产值的30倍（土地管理法规定的上限），但征地补偿标准的确定仍然不是以土地的市场价值为基础的。由于各地经济发展水平的差异，各地补偿费用的标准也存在着差异。对于大中型水利水电工程建设征地补偿，国务院出台了专门的管理条例。尽管补偿标准的上限有所差异，其补偿费用计算的基本原则与土地管理法中的规定是一致的。

此外，现行有关法律还规定，国家为了公共利益的需要可以对通过出让方式取得的土地使用权予以征用。但是，对于征用土地使用权的程序和补偿标准等从未作出具体的规定。由于土地使用权有偿出让的时间不长，土地使用权的征用似乎还未成为一个突出的问题。但是，从长远的角度来看，这一问题也应当纳入到土地征用制度改革的总体考虑之中。基于中国当前土地征用问题主要在于农村土地，下文的分析和讨论将主要围绕着农村土地征用问题进行。不过，应当说明的是，除了农村土地所特有的性质外，如土地所有权的集体所有、青苗的补偿等，关于征地的一般性讨论，如征地补偿的原则、补偿标准的确定、征地程序、征地纠纷的处理等，也适用于征用土地使用权。

案例分析 7-2

透过房价看地价

地价越来越高

如今，在许多城市，正在冒出一个又一个新的“地王”。8月底，上海黄浦区163地段挂牌出让竞拍，包括香港九龙仓、新鸿基地产等境内外共 10 家竞买企业参与竞争，最后该地块以 44.04 亿元的创纪录天价被南京苏宁房地产开发有限公司拿走，成交价是起拍价的 156%。杭州 37 号地块被金都房地产公司以 11 亿元拿下，楼面地价达到每平方米 9 688 元，创下杭州市的新高。

房价一路高涨。国家统计局和国家发改委公布最新调查显示，今年 8 月，全国 70 个大中城市房屋销售价格同比上涨 8.2%，涨幅创两年来新高，比上月高 0.7 个百分点，环比上涨 1.4%。

随着房价的上涨，土地价格也在不断攀升。据统计，去年下半年，北京土地出让的平均楼面地价是每平方米 8 800 元～8 900 元。今年上半年，杭州土地出让的平均楼面地价为每平方米 6 400 元，上海市为 5 300 元。清华大学经济学博士傅保华说，目前北京二环以内平均楼面地价接近 1 万元每平方米，三环以内为 8 000 元每平方米，四环以内为每平方米6 000 元。

重庆工商大学统计学院副教授易忠认为，高房价显然对土地价格上涨起到了拉伸的作用。中国人民大学公共管理学院教授刘昕说："地价是构成房价成本的核心要素，地价高，自然房价就会高，开发商当然不能干赔本赚吆喝的事。"河南省南阳市万家园房地产开发公司的邢清鑫长期从事房地产核算，他说，土地成本、建筑成本、毛利润三项核心要素构成房价，三项成本大概各占房价的 1/3。傅保华认为，仅就房地产产业内部看，高房价和高地价互相推动，造成了二者不断攀升的态势。当然分析房屋价格和土地价格上升的原因，还要考虑其他因素。

地价为何攀升

"从内部因素看，地价高企是房屋价格与土地价格相互推动的结果。而从外部因素分析，地价高企，核心因素在于土地供求关系趋紧，并与流动性过剩紧密关联。"上海财经大学教授钱逢胜分析。

从宏观来看，土地供求关系趋紧是必然的，土地越来越成为稀缺资源，过多的资金追逐较少的土地，必然造成土地价格上涨。而流动性过剩使房地产企业资金宽裕，特别是不少银行对优质房地产公司信贷的宽松，地产股还可以轻松从股市上获得直接融资，就使土地高价从可能变成了可支付。

土地供应量影响土地价格走势已经被各方所认可，但对土地出让制度是否影响土地价格走势还存在着争议。钱教授说，土地出让制度对于地价的影响是不容小视的。过去土地出让是划拨、协议出让或者招标出让，现在主要推行的是招拍挂制度。这个制度促进了土地交易市场的公平、公正、公开和规范，是过去土地协议等出让制度的一个完善，是土地流转使用制度的一个巨大进步。避免了过去土地出让方式容易滋生的交易腐败，避免了国有资产的流失。但进入招拍挂程序之后，过多的房地产公司追逐、竞拍地块，土地价格上涨就是必然。而记者接触的一些官员则认为，土地价格与招拍挂制度无关，只是与土地供求关系有关。

SOHO 中国董事长潘石屹说，竞拍过程中，由于竞拍人的竞争性心理因素，成交价往往就可能是起拍价的 1～3 倍。他说，在北京摩根中心土地招拍挂中，怎么算土地价格也就是 12 亿元，由于志在必得，老潘开口报价就是 14 亿元，没想到任志强报价 17 亿元，老潘只好望洋兴叹。北京海淀区清河地段是实行招拍挂制度之后该市出让的最大地块，规划建筑面积约 70 万平方米，最终华润置地以 25.65 亿元的天价获得，高于起拍价 8.65 亿元近3倍。

高地价能否可持续

“地价高企，无疑抬高的是包括房地产业在内的用地企业成本，波及并传导到相关生产资料价格，因此，任由地价不断攀高，会影响国民经济的健康稳定运行。过高的地价，并非可持续。”贵州财经学院梁宏志博士这样分析。

梁宏志认为，判断当前地价水平是否合理，首先要看土地真实价格如何。离真实价格越远，就越不合理。即便级差地租理论说明不同城市、不同地块的价格不一样，但到底也应该有一个真实价格。问题在于，现在判定这种真实价格大多只有定性依据，缺少定量依据，因此土地价格真实性存在诸多不确定性。在北京王府井地段，你说每平方米楼面的真实地价是多少都不过分，因为资源太稀缺了。这种地价水平的模糊性为地价的大幅升值提供了足够的空间。

其次要看摊入地价成本后的房价水平，以及大多数城市购房者的可支付能力。房价上涨水平一旦超过GDP增长速度和居民收入增长速度，就存在着一定的风险。若大多数居民的实际收入水平不能偿付银行按揭贷款，因房地产价格水平过高而引起的经济风险就出现了。我们的房价水平和居民收入比是个什么关系呢？北京、上海这样的城市大概是1∶15，即房价水平是居民年收入水平的15倍，而在一些欠发达地区，甚至达到了1∶20。美国、日本、英国、韩国的水平大概就是1∶4到1∶7之间。

最后要看地价的泡沫程度。北京住总集团董事长张贵林说，由他们负责的北京西三旗两限房项目竣工后，平均房价每平方米不超过6 350元。傅保华说，这个信息表明，土地价格有一定泡沫。刘昕说，上海松江客运中心的一块土地，在2002年土地协议出让价格是每亩38万元，到2003年改招拍挂后是126万元，而2004年涨到139万元，因此没法断言泡沫是多少。

专家建议，在地价高企的形势下，让普通城市居民买得起房，降低地价是一个有效手段。应采用有区别的土地供应政策。住房是大众基本生活必需品，我国是社会主义国家，土地是公有的，应尽量保证大众需要的普通商品房建设的土地供应，其土地价格也不能任由市场决定。低收入、困难群众住房已经有了廉租房等政策保障，高收入者可以从市场上选购高档商品房，而对于占居民大多数的中等收入者的住房供应，应有一定的政策支持。（高云才）

来源：人民网—《人民日报》

第八章　定价理论与实践

教学目标：通过本章的学习，使学生深刻掌握有关定价的理论，熟练运用定价的方法，理解定价策略的内涵，真正认识价格是一种非常有效的市场调节手段。

主要内容：本章主要学习企业定价目标，影响企业定价的因素，企业定价的基本准则以及企业定价的各种方法。

引例 1：斯沃奇的价格设计

瑞士钟表公司斯沃奇就能够达到比世界上任何其他钟表公司低 30%的成本。在一开始，斯沃奇的主席尼古拉斯·哈耶克建立了一个项目团队来为公司确定战略性价格。在当时，来自日本和香港的廉价的（大约 75 美元）、高精度的石英表在市场上占据主导地位。斯沃奇公司把其产品的价格定在 40 美元，在这一价格下，人们能够购买多块斯沃奇手表作为装饰品。这一低价格使得日本或香港的公司想要复制斯沃奇手表并消减其产品价格根本没有任何利润空间。为了在此价格下直接销售斯沃奇手表而不提价，公司项目团队从价格入手，逆向研究如何达到目标成本，这一过程涉及到必须确保有足够的利润率，用以支持市场营销的费用及实现盈利。

引例 2：撇脂定价策略

《无极》采取了高科技产品惯常采取的撇脂定价策略，在全国各地影院统一定价为 60 元。此外，在京沪等地还面向高端观众推出了 1 888 元的高价票，让观众可以和影片主创人员陈凯歌、陈红等对话，吸引那些有“贵族心理”的中年人和外国观众等高端消费者。

《无极》的定价与其定位是比较吻合的。因为它的目标消费群是发达都市的“新新人类”，而非全世界所有的平民百姓。对“新新人类”而言，只要是自己感兴趣的东西，只要价格不是高得离谱，一般都会痛快地掏腰包，60 元的价格，不过相当于进口大片的价格，当然可以接受。而对那些本来就不喜欢《无极》的“实在人”来说，即使其价格低到二三十元的“白菜价”，也不会激发他们一睹为快的热情。《无极》推出 1 888 元的高价票，除了制造轰动效应，还是一种“高举高打”的策略，意在向公众发出这样的信息：观看《无极》的人是有品位的、有地位的高端消费群，这就满足了那些有“小资”心理的消费者的要求，有效地强化了影片本身的定位，将更多的观众拉进了电影院。

第一节　定　价　理　论

一、定价目标

定价目标，是指企业在定价过程中所应达到的目的和要求。定价目标是指导企业定价行为的具体化目标，它在企业的价格决策活动中发挥着主导作用，因此，企业所有的产品定价实践，都要根据价格目标的要求来进行。例如，当企业是以稳定价格作为定价目标时，它在经营过程中对于价格的升降就会比较慎重，不会随便对产品价格进行调整，而试图通过改变其他方面的生产经营活动，努力维护价格的一致。一般来说，企业的定价目标都比较具体，而且具有较强的针对性。常见的定价目标主要有以下几种类型。

（一）以扩大当前利润为定价目标

这一目标的侧重点是短期内的最多利润。选择这一目标的前提是：企业的生产技术和产品质量在市场上居于领先地位，同行业中竞争对手的力量薄弱；消费者对商品的选择需求评价较高或商品供不应求。不具备这两个因素，盲目地提高产品价格，不仅难以扩大当前利润，还会阻塞产品销路。

（二）以扩大销售额为定价目标

这一目标是指企业在保证一定利润水平的前提下，争取最大销售额。在一定时期、一定市场条件下，产品销售额由销量和价格共同决定，销售量或价格单方面最大化，都不能保证销售额的最大化。在通常情况下，价格提高，销售量会减少，而价格降低，销售量会上升，因此销售额增减并不确定。销售额最大化主要是看二者中一个因素数值上升带来的利益是否能抵补另一因素数值下降导致的损失，即需求弹性大小。需求弹性大的商品，企业宜用薄利多销策略；而需求价格弹性小的商品，企业应采用厚利限销策略。

以销售额为目标时，仍然能使企业有一定利润水平非常重要。这是因为由于成本的增加，销售额增大，并不一定会带来利润的增加。企业是以获利为经营宗旨的，所以在销售额与利润二者之间发生矛盾时，一般应以利润为根本目标。

（三）以扩大市场占有率为定价目标

这一目标的着眼点在于追求长期的利润。市场占有率指的是企业产品销售在同类产品市场销售总量中所占的比重。以扩大市场占有率为定价目标，就要相对地降低产品的价格水平和利润水平，通过低价吸引消费者，扩大销售量。这里首先要保证的就是低价确实可以扩大销量。在一些情况下，低价策略并不能引起市场上产品销量的上升，有时甚至还会适得其反，需要企业营销人员认真考虑产品的需求弹性及顾客的心理作用等多方面因素。另外，企业选择这一定价目标时，还必须具备大批量生产的条件，并且成本的增长速度要低于总产量的增长速度，否则，盲目降价求售，不仅不能增加总利润，还会影响企业的扩大再生产。

（四）以获取投资报酬率为定价目标

企业将预期收益水平规定为占投资额或销售额的一定比率，叫做投资报酬率或销售收益率。任何企业对于所投入的资金，都希望获得一定的预期报酬。采用这种定价目标的企业，追求的是保证一定的投资报酬率，投资报酬率一般应高于银行存款利息。以获取投资报酬率为定价目标的企业，一般都具有一些优越条件，如产品拥有专利权或产品在竞争中处于主导地位，否则产品卖不出去，预期的投资报酬也不能实现。

（五）以维护企业形象为定价目标

这是指企业在定价时，首先考虑价格水平是否为目标消费者群所认可，是否有利于维护企业或以物美价廉或以优质高档而立足市场的企业形象。良好的企业形象是企业长期勤恳积累的结果，是企业宝贵的无形资产与财富。企业在定价时，要从全局的长远利益出发，配合营销组合的整体思路与策略，维护企业在消费者心目中良好的形象，以获取长期稳定的利润收入。

（六）以应付和防止竞争为定价目标

这是竞争性较强的企业所采用的定价策略。在定价之前，要考察竞争者的情况，对同类产品的质量和价格资料等进行比较和分析，从有利于竞争的目标出发制定价格。一般来说，竞争能力弱的，大都采取跟随强者或稍低于强者的价格；竞争能力强的，对市场具备某些优越条件，可采取高于竞争者的价格出售产品。

（七）以保持良好分销渠道为定价目标

大部分企业在销售商品时，都要借助于中间商，保持分销渠道畅通是保证企业正常运营的一个重要条件。为了在激烈的竞争中保持良好的分销渠道，促进销售，企业有时会以良好的渠道为定价目标，充分考虑中间商的利润，以激发中间商推销本企业产品的积极性。

（八）以稳定价格为定价目标

某些行业在供求与价格方面经常发生变化。为了避免不必要的价格竞争，增加市场的稳定性，在这些行业中处于领导地位的大企业，往往将价格稳定在一定水平上。以稳定价格为定价目标的优点在于：市场需求一时发生急剧变化，价格也不致发生大的波动，有利于大企业稳固地占领市场，长期经营这类商品。在大企业稳定价格的情况下，小企业为维护自身利益，也愿意追随大企业定价，一般不会轻易变动价格。如果小企业将价格定得过低或过高，有可能导致大企业采取报复手段，使小企业蒙受损失。

（九）以企业生存为定价目标

企业有时也会陷入困境，面临着大量商品积压、资金周转不灵、严峻的竞争态势或是消费者转变了需求等恶劣状况。为了避免破产，出清存货，保持工厂可以继续开工，企业必须制定低价格。这个价格可能只是保本价格甚至是亏本价格，但是此时生存是第一位的，只要价格能弥补可变成本和一些固定成本，企业就可以维持下去以争取转机。这种以生存为目标的定价只能是过渡性质的，最终一定会被其他定价目标所代替。

二、影响定价的主要因素

经济社会中一个基本问题就是如何在社会成员之间有效分配资源，从而令社会整体福利最大化。在市场经济中，资源的配置由价格体系决定，价格指导着资源应当如何分配和使用。价格决定了生产什么样的产品和服务，生产多少；价格决定了如何生产这些产品和服务；价格决定了为谁生产这些产品和服务。

影响产品定价的因素很多，有企业内部因素，也有企业外部因素；有主观的因素，也有客观的因素。各种影响定价的因素，除了定价目标外，还主要有以下几个因素。

（一）商品价格的成本因素

商品价格由成本、税金和盈利组成。如果说某种产品的最高价格取决于市场需求，则最低价格取决于这种产品的成本费用。从长远看，任何产品的销售价格都必须高于成本费用，才能以销售收入来抵偿生产成本和经营费用，否则就无法经营。因此，企业制定价格时必须先估算成本。

对企业的定价来说，成本是一个关键因素。企业只有了解固定成本和流动成本是怎样随着不同生产水平的变化而变化的，才能制定出合理的价格使企业盈利，成本是价格的下限，产品价格只有高于成本，企业才能补偿生产上的耗费，从而获得一定盈利。但这并不排斥在一段时期在个别产品上，价格低于成本。

对于已有的产品，相关成本是指同生产、营销和分销有关的直接成本和分配的间接成本。对于新产品，相关成本是指在未来整个生命周期里的直接成本和分配的间接成本。不同企业生产同一产品的成本是不同的，因此，产品成本又可以分为社会平均成本和企业个别成本。企业个别成本受到社会平均成本约束，围绕社会平均成本在一定的幅度内上下浮动，即高于或低于社会平均成本，一般情况下，产品的企业个别成本与社会平均成本的差异不会太大，在竞争比较充分的情况下，企业个别成本对社会同一产品的价格影响不会太大。企业定价时，不应将成本孤立地对待，而应同产量、销量、资金周转等因素进行综合考虑，同时还要与影响价格的其他因素结合考虑。

（二）商品价格的市场因素

市场因素常常是制定商品价格时的主要参考指标。特别是市场结构、供求形势和竞争状况，都直接影响价格的形成。

1. 市场结构

按照竞争程度的不同，可将市场结构分为四种模式，即完全竞争、完全垄断、垄断竞争和寡头垄断。在不同的市场结构条件下，企业定价的自由程度也不相同。例如，在完全竞争的市场中，众多的购买者和出售者对于商品和劳务的价格都不能产生任何影响，价格完全由整个行业的供求关系决定，买卖双方都只是价格的接受者，而不是价格的制定者。而在完全垄断的市场中，由于产品完全被一个企业所垄断，而且又没有替代品，从理论上讲，垄断企业有完全的定价自由，可以随心所欲地操纵市场。但是，独占企业的产品价格也受到各种限制，如不合理的高价会引起消费者的不满、政府的干预和替代品的盛行。在垄断竞争的条件下，可以对市场的成交价格起较大作用，此时，企业已不是一个消极的价格接受者，而是对价格有一定影响力的决定者；在寡头垄断下，商品价格则主要由几家大企业通过协议或默契来规定。当然，现实中与上述四种市场结构完全一致的情形并不多见。多数情况下，企业面对的是介于它们之间的某种混合型结构，企业可以比照不同类型进行相应的分析。

2. 市场需求

消费者需求对商品定价的影响，主要通过需求能力、需求强度、需求层次反映出来。定价要考虑商品价格是否适应消费者的需求能力。需求强度是指消费者想获取某种商品的程度。如果消费者对某种商品的需求比较迫切，则对价格不敏感，企业在定价时，可定得高一些。反之，则应低一些。不同的需求层次对定价也有影响，对于能满足较高需求层次的商品，价格可定得高一些。反之，则应低一些。这样才能满足不同层次消费者的需求。

每一个企业决策者都应重视市场需求的预测工作，要对产品的需求量和需求强度做出恰当的评估，以便定价能被市场所接受。经济学原理告诉我们，如果其他因素保持不变，消费者对某一商品需求量的变化与这一商品价格变化的方向相反，即如果商品的价格下跌，需求量就上升；而商品的价格上涨时，需求量就相应下降。这是商品的内在规律——需求规律作用的结果。需求规律反映了商品需求量变化与商品价格变化之间的一般关系，市场需求因素也就成为企业制定价格时必须考虑的一个重要因素。

3. 市场竞争

企业竞争，是市场的竞争，价格竞争又是市场竞争的主要手段之一。顾客选购产品时，总是要在同类产品中比质、比价，从中选择那些既能够满足消费需求，又符合自己支付标准的产品。如果说需求决定价格的上限，成本决定价格的下限，那么在这一限度内，竞争品的价格则决定了企业定价的浮动方向和幅度。企业在定价时必须参照竞争品的价格。如果企业的产品与竞争品相似，那么价格上也应相近，否则会失去市场；如果企业的产品与竞争品相比有明显差异，可根据实际情况决策价格的高低。另外，定价时还应估计到竞争者有可能以改变价格作为回应。

价格竞争同其他形式的竞争有着紧密的联系，企业通过调整价格改变产品的质量价格比或效用价格比，促使消费者对产品的质量和整体效用作出新的评价，从而影响消费者的购买决策。实际上，对消费者而言，产品质量、功效等方面满足需求的程度是相对的。在不同的价格水平上，他们对同样的产品会作出迥然不同的评价。消费者的购买行为只是在期望得到满足与意愿支付的货币量相一致时才会发生。所以，价格水平与其他因素结合而成的综合指标才是消费者完整的、现实的评判标准。企业在定价时应充分认识到同类产品的竞争。

（三）商品价格的自然因素

1. 产品种类

不同种类的产品，定价的标准也不一样。例如，普通用品常以低廉的价格吸引顾客。这是因为，这类商品的主要功能就是为消费者提供使用价值，顾客对商品的品质、商标并不特别关注，而对功能、价格则相当看重，因此，厂家应尽量提高此类商品的功能价格比。而高档用品则恰好相反，由于这类商品的效用主要是满足高层次的精神需要，消费者购买的目的也着重是为了显示其地位和身份，因而通常对价格考虑较少，企业在定价时就可适当提高价位。

2. 产品属性

产品本身的属性也是影响定价的一个重要因素，如易腐性、易毁性和季节性商品，在处于不同的状态特征时，价格就可能相去甚远。此外，产品的购买频率以及外在特征，如外观、色彩、包装等，也都是在定价中应该予以考虑的因素。

3. 产品的需求弹性

需求弹性是指某一商品价格变动以及由此引起的该商品需求量变动的数量比例，它表明商品需求量对商品价格变动的反应程度。一般说来，需求弹性大的商品，价格稍微变化就会引起需求量较大幅度的变化；而需求弹性小或无弹性的商品，其价格变动一般对销售量没有太大的影响。

4. 产品的生命周期

任何商品都具有一定的生命周期，即要经历投入期、成长期、成熟期和衰退期的阶段。在生命周期的不同阶段，商品销售量的变化是不同的。总的来说，销售量在生命周期中呈前升后降、两头低中间高的态势，而这些规律和趋势正是企业制定价格时所应遵循的客观依据。

（四）商品价格的政策因素

每个时期、每个国家都有相应的经济政策，对市场物价的高低和变动也都有相应的限制和法律规定，企业在进行贸易，尤其是进行国际贸易时，对各国的价格限制政策也应充分地了解，并作为制定价格的依据之一。政府颁布的有关政策法令对价格形成的影响是多渠道的，有的是通过投资政策、科技发展政策、劳动工资政策等对产品的价值起作用，有的是通过货币、金融、信贷等政策对货币币值起作用，有的则是通过税收政策和分配政策对供求关系起作用。

（五）商品价格的社会因素

影响商品价格的社会因素内容范围很广。它对商品价格的作用一般通过间接的途径来完成，因而是一种软约束条件。随着商品的日益丰富，社会因素对于消费者的购买选择逐渐显示出越来越大的影响，同时它也成为企业定价过程中不可或缺的一项决策依据。在影响商品价格的诸多社会因素中，最主要的影响因素有以下两项：

1. 心理因素

这是指消费者对商品的主观心理效应。它可能涉及到消费者的需求偏好、心理感受、主观看法等。由于这类因素和人的主观感受联系在一起，而且本身也复杂多变，因而难以准确把握。在实际定价决策中，企业只有通过广泛地取证分析、调查研究，并结合有关专家的综合判断，才能比较全面地掌握消费者的心理偏向，从而为价格决策提供有价值的参考依据。

2. 文化因素

文化因素包括风俗习惯、民族风情、宗教禁忌等。现代越来越多的企业都日益重视提高产品的文化含量，尤其注重在品牌、包装、色彩等方面大力营造独特的文化情调，从而不断提高商品的附加值。显然，商品价格已与文化因素密不可分。

三、定价的基本准则

（一）以成本为中心的定价准则

确定基本成本数据，这样才能为选择定价方案、确定折扣比例，以及建立差别定价方案提供一个客观的基础。以成本为中心的定价准则是作为一种立足于企业生产经营中发生的成本所定出的价格，一般应高于成本，至少应是能使企业获得一定边际贡献的价格，这样的价格是企业能够承受的。成本是价格的最低界限，价格高于成本，企业方能扩大再生产。以成本为中心的定价准则主要有以下几种价格下限确定形式。

1. 以平均成本为价格下限

平均成本等于单位产品不变成本和单位产品变动成本之和。这是企业长期经营的价格下限。

2. 以变动成本为价格下限

价格处于变动成本之上、平均成本之下。由于不变成本按销售量分摊，当一定销量能弥补不变成本总额时，再进一步增加销量，便能取得盈利。这是暂时的价格下限。采用特价、清仓价、处理价等，都可以用此下限处理。例如，超过正常客座率的飞机票采用较大的优惠，看起来似乎减少了收入，实际上是一笔额外收入，因为飞机的不变成本在正常客座票价中已经分摊完了。

3. 以边际成本为价格下限

在企业生产能力之内，对额外的订单和销售数量外的产品，可以边际成本为价格下限。这时不变成本已在正常订单和正常销量中分摊完了，之后的订单和销售量便是盈利。它也是临时性的价格下限。

4. 以机会成本作为价格下限

这是转移资金生产投向和经营投向所使用的下限。转移资金到新的产品生产和产品经营中去，必然要放弃原来产品生产和产品经营的收益，放弃的收益便是新的产品生产和产品经营的机会成本。从价格上看机会成本，它等于产品平均成本与放弃的单位产品收益之和，这也是新产品的价格下限。

5. 以低于变动成本的价格作价

这是特殊情况下采用的办法。如将过期的产品、残次品、已淘汰的产品以很低的价格出售，卖出一点就收到一点，比全部报废要好。

从以不同的成本形态确定的价格下限分析表明，正确认识成本是正确定价的重要因素。有了价格上限和价格下限，企业就可以进行价格决策了，至于在哪一点上，则要对影响价格的诸因素进行具体分析。

（二）以需求为中心的定价准则

充分理解那些对产品或服务的需求会产生影响的因素，了解价格如何影响购买者对价值的感受以及购买者是如何使用那种产品或服务是十分重要的。

需求分析不能像成本分析那样可以量化。消费者行为学提供了大量关于购买决策过程中价格作用的研究成果。有助于帮助我们了解价格和价格差异如何影响着购买者对价值的感受和了解购买者是如何使用产品或服务的。

英国经济学家亚瑟·马歇尔对价格作了十分直观的描述："销售价格是愿意卖的人从愿意买的人那里得到的为了换取产品而提供的货币数额。"成本导向定价法主要是从"愿意卖的人"即企业的角度定出价格。而需求导向定价法则是从"愿意买的人"即消费者的角度出发，主要考虑消费者的接受程度，依据消费者对商品价格的反应和接受能力确定价格。

以需求为准则的定价方法主要包括两种，即理解价值定价法和差别定价法。

（1）理解价值定价法的基本思想是：决定商品价格的关键因素是买方对商品价值的理解水平，而不是卖方的成本。理解价值虽然与产品的实际价值和成本有关，但与实际价值不同的是，它不是由生产成本决定的，而是由顾客的理解和认知价值决定的。

（2）差别定价也称区分需求定价法。它是指某一种商品，在特定条件下，可按不同的价格出售，即对于不同购买力、不同需求量、不同购买时间或不同购买地点等的顾客，根据他们的消费感觉，采取不同的价格。

（三）以竞争为中心的定价准则

除了企业成本和市场需求变化，还可以竞争者的价格作为定价依据。在企业的定价目标下，企业可以按照同行业的平均价格或主要竞争对手的平均价格来决定自己的定价标准。其特点是企业定价随其他主要企业定价变化而变化。目前这种方法有三种：①随行就市定价法，它是指企业根据同行业的平均价格水平来确定本企业产品的价格。在竞争激烈而产品需求弹性较小或供需基本平衡的市场上，这是一种较稳妥的定价法。它不仅可以减少定价风险，也容易与同行和平相处；②盈亏平衡定价法，其定价目标主要是为了收回产品成本，其价格是在保本产销量的基础上制定的；③变动成本定价法，它是指在进行产品定价时，首先考虑对变动成本的补偿，同时争取更多的边际贡献来适当补偿产品的固定成本。这种方法无法保证企业的正常利润。

以竞争为导向的定价方法适于需求弹性和服务成本难以估算的服务行业。例如，咨询、理发、旅馆等行业。采取这种定价方法必须具备两个前提条件：一是企业必须掌握竞争者准确的定价情况；二是顾客了解竞争者之间的价格差异，并且他们对这些差异有所反映。市场竞争状况直接影响着企业的定价，能清楚地了解国内外竞争对手运行的情况，了解其生产能力的利用率，了解其产品和服务，将有助于企业合理定价。

四、定价程序

企业定价是一项很复杂的工作，应全面考虑各方面因素，按照科学的程序有条不紊地进行。企业定价的程序一般包括以下六个步骤：

（一）选择定价目标

企业在制定价格之前，必须确定定价目标，即明确定价的指导思想。企业可根据不同情况、不同产品选择不同的定价目标，从而决定采用不同的定价方法和技巧。比如，以扩大市场占有率为定价目标就意味着价格一般比较低。企业确定定价目标，必须做到具体情况具体分析。

（二）估计市场需求

通过调查了解市场容量，即该产品有多少潜在的顾客。同时，还要分析产品价格变动对市场需求量的影响，掌握不同价格水平上的需求量。要定出合适的价格，就必须对需求作出正确的估计，以便进一步确定购买者的接受程度。一般来说，需求的大小随价格而变，估计需求量与价格之间存在函数关系。

（三）测算成本

成本是产品价格的重要组成部分，是定价的基础。测算成本的目的是为了确定产品价格的下限。与估计需求量相比，主要依据企业内部资料。因此比较容易，结果也较为准确。

（四）分析竞争者的价格与特色

企业定价受到竞争者同类产品价格的影响。要在市场竞争中取胜，企业必须“知己知彼”，认真分析竞争产品的价格、特色，经过比质比价为自己的产品制定出具有竞争力和具有特色的价格。

（五）选择定价方法

影响价格的因素主要是成本、需求和竞争，相对应的定价方法也主要有三种，即以成本为中心的定价、以需求为中心的定价和以竞争为中心的定价。企业应根据自己的定价目标选择合理的定价方法。

（六）确定最后售价

最后售价是面向顾客的价格。企业运用一定的方法定出基本价格后，还要考虑以下问题：所制定的价格是否符合国家有关政策法规？是否适应消费者的心理？是否维护了企业形象？竞争者对这一价格将如何反应等等。最后售价并不表示是长久售价，最后售价只是在现在市场环境和条件下的最优定价，随着市场环境和条件的变化，企业定价也将随之变化，再次进入定价程序的循环。

五、课堂讨论

卡特彼勒公司的定价

卡特彼勒公司为其生产的拖拉机定价 10 万美元，尽管其同类竞争对手的拖拉机售价只有 9 万美元，但卡特彼勒公司的销售量居然超过了竞争者。一位潜在顾客问卡特彼勒公司的经销商，买卡特彼勒的拖拉机为什么要多付 1 万美元，经销商为其这样算了一笔账。

90 000 美元是与竞争者的同类型拖拉机一样的价格；

＋7 000 美元是因产品更耐用必须多付的价格；

＋6 000 美元是因产品可靠性更好而必须多付的价格；

＋5 000 美元是因本公司服务更好而必须多付的价格；

＋2 000 美元是因本公司提供更长保修期而必须多付的价格；

110 000 美元是上述价格的总和；

－10 000 美元是折扣；

100 000 美元是最后的价格。

顾客惊奇地发现，尽管他购买卡特彼勒公司的拖拉机多付 1 万美元，但实际上他却得到了 1 万美元的折扣，结果，顾客选择了卡特彼勒公司的拖拉机。你的看法呢？

第二节 定 价 方 法

一、成本加成定价法

（一）什么是成本加成定价法

成本加成定价是最常见的一种定价方法。它以全部成本（变动成本加固定成本）作为定价的基础的，因此，有时也称为全部成本定价法。采用成本加成定价法，一般是按目标利润率来决定的。计算公式为

$$产品价格 = 单位产品总成本 \times (1 + 目标利润率) \quad (8-1)$$

或

$$产品价格 = 单位产品总成本 \times (1 + 加成率) \quad (8-2)$$

$$目标利润率 = 要求提供的利润总额 \div 产品成本总额 \times 100\%$$

成本加成定价法的计算步骤为：

第一步——计算标准产量；

第二步——估计单位产品的变动成本（如直接材料费、直接人工费等）；

第三步——估计固定费用，然后按标准产量，把固定费用分摊到单位产品上去，求出全部成本；

第四步——在单位产品全部成本的基础上再加上按目标利润率计算的单位产品利润额，即为单位产品价格。

【例 8-1】 某工艺品厂生产 1 000 个仿真根雕，固定成本为 3 000 元，每个根雕的可变成本为 20 元，设目标盈利率为 20%，价格应为多少？

解： 单位产品变动成本＝20 元/个

单位产品固定成本＝3 000/1 000＝3 元/个

单位产品全部成本＝3＋20＝23 元/个

单位产品价格＝23（1＋20%）＝27.6 元/个

这种方法的优点是，简便易行，因为确定成本要比确定需求容易，价格盯住成本，企业可简化定价工作，也不必经常依据需求情况而作调整；采用这种方法可以保证各行业取得正常的利润，从而保障企业生产经营的正常进行。

这种方法在西方国家广为应用，尤其在零售业中，大都采用加成定价。他们对各种商品加上预先规定的不同幅度的加成。比如，百货商店一般对烟类加成 20%，照相机 28%，书籍 34%，衣物 41%，珠宝饰品 46%等。成本加成定价一般在租赁业、建筑业、服务业、科研项目投资以及批发零售业中得到广泛应用。即使不用这种方法定价，许多企业也多把用此法制定的价格作为参考价格。

这种方法的不足是，它是从卖方的利益出发进行定价的，其基本原则是将本求利和水涨船高，没有考虑市场需求和竞争因素的影响，因而这是一种卖方市场条件的产物。另外，加成率是一个估计数，缺乏科学性，由此计算出来的价格，很难说一定能为顾客所接受，更谈

不上在市场上具有竞争能力，同时此种方法过分强调了历史实际成本在定价中的作用。因此在应用这种方法时，应当根据市场需求、竞争情况等因素的变化作必要的调整。

（二）目标投资收益率定价法

目标投资收益率定价法，它是成本加成定价法的变形。它与成本加成定价法的共同点都在全部成本的基础上加一笔利润，不同的是成本加成定价法中的利润是按成本利润率计算的，而目标投资收益率定价法中的利润则按目标投资收益率来计算。

【例 8-2】 某企业年生产能力为 100 万件 A 产品，估计未来市场可接受 80 万件，其总成本为 1 000 万元，企业的目标收益率，即成本利润率为 20%，问单价应为多少？

解： 目标利润＝总成本×成本利润率＝1 000×20%＝200 万元

单位产品价格＝（总成本＋目标利润）/预计销售量＝（1 000＋200)/80＝15 元/件

目标收益定价法的优点是可以保证企业既定目标利润的实现；缺点是这种方法同样是从卖方的利益出发，没有考虑竞争因素和市场需求情况。这种方法是以先确定销量以后，再确定和计算出产品的价格，这在理论上是说不通的。因为对于任何商品而言，一般是价格影响销售，而不是销售决定价格。因此，按此种方法计算出来的价格，不可能保障预期销售量的实现，尤其对于那些价格弹性较大的商品。

目标收益定价法，一般只适用于需求的价格弹性较小，而且在市场中有一定影响力的企业，如市场占有率较高或具有垄断性质的企业，对于大型的公用事业单位更为适用，因为这类企业的投资大，业务具有垄断性，又和公众利益息息相关，需求弹性较小。政府通常为保证其有一个稳定的收益率，常允许这类企业采用目标收益定价法进行定价，而政府只对其目标收益率进行限制和控制。

（三）最优加成率的确定

采用成本加成定价法，确定合理的目标利润率是一个至关重要的问题。企业是按照利润最大化来组织和安排生产经营活动的，所以成本加成法中的成本加成率应该按利润最大化目标得出。公式简单推导如下。

因为边际收益、产品价格和价格需求弹性之间存在如下关系

$$MR = P\left(1 - \frac{1}{|\varepsilon_p|}\right)$$

按照企业利润最大化安排生产经营活动时，要求 $MR=MC$，所以有

$$MR = P\left(1 - \frac{1}{|\varepsilon_p|}\right) = MC$$

$$P = \frac{MC}{1 - \frac{1}{|\varepsilon_p|}} = MC\left(\frac{|\varepsilon_p|}{|\varepsilon_p| - 1}\right) = MC\left(1 + \frac{1}{|\varepsilon_p| - 1}\right)$$

因

$$MC = \frac{dTC}{dQ} = \frac{d(AC \cdot Q)}{dQ} = Q\frac{dAC}{dQ} + AC$$

而在达到长期生产均衡时，有

$$\frac{dAC}{dQ} = 0 \Rightarrow MC = AC$$

故

$$P = AC\left(1 + \frac{1}{|\varepsilon_p| - 1}\right)$$

由此可见，最优加成比率的大小与产品的价格弹性成反比。这一点对于正确制定定价政策具有指导意义。

二、增量分析定价法

成本加成定价法以平均总成本作为定价的基础，在某些情况下，特别是在边际成本与平均成本差别较大时，成本加成定价法并不适用。在某些情况下，可以使用增量分析定价法。增量分析法的基本思想是通过比较某项决策所引起的总收益和总成本的变化来制定价格。它可以应用于企业管理的各个方面，例如，放弃或增加一种产品，接受或拒绝一份订单，或者是进行一项投资。

具体来说，增量分析定价法分析企业作出某项决策后的增量利润。如果增量利润为正值，说明决策是可以接受的；如果增量利润为负值，说明决策是不可以接受的。增量分析定价法实际上是边际分析方法的具体应用。增量利润是增量收益与增量成本之间的差额，用增量分析法定价时，应把握一个基本点，即原有业务所发生的所有成本均属于沉没成本，在现有决策中不予考虑，只考虑增量收益和增量成本的情况。

（一）应用范围

增量分析法最适合于在短期经营条件下，尚有剩余生产能力的企业。常用的情况有：

（1）企业原来有正常的生产任务，也有利润，但生产能力还有富余时，为了进一步挖掘富余的生产能力，需要决定要不要按较低的价格接受新任务。由于生产能力有富余，接受新任务不用追加固定成本，只要增加变动成本即可，所以新任务的定价就以变动成本为基础。这种情况的条件是，接受新任务不会影响原来任务的正常利润。

【例 8-3】 某公司经营 A 产品，其正常生产能力为 1 000 件，目前产销量为 750 件，单位售价为 20 元，单位变动成本为 14 元，固定成本总额为 1 500 元。现有一客户追加订货 250 件，出价 16 元/件。现要求确定该企业能否接受这一追加订货。

解： 接受追加订货增加的边际贡献额为(16－14)×250＝500元＞0

接受追加订货并未突破该企业现有生产能力的限制，固定成本 1500 元属于沉没成本，追加订货部分所能提供的边际贡献实际上是接受订货将会增加的净利润额。由此可见，这一公司应当接受客户提出的这笔追加订货。

（2）当市场不景气时，企业的任务很少，生产能力利用不足，同行竞争激烈，这时企业的主要矛盾是求生存，即力求少亏一点。他可以选择维持原价，但有可能接不到任务，这时可以选择削价以争取多一些任务，这样可以少亏一些。这种情况下适合进行增量分析定价。

【例 8-4】 处于旅游淡季的某饭店，共有 80 个客房，房间出租率只有 35%。现有一单位要租用该饭店 50 个房间举办一个月的培训班，但每个房间每天只肯出 42 元。该饭店每个客房的平均变动成本为每天 5 元，全年总固定成本为 800 000 元，正常价格为每天每房 60 元，但如果饭店不接受这个任务将有 65%的客房闲置。问：该饭店是否要承接这个任务？

解： 如果承接这个任务：增量收入＝50×42×30＝63 000 元

增量成本＝50×5×30＝7 500 元

增量利润＝55 500 元

有增量利润，就应接受这个任务，比不接受这个任务可使饭店在淡季少亏 55 500 元。

（3）当企业生产几种产品时，其需求之间存在互相替代或互补的关系，其中一种产品变动价格，会影响到其他有关产品的需求量，因而其中一种产品的价格决策不能孤立地考虑一种产品的效益，而应考虑几种产品的综合效益，这时也宜采用增量分析法。

【例 8-5】 某航空公司拟从甲地到丙地开辟一条支线。支线单程票价为每人 500 元，估计每天乘客为 100 人次。增加支线的全部成本 60 000 元。由于开辟支线，可使丙地到乙地干线上的客流量增加，预计丙地到乙地干线上的总收入将增加 80 000 元，成本将增加 50 000 元。你认为该公司是否应开辟这条支线？

解： 支线的增量收入＝500×100＝50 000 元

增量成本＝60 000 元

开辟支线后的总增量收入＝50 000＋80 000＝130 000 元

总增量成本＝60 000＋50 000＝110 000 元

增量利润＝130 000－110 000＝20 000 元

可以看出，尽管支线上每天损失 10 000 元，但支线与干线整体收益增加了 20 000 元。所以该公司应开辟此航线。

（二）注意的问题

决策引起的利润增量应当是指决策引起的各种效果的总和。一个企业要确定某种产品的价格时，不仅要计算这种新产品能带来的利润，还要计算这种新产品的销售而引起的其他相关产品的利润变化。新产品可能是与原相关产品在需求上是相互替代，也可能与原相关产品在需求上是互补的，在这两种情况下，需要计算的是新产品引起的整个企业利润的变化。

在计算利润增量时，不仅要考虑短期效果，也要考虑长期效果。就是说，不仅要注意当期的利润增量，而且要注意长远的利润增量。如企业目前生产和销售一种新产品可能有利可图，但从长远来看，它会限制企业中另外一些产品的发展，在决策时要考虑它的长远综合效果。

由于管理费用和固定成本必须分摊，对于一个企业来说不能所有的定价都用增量分析法来定价。

增量分析法考虑了需求和生产关系，注意了短期效益，又考虑了长期效益，为企业提供了一种相对灵活的定价方法。

三、差别定价法

定价决策应该是事前进行的系统分析，而不是事后的和临时的决定。最重要的是，定价应该是基于价值的，而不是基于成本的。这种观念直接导致了差别定价的产生。差别定价法是指对同一种商品，对不同的顾客，在不同的场合，采取不同的价格。严格说来，差别定价有广义和狭义之分。狭义的差别定价是指对于同一种成本相同的商品，制定不同价格，这又被称为价格歧视，而广义的差别定价则是对同一种商品，不论其成本是否相同，都采取不同价格的定价方式。这是企业利用了消费者剩余的概念，以追求尽可能大的利润。

（一）差别定价的基本条件

差别定价法为达到定价目的需要具备下列条件：

从竞争状况来看，产品在完全垄断的条件下，竞争者极难进入；也可能是产品需求弹性小，低价不会对消费者需求产生较大的影响；还可能是消费者对本企业产品已产生偏好。否则，竞争者会以竞争价格来破坏差别价格。

从产品方面来看，要有两个或两个以上被分割的市场，市场之间消费者不能直接倒卖商品。这种现象可能是由于交通运输状况造成的，也可能是由于产品本身特点造成的。服务行业、劳务项目适宜采用差别定价法。

从购买者来看，对产品的需求有明显的差异，需求弹性不同，市场可以细分。

从企业来看，实行不同价格的总收入要高于同一价格的收入。因为差别定价的目的是为了获取更高利润，为此，企业必须进行供求、成本和盈利分析。

（二）差别定价的形式

差异化营销策略在价格制定中的具体体现是差别定价，同一产品针对不同细分市场采取不同的价格，是一种较为灵活的定价方法。一般有以下常见的形式：

1. 以地点为基础的差别定价

它根据消费者所处的地域差异，制定不同的价格。造成这一差异的原因是，不同地区产品的需求状况不同，另外还与运输成本、税收、营销费用等因素有关。

2. 以时间为基础的差别定价

它利用消费者在不同的时间对产品需求弹性不一致的特点来进行定价，从而在增加销售收入的同时使资源得到充分利用。

3. 以用户为基础的差别定价

它是指对同一种产品针对不同的用户或顾客，用途存在差异，需求弹性也不一样，因而制定不同的价格。

4. 以产品为基础的差别定价

产品的外观、花色、型号、规格、用途等不同，成本就不同，满足的需求也不一样，在价格上存在一定差异。

5. 以交易条件为基础的差别定价

交易量大小、交易方式、购买频率、支付手段等这些交易条件不同，企业可能制定不同的价格。

6. 以流转环节为基础的差别定价

企业产品出售给批发商、零售商和用户的价格往往不同，通过经销商、代销商和经纪人销售产品，因责任、义务和风险不同，佣金、折扣及价格等都会不一样。

（三）差别定价类型

垄断厂商对于它销售的同一种产品对不同的购买者或不同的市场索取不同的价格，称为价格歧视。按价格差异程度分别称为一级、二级和三级价格歧视。

1. 一级价格歧视

指企业确定的价格是购买该商品的消费者所能支付的最高价格，也就是根据不同消费者制定不同的价格。一级价格歧视的显著特点是每一个消费者购买一个单位的商品与劳务的价格各不相同，并且符合市场需求曲线，垄断者拿走了全部消费者剩余。

2. 二级价格歧视

指垄断企业将商品的购买数量划分为多个等级，对不同等级的购买者采取不同的价格。显然，二级价格歧视中垄断厂商所获得的超额利润要小于一级价格歧视，剥削程度较小。

3. 三级价格歧视

指垄断企业以不同的价格在不同的市场（或不同的消费群）上出售同一产品。三级价格歧视要求在需求的价格弹性小的市场提高价格，在需求的价格弹性大的市场上降低产品价格。实际上，对价格变化不敏感的消费者制定较高的价格，而对价格变化反应敏感的消费者制定较低的价格，是有利于垄断者获得更大的利润的。

（四）最优差别价格的确定

假定某企业在被分割的市场A与市场B上销售同一产品，已知市场A的需求曲线为D_1，市场B的需求曲线为D_2，产品的边际成本曲线为MC。求产品在市场A和市场B出售产品的最优价格和销售量。如图8-1所示。

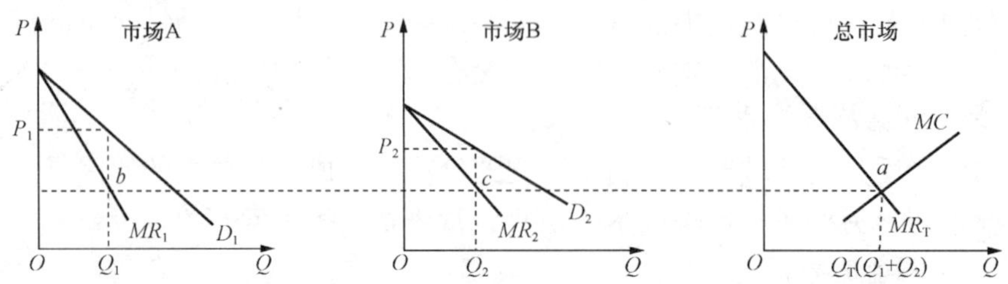

图8-1 最优差别价格的确定

第一步，求企业利润最大时该产品的总销售量。

根据D_1和D_2可以求得市场A和市场B的边际收入曲线MR_1、MR_2。MR_1和MR_2水平相加可求得总市场上的边际收入曲线MR_T。MR_T与边际成本MC曲线相交于a点，a点对应的Q_T即该产品在利润最大时的总销售量。

第二步，求该产品在不同市场上的最优销售量和价格。

在两个分割的市场上分配总销售量的原则是各个市场上的边际收入应当相等。当各市场上的边际收入相等且边际收入等于边际成本时，企业利润达到最大值。

方法是从a点画水平向左与MR_1、MR_2分别交于b点c点，使$MR_1=MR_2=MC$。b点是在市场A中，$MR_1=MC$之点。此时，最优销售量为Q_1，最优价格为P_1。c点是在市场B中，$MR_2=MC$之点。此时，最优销售量为Q_2，最优价格为P_2。市场A和市场B销售量的总和等于Q_T。

只要企业能把市场分割成两个或两个以上不同的市场，采用差别定价就能比采用统一价格取得更多的利润，而且还有助于实现企业其他目标。例如，在市场需求波动的情况下，在不同的时间采用差别价格，有助于减少需求波动，从而降低生产成本。差别定价也是企业对竞争程度不同的市场作出不同反应的一种方法。

（五）两种特殊的差别定价

1. 两步收费

两步收费也称两次收费或双重收费，是厂商获取消费者剩余的一种方法。它指厂商要求消费者为获得购买商品的权利预先付一定费用，然后消费者再为他们想购买的每单位商品付一个额外的费用。一般情况是：厂商把价格（厂商的收入）分为两部分，一部分是固定的T，按人收取；另一部分是变动的P，按购买（消费）的数量收取；消费者只有在支付了第一部分固定收费后，才有权购买（消费）企业的产品。这种方法被广泛使用，如游乐场的门票、电话的初装费和月租费、实行会员制的商店和娱乐场所。

2. 搭配定价

搭配定价是企业将某种商品与其他商品搭配出售时，按有别于正常售价来定价的策略，这种方法也可以提高企业利润。例如，企业将桌椅配套卖，把茶杯和茶壶、上衣和裤子等组合在一起。如果一起出售的产品之间在使用上具有互补性，而且厂商在这些产品上也具有市场优势，那么厂商就可以通过配售而获得好处。例如，彩色打印机的价格可能不高，但打印机使用的墨的价格却很高。

四、转移价格定价法

现在很多大型企业都实行了纵向一体化，这意味着这些企业中的至少一家分公司的产品是另一家分公司的投入品。一般情况下，大型企业下的分公司都自负盈亏、自主经营。转移价格是指当公司与分公司之间进行中间产品转让时中间产品的价格。转移价格对于出售中间产品的部门来说，是它的收入；对于买入中间产品的部门来说，构成它的成本。转移价格定得高，出售方分公司的利润就会增加，但购买方分公司的利润就会减少。如果定得低，情况正好相反。所以，转移价格的高低直接影响利润在各分公司之间的分配，如果定得不当就会使利润分配不公。尤其重要的是，如果转移价格定得不当，由于每个分公司都按利润最大化原则进行决策，分公司的产量决策就会与总公司的最优决策发生矛盾，导致总公司总利润最大化目标无法实现。

提供中间产品的分公司的产量要与整个企业的利润最大化要求相一致，为实现企业利润的最大化，当不存在中间的外部市场时，中间产品的价格将由企业管理者在企业内部制定；而当存在中间产品的完全竞争型外部市场时，中间产品的价格将由市场决定；在外部市场不是完全竞争型时，中间产品的内部价格与外部价格并存。

五、多产品定价法

在现代社会中，多数企业不止生产一种产品。如果企业生产多种产品，怎样根据利润最大化原则确定各种产品的最优价格和产量？如果各种产品之间，无论在需求或生产方面，都没有联系，事情就比较简单，只要找出每种产品 $MR=MC$ 之点，就可以区别确定每种产品的最优价格和产量。这样，通过每种产品的利润最大化，可实现整个企业总利润最大。但如果企业的各种产品，在需求之间或生产之间存在着相互联系、相互制约的关系，情况就要复杂得多。下面讨论在这两种情况下，怎样进行多产品的最优价格和产量决策。

（一）需求关联产品的定价

这种情况是指产品之间在需求上互相联系，一种产品的需求会受另一种产品需求的影响。可以互相替代的产品和补充的产品，就属于这种情况。例如，一家汽车制造商生产和销售微型车、中型车、豪华车和赛车等多种汽车，这些汽车在一定程度上可以互相替代，如果微型车降价，销售量增加了，就有可能使中型车的销量减少。所以在为某一种产品定价时，就要考虑它对其他产品可能产生的影响。

假定企业生产两种产品 A 和 B。那么，它的利润应为

$$\pi = R_A(Q_A, Q_B) + R_B(Q_A, Q_B) - C_A(Q_A) - C_B(Q_B)$$

式中：R_A、R_B 分别代表产品 A、B 的销售收入；Q_A、Q_B 分别代表产品 A、B 的销售量；C_A、C_B 分别代表产品 A、B 的总成本。

上式说明，一种产品的销售收入，不仅取决于本产品的销售量，而且也取决于其他产品的销售量。假定 A、B 两种产品在一定程度上可互相替代，那么 A 销量增加（通过降价），就会迫使 B 的销量减少；反之亦然。在这种情况下，如何确定最优销售量？根据利润最大化的原理，当因增销一个单位 A 而增加的总销售收入等于因增销一个单位的 A 而增加的成本时，产品 A 的销售量就是最优的。这一最优化条件可用代数式表示如下

$$MTR_A = \frac{dR_A}{dQ_A} + \frac{dR_B}{dQ_A} = MC_A$$

同理，产品 B 的最优产量的条件为

$$MTR_B = \frac{dR_B}{dQ_B} + \frac{dR_A}{dQ_B} = MC_B$$

式中：MTR_A、MTR_B 分别代表产品 A、B 的边际总销售收入。

如果产品是互相替代的，一种产品销量的增加会使另一种产品的销售量减少，这时“边际收入”为负值。交叉边际收入 MTR_B 为负值，将导致方程中的 MTR 的减少，从而，与需求间无联系的情况相比，企业在最优决策时会选择较少的销售量和较高的价格。

如果产品之间是互补的，增加一种产品的销售量也会导致另一种产品的销售量增加，情况则恰恰相反。此时交叉边际收入为正值，与需求间无联系的情况相比，企业在决策时将倾向于选择较高的销售量和较低的价格。

（二）生产关联产品的定价

有些厂商生产的多种产品，在生产时要具有很大的关联，有些产品虽然不同，但可能是用相同的原材料经过同一生产过程而获得的。这引起生产关联的产品有些是按固定比例生产的，有些则是按变动比例生产。前者如屠宰场生产的猪皮、猪肉、猪排、猪内脏，这些产品之间的比例关系通常是固定不变的；后者如炼油厂用原油提取汽油、柴油和沥青等产品，这些产品之间的比例在一定程度上是可以改变的。由于第二种情况比较复杂，下面仅探讨在第一种情况下产品价格的制定。

这种关联产品由于产品之间的产量比例不能调整，所以可把它看成一组产品，而不是多产品，在图 8-2 中，假定：A、B 为固定比例的两种关联产品，A、B 的需求曲线 D_A、D_B 和产品组的边际成本曲线 MC 为已知，求该产品组的最优产量 Q^* 以及产品 A 和产品 B 的最优价格 P_A、P_B。

第一步：求产品组的最优产量。

（1）画出给定的产品 A 和产品 B 的需求曲线 D_A、D_B。

（2）根据 D_A、D_B，求出产品 A、B 的边际收入曲线 MR_A、MR_B。把 MR_A 和 MR_B 垂直相加可得产品组的边际收入曲线 MR_T。

（3）画出给的 MC 曲线，与 MR_T 交于 E 点，当 $MR_T = MC$ 时，可得最优产量 Q^*。

第二步：求出产品 A 和产品 B 的最优价格。

从 Q^* 画一条垂直线，分别与 D_A、D_B 相交，于是就可得出最优价格 P_A、P_B。

需要注意的是，如果 MC 和 MR_T 交于 E，如图 8-3 所示。产品组的最优产量仍为 Q^*，但 B 产品的销售量则为 Q_1。$Q^* \sim Q_1$ 部分，由于 MR_B 为负值，企业不会出售。

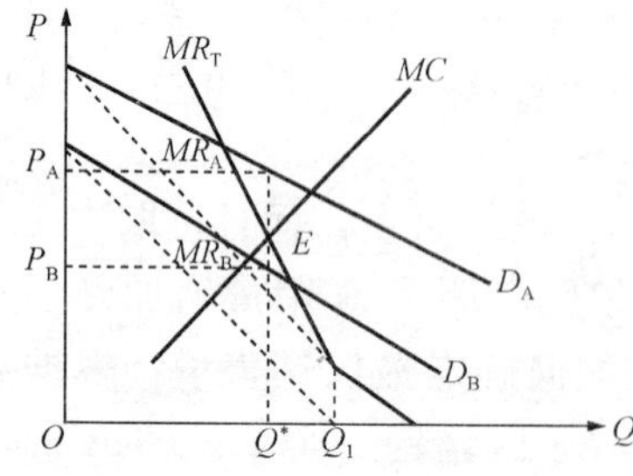

图 8-2 关联产品的定价（一）

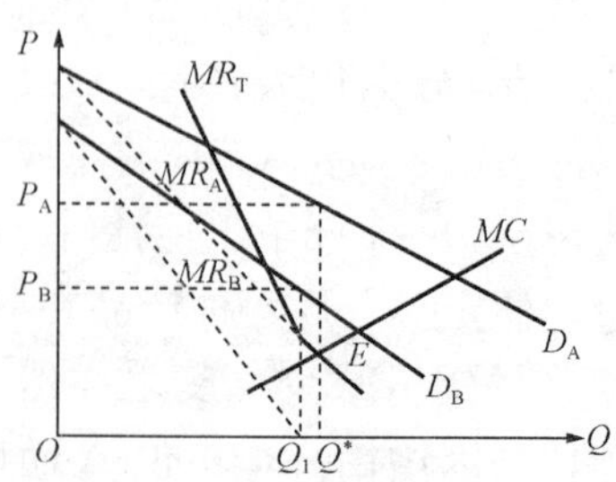

图 8-3 关联产品的定价（二）

第三节　定　价　策　略

定价策略与定价方法是有区别的。策略是提供了一种思想或者技巧，基于一种竞争的需要。方法主要用于具体地确定产品的价格，在运用适当的定价方法确定了基本价格以后，针对不同的消费心理、销售条件，采用灵活的定价策略对基本价格进行修正，是保证价格策略取得成功的重要手段。

一、地区定价策略

这是根据买卖双方地理位置的差异，考虑买卖双方分担运输、装卸、仓储、保险等费用的一种价格策略。

（一）原产地定价

原产地定价是卖方在产地将货物送到买方指定的运输工具上，卖方的商品价格中包含货物装到运输工具上之前的一切费用和风险。交货后，商品所有权即归买方所有，其商品的运杂费、保险费等全部由买方自行负担。这种价格策略是单一价格，适合于各个地区的顾客，对买卖双方都比较合理，对卖方最便利省事，也节省费用，但这种定价策略对远方顾客缺乏吸引力，因为他们必须承担较高的运费，对扩大销售和市场占有率不利。

（二）统一交货定价

企业对不同地区的顾客实行统一价格加上平均运费，这实际上是含运费的全国统一价格。这种定价技巧可吸引远方顾客购买，但对近处顾客不利。所以它更适合于那些价格较高，运费占价格比重较小的产品。

（三）分区定价

企业将产品的销售市场划分为若干区域。每个区域内，产品价格相同，是按产品的出厂价加上产地至该地域的平均运费制定的。这在一定程度上弥补了统一交货价格的不足，一般原材料产品和农产品都实行这种价格。

（四）基点定价

该方式是企业选定某些城市作为基点，然后按一定的厂价加从基点城市到顾客所在地的运费来定价（不管或实际上是从哪个城市起运的）。有些公司为了提高灵活性，选定许多个基点城市，按照顾客最近的基点计算运费。

（五）运费补贴价格

即由卖方企业负担部分或全部实际运费，实际上是一种运费折让。这样做的目的是吸引远方的顾客，扩大商品销售量，提高市场占有率，在竞争中站住脚。

二、产品阶段定价策略

任何一个企业的产品都有其生命周期，即投入市场到被市场淘汰所经历的过程。它包括四个阶段：导入期、成长期、成熟期和衰退期。在这四个阶段产品的特征各有不同，必须采取相应的定价策略，以加强产品竞争力，为企业争取最大的利益。

（一）导入期的定价策略

导入期的定价策略也称新产品的定价策略。一种新产品刚刚投入市场，它在技术上和经营上都具有一定优势，但同时也面临很多问题。新产品的面市迎合了一部分消费者求新求异的心理，但大多数潜在的消费者对产品的性能、效用都不太熟悉，推销费用大，而且新产品的产量也较少，销售增长缓慢，需求不稳定，营销成本高。在这种情况下，企业为达到不同的目的，会采取不同的策略。

1. 撇脂定价策略

撇脂定价策略是指在新产品上市之初定高价，以赚取丰厚利润，争取在尽可能短的时间内收回投资。这种策略的优点是：可以在短期内获取尽可能多的利润，及时收回投资并扩大投资，减少对外部资金来源的依赖；可以适应顾客的求新心理，利用高价位提高产品身价，创高价优质名牌的形象；先定高价，后逐步降价，一方面适应了消费者的“只能降价，不能升价”的心理；另一方面又可以通过降价吸引更多对价格变动比较敏感的潜在顾客，扩大销售量。这种定价的缺点是：新产品刚刚投入市场，产品声誉尚未建立，实行高价位不利于市场开拓，还会诱使竞争者的加入并刺激代用品的发展；另外，价格远远高出成本，损害消费者利益，不利于与顾客建立长期和谐的关系。因此，这种策略适用于那些需求价格弹性小，且新产品在本质上与竞争者的产品有显著的不同，或根本没有竞争者的产品，或企业并不谋求长期经营，或生命周期较短的产品。

2. 渗透价格策略

与撇脂定价策略相反，这种定价策略是在新产品进入市场初期，把价格定得很低以打开产品销路，迅速占领市场，然后随着市场份额的扩大而逐步提高价格。采用这种价格策略的优点是：有利于产品尽快占领市场，而且低价低利可有效控制和抵挡当前及潜在的竞争者，增强了市场竞争力。这种价格策略的缺点是：容易引起竞争者之间竞相压价的价格战，不能迅速收回投资，而且会在消费者心目中造成劣质低价的印象，从而损害产品声誉，在一定时候企业若想提价也难以为消费者所接受。因此，这种策略适用于那些生命周期较长或需求价格弹性较大，现有明显规模经济效益、生产潜力大或企业立足于长期经营的产品。

3. 满意价格策略

这是一种力求使买卖双方均感合理的定价策略。它是撇脂和渗透价格策略之间的中间策略，企业定价时取适中价格，兼顾厂商、中间商及消费者利益，使各方面都顺利接受。这种策略的优点是稳扎稳打，没有风险，但缺点是很难掌握满意的价格水平。此策略通常适用于那些需求价格弹性适中且销量能稳定增长的产品。

4. 试销定价策略

即在某一限定的时间内把新产品的价格维持在较低的水平，从而降低消费者的风险，吸引消费者购买、使用。等到消费者使用了一段时间后，了解到产品的内在品质和其带来的效用被证实时，他们会愿意以高一点的价格继续购买。在使用的过程中消费者也可能会形成使用该公司产品的习惯，即便价格高一些，消费者还是会继续购买该产品。

（二）成长期的定价策略

产品在成长期一般适用目标利润价格策略。因为在这个阶段，企业产品成本迅速下降，市场中竞争者较少，产品销路已打开，销售量呈上升趋势，企业在市场中处于主导地位，这时是最有利于实现企业预定目标利润的时期。这种价格策略的关键是对目标利润水平的掌握。一般而言，这个阶段的价格水平以获得社会平均利润率的水平为宜。在导入期采取撇脂策略的产品可随产量的增加和竞争者的进入适当降低价格；在导入期采用渗透策略的产品由于此阶段的成本已大幅度下降，维持原来的渗透价格即可获得平均利润；而在导入期实行满意策略的产品可随成本的降低适当降价，企业仍能取得平均利润而得到满意，顾客因享受降价实惠也得到满意。

（三）成熟期的定价策略

这个阶段企业一般实行竞争价格策略。产品进入成熟期后，虽然生产量和销售量都达到最大，但是因大量竞争者进入市场，企业的产品销售肯定会受一定影响，而这一阶段的产品生产成本也进一步下降了，企业可以根据市场情况对产品作不同程度的降价，同时辅以一些非价格竞争的手段以扩大销售、获得利润。实行竞争价格时，掌握降价的依据和幅度十分重要。降得太多，虽然可扩大销售，但可能亏损；降得太少，不足以保证扩大销售量，业务无法在竞争中取胜。企业在实行竞争价格策略时，必须对企业内外部情况进行综合分析，合理确定产品的竞争价格。通常，产品需求价格弹性大降价幅度可较大，需求价格弹性小则降价幅度也小。

（四）衰退期的价格策略

产品进入衰退期之后，新产品、替代品不断出现，消费者对老产品也逐渐失去兴趣，销量直线下降，而且这个阶段的产品成本也会有所上升，利润减少，甚至出现亏损。这个时期产品的定价，主要着眼于最大限度提高收益和尽快收回占压资金，尽可能发挥产品在其市场寿命最后阶段的经济效益。衰退期的产品定价一般采用驱逐价格策略和维持价格策略。

1. 驱逐价格策略

这种策略是以产品的平均变动成本作为价格下限，大幅度降价，以驱逐竞争者，阻止本企业产品销量下降，延长产品寿命。这种定价策略有较强的价格攻击力，但风险也较大，仅限于产品生命周期结束阶段，以便清仓扫屋，迅速转产。

2. 维持价格策略

就是企业对老产品继续保持其在市场成熟期的价格水平。这种定价策略可以保持产品在消费者心目中的良好形象，不至于造成劣质品降价的影响。但容易使销售量大幅度减少，加快产品退出市场。因此要采取一些措施，如调整产品结构、缩减生产量、加强售后服务等，以延长其市场寿命。

三、折扣定价策略

企业在市场营销活动中，一般按照确定的目录价格或标价出售商品。但随着企业内外部环境的变化，为了促进销售者、顾客更多地销售和购买本企业的产品，往往根据交易数量、付款方式等条件的不同，在价格上给销售者和顾客一定的减让，这种生产者给销售者或消费者的一定程度的价格减让就是折扣。灵活运用价格折扣策略，可以鼓励需求，刺激购买，有利于企业搞活经营，提高经济效益。

（一）数量折扣

当买方购买商品达到一定数量时，卖方在原标价的基础上给予买方一定减让的优待。折扣策略既有利于鼓励顾客大量购买、重复购买，建立长期稳定的买卖关系，也有利于减少交易次数、缩短交易时间，节省企业各项费用开支，最终实现企业的利润目标。

（二）现金折扣

现金折扣是对在规定的时间内提前付款或用现金付款者所给予的一种价格折扣。实行现金折扣策略可以鼓励顾客尽快支付款项，从而减少资金占用，加速资金周转，而且可以减少呆账、坏账损失。

（三）季节折扣

它是企业为保持均衡生产、加速资金周转、节省业务费用而鼓励买主在销售淡季购买的一种折扣形式。季节折扣策略可以减少季节差别对企业生产经营活动的不利影响，有利于进行均衡生产，充分利用企业的设备、人力资源等，减少资金积压和保管费用，提高经济效益。

（四）功能折扣

功能折扣也称贸易折扣。由于中间商承担了本应由生产商承担的部分销售功能如运输、储藏、广告等，因此生产商给予这些中间商一定的价格优待。这是生产企业为建立和稳定分销渠道，鼓励各类中间商在市场营销中各负其责而采取的一种措施。给予中间商一定功能折扣，可以补偿中间商经营有关产品的成本和费用，并让中间商有一定的赢利，从而鼓励中间商大批量订货，扩大销售。

（五）地区折扣

这种策略是根据购买本企业产品的中间商或零售商的所在地距本企业距离的远近，在运费上给予一定比例的折扣，其目的是鼓励远距离的中间商或零售商购买本企业产品，有利于扩大市场占有量。

四、心理定价策略

这是一种根据消费者心理要求所使用的定价策略，是运用心理学原理，依据不同类型的消费者在购买商品时的不同心理要求来制定价格，以诱导消费者增加购买，扩大企业销售量。具体策略包括以下六种。

（一）整数定价策略

在定价时，把商品的价格定成整数，不带尾数，使消费者产生一分钱一分货的感觉，以满足消费者的某种心理，提高商品的形象。这种策略主要适用于高档消费者或消费者不太了解的某些商品。

（二）尾数定价策略

这是指在商品定价时，取尾数，而不取整数的定价方法，使消费者购买时在心理上产生大为便宜的感觉。商业心理学认为，一般人们在购买商品时，心理上往往出现一种错觉，认为奇数比偶数小或带有小数点的数比整数小，因此企业在定价时就利用这种心理，将价格尽可能定在降低大数等级的水平上，给消费者一种价格精确且便宜的感觉，从而扩大销售，获取更多利润。

（三）分级定价策略

这是指在定价时，把同类商品分为几个等级，不同等级的商品，其价格有所不同。这种定价策略能使消费者产生货真价实、按质论价的感觉，因而容易被消费者接受。采用这种定价策略，等级的划分要适当，级差不能太大或太小。否则，起不到应有的分级效果。

（四）声望定价策略

这是根据产品在消费者心中的声望、信任度和产品社会地位来确定价格的一种定价技巧。即把名牌产品的价格定得远远高于其他同类产品价格，以维护产品的声誉。这种价格策略符合消费者优质优价的心理，能满足那些高收入者高价购买显示身份的心理需要，更容易显示产品的特色，扩大销售。企业运用这种价格策略时要注意保证产品的高质量和企业的良好信誉，并要提供周到的服务，否则就会失去产品应有的市场占有率。

（五）招徕定价策略

这是指在多品种经营的企业中，对某些商品定价很低，以吸引顾客，目的是招徕顾客购买低价商品时，也购买其他商品，从而带动其他商品的销售。

（六）习惯定价策略

有些商品在顾客心目中已经形成了一个习惯价格。这些商品的价格稍有变动，就会引起顾客不满。提价时，顾客容易产生抵触心理，降价会被认为降低了质量。因此，对于这类商品，企业宁可在商品的内容、包装、容量等方面进行调整，也不采用调价的办法。

五、产品组合定价策略

产品组合是指一个企业所生产经营的全部产品大类和产品项目的组合。对于多品种生产经营的企业来说，各种产品有需求和成本之间的内在相互关系及受到不同程度竞争的影响。如何从企业总体利益出发，为每一种产品定价发挥每一种产品的有关作用，是这类企业定价过程中经常遇到的问题。

（一）产品大类定价策略

产品大类是一组相互关联的产品，产品大类中每个产品都有不同的特色。确定这类商品的价格差额，一般要分析各种产品成本之间的差额、顾客对商品的评价、竞争者的价格等。如果产品大类中前后两个相连产品的价格差额较小，顾客就会更多地购买性能较先进的产品。此时，若这两个产品的成本差异小于价格差额，企业的利润就会增加。

（二）任选品定价策略

任选品是指那些与主要产品密切关联的可任意选择的产品。例如，顾客去饭店吃饭，除了要饭菜之外，可能还会要点酒、饮料、烟等。在这里，饭菜是主要商品，烟酒饮料等就是任选品。企业为任选品定价有两种策略可供选择：一种是为任选品定高价，靠它来赢利；另一种策略是定低价，把它作为招揽顾客的项目之一。

（三）连带产品定价策略

连带产品，又称受制约产品，是指必须与主要产品一同使用的产品。例如剃须刀架是剃须刀的连带产品。大多数企业采用这种策略时，主要产品定价较低，而连带产品定价较高。以高价的连带产品获取高利，补偿主要产品因低价造成的损失。例如，柯达公司给它的照相机定低价，胶卷定高价，增强了照相机在同行业中的竞争实力，又保证了原有的利润水平。

（四）副产品定价策略

在生产加工肉类、石油产品和其他化学产品时，常常有副产品。如果副产品没有价值而且事实上在处理他们时花费也很大，这将会影响主要产品的定价。制造厂商为这些副产品寻找市场，并接受比储存和利用这些副产品的费用更多些的任何价格。

六、课堂讨论

1. 怎样销售这批珠宝

位于美国加州的一家珠宝店专门经营由印第安人手工制成的珠宝首饰。

几个月前，珠宝店进了一批由珍珠质宝石和白银制成的手镯、耳环和项链。该宝石同商店以往销售的绿松石宝石不同，它的颜色更鲜艳，价格也更低。很多消费者还不了解它。对他们来说，珍珠质宝石是一种新的品种。副经理希拉十分欣赏这些造型独特、款式新颖的珠宝，她认为这个新品种将会引起顾客的兴趣，形成购买热潮。她以合理的价格购进了这批首饰，为了让顾客感觉物超所值，她在考虑进货成本和平均利润的基础上，为这些商品确定了销售价格。

一个月过去了，商品的销售情况令人失望。希拉决定尝试运用她本人熟知的几种营销策略。比如，希拉把这些珠宝装入玻璃展示箱，摆放在店铺入口醒目的地方。但是，陈列位置的变化并没有使销售情况好转。

在一周一次的见面会上，希拉向销售人员详细介绍了这批珠宝的特性，下发了书面材料，以便他们能更详尽、更准确地将信息传递给顾客。希拉要求销售员花更多的精力来推销这个产品系列。

不幸的是，这个方法也失败了。希拉对助手说，“看来顾客不接受珍珠质宝石。”希拉准备另外选购商品了。在去外地采购前，希拉决定减少商品库存，她向下属发出把商品半价出售的指令后就匆忙起程了。然而，降价也没有奏效。

一周后，希拉从外地回来。店主贝克尔对她说：“将那批珠宝的价格在原价基础上提高两倍再进行销售。”希拉很疑惑，“现价都卖不掉，提高两倍会卖得出去吗?”

回答下列问题：

(1) 希拉对这批珠宝采取了哪些营销策略？销售失败的关键原因是什么？

(2) 贝克尔为什么提高售价？

(3) 结合案例，说明影响定价的主要因素、基本的定价方法及定价策略。

2. 老鞋匠的智慧

一次，一个老鞋匠正在和几个老人闲聊，走过来一名穿戴入时的妇女，送来一只皮鞋问老鞋匠：“师傅，你看这鞋能修吗?”

老鞋匠看了一眼，说：“您看我有活正忙着呢，您如果着急，里边还有几个修鞋的。”

妇女的确不愿意等，就朝里走去了。

有人便不解地问老鞋匠：“为什么有活来了，你却给支走了呢?”

老鞋匠笑着说：“你看那只鞋做工精细、皮质又好，少说得上千元，如果修不好，弄坏了咱可赔不起。不是我夸口，我不敢接的话，别人也绝对不敢接，最后啊，她一准儿回来。”果然，那妇女不大会儿工夫就又回来了。老鞋匠把鞋拿到手里左瞧右看：“您这鞋得认真仔细地修，很费时间的，您明天来取吧。”妇女虽然不太情愿，但也只好应允。

等她走后，老鞋匠三下五除二，一会儿就把鞋给修好了。

又有人问：“你修得这么快，为什么非让人家明天来取?”老鞋匠笑了：“看着你把鞋修好，顶多收三五块钱，等到明天，那么贵的鞋至少收十元。”

第二天，妇女取鞋时，看见鞋修得很好，高兴地给了 20 元走了。

这说明了什么问题，你有何启示？

课后案例分析

案例分析 8-1

原子笔的身价

第二次世界大战结束时，美国雷诺公司生产了一种笔，趁当时世界上第一颗原子弹爆炸的新闻热潮，取了个时兴的名字——原子笔（即圆珠笔）作为圣诞礼物投入市场。加上通过各种宣传为之批上了种种神秘外衣，致使该笔身价倍增，成本仅50美分，售价却高达20美元，一下子就发财了。等到这种商品的神秘外衣被不断揭开，身价一落千丈时，资本家已带着快要撑破的钱包去经营更新的商品了。

案例分析 8-2

没有价格的菜单

美国人罗西经营了一家家庭餐馆。餐馆菜单上只有菜名没有价格，广告牌上有五个字："随你给多少。"他规定："让顾客根据饭菜和服务的满意程度自定价格，给多给少悉听尊便；若不满意也可分文不付。"罗西这一绝招，使好奇的食客蜂拥而至，罗西餐馆顾客爆满，应接不暇，收入大增。许多食客心甘情愿地付出比实际价格高许多的价款。虽然难免有个别无赖之徒，但对餐馆整体经营不伤筋骨，最终使他腰缠万贯。

案例分析 8-3

格兰仕的价格战

提起格兰仕的"价格战"，恐怕很多人都记忆犹新，它是格兰仕成功的秘诀之一，格兰仕也因此被称为市场中的"价格屠夫"。在我国进入过剩经济阶段后，市场上出现供过于求的局面，商家之间的竞争日趋白热化，在产品、广告、渠道等策略收效甚微的情况下，出于自身利益的考虑，纷纷举起"价格战"的大旗，以期在市场中寻得一线生机。殊不知，众商家却陷入了一个价格博弈的陷阱，最终两败俱伤，一损俱损。可是，就是在这样的环境中，格兰仕却坚持了下来，成为"价格战"的胜利者。

由于市场切入准确适时，格兰仕形成了自己的规模优势和成本优势，在营销网络、产品研发、品牌推广等方面也走在了竞争者的前面，这为格兰仕开展价格战创造了必需的条件。在1995年成为微波炉市场的领导厂商之后，面临着许多后来者的挑战，格兰仕毫不手软，举起降价的大旗，将挑战者挑落马下，后来当竞争者也逐渐形成自己的规模和市场地位时，格兰仕又不失时机地打出性价比的概念，告诉消费者惟有格兰仕微波炉的性价比最高，一时间令其他竞争者防不胜防。

差异化价格策略是格兰仕“价格战”的重要举措之一。2002年国庆前夕，格兰仕将其微波炉产品降价40%，此时，国内同行已经支撑不住了。而格兰仕依托其生产和营销优势，大规模、全方位挤压竞争对手，全面实行“价格战”，在不同产品、不同地区和不同阶段分别发动“价格战”，配合以性价比的宣传，将市场尽纳囊中。

发动一轮又一轮的“价格战”，还只是格兰仕的表面现象，在更深层面上，格兰仕早已将“价格战”由一种竞争策略上升为企业的长期战略。这也是格兰仕之所以能在残酷的价格竞争中幸存下来的根本原因所在。格兰仕早已意识到，没有核心竞争优势，盲目降价只会与竞争对手两败俱伤，不利于企业利润最大化目标的实现；而且盲目降价，势必会以降低产品质量和弱化服务管理为代价，损害消费者利益，并进而损害企业和产品在消费者心目中的形象，不利于企业可持续发展。因而，格兰仕已经将价格竞争上升为企业的重要战略，作为统领企业的战略目标。

第九章　政府在经济中的作用

教学目的：通过本章的教学，旨在使学生理解市场机制并不能在任何情况之下都自动实现资源的最优配置，垄断、外部性、公共产品和信息的不完全性，破坏了完全竞争赖以存在的基础。由于它们对完全竞争的破坏，因此资源配置不能够达到理想的最优状态，即存在着市场失灵的情况。为了尽可能地达到最优状态，国家必须执行一定的微观经济政策来加以弥补纠正市场机制的不足。

主要内容：市场失灵的几种情况，即垄断、外部影响、公共物品、不完全信息以及相应的微观经济政策。

引例

北京出租车换型考问公共政策制定

北京的出租车司机几乎从来都未拥有过对本行业事务的发言权，但如果本次车型更换标准的传闻属实，那么利益受损的将不只是司机们，还有那些因价格提高而打不起车的普通市民。在出租车换型这一与百姓生活息息相关的事情上，公众至今尚没有参与政策讨论的渠道。

是北京现代的索纳塔、上海大众的桑塔纳3000还是上汽奇瑞的东方之子？李健不知道，等待他的下一辆出租车会是什么。

今年43岁的李健是北京的一位出租车司机，他的开出租车生涯是从一辆黄"面的"开始。1999年，"面的"被公司淘汰。像当时许多开"面的"的出租车司机一样，李健开上了他的第二辆出租车——红色的夏利。

"刚开上夏利时，当时是真高兴。它跑起来表蹦得快，不像开'面的'，10公里才10块钱。而且，夏天还能有空调。"李健回忆说。次年，北京出租汽车首次换型高峰出现，所有的"面的"均被淘汰，取而代之的是夏利或富康。

不过，如今李健早没有了刚开上夏利时的那种激动心情。在炎炎夏季，空调不凉固然不说，他的这辆夏利在运营了五年后，跑修理厂几乎成了每周的必修课。车虽然是公司的，修车却要自己掏钱。

不过，李健的苦恼似乎快到了尽头。按照北京市交通委员会的计划，从今年起，北京出租汽车又将迎来新一轮换型高峰。营运年限到期的夏利和富康，将被淘汰下来，更新款的车型将取而代之。据估计，今年年内将会更换1.5万～2万辆左右。

大批换型的计划一旦实施，李健和他的许多同行一起，将再一次开上更为先进和舒适的新出租车。但是，换型之前，先要"选秀"，即决定哪款车型将成为今后北京出租汽车的主力车型。

各方争夺和各界争议也由此产生。

"选秀"标准遮遮掩掩

其实，北京新一轮出租车换型已传言甚久。到2003年9月份，再一次掀起波澜。

风起于青苹之末。8月28日至9月5日，北京市交通委和市运输局就出租车车身颜色，在网上推出设计方案征求市民意见。当时有人士分析，这将是确定换型方案前的最后一次征求意见。

敏感的人士注意到，每个设计方案都是以北京现代索纳塔为底版。这似乎给人以暗示，北京出租车换型，本地汽车将获优先考虑。后来有关部门出来解释，这种设计只是为了直观效果，国内各厂家在竞争中将会处于同一起跑线。不过，这并不能打消其他厂商的疑虑。

事实证明，网上征求意见正是为出租车换型的预热之举。自9月6日起，北京先后有多家本地媒体披露，市交通委确定了北京市出租车准入的技术指标，具体要求包括：排量不低于1.8升，价格不高于15万元，车长4.5米以上，装有GPS卫星定位系统，排放达到欧洲三号标准，燃料以液化石油为佳。

消息一出，立即引来各方议论，其中不乏批评之声。赞同者称，北京过去的出租车档次不高，品牌杂乱，此举有利于提升首都形象。甚至有人称，为了2008年的奥运会，作为"城市名片"的出租车也必须上档次。

反对者则批评说，出租车换型不能搞"形象工程"。北京确定如此高的换车标准，有攀比作秀之嫌。有人还担心此举将导致出租车价格上涨，还有人质疑换车会影响出租车司机的收入。

议论的焦点主要集中在两条标准上：排量不低于1.8升和车长要4.5米以上。

根据这一标准，夏利固然出局已定，像多年占据北京出租汽车市场的主力车型富康也将被迫退出。

同样，在很多城市作为主力车型的捷达也难以入围。新标准的出台，使得北京的出租车换型似乎成了只有"新秀们"才能参加的选秀游戏。

有报道透露，已确定参选的车型包括：北京现代索纳塔、上海大众桑塔纳3000、一汽红旗和奥迪、上汽奇瑞东方之子、华晨中华以及东风雪铁龙旗下的一款车。

但是，在批评声四起之后，无论是北京市交通委还是市运输局都变得谨慎起来。记者曾就出租车换型标准一事，向北京市交通委求证，对方称这是一个敏感问题，具体操作由北京市运输局负责。北京市运输局负责对外宣传的张伟则表示，出租车换型的标准，目前还在讨论之中。对于4.5米长、1.8升的排量的说法，他既未肯定，也未否定，只是说等正式文件出台一切就明白了。

至此，"选秀游戏"似乎又改为秘密进行。

少数人决定多数人的事

事实上，北京市出租车换型已不是什么新话题。每次一有风吹草动，总会备受关注。

2002年7月，北京市交通局（市交通委前身）宣布，北京出租车专用车型标准正在讨论中。虽然当时并未传出任何实质性信息，各种猜测和评论却也层出不穷，热闹一时。从彼时起，北京出租车换型如同一部漫长的肥皂剧，一直演到了今天。

2003年11月，又有消息说，北京市出租车专用标准基本确定，已递交主管部门审批，标准将淘汰夏利车型，连更新后的车型也言之凿凿。不过，从此没了下文。

此次出租车换型一事，似乎又是前事重演。不过，眼看着有些出租车年限已到，换型之事已无法再拖。

记者曾采访数家北京市的出租汽车公司，希望能辗转得到一些消息。因为如果北京市决定换型，出租车公司无疑首当其冲，它们是新车型的直接购买者。但是，对于利益与交通部门休戚相关的出租车公司而言，他们几乎都选择了回避或沉默。

汽车厂商们似乎也并没有知道得更多。上海大众的公关经理顾焕表示，他们也是从媒体上看到有关情况，目前已经向出租车公司开始进行公关。“我们没有看到政府的正式文件，也没有接到通知。现在进行的都是正常的市场行为。”

天津一汽夏利销售公司副总经理苏连元也是从网上得知换型一事。在北京市出租车换型中，夏利已注定出局。“对夏利车型来说，生命力还很长。标准出台，感到遗憾的应当是司机、市民而不是我们，因为再也没有便宜车了。”他说。

绕了一圈，记者也没有得到一个肯定的回答。这样的场景，与 2002 年和 2003 年极其相似。当时多家媒体也曾报道换型一事，却均没有透露出权威并且明确的信息来源。故虽一时满城风雨，最终仍如雾里看花。

其实，关于此次出租车换型，北京市交通委曾称，标准制定听取了多方意见，吸收了许多专家、学者的建议，并且在政府内部多个部门间进行了协商、统一。但是，在这一项涉及多方利益与普通民众生活的公共政策上，记者却无法从市交通委获悉与此相关的明确信息。

乘客是出租车的最终消费者，他们最关心的是出租车的价格。据新浪网汽车频道的一项调查显示，近半数的消费者认为出租车换型后最好“保持现有价格不变”。另两成则要求“适当调低价格”，只有两成消费者认为应该“适当调高价格”。

北京现代汽车销售公司的崔小姐是打出租车的常客，主要依靠打车上下班。她抱怨说：“出租车换型这件事，我只是从报纸上溜了两眼。对于换什么车，如果有个网上投票，或者政府公开征询，我绝对积极参加。”

有心参加的估计不止崔小姐一人。但是，所有的北京市民并没有获得参与的机会。在出租车换型这一与自身生活息息相关的事情上，公众似乎成了旁观者。

旁观者还包括众多整天和车打交道的出租车司机。

“听说是要换车，但从来没有人问过我们的看法，公司没有，政府更不可能。”44 岁的北汽九龙股份有限公司的于春林说。这位开了 20 多年出租车的老司机分析说，4.5 米的车长无法钻胡同，1.8 升排量费油却未必是大功率，欧三标准没有合适的汽油。

“换车可以，但运价不能提高”是北京大多数出租车司机的想法。不过，这些看法大都如于春林的一样，并没有机会让政策制定者听到。

公共政策应有公众讨论

在国内，虽然出租车已经成为一大行业。但是，从政府管制和公共政策方面研究出租车行业的，国内的学者并不多。余晖和郭玉闪是其中难得的两位专家。为了调查各地情况，郭玉闪曾实地调查过北京、武汉和温州等地的出租车业运营。

余晖赞成北京市对出租车进行换型。他表示，目前北京出租汽车品牌杂乱，车况不好，确有升级更新的必要。不过，他对出租车换型的决策过程不公开的做法予以批评。

他说，出租车行业是一个受到政策高度管制的行业，比如政府可以决定出租车的数量和价格，以及出租车换型。但是，由于这些政策是直接影响到公众的生活，其实质是事关公共政策的制定。

“既然是公共政策，就应该有公众参与讨论。如果整个决策过程不公开，容易让人怀疑有倾向于某些利益集团的可能，难以做到公正和公开。”余晖说。

郭玉闪认为，北京市的出租车型落后是毫无疑问的。但是他表示，调整车型包括随之而来的价格调整，实际上是各方利益的调整。"我更关注的是制度调整，而不是更换车型。如果制度不变，北京这轮更换出租车型的结果将是可怕的。"

根据他的分析，目前中国各个城市的出租车行业，大体有两种模式：北京模式和温州模式。虽然郭玉闪更钟情于温州模式，但目前国内大多数城市对出租车业的管理采取的是北京模式。

简单而言，温州模式的经营主体是个体，即出租车司机直接拥有出租牌照。北京模式的经营主体是各出租汽车公司，出租车司机需要再从公司手中租车，要按月交纳高达数千元的"份钱"。

郭玉闪认为，虽然许多国家对出租车行业实行数量控制和价格管制，但北京模式的独特之处在于，只允许公司法人拥有出租牌照，不允许个体拥有。在此模式下，出租汽车公司处于强势地位，成为固定"收租"的管理者，而出租车司机只能相对处于弱势。

他表示，制度的调整是对现有管理模式的改变，并放松对出租车行业的管制。如果这一制度不调整，北京市一旦更换出租车型，处于弱势的出租车司机的利益必然受损。其结果是，1997年武汉市出租车更新一幕可能在北京重演。

当时，武汉市政府决定，向市场投放二厢富康作为出租车。新富康上路后，导致原来开夏利的出租司机大多数亏损运营，不亏损者只能以健康为代价，延长工作时间，最终被迫逐渐退出市场。他们成为当时武汉出租车换型过程中事实上的"埋单者"。

郭玉闪分析，此次北京只是打算更换部分车型，这意味着各种新老车型还将共存一段时间。更换车型之后，必然伴随价格体系的重新确定与调整。他担心，更换后的新车比如现代索纳塔或桑塔纳3000，如果价格与目前1.6元/公里的富康一致，在外观和舒适度上都明显落后的富康肯定会大落下风。对那些开富康的出租车司机而言，马路上竞争的结果不言而喻。

如果调整后，新投入的出租车价格偏高，需求自然会相应下降。对于那些开新车的出租车司机而言，在体面风光的外表下，可能为了交纳沉重的"份钱"，而不得不疲于奔命。

我国经济体制改革的目标是建立社会主义市场经济体系，这就要求市场机制在资源配置中起基础性作用。但是，世界各国的市场经济运行实践表明：政府对经济的干预是必不可少的，各国市场经济理论和实践的区别仅仅在于政府对经济的干预程度。在我国表现为国家要对经济执行一定的宏观调控。但在微观领域，政府也会通过间接的手段来影响企业的行为，对企业决策经营活动所面临的外部社会经济条件施加影响，从而影响其经济决策、控制和引导企业的行为，以实现企业的目标尽可能和社会的目标相一致。

第一节 市场与政府

一、市场失灵及其原因

任何一个经济体系的目标要解决的就是人们欲望的无限性和资源的稀缺性之间的矛盾，要求高效率配置资源。完全竞争的市场是非常理想的市场，有效率并且能够使得资源达到最优配置。但是，实际上这都是事先做了很多的假定。如果没有这些前提，就不一定能够满足完全竞争的状况。此时，市场难以发挥作用进行资源的配置，这称作市场失灵。

导致市场失灵的原因有：垄断的存在，外部性，公共产品，不对称信息和道德风险等。

由于垄断的存在，价格将大于边际成本。而在完全竞争的市场中价格是等于边际成本的。由于垄断的存在，使得生产产量小于最优的产量。这时要通过价格以外的手段来解决效率的问题，需要通过政府的介入，比如制定一些反垄断的法规，征收必要的税收等等，使资源配置的扭曲得到一些改善。

外部性的存在将会扭曲资源的配置。两种方法可以解决这个问题，一是明确要素所有权，另外还可以通过政府征税来解决。

公共产品的问题，由于免费搭乘问题的存在，所以公共产品的提供总是小于最优供给量的，出现市场的无效率。这只能由政府通过征税的形式来解决。

不对称信息的存在会使经济产生无效率。因为潜在的消费者并不知道某种商品的真正价格是多少，他们购买商品时的边际替代率就不会再等于商品价格的比率。比如，医生对于病人病情的了解要比病人清楚，这时如果不考虑别的因素，医生对其服务者就可能收高费。因此，非对称信息就出现了与垄断相类似的问题，如果对于消费者不知道的其他替代产品的价格，这时就又出现了在垄断中的负斜率的需求曲线。则企业就可以像垄断企业一样收取大于边际成本的高价。

不对称信息还会将好的商品驱逐出市场，而留在市场中的都是质量差的商品。这样虽然价格是等于边际成本的，但市场是萎缩了的，同样产生了无效率的结果。

道德风险同样也产生市场无效率。比如在住房保险市场中的情况，一旦顾客与保险公司签订了保险合同之后，他们就没有动力再去保护房屋。因此，房屋毁坏的概率大大增加。这样，当保险合同签订之后，房屋的价格对于房屋所有者与保险公司来说是不一样的。因此，无效率也就产生。

二、政府失灵及其原因

正常情况下，市场失灵是要靠政府对经济活动的参与来解决的。然而政府的参与在很多情况下也是会失灵的，也就是说，政府在很多情况下对经济的干预也会导致低效率，这表现在：

首先，一个政府收集掌握众多经济主体的信息在实践上是非常困难的，这样政府行为就缺少了可靠的依据。然而，众多的经济主体却是可以有效地观察到政府的行为，因而经常在大众与政府之间的博弈中占据有利的地位。因此，政府能够发挥作用的余地就变得比较小。

其次，政府对于私人市场的反映和控制能力是有限的，并且是迟钝的。政府政策作用的结果，通常又和预期的有很大不同。

再次，政府的决策经常会有一定的时滞性。导致政府决策过慢的原因，即政府政策形成的时滞包括政府对发生事件认识过程，政府的决策过程，还有政府政策的效力。

第二节　垄断以及政府的管制

一、垄断与低效率

图 9-1 中，横轴表示产量，纵轴表示价格。曲线 D 和 MR 分别为该厂商的需求曲线和边际收益曲线。假定平均成本和边际成本相等且固定不变，它们由图中水平直线 $AC=MC$

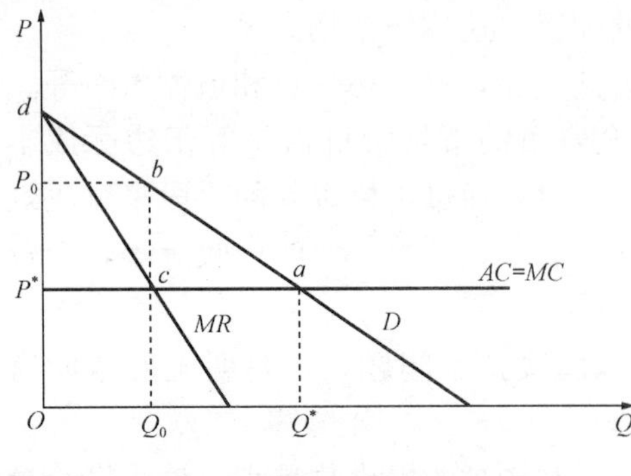

图 9-1 垄断和低效率

表示。垄断厂商的利润最大化原则是边际成本等于边际收益。因此，垄断厂商的利润最大化产量为 Q_0。在该产量水平上，垄断价格为 P_0。显然，这个价格高于边际成本。

上述垄断厂商的利润最大化状况并没有达到资源配置最优状态。在利润最大化产量 Q_0 上，价格 P_0 高于边际成本 MC。这表明，消费者愿意为增加额外一单位产量所支付的数量超过了生产该单位产量所引起的成本。因此，存在着资源配置改进的余地。

垄断产量和垄断价格不满足帕累托最优条件。那么，资源配置最优状态在什么地方达到呢？答案是在 Q^* 的产量水平上达到。在 Q^* 的产出水平上，需求曲线与边际成本曲线相交，即消费者为额外一单位产量的愿意支付等于生产该额外产量的成本。此时，不再存在任何资源配置改进的余地。因此，Q^* 是资源配置最大化上的最优产出。如果能够设法使产量从垄断水平 Q_0 增加到最优水平 Q^*，则就实现了资源配置最优化。

实际中，均衡产量不是发生在资源配置最优状态 Q^* 的原因在于，垄断厂商和消费者之间以及消费者本身之间难以达成相互满意的一致意见。例如，垄断厂商和消费者之间在如何分配增加产出所得到的收益问题上可能存在很大分歧，以至无法达成一致意见。实际上得到的通常便是无效率的垄断情况。

只要市场不是完全竞争的，只要厂商面临的需求曲线不是一条水平线，而是向右下方倾斜，则厂商的利润最大化原则就是边际收益等于边际成本，而不是价格等于边际成本。当价格大于边际成本时，就出现了低效率的资源配置状态。而由于协议的各种困难，潜在的资源配置改进难以得到实现，于是整个经济便偏离了资源配置的最优状态，均衡于低效率之中。

二、寻租理论

根据传统的经济理论，垄断尽管会造成低效率，但这种低效率的经济损失从数量上来说却相对很小。例如，在图 9-1 中，完全竞争厂商的产量为 Q^*，价格为 P^*，经济利润为 0，消费者剩余为 adP^*，总的经济福利（生产者的经济利润加上消费者剩余）也等于 adP^*；垄断厂商的产量为 Q_0，价格为 P_0，经济利润为 bcP^*P_0，消费者剩余为 bdP_0，总的经济福利为 bcP^*d。二者相比，垄断的总经济福利减少了，但减少的数量较小，仅仅等于图中的小三角形 abc。

上述传统的垄断理论大大低估了垄断的经济损失。按照他们的看法，传统垄断理论的局限性在于，它着重分析的是垄断的“结果”，而不是获得和维持垄断的“过程”。一旦把分析的重点从垄断的结果转移到获得和维持垄断的过程，就会很容易地发现，垄断的经济损失不再仅仅包括图 9-1 中那块被叫做“纯损”的小三角形 abc，而是要大得多，它还要包括图 9-1 中垄断厂商的经济利润即 bcP^*P_0 的一部分，或者全部，甚至可能更多一些。这是因为，为了获得和维持垄断地位从而享受垄断的好处，厂商常常需要付出一定的代价。例如，向政府官员行贿，或者雇用律师向政府官员游说，等等。这种为获得和维持垄断地位而付出的代价与三角形 abc 一样也是一种纯粹的浪费——它不是用于生产，没有创造出任何有益的产出，完全是一种“非生产性的寻利活动”。这种非生产性的寻利活动被概括为所谓的“寻租”

活动——为获得和维持垄断地位从而得到垄断利润（亦即垄断租金）的活动。

寻租活动的经济损失到底有多大呢？就单个的寻租者而言，他愿意花费在寻租活动上的代价不会超过垄断地位可能给他带来的好处，否则就不值得了。因此，从理论上来说，单个寻租者的寻租代价要小于或者等于图 9-1 中的垄断利润或垄断租金 bcP^*P_0。在很多情况下，由于争夺垄断地位的竞争非常激烈，寻租代价常常要接近甚至等于全部的垄断利润。这意味着，即使局限于考虑单个的寻租者，其寻租损失也往往大于传统垄断理论中的“纯损”三角形。如果进一步来考虑整个寻租市场，问题就更为严重。在寻租市场上，寻租者往往不只一个，单个寻租者的寻租代价只是整个寻租活动的经济损失的一个部分。整个寻租活动的全部经济损失等于所有单个寻租者寻租活动的代价的总和。而且，这个总和还将随着寻租市场竞争程度的不断加强而不断增大。显而易见，整个寻租活动的经济损失要远远超过传统垄断理论中的“纯损”三角形。

三、政府对垄断企业的公共管制

垄断导致资源配置缺乏效率。此外，垄断利润通常也被看成是不公平的。这就使得有必要对垄断进行政府干预。下面讨论政府对垄断价格和垄断产量的管制。

（一）对垄断的管制：递增成本

图 9-2 中反映的是平均成本具有向右上方倾斜部分的垄断情况。曲线 $D=AR$ 和 MR 是它的需求曲线和边际收益曲线。曲线 AC 和 MC 是其平均成本和边际成本曲线。

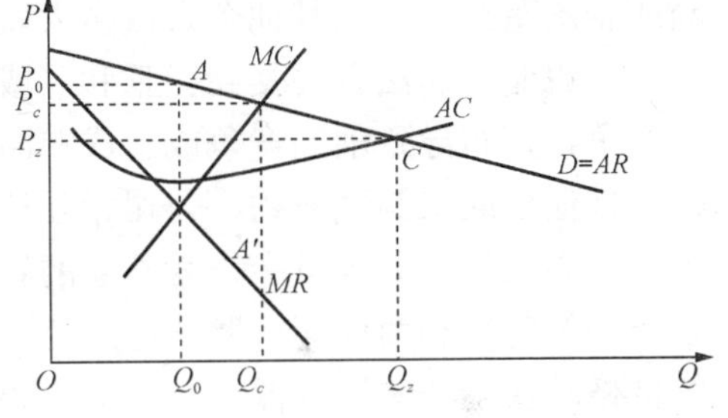

图 9-2　对垄断的管制：递增成本

在没有管制的条件下，垄断厂商生产其利润最大化产量 Q_0，可以据此确定垄断价格 P_0。这种垄断均衡一方面缺乏效率，因为在垄断产量 Q_0 上，价格高于边际成本；另一方面缺乏公平，因为在 Q_0 上，垄断厂商获得了超额垄断利润，即经济利润不等于 0，或者说，全部利润大于正常利润。

现在考虑政府的价格管制。如果政府的目标是提高效率，那么政府就应当将价格定在 P_c 的水平上。当价格为 P_c 时，垄断厂商面临的需求曲线现在成为 P_cAD，从而边际收益曲线为 P_cA 和 $A'MR$。于是最大化产量为 Q_c。在该产量水平上，价格恰好等于边际成本，实现了资源配置最优化。

当政府将价格定为 P_c，垄断厂商仍然可以得到一部分经济利润，即平均收益超过平均成本 AC 的部分。

如果政府试图制定一个更低的“公平价格”以消除经济利润，则该价格须为 P_z。在价格定为 P_z 时，产量为 Q_c。此时，平均收益恰好等于平均成本。因此，P_z 可称为零经济利润价格。

但是，在零经济利润价格水平上，资源配置的最优条件被违反了，此时边际成本大于价格。因此，在垄断情况下，产量太低、价格太高，而在零经济利润情况下，正好相反，即价格太低、产量太高。

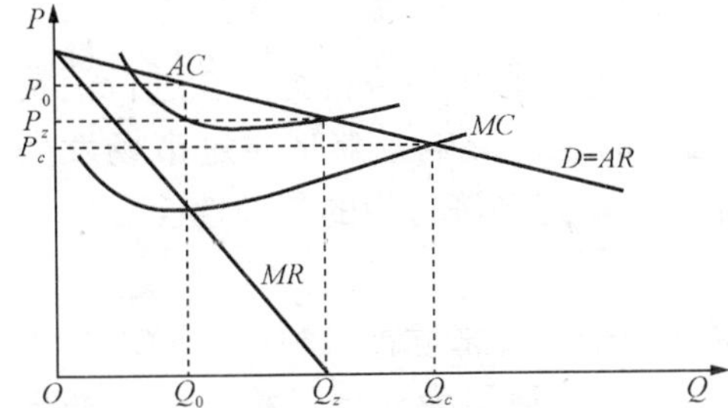

图 9-3　对垄断的管制：递减成本

（二）对垄断的管制：递减成本

图 9-3 中反映的是平均成本曲线不断下降的所

谓自然垄断情况。图中，由于平均成本曲线 AC 一直下降，故边际成本曲线 MC 总位于其下方。在不存在政府管制时，垄断厂商的产量和价格分别为 Q_0 和 P_0。当政府管制价格为 P_c 时，产量为 Q_c，达到帕累托效率。但是，如果要制定零经济利润价格 P_z，则在这种情况下，P_z 不是小于 P_c，而是要稍高一些。

值得注意的是，在自然垄断场合帕累托最优价格 P_c 和最优产量 Q_c 上，垄断厂商的平均收益小于平均成本，从而出现亏损。因此，在这种情况下，政府必须补贴垄断厂商的亏损。

四、反托拉斯法

政府对垄断的更加强烈的反应是制定反垄断法或反托拉斯法。其中，最为突出的是美国。这里以美国为例做一概括介绍。

垄断的形成和发展，深刻地影响到美国社会各个阶级和阶层的利益。19 世纪末和 20 世纪初，美国企业界出现了第一次大兼并。从 1890 年到 1950 年，美国国会通过一系列法案，反对垄断。其中包括谢尔曼法（1890）、克莱顿法（1914）、联邦贸易委员会法（1914）、罗宾逊-帕特曼法（1936）、惠特-李法（1938）和塞勒-凯弗维尔法（1950），统称反托拉斯法。这些反垄断法规定、限制贸易的协议或共谋、垄断或企图垄断市场、兼并、排他性规定、价格歧视、不正当的竞争或欺诈行为等，都是非法的。谢尔曼法规定：任何以托拉斯或其他形式进行的兼并或共谋，任何限制州际或国际的贸易或商业活动的合同，均属非法；任何人垄断或企图垄断，或同其他个人或多人联合或共谋垄断州际或国际的一部分商业和贸易的均应认为是犯罪。违法者要受到罚款和（或）判刑。克莱顿法修正和加强了谢尔曼法，禁止不公平竞争，宣布导致削弱竞争或造成垄断的不正当做法为非法。这些不正当的做法包括价格歧视、排他性或限制性契约、公司相互持有股票和董事会成员相互兼任。联邦贸易委员会法规定：建立联邦贸易委员会作为独立的管理机构，授权防止不公平竞争以及商业欺骗行为包括禁止伪假广告和商标等。罗宾逊-帕特曼法宣布卖主为消除竞争而实行的各种形式的不公平的价格歧视为非法，以保护独立的零售商和批发商。惠特-李法修正和补充了联邦贸易委员会法，宣布损害消费者利益的不公平交易为非法，以此来保护消费者。塞勒-凯弗维尔法补充了谢尔曼法，宣布任何公司购买竞争者的股票或资产从而实质上减少竞争或企图造成垄断的做法为非法。塞勒-凯弗维尔法禁止一切形式的兼并，包括横向兼并、纵向兼并和混合兼并。这类兼并指大公司之间的兼并和大公司对小公司的兼并，而不包括小公司之间的兼并。美国反托拉斯法的执行机构是联邦贸易委员会和司法部反托拉斯局。前者主要反对不正当的贸易行为，后者主要反对垄断活动。

第三节 外部性和政府对策

到目前为止，我们对经济体系的分析一直隐含着一个假定：每个经济行为人在进行消费和生产决策时，是不需要考虑其他人的行为的。他们之间的全部影响，都是通过市场发生的。事实上，个体的经济行为经常可以影响到其他个体，这就是经济行为的外部性。

一、外部性

一般说来，如果某人或者企业在从事经济活动时给其他个体带来危害或利益，而该个体又没有为这一后果支付赔偿或得到报酬，则这种危害或利益就被称为外部经济，也叫外部性。受到的危害叫做负的外部性，得到的利益叫做正的外部性。

比如说，大气污染就产生典型的负外部性，因为它使得很多其他的与产生污染的经济主体没有经济关系的个体支付了额外的成本。这些个体希望减少这样的污染，但是污染制造者却不这样认为。例如，一家造纸厂排放废水，它可以建造设备以减少废水排放量，但是它从中却得不到收益。然而，在造纸厂附近居住的人们却可以从减少废水的排放中大大受益。

同样，如果邻居家院子里漂亮的花在春天都开放了，你也可以认为这对你来说是正的外部性，因为你可能没有支付任何成本而得到了赏心悦目的感觉。

我们用图 9-4 来说明外部效应带来的成本。假设造纸厂排放的污水同时流经下游的一片农田。对造纸厂的需求曲线是 D，它的供给曲线由 S 表示，它实际上等于工厂的边际成本线。在价格为 P_C 的时候供求达到均衡。但是，由于造纸厂流经下游的粮田造成了负外部性，这样实际上生产的成本不只是这些。将这些额外的成本加到一起就叫做边际社会成本，由图 9-4 中的 MSC 表示出来。当产量为零的时候，社会成本就等于厂商的边际成本。与边际成本同理，社会成本也是递增的。这样，从整个社会来看，最优的产量应该是 Q^*，而实际上由市场机制决定的产量为 Q_C 要大于 Q^*。因此，在有负外部性的条件下，完全竞争将导致生产或消费的过度。

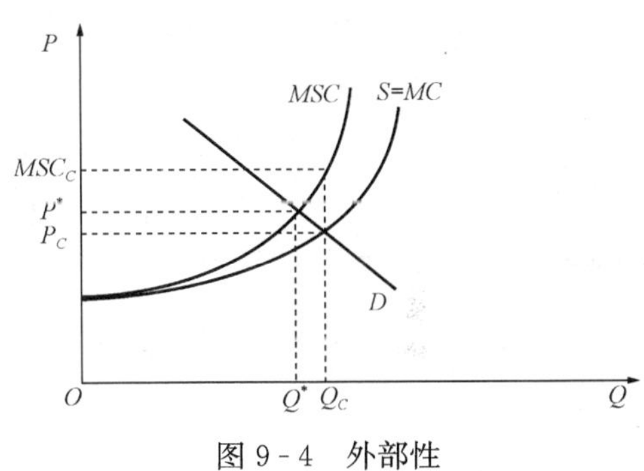

图 9-4　外部性

二、有关外部性的政策

由于外部影响所造成的资源配置不当该如何纠正？经济学学家们提出了这样的政策建议：

（一）税收和津贴

对造成外部不经济的企业，国家应该征税，其数额应该等于该企业给社会其他成员造成的损失，从而使该企业的私人成本恰好等于社会成本。例如，在生产污染情况下，政府向污染者收税，其税额等于治理污染所需要的费用。反之，对造成外部经济的企业，国家则可以采取津贴的办法，使得企业的私人利益与社会利益相等。无论是何种情况，只要政府采取措施使得私人成本和私人利益与相应的社会成本和社会利益相等，则资源配置便可达到帕累托最优状态。

（二）企业合并

例如，一个企业的生产影响到另外一个企业。如果影响是正的（外部经济），则第一个企业的生产就会低于社会最优水平；反之，如果影响是负的（外部不经济），则第一个企业的生产就会超过社会最优水平。但是如果把这两个企业合并为一个企业，则此时的外部影响就“消失”了，即被“内部化”了。合并后的单个企业为了自己的利益将使自己的生产确定在其边际成本等于边际收益的水平上。而由于此时不存在外部影响，故合并企业的成本与收益就等于社会的成本与收益。

（三）规定财产权

在许多情况下，外部影响之所以导致资源配置失当，是由于财产权不明确。如果财产权是完全确定的并得到充分保障，则有些外部影响就可能不会发生。例如，某条河流的上游污染者使下游用水者受到损害。如果给予下游用水者以使用一定质量水源的财产权，则上游的污染者将因把下游水质降到特定质量之下而受罚。在这种情况下，上游污染者便会同下游用水者协商，将这种权利从他们那里买过来，然后再让河流受到一定程度的污染。同时，遭到损害的下游用水者也会使用他出售污染权而得到的收入来治理河水。

三、科斯定理和产权

在上个例子中，我们假设粮田受到污染，但是却没有办法控制。实际上，这要看农民们和这个造纸厂进行谈判的成本来决定。要看是否有权进行污染。假设法律上或者任何规章上都没有规定污染是不对的，那么造纸厂就有权进行污染。进一步，我们假设农民和造纸厂谈判不需要任何成本，则农民们就可以付一些费用给造纸厂，让其减少污染。

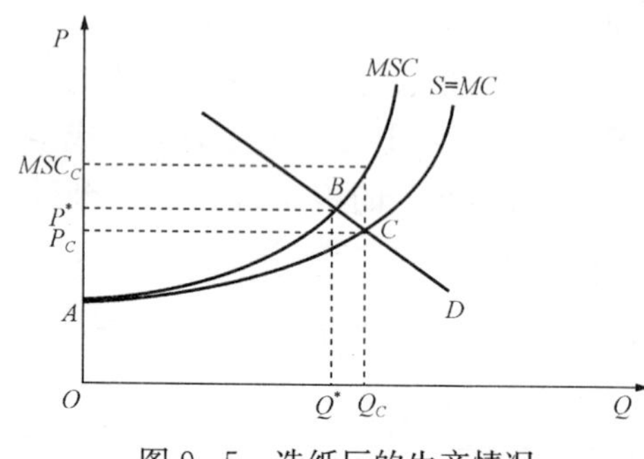

图 9-5　造纸厂的生产情况

如图 9-5，由于造纸厂的产量由 Q_c 变成 Q^*，增加的社会成本等于多边形 ABC 的面积。这就是农民多付给造纸厂的费用。实际上幸运的是，造纸厂却不需要那么多。因为从 Q^* 到 Q_c 也增加了造纸厂的生产者剩余。因此，只要付费超过造纸厂增加的生产者剩余，造纸厂就可能接受条件。

但是，这是在假设消费者毫无组织的情况下，假设消费者很有效地组织起来，他们将要求造纸厂增加产量到 Q_c，因为这样消费者可以获得更多的消费者剩余。假设消费者获得的消费者剩余大于造纸厂增加的生产者剩余，消费者可以为此付费给厂商，前提是厂商将产量增加到 Q_c。因此，农民的付费就必须超过生产者获得的生产者剩余，才能使得厂商降低产量。只要谈判的成本一直都是足够低的话，这些都是可以做到的。

科斯定理是说如果产权是明确的，并且交易成本为零，则在有外部效应的市场上，交易双方总能通过协商达到某一帕累托最优配置，而这与最初的产权划归哪一方没有关系。在上例中，若交易成本为零，则不论产权划归给谁，最后的产量都将是 Q^*。

在增收税收之前，造纸厂产量为 Q_c，税收使得供给曲线向上平行移动。这时市场达到均衡点 Q^*。因此，增收税解决了外部性带来的非效率问题。

税收可以产生有效率的结果，但是，如果个体交易能够完成同样的结果的话，那么就没有必要非要政府来制定税收的政策了。科斯定理说明，如果交易费用为零，则实现这种有效率的结果其实并不需要政府的参与，而政府的主要角色是在决定产权是如何界定的，也就是财富的是如何划分的，而没有必要参与厂商的产出过程。可是，实际中交易成本通常是很高的，因此进行谈判通常是非常昂贵的，甚至是不可能的。这时，由政府来使用税收或者补贴的手段来解决外部性的问题通常是有效率的。但是，由于经济是不断动态发展的，因此这种方法也要慎重才行。因为，刚规定的税率或者补贴方法可能随着时间的变化马上就不合适了。

假定，农民的农田是受到保护的，即不允许随意受到污染，那么造纸厂将会向农民们付费，按照给农民造成的成本付费，这样最后厂商的成本线变成了 MSC，均衡点为 Q^*。虽然当交易成本为零时，不论产权归谁所有，总是能达到社会产出的效率点，但是当产权不同时，财富的分配是不同的。假设造纸厂有权污染，他们就会收到农民的付费，因此他们的财富增加。但是，如果农民有权拒绝被污染的话，那么农民将收到厂商的付费，这样农民的财富增加。因此，在无交易费用的经济中，改变产权仅仅是改变财富的分配，而对于最终的社会产量是没有影响的。

运用科斯定理解决外部影响问题在实际中并不一定真的有效。有以下几个难题。

资产的财产权是否总是能够明确地加以规定？有的资源，例如空气，在历史上就是大家均可使用的共同财产，很难将其财产权具体分派给谁；有的资源的财产权即使在原则上可以明确，但由于不公平问题、法律程序的成本问题等等也变得实际上不可行。

已经明确的财产权是否总是能够转让？这就涉及到信息充不充分以及买卖双方不能达成一致意见的各种原因，如谈判的人数太多、交易成本过高、谈判双方都能使用策略性行为，等等。

最后明确财产权的转让是否总能实现资源的最优配置？在这个过程中完全有可能得到这样的结果：它与原来的状态相比有所改善，但并不一定恰好为最优配置。

此外，还应该指出，分配产权会影响收入分配，而收入分配的变动可以造成社会不公平，引起社会动乱。在社会动乱的情况下，就谈不上解决外部影响的问题了。

四、庇古税

解决外部性还可以通过政府征税或发放补贴的办法来解决。基本的思想是英国的经济学家庇古在他的论著《福利经济学》中曾经讨论过的对污染征收一定税的思想。通过适当的增税或补偿使得总产量达到社会最优产量。

我们以解决负外部性为例，假设政府可以计算出社会成本，则征收税率为 $\tau=MSC-MC$，即使厂商的产量减少到 Q^*。在增收庇古税之前，造纸厂产量为 Q_c，庇古税使得供给曲线向上平行移动 τ 个单位。此时，市场的供给曲线就是 $S+\tau$。这时市场达到均衡点 Q^*。因此，增收庇古税解决了外部性带来的非效率问题。

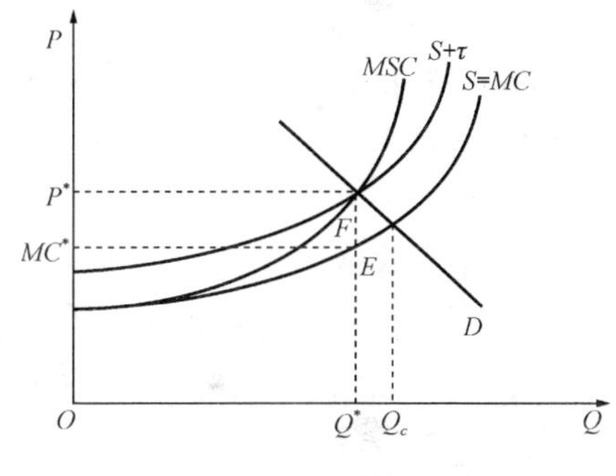

图 9-6　庇古税

庇古税可以产生有效率的结果，但是，如果个体交易能够完成同样的结果的话，那么就没有必要非要政府来制定税收的政策了。

第四节　公共产品及其供给

一、公共产品的特征

公共产品是指一种具有非排斥性和非争夺性的商品。非争夺性是指一个消费者对它的消费不能同时拒绝其他人对它的消费，一旦提供了这种商品，其他人就可以没有成本地同样进行消费。非排斥性是指，任何一个消费者也不能拒绝这种物品或服务的消费。比如说国防、法院、警察机构等等都可以认为是公共产品。

严格的说，只有同时具备了非争夺性和非排斥性两种特征才是真正的公共产品。国防可以算作是这样的产品。而另外一些类似的产品，如免费的电视转播，虽然具有非争夺性，可是并没有非排斥性。

私人产品是指具有排他性和争夺性的那一类产品。即当一个人消费某一种私人产品的时候，其他的人是不可能同时对它进行消费的。你买的苹果吃掉了，别人就没法去吃了。同时，消费者也可以因为某种原因而拒绝消费私人产品。因为，如果你不付钱，那么你就不能得到苹果。

二、公共产品的供求分析

由于公共产品可以被不只一个消费者同时消费，因此，公共产品的需求总量应该是消费这种产品的所有消费者需求曲线的纵向相加，而不是前面所说的横向的加总，如图 9-7。

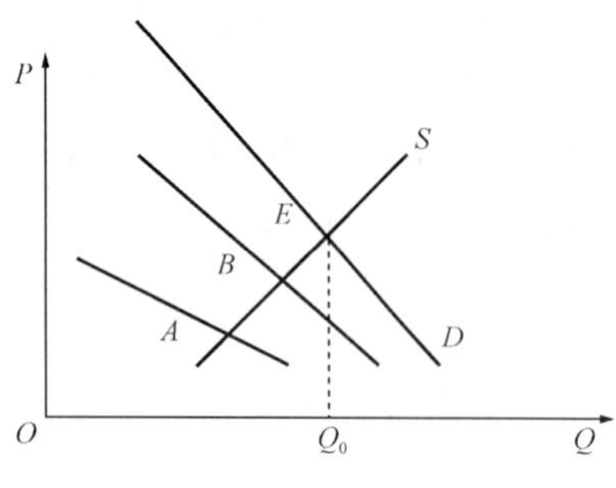

图 9-7　公共产品的供求分析

假设，社会只有两个人，A 和 B。图 9-7 中 D 下面的两条需求曲线就是 A 和 B 的需求曲线。这样，总需求曲线就是通过 A 和 B 的需求曲线的纵向加总而得到的。因为，在每一点公共产品是确定的，而此时消费者是同时消费的，即所有人愿意为此支付的价格应该是每个人愿意支付的总和。给定公共产品的供给曲线，则公共产品的最优供给量就应该是图中的点 E。在 E 点，社会边际成本等于社会的边际收益。同样，我们的边际分析的结果仍然成立。

我们知道，实际上如果公共物品由私人提供的话，则提供量就要小于前面的最优供给量。原因是，首先由于公共物品是非争夺性的，因此每一个消费者都想免费使用这种产品，想免费搭车。所谓的免费搭车问题就是说，既然不付费也能享用到这种产品，那么就没有人愿意为此而付费。因为，每一个人都认为自己不支付费用并不影响生产这种公共产品，由于很多人都会这样做，因此结果是提供的公共产品要少于最优的数量。但是，如果这个团体变得非常大，比如说达到一个国家，那么就可以由政府通过征税提供公共产品来解决这个问题。国防就是典型的例子。另外的一个问题就是，即使是政府参与其中也未必能够提供最优的数量。因为，政府很难知道所有消费者的偏好，即他们的需求曲线是未知的。因此政府无法准确的计算总的需求曲线以确定最优的提供量。

三、公共产品和成本—收益分析

公共产品的生产和消费问题不能由市场上的个人决策来解决。因此，必须由政府来承担起提供公共产品的任务。政府如何来确定某公共产品是否值得生产以及应该生产多少呢？在这里，西方经济学家经常提到的一个重要方法是成本—收益分析。

成本—收益分析是用来评估经济项目或非经济项目的。它首先估计一个项目所需花费的成本以及它所可能带来的收益，然后把二者加以比较，最后根据比较的结果决定该项目是否值得。公共物品也可以看成是一个项目，并运用成本—收益分析方法来加以讨论。如果评估的结果是该公共物品的收益大于或至少等于其成本，则它就值得生产，否则便不值得生产。

四、公共选择理论

对公共产品（以及外部影响）的处理涉及到与政府行为有关的“集体选择”。所谓集体选择，就是所有的参加者依据一定的规则，通过相互协商来确定集体行动方案的过程。公共选择理论则特别注重研究那些与政府行为有关的集体选择问题。

（一）集体选择的规则

1. 一致性规则

所谓一致性规则，是指一项集体行动方案只有在所有参加者都认可的情况下才能够实施。这里的“认可”意味着赞成或者至少不反对。换句话说，在一致同意规则下，每一个参加者都对将要达成的集体决策拥有否决权。一致同意规则便具有如下的优点：能够充分地保证每一个参加者的利益；可以避免发生“免费乘车”的行为；如果能够达成协议，则协议将是帕累托最优的。一致同意规则的缺点则在于：达成协议的成本常常太大，在许多情况下甚至根本就无法达成协议。

2. 多数规则

所谓多数规则，是指一项集体行动方案必须得到所有参加者中的多数认可才能够实施。这里的多数，可以是简单多数，即超过总数的一半，也可以是比例多数，如达到总数的三分之二以上。多数规则存在的问题是：它忽略了少数派的利益。由多数派赞成通过的集体协议强迫少数派也要服从；可能出现“收买选票”的现象；在多数规则下，最终的集体选择结果可能不是唯一的。

3. 加权规则

所谓加权规则，就是按实际得到的赞成票数（而非人数）的多少来决定集体行动方案。一个集体行动方案对不同的参加者会有不同的重要性。于是，可以按照重要性的不同，给参加者的意愿“加权”，即分配选举的票数。相对重要的，拥有的票数就较多，否则就较少。

4. 否决规则

这一规则的具体做法如下：首先让每个对集体行动方案投票的成员提出自己认可的行动方案，汇总之后，再让每个成员从中否决掉自己所反对的那些方案。这样一来，最后剩下的没有被否决掉的方案就是所有成员都可以接受的集体选择结果了。如果有不止一个方案留了下来，就再借助于其他投票规则（如一致同意规则或多数规则等等）来进行选择。

（二）最优的集体选择规则

1. 成本模型

按照这一模型，任何一个集体选择规则都存在着性质完全不同的两类成本。一类叫做决策成本，指的是在该规则下通过某项集体行动方案（亦即做出决策）所花费的时间与精力。集体决策的形成需要参加者之间不同程度的讨价还价。随着人数的不断增加，讨价还价行为发生的可能性将成倍增加，从而决策成本也将成倍增加。另一类是外在成本，指的是在该规则下通过的某项集体行动方案与某些参加者的意愿不一致而给他们带来的损失。当通过的某项集体行动方案与某些参加者个人的实际偏好一致时，这些参加者个人承担的外在成本就等于零；而当两者不相一致时，他们承担的外在成本就大于零。随着这种不一致的人数和程度的增加，外在成本的总量也将增加。对于不同的集体选择规则，决策成本和外在成本的大小是不一样的。例如，与一致同意规则相比，多数规则的决策成本可能较低，因为容易做出决策，但外在成本却可能较高，因为决策的结果可能和很多人的意愿不一致。决策成本和外在成本之和叫做相互依赖成本。

最优集体选择规则的成本模型的结论是，理性的经济人将按最低的相互依赖成本来决定集体选择的规则。

2. 概率模型

与成本模型不同，寻找最优集体选择规则的概率模型并不是追求社会相互依赖成本的最小化，而是力图使集体决策的结果偏离个人意愿的可能性达到最小。根据这一模型最好的集体选择规则就是那种能使上述偏离可能性达到最小的规则。西方一些公共选择理论家证明，按照这一标准，集体选择中的多数规则是一种比较理想的规则。

（三）政府官员制度的效率

按照公共选择理论，政府官员制度是指那种由通过选举所产生的、被任命的以及经过考试而录用的政府官员来管理政治事务的制度。总的来说，这种政府官员制度的效率是比较低的。其原因如下：

首先是缺乏竞争。政府的各个部门都是某些特殊服务的垄断供给者。没有任何其他的机构可以替代这些政府部门的工作。由于缺乏竞争，政府部门的效率一般都比较低。此外，由于缺乏竞争对手，人们常常甚至无法判断政府部门的成本即每年的财政支出是否太多，或者，其产出即所提供的服务是否太少，即很难准确地判定政府部门的效率。

其次是机构庞大。政府官员一般不会把利润最大化（或者成本最小化）作为自己的主要目标，因为他很难把利润直接占为己有。政府官员追求的主要是规模（亦即官员机构）的最大化，因为规模越大，官员们的地位就越高，权力就越大，得到进一步提升的机会就越多。

最后是成本昂贵。政府官员会千方百计地减轻工作负担，改善工作条件，增加自己的薪金，从而不断地提高他们的服务的成本，导致极大浪费。

公共选择理论认为，解决政府官员制度低效率的主要途径是引入竞争机制。具体做法是：

使公共部门的权力分散化，因为分散有利于减少垄断的成分。例如，可以把过于庞大的公共机构分解成几个较小的、有独立预算的机构；由私人部门承包公共服务的供给。由政府投资的公共服务，并不一定必须由政府来生产。例如，街道清扫、垃圾处理、消防、教育、体检等等公共服务的生产都可以实行私有化；在公共部门和私人部门之间展开竞争。如果允许私人部门和公共部门一样提供公共服务，则它们之间就会展开竞争，竞争将提高公共部门的效率；加强地方政府之间的竞争。地方政府的权力不仅受到公民选票的制约，而且受到居民自由迁移的制约。当一个地方政府的公共服务的成本（税收）太高而质量太低时，居民就可能迁移到其他地区去。居民的迁出会减少当地政府的税收。因此，地方政府之间的竞争也可以促使其提高效率。

第五节　不完全信息与政府的干预

一、信息的不完全性

完全竞争模型的一个重要假定是完全信息，但在现实经济中，信息常常是不完全的，甚至是很不完全的。

信息不完全不仅是指那种绝对意义上的不完全，即由于认识能力的限制，人们不可能知道在任何时候、任何地方发生任何情况，而且是指“相对”意义上的不完全，即市场经济本身不能够生产出足够的信息并有效地配置它们。

作为一种有价值的资源，信息不同于普通商品。人们在购买普通商品时，先要了解它的价值，看看值不值得买。但是，购买信息商品却无法做到这一点。人们之所以愿意出钱购买信息，是因为还不知道它，一旦知道了，就没有人会愿意再为此进行支付。这就出现了一个困难的问题，即卖者是否让买者在购买之前就充分地了解所出售的信息的价值呢？如果不让，则买者就可能因为不知道究竟值不值得而不去购买它；如果让，则买者又可能因为已经知道了该信息也不去购买它。在这种情况下，要能够做成“生意”，只能靠买卖双方的并不十分可靠的相互信赖，即卖者让买者充分了解信息的用处，而买者则答应在了解信息的用处之后即购买它。显然，市场的作用在这里受到了很大的限制。

二、信息不完全与商品市场

我们知道，如果降低某种商品的价格，对该商品的需求量就会增加，这是一般商品的需求规律—需求曲线向右下方倾斜。但是，当消费者掌握的市场信息不完全时，他们对商品的需求量就可能不随价格的下降而增加，而是相反，即随价格的下降而减少。这时，就出现了所谓的“逆向选择”问题。反之亦是。总之，当商品的需求变化或者供给变化出现异常时，我们就遇到了逆向选择问题。对于市场机制来说，逆向选择的存在意味着市场的低效率，意味着市场的失灵。

考虑某种商品，例如 X 商品市场。在以前分析完全竞争市场（以及其他一些不完全竞争市场）时，我们并没有讨论商品的质量问题。现在假定，在 X 商品市场中，商品的质量不一，有的好些，有的差些。引入质量问题以后，对我们以前的分析会有什么样的影响呢？如果消费者具有完全的信息，则不会有什么影响。消费者会把不同质量的 X 看成是不同的商品。对于不同质量的 X 商品，消费者愿意支付的价格当然不同。只要消费者的信息是完全的，我们的分析就不会与以前的完全竞争模型有什么不同。

现在来看不完全信息的后果。假定消费者只知道 X 商品有不同的质量，但并不确切知道其中哪一个质量高，哪一个质量低。在这种情况下，消费者如何进行判断呢？消费者可以根据生产者的商品保修期限的长短来判断。保修期限长通常意味着产品质量高，因为对于低质产品来说，较长的保修期是不划算的，它会大大提高维修成本。消费者也可以根据生产者的生产规模的大小来判断。大规模生产者的产品似乎要更加可靠一些，不会像小本经营者那样可能突然消失。除了保修期限和生产规模之外，消费者还常常根据商品的价格来判断商品的“平均”质量。消费者有理由相信，随着某种商品价格的上升，该商品的平均质量也将上升，反之亦然。

图 9-8 描绘了商品的价格与其平均质量之间的关系。图中横轴 P 代表商品价格，纵轴 Q 代表商品的平均质量。图中曲线 QC 为价格—质量曲线。价格—质量曲线的特点是向右上方倾斜，表示商品的平均质量将随其价格的上升而上升。除此之外，该曲线还具有两个特点。一是它向上凸出，一是它与横轴的交点大于零。向上凸出意味着，尽管商品的平均质量是随着价格的上升而上升的，但上升的“速度”却越来越慢。换句话说，价格变动对平均质量的影响是“递减”的；与横轴的交点大于零意味着，在价格下降到零之前，平均质量就将已经下降到“零”。

从商品的价格与其质量之间的关系，可以得到商品的价格与其所谓“价值”之间的关系，而从后面这种关系，就可以推导在消费者信息不完全条件下的商品需求曲线。消费者在购买商品时不仅要考虑它的价格，而且要考虑它的质量。一件商品，即使价格很低，如果质量太差，也不会有人问津；反之，如果价格较高，但质量很好，也值得购买。价格和质量这两个指标可以综合在一起构成一个新的指标，即每单位价格上的质量 Q/P。这个指标可以叫做商品的“价值”。消费者购买时要考虑他在该商品上支出的每单位价格所得到的质量，即要考虑该商品的“价值”。在不同的价格水平上，商品的平均质量是不同的，该平均质量与价格的比值即商品的“价值”也是不同的。在图 9-8 中，每一价格水平上的商品“价值” Q/P 的几何表示是：价格—质量曲线在相应价格水平上的点到原点的连线的斜率。由图可见，这个连线的斜率在价格为 P^* 时达到最大。换句话说，商品的“价值”在一开始时随着价格的上升而上升，上升到最高点之后，再

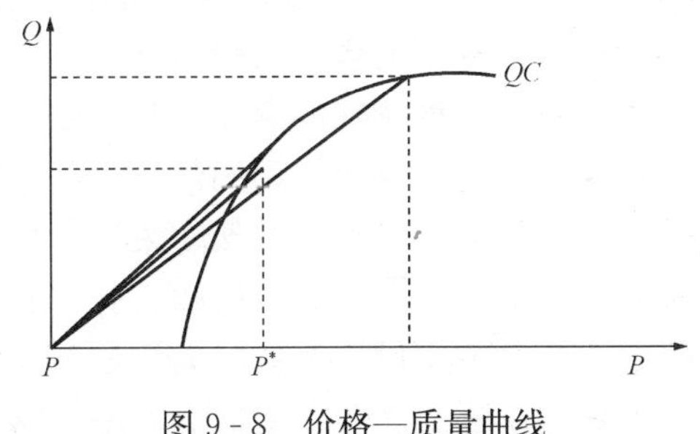

图 9-8　价格—质量曲线

随着价格的上升而下降。

现在可以来看消费者的需求曲线了。消费者追求的是商品的最大“价值”。这个最大“价值”根据图 9 - 8 在价格为 P^* 时达到。因此，我们可以认为，消费者对商品的需求在价格为 P^* 时达到最大。当价格由 P^* 上升或者下降时，由于商品的“价值”都是下降的，故消费者对商品的需求量也将是下降的。由此，我们就得到了一条与以前所遇到的很不相同的需求曲线：它不再只是向右下方倾斜，而且还包含有一段向右上方倾斜的部分。需求曲线现在是向后弯曲的。这条向后弯曲的需求曲线在图 9 - 9 中表示为曲线 D。在图中，当纵轴代表的价格 P 恰好为 P^* 时，横轴的需求量 Q 达到最大，为 QD。当价格高于 P^* 时，需求曲线与通常的一样，向右下方倾斜，当价格低于 P^* 时，需求曲线出现“异常”，向右上方倾斜。

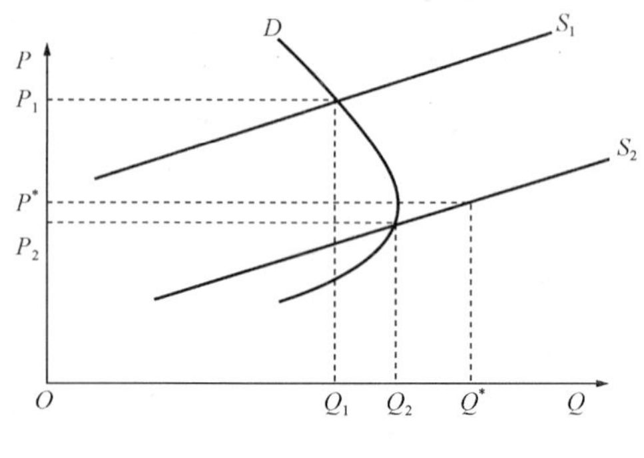

图 9 - 9　不完全信息与市场失灵

由于假定不完全信息只出现在消费者一方，故只有消费者的需求方面出现“异常”，生产者的供给方面仍然是与以前一样，不会有任何变化。特别是，生产者的供给曲线将仍然是向右上方倾斜的。现在把向右上方倾斜的供给曲线与向后弯曲的需求曲线合在一起考虑市场的均衡情况。

供给曲线的位置有两种情况：它或者与需求曲线向右下方倾斜的部分相交，如图 9 - 9 中的 S_1，或者与需求曲线向右上方倾斜的部分相交，如图 9 - 9 中的 S_2。当供给曲线为 S_1，与需求曲线向右下方倾斜部分相交时，结果就与以前一样，没有什么不同：市场将均衡在供求曲线的交点上，该交点决定了均衡的价格和产量 P_1 和 Q_1。这里不存在任何的低效率市场失灵。但是，当供给曲线为 S_2，与需求曲线的向右上方倾斜部分相交时，结果将与以前大不相同。此时，尽管供求均衡时的价格为 P_2，但它却不是最优的价格。这是因为，如果我们把价格从 P_2 上稍微提高一点，则根据需求曲线，就可以增加产量，而在较高的产量上，需求曲线高于供给曲线，即需求价格高于供给价格，消费者和生产者都将获得更大的利益。但是，价格也不能提高到超过 P^*。如果价格超过了 P^*，则根据需求曲线，产量不仅不增加，反而会减少，从而消费者和生产者的利益都将受到损失。因此，最优价格应当就是 P^*。但是，当价格为 P^* 时，生产者的供给将大于消费者的需求，出现了非均衡状态。这种非均衡状态显然违背了帕累托最优标准。例如，当价格为 P^* 时，产量为 Q^*，但是，在 Q^* 上，需求价格超过了供给价格，这意味着，消费者愿意为最后一单位产品支付的价格超过了生产者生产最后一单位产品所花费的成本。也可以说，在产量 Q^* 上，社会的边际收益大于社会的边际成本。因此，从社会的观点来看，消费者在产品质量上的信息不完全导致了生产过低的产量。

三、信息不完全与保险市场

保险是一种特殊的商品，它由专门提供这种服务的保险公司提供。这种特殊商品的价格就是保险费用。保险公司的信息也是不完全的。它对于投保人的情况既有所了解，又不是全面的了解。例如，拿汽车保险来说，保险公司知道，在购买汽车保险的人当中，有一些人相对来说更加容易出事故。这些人开车时总是漫不经心，有时还喜欢喝一点酒，等等。保险赔偿主要就是被支付给了这些人。如果保险公司能够事先从投保人中区分出易出事故者，它就可以提高这些“高危”人群的保险价格，用来弥补可能的损失。但可惜的是，这一点很难做到。对保险公司来说，更坏的情况是，那些最容易出事故的开车人常常也是购买保险最积极的人。保险公司不知道他们的底细，但他们自己知道自己的底细。他们知道自己出事故的可能性比较大，因而更加需要保险公司的帮助，也愿意接受较高的费用。与此不同，那些一直谨慎驾驶的人，也知道自己的"优点"——出事故的可能性较小。这些"好"的投保人购买保险的心情就不如"坏"的投保人那么迫切，也不像后者那么愿意为保险支付高费用。

这就引起了一个重要的结果：提高保险价格当然会减少人们对保险这种商品的需求，但是，在减少的保险需求中，主要的却是那些相对"好"的投保人对保险的需求，他们现在不再愿意为保险支付过高的价格，而在留下来的投保人中，主要的则是那些相对"坏"的投保人，因为他们宁愿为得到保险支付更高一些的价格。这样一来，随着保险价格的上升，投保人的结构就发生了变化："坏"的投保人所占的比例越来越大，"好"的投保人所占比例越来越小。随着"坏"投保人的比例越来越高，保险公司对每一投保人的平均赔偿也将增加，因为平均赔偿要取决于出事故的平均概率的大小。为简单起见，假定保险公司的全部成本就是对投保人所遭受损失的赔偿，而不考虑例如工作人员的工资等其他成本，则在这种情况下，保险公司的平均损失就等于它的平均赔偿。由此便可得到这样的结论：保险公司的平均损失将随保险价格的提高而提高。特别是，当保险价格在较高水平上继续增加时，投保人的结构会急剧恶化，从而平均损失会急剧上升，超过上升的保险价格所带来的好处。

从保险价格与平均损失之间的关系可以了解到保险供给的特殊性质。一方面，如果保险价格过低，经营保险肯定亏损，保险公司将不再愿意提供保险；另一方面，如果保险价格过高，经营保险也会发生亏损，保险公司也不会愿意提供保险。由此可以推出一个结论：存在一个对保险公司来说是"最优"的保险价格，当保险价格恰好等于该价格时，保险供给量达到最大。如果让保险价格从这个最优水平上开始上升，保险供给量就将不是增加而是下降。

四、信息不完全与劳动市场

劳动市场的一个典型特点也是信息不完全。其中一个重要方面是招聘者的信息不完全。招聘者对应聘者的情况是既有所了解又不很了解。招聘者知道，不同的应聘者具有不同的工作效率，有的高些，有的低些，但却不知道究竟哪一个或者哪一些人的效率高，哪一个或者哪一些人的效率低。招聘者可以通过面谈、审查简历、看推荐信等方法来试图尽可能多地了解应聘者的情况。这些做法尽管有所帮助，但无论如何不能真正确定应聘者效率的实际高低；招聘者也可以对决定雇用的人员规定一个试用期。如果在试用期中发现应聘者的表现并不令人满意，就可以及时解聘他们。不过，这种补救措施的作用也不会很大。无论解聘如何及时，已经造成的损失是无法挽回的，而且，雇用有用人才的机会也可能已经丧失，不会再来。

信息不完全对招聘者行为的影响是很重要的。如果招聘者能够真正了解应聘者，他就会设定不同的工资水平来招收具有不同工作效率的应聘者，即用高工资招聘高效率者，用低工资招聘低效率者。总之，他会力图做到使所支付的工资与从相应应聘者身上得到的回报相等。但是，招聘者实际上并不能够真正了解每一个具体的应聘者，更无法做到使工资与回报相等。在这种情况下，招聘者常常只好对所有的应聘者"一视同仁"，即用相同的工资水平来招聘他们。

现在的问题是，招聘者如何来确定这个"一视同仁"的工资水平呢？招聘者当然知道，如果他降低工资，应聘者的数量肯定就会减少。但是，他还会发现，在由于低工资而减少的应聘者中，主要的是那些工作效率较高的人，而不是工作效率较低的人。这是因为，工作效率较高的人明白自己的"价值"，认为不值得为低工资而工作；而工作效率较低的人也清楚自己的底细，尽管工资低一些，还是愿意接受。这样一来，工资下降的结果就是应聘队伍结构的变化：高效率应聘者所占比例不断下降，低效率应聘者所占比例不断上升。这种应聘队伍结构的变化意味着什么呢？它当然意味着整个应聘队伍的平均效率的下降。反过来说，如果招聘者提高工资，应聘者的数量就会增加，而在这些增加的应聘者中主要的可能是一些工作效率较高的人才，这些人认为现在的高工资才值得他们应聘，结果整个应聘队伍的平均效率就上升了。

由此可见，在招聘者所出的工资水平与应聘者的平均效率之间存在着一个同方向变化的关系：平均效率随着工资水平的下降而下降，反之亦然。进一步研究这个关系还会发现它具有如下两个特点：一个特点是，当工资水平下降到一个很低水平（但仍然大于零）时，平均效率就可能已经下降到“零”——因为此时应聘者的数量将减少到零。即使是那些工作效率很低的人也会认为这样的工资水平太低了，从而拒绝应聘。另一个特点是，随着工资水平的不断提高，尽管应聘者的平均效率也在不断提高，但提高的“速度”却是越来越慢的，就是说，工资增加对平均效率的影响是“递减”的。例如，当工资处于较低水平时，应聘队伍的平均效率较低，仍在应聘队伍之外的高效率人才也较多，故此时提高工资水平吸引高效率人才参聘能够较大程度地提高平均效率；但是，当工资水平已经处于较高水平时，情况就不一样了。一方面应聘队伍的平均效率比以前高了许多，另一方面，仍在“局外观光”的高效率人才比以前也少了许多，故此时继续提高工资水平对平均效率的影响也将比以前小许多。

招聘者在招聘时不仅要考虑所支付的工资水平，而且要考虑应聘者的工作效率。一个应聘者，即使要求的工资很低，如果工作效率更差，也不会有人问津；反之，如果应聘者要求的工资很高，但其工作效率更高，也值得雇用。工资和效率这两个指标可以综合在一起构成一个新的指标，即每单位工资水平上的效率。这个指标可以叫做“工资效率”。于是，招聘者在招聘时要考虑的就是他在所支付的每单位工资上能够得到的效率，即“工资效率”。招聘者在招聘中追求的显然就是最大的工资效率，而不是别的什么东西。

五、信息调控

市场的价格机制并不能够解决或者至少是不能够有效地解决不完全信息问题。在这种情况下，就需要政府在信息方面进行调控。信息调控的目的主要是保证消费者和生产者能够得到充分的和正确的市场信息，即增加市场的“透明度”，以便他们能够做出正确的选择。

课后案例分析

中海油“大考”

针对一起来自中国的商业收购，受到挑战的美国公司用政治武器来应对，并引起部分国会议员的强烈情绪反应，从中我们可以清楚地看到，对于中国的和平崛起，美国还没有做好准备。

自由市场 VS 意识形态

我们已经习惯了当东方遇到西方，习惯了对西方投资者给予最大的热情和优惠，并为此不惜相互比拼。

我们当中一些最好的公司，管理已经西方化了，更确切地说，是美国化了。

然而，当中海油有限公司——在纽约证交所上市、8 名董事中有 4 名外国的独立董事，使用美国的银行和咨询机构——这家已经“美国化了”的公司（用公司董事长兼 CEO 傅成玉的话说），试图按照美国的规则，收购美国第 9 大石油公司尤尼科的时候，美国政界竟一片哗然，如临大敌。

耐人寻味的是，在 6 月 22 日中海油宣布以 185 亿美元全现金的要约收购之后一直到现在，中海油发出的讯息是“自由市场”、“股东”等这些美国教给他们的市场语言，而相反，美国国会却时不时会跳出冷战期间的意识形态词汇。

当接受了西方市场游戏规则的东方进入西方以后，结果会是怎样？

或许，美国人不容易想起来的是，中国是美国这个世界上最大经济体的第二大债主。

在美国国内储蓄率几乎为零，同时又面临巨额“双赤字”（财政赤字和贸易逆差）的时候，正是中国人购买了大量的美国国债和企业债券，才使美国的低利率得以维持。

只是，当中国人买美国国债的时候，没有人有异议。而当中国人买美国公司的时候，政治的声音几乎淹没了一切。

政治飓风

7 月 13 日，华盛顿“超乎想象的反华情绪”（《华尔街日报》语）又将掀起另一个高潮。

这天，众议院军事委员会将举行听证会，考察中海油对美国尤尼科石油公司的竞购案是否会危及美国的国家安全。

而上一次，他们对联想也说过同样的话。

今年 1 月份，以该委员会主席为首的 3 名共和党资深议员对联想 17.5 亿美元收购 IBM 公司的 PC 业务——当时是中国公司最大的海外并购案——也表达过会危及国家安全的担心，并要求美国政府严审。

这次，美国众议院对中海油并购刮起的政治飓风则远远超过了联想并购。

这股飓风的力度甚至连始作俑者、美国雪佛龙石油公司——中海油收购尤尼科的唯一对手——其支持者都没有料到。

6 月 22 日，当中海油宣布 185 亿美元全现金的收购要约时，雪佛龙的出价大约低 20 亿美元，并且是现金加股票。价钱上处于劣势的雪佛龙于是打起了政治牌。

他们的主要攻击点有两个。第一，国有控股的中海油如果收购了尤尼科，会将尤尼科的石油资源输送到对石油饥渴的中国，损害美国的石油安全；第二，中海油 1/3 的收购资金来自政府的低息或无息贷款，相当于政府补贴，属不公平竞争。

为了阻止中海油的收购，雪佛龙这个美国第六大公司启动了强大的游说力量，结果比他们希望得到的还要多。

6 月 30 日，众议院以 333 票对 92 票的表决结果反对美国财政部运用其资金来“建议批准”中海石油的竞标。同日，众议院还以 398 票对 15 票通过了一项不具约束力的法案，以威胁损害美国国家安全为由，敦促布什政府对中海油竞标进行严审。

该法案列举了 23 条理由，简而言之就是，中国对石油的依赖与日俱增，国有控股的中海油如果收购了尤尼科，那么尤尼科的石油资源将被优先分配给中国政府；其次，尤尼科拥有的石油勘探、生产和提炼技术中有些可用于军事，而中国是由共产党领导的国家；再次，中国国有控股的石油公司在伊朗、苏丹这些地方都很活跃，一旦收购完成，这些可用于军事的技术有可能会出口到这些受美国贸易制裁的国家。

“华盛顿展示给我们的是对中国的歇斯底里。”美中关系经济和安全审议委员会的成员威廉姆·兰什说。该委员会是国会的一个下属机构。

但显然这样的声音在国会是绝对的少数。

雪佛龙给了国会一个炮弹，但国会却射出更多的炮弹。看起来，雪佛龙只是给了一个让早已对中国不满的国会向中国开炮的理由。

一位与雪佛龙关系密切的人士透露说：“很多议员对中海油的敌对情绪并非有组织的，而是发自内心的。议员们向中海油发难，对我们来说自然是件好事。”

游说较量

“环境很不理想，华盛顿可能会对这宗交易产生极大的影响。”游说公司 Akin Gump 律师事务所中海油项目的总负责人丹尼尔·斯皮格尔说。

这位前美国驻联合国大使，一直代表中海油在跟尽可能多的国会议员和决策机构的人沟通。“我就是告诉他们事实，这是现在最缺的东西。”他说。

对于雪佛龙和国会提出的质疑，中海油及其团队一一回应（见《交锋》）。

对中海油来说，他们并不是第一次体会到“沟通”的至关重要。

6 年前，公司准备在纽约和香港两地同时上市，结果却是铩羽而归。

“我们是一家不错的公司，但没人了解我们。我们下定决心，一定不再重蹈覆辙。”傅成玉回忆说。

这次，他们是有备而来。

为确保竞购成功，中海油聘请了三家投资银行、三家律师事务所、两家媒体战略集团，还有一家能通华府的得克萨斯州游说机构携手上阵。

据《华尔街日报》报道，中海油还采纳了顾问团队的建议，效仿美国政客的竞选活动在华盛顿和北京两地成立了“战时办公室”，处理这次竞购引发的日渐升级的政治难题，并尽力赢得尤尼科股东们的支持。傅成玉还考虑亲自前往华盛顿，会晤国会议员，让大家对这家不久前还名不见经传的中国公司有一个感性认识。

而且，说着一口流利英语的傅成玉还开创了一个国内企业与西方国家政界、商界和媒体就敏感问题进行沟通的范例。

6 月 22 日，当中海油宣布并购要约后，傅成玉给国会的一封信就发到每一位议员的信箱中，解释收购将带来的好处。

6 月 30 日，当众议员们以压倒性多数投票要求政府对该并购案进行严审，有些人甚至表示抵制后，傅成玉又于第二天写信给美国财政部部长斯诺，请求他领导的美国外国投资委员会对并购进行是否危及国家安全的审查。

7 月 6 日，傅成玉还在《华尔街日报》撰文，释疑解虑，再次重申不裁员，以及把尤尼科公司美国国内及周边地区生产的石油留给美国。

当然，在整个过程中，傅成玉还接受了《华尔街日报》、《华盛顿邮报》、《经济学人》、《泰晤士报》等一系列西方重要媒体的采访，不断还原事实。

事实上，这些媒体在很大程度上对国会的做法表示了质疑。

美国还未准备好

他们只是对中国崛起“感到害怕和吃惊”，傅成玉在谈到有人担心并购案会危及美国的国家安全时说。

中海油并不是美国保护主义的第一个中国猎物。美国国会对中国纺织品出口以及人民币汇率问题现在仍然在施加压力。

巴黎百富勤的董事总经理及总经济师陈兴动对记者说，“全球对中国的兴起都惊慌失措，特别是美国，还没有准备好。”

陈兴动在过去的几个月中绕地球飞了几圈，对此感受深刻。他分析说，伊拉克战争之后，美国的地位大大受损，而中国的国际地位又在上升，而且大家都看不清中国经济这么快地发展到底将会发展成什么样。

尽管美国国会老是拿美中巨大的贸易逆差说事，但事实上，美国经济和中国经济比他们不希望看到的还要紧密。

美国这个世界上最大的经济体和中国这个世界上增长得最快的经济体都存在失衡问题，而且，正是两国经济过分紧密的相连才使这种不合理现象得以持续。

中国经济增长很快，需要进口大量的能源和原材料，然后在国内生产。产品生产完后，国内市场又消化不掉，只好以30%多的出口增长率出口，在国际市场上完成从商品到货币的循环。而这个循环的两头都有赖于国外市场。

货币也一样。中国大量出口，于是创汇的外币进来了。再加上招商引资引进的FDI（外商直接投资），以及赌人民币升值的热钱。这些外币进来相当于增加了货币投放。货币多了，央行又需要发票据把它们收回来。这钱国内又用不了，只有到美国去买美国的国债和企业债券，存到国外银行，而国外的政府和企业又拿着这些钱到我们国内投资。

和实体经济一样，货币这个符号经济的循环，两头还是有赖于国外市场。

由于这种如中国经济学家张曙光所说的“实物运动和货币运动的双向循环和双向依赖”，形成了“中国造商品，美国发货币”的格局。

然而，这种全球经济失衡现象不可持续。经济学家们早已在呼吁。美国经济学家不断建议美国政府要想办法提高储蓄率，缩小财政赤字，而中国经济学家则反复建议中国政府要改变以创汇为目的的出口战略，提升中国出口产品的附加值。

除了经济改革的努力外，对美国政府来说，或许最重要的是，他们应该想想怎么和中国相处。

在这个夏天，美国《时代》周刊、《新闻周刊》和《美国新闻与世界报道》三大杂志都推出了关于中国的封面报道，主题之一就是：怎么和中国相处。

媒体的思考到政府的政策之间或许还有很长的路要走。

正如《华尔街日报》所说，中海油对尤尼科的并购要约，将在两方面测试美国的勇气：一是自由贸易，二是在全球经济中给中国一杯羹的美国宏观外交策略。

中海油有限公司　傅成玉

董事长兼CEO。在尤尼科和雪佛龙的公司总部所在地加州（南加州大学）获硕士学位，有20多年和外国石油公司一起领导合资公司的历史。在提出要约收购后，虽坐镇北京，但频繁接受西方主流媒体的采访，并给国会写信，在《华尔街日报》撰文，还主动要求美国外国投资委员会审查，开创了中国大型国企领导人与西方主流社会沟通的范例。他不断重申此次收购是“纯粹的商业收购”，一切都是按照美国的规则来运作。如果这次收购因为政客的阻挠而失败，“就好像突然之间我们发现，教我们自由贸易的老师说，他教给我们的东西不能用。”

尤尼科公司　查尔斯·威廉姆斯（Charles R. Williamson）

公司董事长兼CEO。8月10日，公司将就雪佛龙的并购要约进行股东投票。在这之前，该公司也同时跟中海油在磋商并购细节。在对员工的一封信中，威廉姆斯说公司“需要和未来几个星期内和中海油就一系列事情进行谈判，以搞清楚是否有可能达成一个满意的协议。”

美国政府的最终裁决机构

美国外国投资委员会

约翰·斯诺

美财政部部长，美国外国投资委员会主席。该委员会是财政部领导下的一个跨12个部门的委员会。如果总统觉得需要，该委员会将在法律框架内对外国收购本国企业是否危及国家安全做最终裁决，通常是针对一个已经签约的并购案展开审议。斯诺曾说过，如果中海油和尤尼科达成并购交易，美国外国投资委员会将会启动相关审查。今年3月份，该委员会批准了联想对IBM公司的PC业务的收购。

交锋

中海油及其支持者的回应

（1）把油从墨西哥湾和美国的其他生产点输送到中国，经济上肯定不合算，因为这么远距离的输送成本太高。更何况美国还是世界上最大的石油市场。对中海油这样一个在纽约上市的、讲求股东回报的公司来说，不仅要把石油留在美国，而且还会加大在这些地方的采油力度，为美国提供更多的石油天然气。

（2）母公司中海油总公司将为中海油有限公司提供45亿美元次级贷款，利息为低于市场的3.5%，此外还有25亿美元两年期次级无息过桥贷款。

支持者称，母公司提供的资金，是利用美元计价信贷额度向中国建设银行、中国农业银行和中国进出口银行等银行借贷而来的。虽然这些银行都是国有的，但它们都以商业利率在国际市场上借入美元，估计其借入利率比美国国债收益率高出约80个基点。

它们很有可能在向中海油的母公司贷出这笔资金时有所盈利，尤其是这三家银行目前正处于改革的动荡中，其中建设银行即将进行海外上市。

3/4石油产业是一个极端全球化的产业，相关的技术研发、销售等也是一个成熟的行业。很多石油服务公司专门提供石油产业的相关技术。傅成玉说，那些担心中国会把一些深水钻井技术用于军事目的，是一些不懂石油的人的“想象”。“这些技术已经存在了好多年了，你听说过有哪个国家把它用于军事目的的？”傅成玉反问道。

雪佛龙和国会担心或反对的理由：

（1）中国对石油的依赖与日俱增，国有控股的中海油如果收购了尤尼科，那么尤尼科的石油资源将优先输送给石油饥渴的中国；

（2）中国政府控股70%的中海油有限公司有1/3的并购资金来自中国政府的低息或无息贷款，相当于政府补贴，属不公平竞争；

（3）尤尼科拥有的石油勘探、生产和提炼技术中有些可用于军事，而中国是个社会主义国家；

（4）中国国有控股的石油公司在伊朗、苏丹这些地方都很活跃，一旦收购完成，这些可用于军事的技术有可能会出口到这些受美国贸易制裁的国家。

根据上述材料，分析反垄断法具有的两面性。

第十章　项目投资决策经济分析

教学目的：对于创造价值而言，投资决策是企业三项决策中最重要的决策。投资决策决定着企业的前景，以至于提出投资方案和评价方案的工作已经不是财务人员能单独完成的，需要所有经理人员的共同努力。通过本章的学习学生要了解投资的程序、掌握投资分析中重要的计算方法—时间价值、分析中关键要素——现金流量和重要经济评价指标、多方案的比选。

教学内容：时间价值的计算、现金流量的估算、动态指标的计算和运用、多方案的比选。

引例

一、项目资料

（一）公司背景

某进出口（集团）总公司成立于1959年，1993年改组为综合型外贸集团公司，注册资金为4亿元人民币，以"大经贸"、"市场多元化"、"以优取胜"为发展战略，大力开展技术与成套设备进出口、国际工程承包与劳务合作、实业投资及一般贸易等方面的经营业务，以平等互利原则，积极同境内外经济组织、社会团体、工商企业开展多种形式的经济技术合作和贸易往来。集团化、国际化、实业化、多元化战略布局取得成效。

云南某生物（集团）公司是目前元江最大的芦荟种植加工企业，拥有近1 000亩芦荟，注册资金1 000万元。其中：总经理投资410万元，占股份的41%；县农贸公司投资400万元，占股份的40%；县糖厂投资190万元，占股份的19%。生产的"生命故事"系列芦荟产品，包括化妆品、保健食品等，取得了良好的经济效益。

该进出口总公司和云南某生物制品公司合作开发一个芦荟生产项目，共同投资成立绿远公司经营该项目。

（二）芦荟产品市场预测

芦荟是百合科草本植物，具有护肤、保温、抗菌、防辐射、提高免疫力等多种功能。在世界范围内，芦荟已广泛用于化妆品、保健食品、饮料工业等领域。芦荟产业的兴起，迎合了化妆品朝高雅、自然、温和无刺激、保湿、防衰老发展的趋势，食品工业朝绿色无污染、改善饮食结构，注重健康发展的趋势。开发和利用芦荟植物资源，符合国家生物资源产业发展方向，是人类生存的客观要求，是新兴的朝阳产业。

1. 国内市场需求预测

我国是发展中国家，在改革开放方针的指引下，经济高增长，经济发达地区和中心城市的居民已步入小康阶段。伴随着人们收入的增加和生活水平的提高，化妆品和保健品的市场需求将迅速增加。根据化妆品工业协会与国际咨询公司预测，中国化妆品市场今后几年将以10%～20%的年均增长率发展。其中，作为化妆品新生力量芦荟化妆品，将以高于整个化妆品产业发展速度增长，这是化妆品业内人士的普遍估计。保健食品工业若以年均8%的速度递增，则2005年保健食品工业所需的芦荟工业原料折合冻干粉约8吨。专家们预测，芦荟工业原料在化妆品工业中的增长速度为15%～25%概率较大，在保健食品中将稳定发展，据此估计，2005年炉灰工业原料的需求折合冻干粉48～80吨。

2. 国际市场发展预测

改善健康状况，提高生活质量，追求自然与人类的和谐与统一和可持续发展已成为21世纪的主流方向。植物提取物正逐步取代化学合成品，生物技术迅速崛起，绿色、回归自然渐成时尚。由于芦荟植物能很好地迎合人们新的需求，其产品必将成为21世纪继续重点开发的对象。从市场的分布来看，当前芦荟市场主要分布在美国、日本及欧洲等少数发达国家，芦荟产业的发展是不均衡的，尚未开发和潜在的市场是巨大的。

3. 规避风险方面

在项目生产工艺方案部分，本套生产线不仅可以用于芦荟浓缩的生产，还可以用于水果汁的生产。因此，如果市场不景气，没有达到设计的生产能力，那么可以利用本套生产线的剩余生产能力生产水果汁。由于固定资产投资额大，投资回收期长，巨额投资一旦投出就难以改变，具有很大的风险性。那么，即使未来不确定因素不利于生产芦荟产品，本套生产线还可以及时转产水果汁，改变投资、经营策略，为化解风险降低成本多提供一种途径，同样也可能产生较大的经济效益和社会效益。

（三）项目生产能力及产品方案

从上面的市场分析可以看出，选择年产40吨芦荟冻干粉的生产规模是比较妥当的。具体产品方案为：

(1) 芦荟浓缩液800吨（折合冻干粉40吨），建成芦荟浓缩液生产线一条。400吨供应冻干粉生产线作为原材料，其余400吨无菌包装后外卖。

(2) 年产芦荟冻干粉20吨，建成芦荟冻干粉生产线一条。

（四）厂址选择

该项目拟建于云南省玉溪市元江县城郊，距县城约3千米，在原元江县供销社农资公司仓库南侧征地20亩，新建加工厂区，元江县供销社为本项目股东之一，对其原有仓库、办公楼等建筑物进行统一规划，留作安装芦荟终端产品生产线适用。

（五）项目总投资估算

项目总投资3 931.16万元，其中：建设投资3 450.16万元，占总投资的87.76%；流动资金481.01万元，占总投资的12.24%。工程费用和其他费用形成固定资产，其中芦荟浓缩液车间、冻干粉车间几个管理部门使用的固定资产分别为1 914.38万元、1 197.38万元和67.39万元；预备费用形成开办费用。

（六）资金的筹集与使用

(1) 资金筹集

本项目总投资3 931.16万元，其中：1 572.46万元向商业银行贷款，贷款利率8%；其余资金自己自筹，投资者期望的最低报酬率为24%。这一资本结构也是该企业的目标资本结构。

(2) 资金使用计划

本项目建设期一年，总项目投资中，建设投资3 450.16万元，应在建设期期初一次全部投入使用，流动资金 4 81.00 万元，在投资第一年初一投入使用。项目生产期为 15 年。

（七）财务成本数据测算

1. 产品成本估算依据

（1）材料消耗按工艺定额和目前价格估算。

（2）工资按定员与岗位工资标准估算，总定员 120 人，人均年工资 6 420 元。福利费按工资总额的 14％计提。根据全场劳动定员，计入芦荟浓缩液、冻干粉成本中的工资及福利费分别为 321 480 元和 116 280 元。其余部分计入管理费用和销售费用，已包含在下面的预计中。

（3）制造费用估计，预计芦荟浓缩液、冻干粉的年制造成本分别为 2 125 012.94 元、1 375 747.94元，其中包含折旧费，折旧费按 15 年计算，残值率按 5％计算。除折旧外，其余均为可变成本。

（4）管理费用估计。开办费按 5 年摊销；折旧费按 15 年计算，残值率按 5％计算；其他管理费用估算为 80 万元/年（含工资），其中 60 万元为固定资产。

（5）销售费用估计。销售费用估算为 288 万元，其中包括人员工资及福利费、广告费、展览费、运输费、销售网点费等，其中 200 万元为固定成本。

2. 销售价格预测

本项目销售价格按国外报价的 50％计算，即浓缩液 60 000 元/吨、冻干粉 1 200 000 元/吨。

3. 相关税率

为简便起见，本案例假设没有增值税。城建税和教育费附加等已考虑在相关费用的预计中。所得税税率按 33％计算。

二、项目财务可行性分析

（一）现金流量测算

1. 投资期现金流量

$$NCF_0 = -3\,450.16(\text{万元})$$

$$NCF_1 = -481.00(\text{万元})$$

2. 经营期现金流量

浓缩液总成本＝23 321.21×800＋321 480＋2 125 012.94＝21 103 460.94（元）

浓缩液单位成本＝21 103 460.94÷800＝26379.33（元/吨）

冻干粉总成本＝557 821.7×20＋116 280＋1 375 747.94＝12 648 461.94（元）

冻干粉单位成本＝12 648 461.94÷20＝632 423.10（元/吨）

注：各年现金净流量计算过程略。

销售收入＝60 000×400＋1 200 000×20＝48 000 000（元）

3. 终结期现金流量

NCF_{16}＝481＋（1 914.38＋1 197.38＋67.39）×5％＝3 179.15（万元）

（二）折现率的确定

在本案例中，项目总投资 3 931.16 万元，其中：向商业银行贷款 1 572.46 万元，贷款利率 8％；其余 2 358.7 万元为发股募集，投资者期望的最低报酬率为 24％。这一资本结构也是该企业的目标资本结构。所以根据目标资本结构和个别资金成本测算折现率为 16％。

（三）投资评价指标的计算

（1）年平均报酬率＝（1 631.04×5＋1 613.52×10）÷15÷3 931.16＝41.19％

（2）项目静态投资回收期＝3＋669.08÷1 631.04＝3.41（年）

（3）净现值

$$\begin{aligned} NPV &= 1\,631.04\times(P/A,16\%,5)\times(P/F,16\%,1)+1\,613.52\\ &\quad\times(P/A,16\%,10)\times(P/F,16\%,6)+3\,179.15\\ &\quad\times(P/F,16\%,16)-3\,450.16-481\times(P/F,16\%,1)\\ &= 4\,236.53(\text{元}) \end{aligned}$$

由于 $NPV>0$，方案可行。

（4）内部收益率

$IRR=32.12\%$

由于 $IRR>16\%$，方案可行。

（四）投资项目敏感性分析

由于本项目净现值远远大于0，内部收益率32.12％远远大于16％，说明本方案经济效益十分好，具有很强的抗风险能力，所以没有进行敏感性分析。

本案例是一个完整的案例，本章我们将重点介绍项目投资的可行性分析及指标是如何计算的？计算出的指标如何运用？方案与方案如何比选的问题。

第一节 投资概述

一、什么是投资

投资是指经济主体为了在未来可预见的时期内（通常指一年以上）实现特定的目的，而在一定时机、以特定投资项目为对象进行的资金或实物等货币等价物的投放的一种经济行为。它是企业重要的经济活动之一，企业只有通过投资活动才能达到生存、发展、盈利的目的。例如对内投资——设置厂房、购买设备投入到企业的日常营业中去或对外投资——买股票、债券等有价证券获取投资收益等都是投资。本章主要讨论的是项目投资（内部投资）。

从投资的定义可以看出，投资具有以下特点：①目的性——企业投资的目的可能是为了获利、扩张、分散风险、控制等，但最主要的就是获得收益或货币增值，即最终实现企业的理财目标；②时间性——特定的投资时机而且投资期间比较长，所以对企业的影响比较大；③收益性——企业投资的特定项目的收益一定可观，即准备实施的项目的产出比投入要大(项目的净收益是正的)，否则项目投资就是不可接受的；④风险性——影响企业未来收益的因素有很多，加上投资额大、投资期间长等使得投资项目的风险比其他类型的投资大，会给企业带来巨大的损失，所以我们要用科学、正确的方法来指导投资决策。

二、投机和投资的关系

投机和投资存在以下联系：投机是投资的特殊形式，两者的基本目的一致，两者的收益都带有不确定性。

投机和投资的不同之处：投资的期限较长、着眼于长期利益、投资风险较小；投机的期限较短、谋取短期的利益，投机也被称为“高风险的投资”。

积极的投机可以引导市场资金的流向、平衡作用、动力作用、保护作用；消极的投机活动会使一些投机者在很短的时间内暴富。而使另一些投机者在很短的时间内破产损失，不利于社会稳定；违背证券市场“公正、公平、公开”的原则，造成市场的混乱；形成虚假的市场繁荣和需求，形成泡沫经济，影响国民经济的稳定运行。

三、投资程序

项目提出——项目评价——项目决策——项目执行——项目再评价

根据企业的特定时期的客观情况及时地提出可供选择的项目投资方案，在备选的多组方案中运用投资的评价指标对项目的可行性进行评价，从中选择相对最优的方案作为实施的项目，决定实施项目后要积极准备资金进行项目投资，在项目的实施中要进行事中控制，如有偏差及时纠正，项目实施完后要进行项目后评价。

第二节　现金流量的构成

一、现金流量的概念

任何一项投资活动都离不开资金活动，而在这个资金活动中必然要涉及到现金流量的问题。明确现金流量的概念，弄清现金流量的内容，正确估算现金流量是进行投资方案效益分析的前提，也是进行科学的投资决策的基础。

现金流量是一个综合概念，从内容上看它既包括现金流入、现金流出和净现金流量三个部分，从形式上看它又包括各种形式的现金交易，如货币资金的交易和非货币（货物、有价证券等）的交易。

为了便于说明现金流量的概念，我们把投资项目看作是一个系统，这个系统有一个寿命周期，即从项目发生第一笔资金开始一直到项目终结报废为止的整个时间称为项目的寿命期。但不同的项目进行比较时，不一定都用项目的寿命周期进行比较，而是选用一个计算期来比较，因此，考察投资项目系统的经济效益时，常常用计算期。每个项目在其计算期中，各个时刻点都会有现金交易活动，或者是流进，或者是流出，这个现金流进、流出就称为现金流量。

具体地讲，现金流入是指在项目的整个计算期内流入项目系统的资金，如销售收入、捐赠收入、补贴收入、期末固定资产回收收入和回收的流动资金等。现金流出是指在项目的整个计算期内流出项目系统的资金，如企业投入的自有资金、上缴的销售税金及附加、借款本金和利息的偿还、上缴的罚款、购买原材料设备等的支出、支付工人的工资等都属于现金流出。净现金流量是指在项目的整个计算期内每个时刻的现金流入与现金流出之差。当现金流入大于现金流出时，净现金流量为正，反之为负。它们是每个时刻真实的现金流入和流出，与会计上的权责发生制是完全不一样的。比如其中的折旧、摊销，在会计中每年计入总成本中从收入中得到弥补；而投资决策中不属于现金流出，它们作为期初形成固定资产、无形资产等的投资额已经算现金流出，如果再算就重复了。综合起来，现金流量的构成如图 10 - 1 所示。

$$\text{现金流量}\begin{cases}\text{现金流入}\\\text{现金流出}\\\text{净现金流量}=\text{现金流入}-\text{现金流出}\end{cases}$$

图 10 - 1　现金流量的构成

从以上关于现金流量概念的分析中，我们不难看出，现金流量的计算不仅有本身的计量单位，还有一个时间单位。一般情况下，现金流量本身的计量单位为“元”、“万元”、“美元”等。但时间单位是多少呢？这就需要根据利息的计算时间单位来确定了。如果利息的计算时间单位为一年，那么现金流量计算的时间单位也为一年；如果利息的计算时间单位为一月，那么现金流量计算的时间单位也为一月。即现金流量计算的时间单位为计息期。什么是利息？什么是计息期？关于这些问题将在后面的章节中介绍。

现金流量的估计应注意两个成本，即沉没成本和机会成本。

沉没成本是指不因决策而变动的成本，它是在投资决策前就已经支出、或者承诺将来必须支付的费用。例如，某企业现在有一个决策，确定是否接受一笔生产订单。那么在生产规模以内，原有的固定资产投资就是沉没成本，它不会因为是否接受生产订单而发生变化，它在建厂初期就已经发生了。沉没成本一旦形成就不可避免。因此，在决策过程中分清哪些是沉没成本，因为在进行投资决策时通常不考虑沉没成本。

机会成本是指资源用于某种用途后放弃了其他用途而失去的最大收益。在投资经济学中，我们常常假设资源是稀缺的（事实也是这样）或者有限的，资源只能投资到一些项目或部分项目。资源的稀缺性和替代性也要求将资源优化配置，即将有限的资源投入到最有价值和获利最大的地方，或者说将有限的资源投入到投资者付出代价最小的地方。这样，投资者就必然要放弃将资源投入到其他项目中。这就出现了机会成本。机会成本是投资决策中经常采用的一种成本，尤其在项目的国民经济分析中经常采用。

二、现金流量图

一个项目的建设和实施都要经历很长一段时间，在这个时间内，现金流量的发生次数非常多，且不同的时间点上发生的现金流量是不尽相同的。例如，在项目的建设期，有自有资金的投入、借入资金的投入、贷款还本付息的支出等；在生产经营期，有销售收入的取得、利息补贴返还、经营成本的支出、利息的偿还、税金的缴纳、固定资产余值的回收及流动资金的回收等。这些现金流量种类繁多，发生的时间不同、数值大小各异、属性不同，有的属于现金流入，有的属于现金流出。因此，为了便于分析，通常用图的形式来表示各个时间点上发生的现金流量。

现金流量图如图 10-2 所示。这种用坐标轴、箭头、时刻点、数字等来表示的图就叫现金流量图。具体讲，现金流量图是描述项目整个计算期内各时间点上的现金流入和现金流出的序列图。

现金流量图中的横轴是时间轴，一般是向右的箭头轴。时间轴上刻有时刻点，并标注有时刻数字。每相邻两个时刻点间隔的长度相等。时间轴箭头末端还应标注时间单位。纵轴是现金流量轴，表示现金流入或流出。箭头的长短表示现金流量的大小，箭头越长，现金流入或流出量越大，箭头越短，现金流入或流出越小。现金流量的方向与现金流量的性质有关，一般箭头向上表示现金流入，箭头向下表示现金流出。箭头末端应标注现金流量的金额数字。如图 10-2 中，第 1 期初（第 0 年）现金流出 1 000，第 1 期末现金流入 300，第 2 期末现金流出 300，第 3 期末现金流入 500，第 4 期末现金流出 500，第 5 期末现金流出 300，第 6 期末现金流入 800。

从上图可见，现金流量图的构成要素有：现金流量的大小、现金流量的方向（纵轴）、时间轴（横轴）和时刻点。

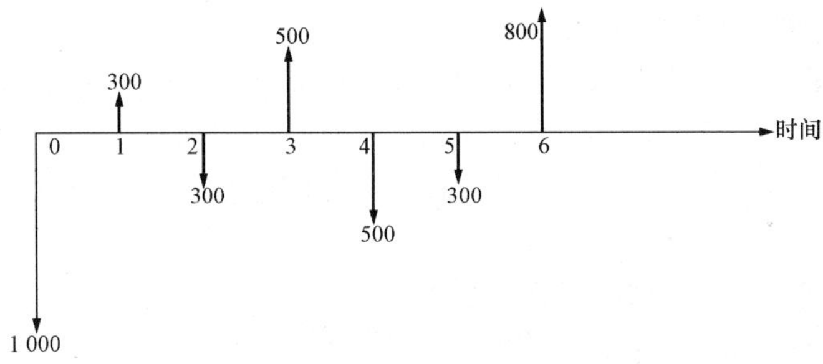

图 10-2　现金流量图

现金流量图是项目经济效益分析的工具。通过绘制项目或投资项目整个计算期内的现金流量图，可以理清分析人员的思路，使项目的现金流入和流出一目了然，不仅便于计算，而且不容易出现遗漏。因此，学习投资决策时的首要任务就是要学会绘制项目的现金流量图。

【例 10-1】 某公司现有两个投资方案 A 和 B 可供选择。A 方案的寿命周期为 4 年，B 方案的寿命周期为 6 年。A 方案的初期投资为 100 万元，每年的收益为 70 万元，每年的运营成本为 20 万元。B 方案的初期投资为 200 万元，每年的收益为 100 万元，每年的运营成本为 20 万元，最后回收资产残值为 50 万元。试绘制两方案的现金流量图。

经分析，两方案的现金流量图绘制如图 10-3 和图 10-4 所示。

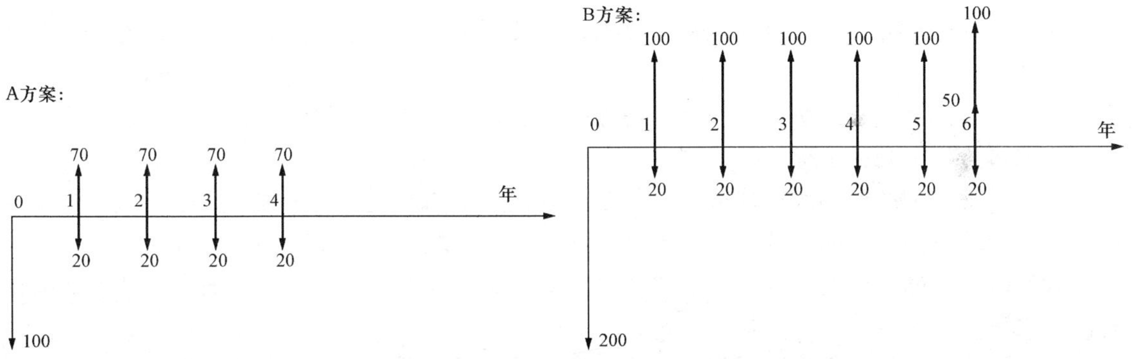

图 10-3　A 方案的现金流量图　　　　图 10-4　B 方案的现金流量图

绘制现金流量图时应注意：①现金流量图上的时间轴上所标的时刻既表示本期的期末也是下一个时期的期初；②认真分析并确定项目的现金流入和流出，现金流入箭头向上，现金流出箭头向下。因借贷双方的“立脚点”不同，理解不同；③投资一般画在期初。假设所有的投资额期初一次性全部投出；④从项目的整个计算期（或寿命周期）来考察；⑤反复检查，不要有遗漏。

三、现金流量的构成

（一）通常情况下一个投资方案现金流量有以下三部分组成

（1）初始现金流量——固定资产、无形资产、递延资产的投资和流动资金的投资；

（2）经营期内的现金流量——销售收入、经营成本、所得税；

（3）终结点现金流量——流动资金的回收、固定资产的净残值。

（二）新建投资项目的现金流量

（1）现金流入量——经营收入（营业收入）、回收固定资产残值、回收流动资金、其他流入。

（2）现金流出量——建设投资、流动资金、经营成本（付现成本）、各项税金、其他流出。

（3）经营成本＝该年度的总成本费用—该年度折旧—该年度摊销额－利息－维简费

（4）净现金流量＝各年的现金流入－现金流出

建设期的金现金流量＝0－现金流出＝－投资额

经营期的净现金流量（不包括终点）＝现金流入－现金流出＝营业收入－经营成本－所得税
＝净利润＋折旧＋摊销＋利息＋维简费

经营期终点的净现金流量＝现金流入－现金流出
＝营业收入＋流动资金回收额＋固定资产净残值－经营成本－所得税
＝净利润＋折旧＋摊销＋利息＋维简费＋流动资金回收额＋固定资产净残值

（三）改扩建项目增量现金流的计算

改扩建项目增量现金流的计算方法是增量法。能否正确计算增量现金流，将对项目决策的正确与否产生重大影响。

1. 增量效益的确定

“有项目”销售收入＝“有项目”产品年产量×销售单价（不含增值税）

增量销售（营业）收入＝“有项目”销售（营业）收入－“无项目”销售（营业）收入

当产出物外销时，应计算外汇销售收入，并按评价时现行汇率折算人民币，再计入销售收入总额。

增量销售税金及附加＝“有项目”销售税金及附加－“无项目”销售税金及附加

一般可分以下几种情况。

（1）单纯增加产量的改扩建项目，其增量效益为新增产量的销售收入。

（2）单纯增加产品品种的改扩建项目，新增效益为新增产品品种的销售收入。

（3）改变产品结构的项目，其新增效益是新产品结构下的销售收入与旧产品结构下的销售收入之差。

（4）不增加产量只提高质量的改扩建项目，其增量效益为质量提高后销售量的增加或售价的提高带来的收益增加额。

（5）单纯降低生产成本的改扩建项目，其增量效益为成本降低额。

（6）改善劳动条件的改扩建项目，其增量效益为医疗费的减少、职工出勤率的提高等方面的效益。其中很多难以具体计算，在实际工作中往往只做定性分析。

2. 增量费用的确定

改扩建项目的增量费用主要包括固定资产投资以及经营成本的增量，其确定仍以有项目与无项目差额为基础。

（1）增量投资。增量投资为有项目投资与无项目投资的差额。由于有项目投资和无项目投资均包括原有固定资产价值，所以二者的差额实际上是有项目时的新增投资。如果原有固定资产有需要变卖的，其价值按变卖价值和变卖时间另行计入现金流入及资金来源栏内，不能冲减新增投资。

增量投资＝“有项目”投资－“无项目”投资

＝（“有项目”新增总资金＋项目范围内原有资产价值）

－（“无项目”追加总资金＋项目范围内原有资产价值）

＝“有项目”新增总资金－“无项目”追加总资金

新增总资金＝新增固定资产投资＋新增流动资金 ＋新增自有资金

（2）增量经营成本。在确定增量经营成本时，如果改扩建项目同时存在几种目标，则要计算有项目与无项目的经营成本差额，以免重复计算或漏算。

“有项目”总成本－“无项目”总成本＝增量总成本费用

“有项目”经营成本 －“无项目”经营成本＝增量经营成本

第三节　资金的时间价值

投资决策的一个很重要的任务就是要决定项目是否可行？那么就要对项目本身在各种预测数据的基础上进行计算，看项目是否盈利？而要进行计算面临一个问题：项目决策引起的现金流入、现金流出的数额发生在不同的时刻点上，而发生在不同时刻上的现金流是不能直接相加减的，这就需要把不同时刻上的现金流入、现金流出折算到同一时点，这种计算方法就是我们这节要学习的资金的时间价值。

一、资金时间价值的概念

在日常生活中，今年的1元钱是否等于明年的1元钱呢？结果是否定的。因为如果将1元钱放在家里不动，从形式上看把1元钱放在家里，钱没有运动，但实际上资金在无形地运动，资金在运动过程中就产生了价值，因此，今年的1元钱不等于明年的1元钱。这就是资金时间价值。

再看投资项目。上一节讲过，进行投资方案分析时，主要是着眼于方案在整个寿命期内的现金流量。方案在整个寿命期内的现金流量是不尽相同的，那么这些不同时点上的现金流量能否直接相加以判断方案的优劣呢？下面先看一个例子。

【例10-2】 某公司面临两个投资方案Ⅰ和Ⅱ。寿命期均为5年，初始投资均为1 000万元，但两个方案各年的收益不尽相同，见表10-1。

表10-1　Ⅰ、Ⅱ两个方案每年的收益　单位：万元

方案 \ 年份	0	1	2	3	4	5
Ⅰ	－1 000	200	200	250	350	350
Ⅱ	－1 000	300	300	300	250	150

上述两个方案哪个方案更好呢？假如把两个方案在整个寿命期内的现金流量直接相加，方案Ⅰ的净现金流量为350万元，Ⅱ方案的净现金流量为300万元，从这个数字上看好像Ⅰ方案比Ⅱ方案优越些。但是，假如我们考虑资金的时间价值，结果就会完全不同。

设现在折现率为10%，分别计算两个方案的净收益，Ⅰ方案的净收益为－8.686 7万元，Ⅱ方案的净收益为9.961 6万元（计算方法待第五节介绍）。显然上面的结论不正确。

为什么会出现与上面相反的结论呢？让我们来看看两个方案的现金流出的时间。投资（现金流出）都发生在期初，且都是1 000万元。但两个方案的收入（现金流入）则不同。方案Ⅰ在前面年份现金流入少，而方案Ⅱ在前面年份现金流入多。先收回的资金可以再用来投资以产生新的价值，即方案Ⅱ前面年份先收回的资金产生的价值大于方案Ⅰ后收回的资金产生的价值。所以说，Ⅱ方案优于Ⅰ方案。这就是投资项目资金的时间价值。

总之，资金的时间价值就是指资金在运动过程中会随着时间的推移而发生价值的增加，增加的那部分价值就是原有资金的时间价值。资金具有时间价值并不意味着资金本身能够增值，而是因为资金代表一定量的物化产物，并在生产与流通过程中与劳动相结合，才会产生增值。例如，如果银行的存款年利率为2%，那么把今年的100元钱现在存入银行，到明年这时就可以从银行取出102元（不考虑利息税），这2元就是资金的时间价值。或者说今年的100元等于明年的102元，明年的100元等于今年的100÷1.02＝98.04元，其中102元与100元、100元与98.04元之间的差别也是资金的时间价值。承认资金的时间价值，对于比较投资项目方案非常重要。

二、资金时间价值的影响因素

上面的例子中，两个方案按照相同的利率10%计算，净收益不同。如果方案Ⅰ的寿命期改为6年，第六年收益为100万元，方案Ⅱ的所有条件不变，那么方案Ⅰ的净收益将变为47.7607万元，方案Ⅱ的净收益仍为9.9616万元，这时方案Ⅰ优于方案Ⅱ。为什么会出现这样的情况呢？原因是资金的时间价值受许多因素的影响。

那么资金的时间价值与哪些因素有关呢？我们再改变上面的方案Ⅰ和Ⅱ例子中的收益、寿命期、利率等，得出的结论都不同。因此，从投资者的角度来看，资金的时间价值受以下因素的影响：

（1）投资额。投资的资金越大，资金的时间价值就越大。例如，如果银行的存款年利率为2%，那么200元存入银行，一年后的收益为204元。显然200元的时间价值比100元的时间价值大。

（2）利率。一般来讲，在其他条件不变的情况下，利率越大，资金的时间价值越大；利率越小，资金的时间价值越小。如银行存款年利率为2%时，100元一年的时间价值是2元；银行存款年利率为5%时，100元一年的时间价值是5元。

（3）时间。在其他条件不变的情况下，时间越长，资金的时间价值越大，反之越小。如银行存款年利率为2%时，100元二年的时间价值是4.04元，比一年的时间价值大。

（4）通货膨胀因素。如果出现通货膨胀，会使资金贬值，贬值会减少资金的时间价值。

（5）风险因素。投资是一项充满风险的活动。项目投资以后，其每年的收益、寿命期、利率等都可能发生变化，使项目遭受损失，也可能使项目获得意外的收益。这就是风险的“双刃剑”。不过，风险往往同收益成比例，风险越大的项目，一旦经营成功，其收益也大。这就需要对风险进行认真的预测与控制。

由于资金的时间价值受到上述多种因素的影响，因此，在对项目进行投资分析时一定要从以上几个方面认真考虑，谨慎选择。

三、时间价值计算的基本公式

（一）资金时间价值的表现形式

资金的时间价值有绝对数形式即利息；相对数形式即利率。在不考虑通货膨胀和风险的情况下，通常以社会平均资金利润率代表资金时间价值。竞争的作用使各个部门的投资报酬率平均化，企业的每个投资项目都应取得社会平均的利润率，否则不如投资于另外的项目或行业。因此资金的时间价值成为评价投资方案的基本标准。

利息可以按年、季度、月、日等周期计算，这种计算利息的时间单位称为计息周期。为便于计算和学习，以下暂时假定利息的计息周期为年。

利息是根据利率来计算的。利率是一个计息周期内所得到的利息额与借贷资金额（即本金）之比，一般用百分比来表示。利率的表达式为：

$$\text{计息周期内的利率} = \frac{\text{计息周期内的利息}}{\text{本金}} \times 100\%$$

利息的计算分单利和复利两种方法。

1. 单利

所谓单利就是每期均按原始本金计算利息，利息不再计算利息。

设 P（Present 的第一个字母）代表原始本金，F（Future 的第一个字母）代表未来值，n 代表计息期数（如年数、月数），i 代表计息周期内的利率，I 代表总的利息。则按照单利计算，n 期内的总利息为

$$I = Pni$$

n 期后的本利和应为

$$F = P + Pni = P(1 + ni) \tag{10-1}$$

【例 10-3】 某人存入银行 2 000 元，年存款利率为 10%，存 3 年，试按单利计算 3 年后此人能从银行取出多少钱？（不考虑利息税）

解：3 年后的本利和 $F = P(1 + ni) = 2\,000(1+3\times10\%) = 2600$（元），即 3 年后此人能从银行取出 2 600 元钱。

2. 复利

所谓复利就是每期均按原始本金和上期的利息和来计算本期利息。也就是说，每期不仅要对本金计算利息，还要对上期的利息计算利息，即所谓的“利滚利、驴打滚”。

仍采用单利的符号及涵义为例。按照复利计算，n 期内每期的利息及本利和见下表所示。

复利本利和计算表

计息周期	期初本金	本期利息	期末本利和
1	P	Pi	$F = P + Pi = P(1+i)$
2	$P(1+i)$	$P(1+i)i$	$F = P(1+i) + P(1+i)i = P(1+i)^2$
3	$P(1+i)^2$	$P(1+i)^2 i$	$F = P(1+i)^2 + P(1+i)^2 i = P(1+i)^3$
……	……	……	……
n	$P(1+i)^{n-1}$	$P(1+i)^{n-1} i$	$F = P(1+i)^n$

因此，复利计算公式为

$$F = P(1 + i)^n$$

按照复利计算，n 期末的利息为

$$I = F - P = P(1+i)^n - P = P[(1+i)^n - 1]$$

【例 10-4】 仍以上面单利的例子为例。即本金为 2 000 元，年存款利率为 10%，存 3 年，按复利计算 3 年后能从银行取出多少钱？（不考虑利息税）

解：3 年后复利的本利和 $F = P(1+i)^n = 2\ 000(1+10)^3 = 2\ 662$(元)

即 3 年后此人能从银行取出 2 662 元钱。

从以上的计算可见，在所有条件相同的情况下，一般按复利计算的利息大于按单利计算的利息。而且，时间越长，复利利息与单利利息的差别越大。这就是银行经营与生存的目的之一。个人在银行的存款利息是按单利计算，而银行借放贷的利息是按复利计算。

（二）资金等值的计算

在项目经济分析中，为了正确地计算和评价投资项目的经济效益，必须计算项目的整个寿命期内各个时点发生的现金流量的真实价值。但由于资金存在时间价值，在项目的整个寿命期内，各个时点发生的现金流量是不能直接相加的。为了计算项目各个时点的真实价值，必须要将各个时间点上发生的不同的现金流量转换成某个时间点的等值资金，然后再进行计算和分析比较，这样一个资金转换的过程就是资金的等值计算。

1. 有关资金等值计算中的几个基本概念

为了方便计算，首先介绍几个资金等值的概念。

(1) 现值，用 P 表示。它表示资金发生在某个特定的时间序列的起始时刻的现金流量，即相对于某个特定时间序列的始点开始的将来的任何较早时间的价值。它发生在特定时刻始点以后所有时刻的现金流量的最前面。而且，在经济分析计算中，我们一般都约定 P 发生在起始时刻点的初期，如投资发生在第 0 年（亦第 1 年年初）。在资金的等值计算中，求现值的情况是最常见的。将一个时点上的资金“从后往前”折算到某个时刻点上就是求现值，所以现值是一个相对的概念。求现值的过程也叫做折现（或贴现）。在项目决策的分析计算中，折现计算是基础，许多计算都是在折现基础上换算的。

(2) 终值，用 F 表示。它表示资金发生在某个特定的时间序列的终点时刻的现金流量，即相对于现值的任何以后的时间价值。它发生在特定时刻终点以前所有时刻的现金流量的最后面。在资金的等值计算中，将一个序列时间点上的资金“从前往后”折算到某个时刻点上的过程就叫求终值，所以终值也是相对而言的，不是绝对的。求资金的终值也就是求资金的本利和。在项目决策分析计算中，我们一般约定 F 发生在期末。如第 1 年末、第 2 年末等。

(3) 年金，用 A 表示。它表示发生在每年的等额现金流量，即在某个特定时间序列内，每隔相同时间收入或支出的等额资金。在项目决策分析计算中，如无特别说明，我们一般约定 A 发生在期末，如第 1 年末、第 2 年末等。

(4) 等值。没有特定的符号表示，因为等值相对于现值、终值和年值来说是一个抽象的概念，它只是资金的一种转换计算过程。等值既可以是现值、终值，也可以是年值。如某项目第 5 年的值相对于前面 1～4 年的值来说，它是终值，而相对于 5 年以后的值来说，它又是现值。等值是指在考虑资金的时间价值的情况下，不同时刻点上发生的绝对值不等的资金具有相同的价值。资金的等值计算非常重要，资金的时间价值计算核心就是进行资金的等值计算。

2. 资金等值计算的基本公式

每个投资项目的现金流量的发生是不尽相同的，有的项目一次投资，多次收益；有的项目多次投资，多次收益；有的项目多次投资，一次收益；也有的项目一次投资，一次收益。因此，为了解决以上各种问题的投资项目经济分析计算，我们推导几种统一的计算公式。归纳起来，有图 10 - 5 所示的几种类型的计算公式。

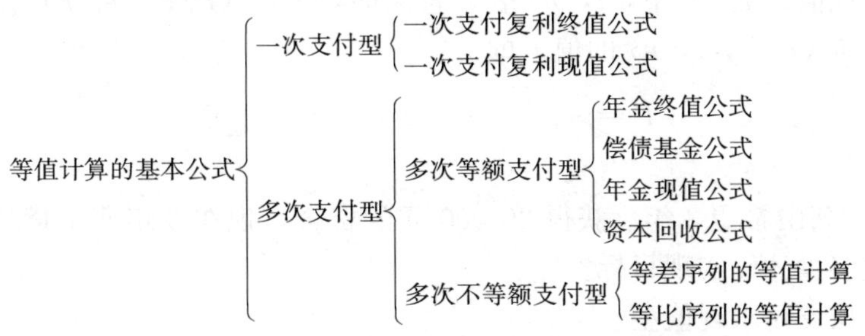

图 10 - 5　资金等值计算的基本类型

(1) 一次支付型。一次支付型又称整付，是指项目在整个寿命期内，其现金流量无论是流入还是流出都只发生一次。一般有两种情况：一种是发生在期初，一种是发生在期末，如图 10 - 6 所示。

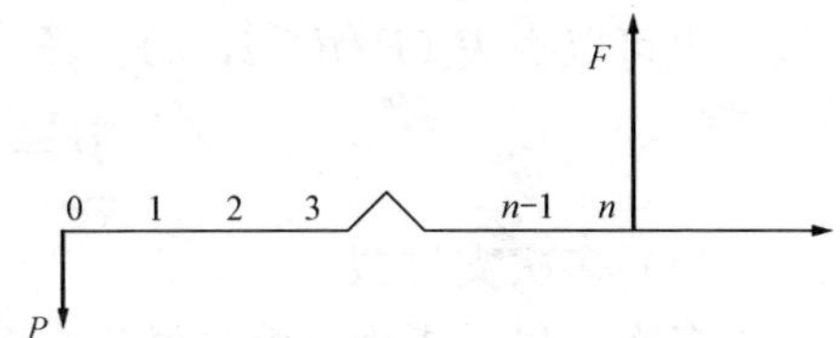

图 10 - 6　一次支付现金流量图

如果考虑资金的时间价值，若图 10 - 6 中的初始流出现金 P 刚好能被最终的收入补偿，那么就说 P 与 F 等值。一次支付型的计算公式有以下两个。

1）一次支付终值公式。

一次支付终值就是求终值。也就是说，在项目的初期投入资金 P，n 个计息周期后，在计息周期利率为 i 的情况下，需要多少资金来弥补初期投入资金 P 呢？这个问题与复利本利和计算相同，因此，一次支付终值公式为

$$F = P(1+i)^n \tag{10 - 2}$$

由于式（10 - 2）中有高次方，因此，为计算方便，经济中常用系数来表示，使用时直接查附录 1 的复利系数表即可。通常把系数 $(1+i)^n$ 称为一次支付终值系数，用符号 $(F/P, i, n)$ 表示。即

$$F = P(1+i)^n = P(F/P,\ i,\ n) \tag{10 - 3}$$

【例 10 - 5】 某企业向银行借款 50 000 元，借款时间为 10 年，借款年利率为 10%，问 10 年后该企业应还银行多少钱？

解： 此题属于一次支付型，求一次支付的终值。

$$F = P(1+i)^n = 50\,000(1+10\%)^{10} = 129\,687.12(\text{元})$$

也可以查 $(F/P,i,n)$ 系数表，得：$(F/P,i,n) = 1.338\,2$，则

$$F = P(F/P,\ i,\ n) = 50\,000 \times 2.593\,7 = 129\,685(\text{元})$$

两种计算方法有一点小差别，是由于小数点的保留位数不同引的，不影响大局。

2）一次支付现值公式。

一次支付现值就是求现值。也就是说，项目在计息周期内利率为 i 的情况下，一次支付现值是一次支付 n 期末终值公式的逆运算。由前式可以直接导出

$$P=\frac{F}{(1+i)^n} \tag{10-4}$$

系数 $1/(1+i)^n$ 称为一次支付现值系数，用符号 $(P/F，i，n)$ 表示。为计算方便，同样可以查一次支付现值系数 $(P/F，i，n)$ 表。查阅时，先找 $(P/F，i，n)$ 系数表，然后根据已知值 F、i、n 查 $(P/F，i，n)$ 的值。即

$$P=\frac{F}{(1+i)^n}=P(P/F，i，n) \tag{10-5}$$

【例 10-6】 高山希望 3 年后获得 20 000 元的资金，现在 3 年期年贷款利率为 5%，那么高山现在贷款多少才能实现目标？

解：这是一次支付求现值型。

$$P=\frac{F}{(1+i)^n}=\frac{20\ 000}{(1+5\%)^3}=17\ 276.75(\text{元})$$

也可以查表 $(P/F，i，n)$。

$$P=\frac{20\ 000}{1.1576}=17\ 277.13(\text{元})$$

(2) 多次支付型。

多次支付是指现金流量发生在多个时刻点上，而不是像前面两种支付那样只集中发生在期初或期末。多次支付分多次等额支付型和多次不等额支付型。等额分付是指现金流量在各个时刻点等额、等间隔连续发生。多次等额支付型有以下 4 个基本计算公式。

1) 等额分付年金终值公式。

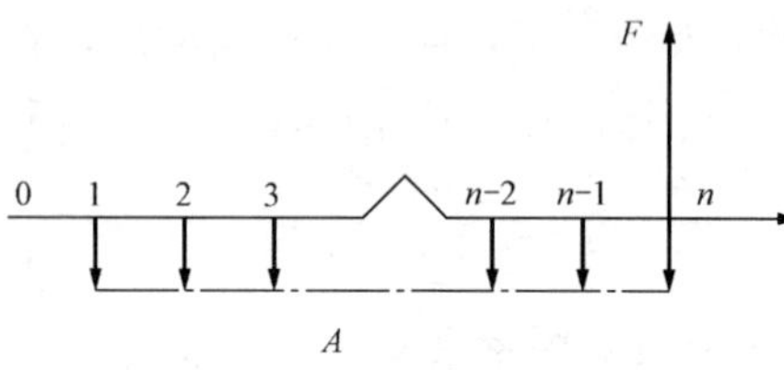

图 10-7 等额分付现金流量图

等额分付年金终值是指现金流量等额、连续发生在各个时点期末，在考虑资金时间价值情况下，各个时刻点的等额资金全部折算到期末即 n 点，求 n 笔资金的终值。等额分付的现金流量图如图 10-7 所示。

图 10-7 中，若已知等额支付值 A，求终值 F，我们可以利用一次支付终值的计算公式来求 F 值。图中的每个 A 都相当于一次支付终值中的一个 P，这样就把每个 A 折算成第 n 年末的终值，然后再把所有的终值相加，即可得等额分付的终值。即有

$$F=A+A(1+i)+A(1+i)^2+\cdots+A(1+i)^{n-2}+A(1+i)^{n-1}$$

我们可以利用等比数列求和的方法对上式求和，也可以利用代数方法求和。利用等比求和公式上式就可以得到

$$F=A\times\left[\frac{(1+i)^n-1}{i}\right] \tag{10-6}$$

式 (10-6) 中的系数 $[(1+i)^n-1]/1$ 称为等额分付年金终值系数，用符号 $(F/A，i，n)$ 表示。可以查书后给出的等额分付年金终值系数 $(F/A，i，n)$ 表来计算，根据已知值 A、i、n，查系数 $(F/A，i，n)$ 的值。

【例 10-7】 某人每年存入银行 10 000 元，存 5 年准备买房用，存款年利率为 3%。问：5 年后此人能从银行取出多少钱？

解：此题属于等额支付型，求终值。

$$F = A\left[\frac{(1+i)^n - 1}{i}\right] = 10\ 000\left[\frac{(1+3\%)^5 - 1}{3\%}\right] = 53\ 091.36(\text{元})$$

也可以查表（F/A，i，n）求解。则

$$F = A(F/A,\ i,\ n) = 10\ 000 \times 5.3091 = 53\ 091(\text{元})$$

2）等额分付偿债基金公式。

等额分付偿债基金是指为了筹集未来 n 年后所需要的一笔资金，在利率为 i 的情况下求每个计息期末等额存入的资金额，或者说已知终值 F，求与之等值的年值 A，这是等额分付终值公式的逆运算。由等额分付年金终值公式可以直接推导出

$$A = F \times \left[\frac{i}{(1+i)^n - 1}\right] \tag{10-7}$$

式（10-7）中的系数 $i/[(1+i)^n - 1]$ 称为等额分付偿债基金系数，可用符号（A/F，i，n）。可以查书后给出的等额分付偿债基金系数（A/F，i，n）表来计算，系数（A/F，i，n）的值。

【例 10-8】 某企业想在 5 年后从银行提出 100 万元用于固定资产的设备更新改造，若银行年存款利率为 5%，那么此人现在应每年存入银行多少钱？

解：已知 $F=50$，$i=5\%$，$n=5$，求 A。

$$A = 1\ 000\ 000 \times \left[\frac{5\%}{(1+5\%)^5 - 1}\right] = 18.05(\text{万元})$$

也可以查表计算

$$A = F \times (A/F,\ i,\ n) = 1\ 000\ 000 \times 0.1810 = 18.10(\text{万元})$$

3）等额分付年金现值。

等额分付年金现值是指现金流量等额、连续发生在每个时刻点上，相当于期初的一次性发生的现金流量是多少。等额分付现值的现金流量图如图 10-8 所示。

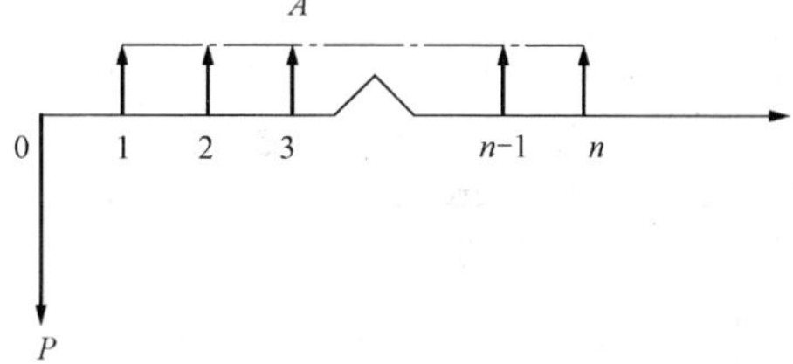

图 10-8　等额分付现值的现金流量

图 10-8 中，若已知等额年值 A，求现值 P。图中的每个 A 相对于 P 来说都是一个终值。计算时可以每个 A 折算到期初，然后再求所有 A 的现值和。利用等比求和公式即可推出

$$P = A\left[\frac{(1+i)^n - 1}{i(1+i)^n}\right] \tag{10-8}$$

式中的系数 $\dfrac{(1+i)^n - 1}{i(1+i)^n}$ 称为等额分付年金现值系数，可用符号（P/A，i，n）表示。计算时也可以查书后给出的等额分付现值系数（P/A，i，n）表计算，方法是根据已知条件 A，i，n 查系数（P/A，i，n）的值。

【例 10-9】 某人为了在未来 15 年的每年年末收回资金 8 万元，在年利率为 5%的情况下，现需要向银行存入多少钱？

解：此题属于等额分付年金求现值型，已知 $A=8$ 万元，$i=5\%$，$n=15$，求 P。

$$P = 80\ 000 \times \left[\frac{(1+5\%)^{15} - 1}{5\%(1+5\%)^{15}}\right] = 83.07(\text{万元})$$

也可以查表计算，$P = 8 \times (P/A,\ i,\ n) = 83.04$（万元）

4）等额分付资本回收公式。

等额分付资本回收是指期初一次性发生一笔资金，用每个计息期等额、连续发生的年值来回收，所需要的等额年值是多少。这就相当于等额分付现值公式中，已知现值 P 求等额年值 A。即

$$A = P \cdot \left[\frac{i(1+i)^n}{(1+i)^n - 1}\right] \tag{10-9}$$

式（10-9）中的系数 $\frac{i(1+i)^n}{(1+i)^n - 1}$ 称为等额分付资本回收系数，用符号 $(A/P, i, n)$ 表示。计算时可以利用书后给出的系数表查表计算。

【例 10-10】 某施工企业现在购买 1 台推土机，价值 10 万元。希望在今后 8 年内等额回收全部投资。若资金的折现率为 3%，试求该企业每年回收的投资额。

解：这是一个等额分付资本回收求每年的等额年值的问题。

$$A = 100\ 000 \frac{3\%(1+3\%)^8}{(1+3\%)^8 - 1} = 14\ 245.64(\text{元})$$

也可以查系数表 $(A/P, i, n)$ 计算得

$$A = 100\ 000 \times 0.1425 = 14\ 245.62(\text{元})$$

等额分付年金也可以连续发生在每期期初，大家可以尝试自己推导，这里不作详细介绍。

（3）多次不等额支付型。

多次不等额支付是指现金流量连续发生在多个时刻点上，但各个时刻点发生的现金流量不完全相等，如图 10-9 所示。多次不等额支付型求现值、求终值可以用一次性求现值、求终值的公式求和得出，这里不再详述。

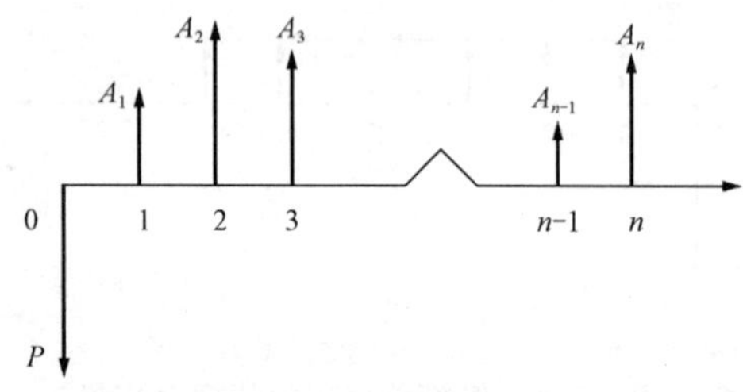

图 10-9 多次不等额支付型现金流量图

（4）名义利率与实际利率的换算。

实际上，复利的计算期间不一定是一年，有可能是半年、季度或月份，在纽约、伦敦、巴黎等金融市场上，短期利率通常以日计算。因此，同样的年利率，由于计息期的不同，本金所产生的利息也不同。因而有名义利率与实际利率之分。

所谓名义利率是指按年计息的利率，即计息周期为 1 年。

所谓有效利率是指按实际计息周期计息的利率，实际计息周期一般短于 1 年。

名义利率和实际利率的换算公式为

$$i = (1 + r/m)^m - 1 \tag{10-10}$$

式中：r 为名义利率；m 为每年计息期数。

【例 10-11】 某企业于年初存入 10 万元，在年利率为 10%，半年计一次复利的情况下，到第 10 年末，该企业能得到多少本利和？

依题意 $P=10$，$r=10\%$，$m=2$，$n=10$

$$i = \left(\frac{1+10\%}{2}\right)^2 - 1 = 10.25\%$$

$$F = P \times (1+i)^n = 10 \times (1+10.25\%)^{10} = 26.53(\text{万元})$$

第二种方法是不计算实际利率，而是相应调整有关指标，即利率变为 r/m，期数相应变为 $m \cdot n$。

$$
\begin{aligned}
F &= P \times (1 + r/m)^{m \times n} = 10 \times (10 + 10\%/2)^{2 \times 10} \\
&= 10 \times (F/P, 5\%, 20) = 26.53(\text{万元})
\end{aligned}
$$

第四节　项目经济效果的评价指标

评价项目技术方案的指标很多，各种指标从不同的角度反映了项目的经济性。本节只讨论那些重要而又经常用到的指标。对各种指标，从形态上分为两大类：一类是考虑时间价值的指标又称动态指标、折现指标，常见的动态指标有净现值、净年值、费用现值、费用年值、将来值、内部收益率、外部收益率、净现值率等；另一类是不考虑资金的时间价值指标也称静态指标、非折现指标，如投资收益率、静态投资回收期等。用静态指标分析方案的经济性简捷易行、方便灵活、节省时间，能够快速得出结论。一般情况下，在项目的投资决策初期，技术经济数据不完备和不精确的项目初选时使用静态指标分析。动态指标是指考虑了资金的时间价值，并从项目或方案的整个寿命期来考察项目经济性的指标。

各种指标是从不同的角度考察项目的经济性，所以，在对项目进行经济效益分析时，应尽量选用不同类型的指标同时分析，以保证评价的合理性和全面性。

本节重点讨论项目经济决策分析中常用的几个指标和基准折现率的确定。

一、静态评价指标

（一）静态投资回收期

静态投资回收期是指从项目的新建之日起，用项目每年的净收益（年收入减年支出）来回收期初的全部投资所需要的时间长度。

即使得下面公式成立的 T_p 即为静态投资回收期

$$
\sum_{t=0}^{T_p} NB_t = \sum_{t=0}^{T_p} (B_t - C_t) = K \tag{10-11}
$$

式中　T_p——静态投资回收期（含项目建设期）；

K——投资总额；

B_t——第 t 年的收入，是 Benefit 的首字母；

C_t——第 t 年的支出，但不包括投资，是 Cost 的首字母；

NB_t——第 t 年的净收益。$NB_t = B_t - C_t$，是 NetBenefit 的两个单词的两个首字母。

如何计算投资回收期呢？有以下两种情况。

1. 公式计算法

如果项目每年的净收益相等，则项目的投资回收期计算公式为

$$
T_p = \frac{K}{NB} + T_k \tag{10-12}
$$

式中　T_p——静态投资回收期；

NB——年净收益；

T_k——项目的建设期。

【例 10 - 12】 某工程项目期初投资 1 000 万元，一年建成投产。投产后每年的净收益为 150 万元。问该项目的投资回收期为多少？

解： 该投资项目每年的净收益相等，可以直接用公式计算其投资回收期。

$$T_p = \frac{K}{NB} + T_k = \frac{1000}{150} + 1 = 7.67(\text{年})$$

2. 列表计算法

如果项目每年的净收益不相等，一般用现金流量表列表计算。但列表计算有时不能得到精确解。因此，为了精确计算投资回收期，还必须使用如下公式

$$T_p = T - 1 + \frac{\text{第}(T-1)\text{年的累计净现金流量的绝对值}}{\text{第 } T \text{ 年的净现金流量}} \qquad (10-13)$$

式中：T 是项目各年累计净现金流量首次出现正值或零的年份。

投资回收期是投资项目的一个评价指标，那么怎么用它来对方案进行评价呢？我们一般是将计算出的投资回收期与基准投资回收期相比较来判断。设 T_0 为基准投资回收期，则

$$\begin{cases} T_p \leqslant T_0 \text{ 时,说明方案的经济效益好,方案可行。} \\ T_p > T_0 \text{ 时,说明方案的经济效益不好,方案不可行。} \end{cases}$$

当多个方案进行比较，在每个方案自身满足 $T_p \leqslant T_0$ 时，投资回收期越短的方案越好。

【例 10 - 13】 某项目期初投资 1 000 万元，一年建成投产并获得收益。每年的收益和经营成本见表 10 - 2。该项目寿命期为 10 年。若基准投资回收期为 6 年，试计算该项目的投资回收期，并判断方案是否可行。

表 10 - 2　　某工程项目的收入和成本　　单位：万元

项目＼年份	0	1	2	3	4	5	6	7	8	9	10
投资额	−1 000										
年收入		400	500	500	550	550	550	550	550	550	580
年经营成本		300	300	200	250	300	300	300	300	300	300

解： 由于项目每年的净收益不等，因此，用列表计算投资回收期。计算见下表 10 - 3。

表 10 - 3　　上表中项目的净现金流量和累计现金流量　　单位：万元

项目＼年份	0	1	2	3	4	5	6	7	8	9	10
投资额	−1 000										
年收入		400	500	500	550	550	550	550	550	550	580
年经营成本		300	300	200	250	300	300	300	300	300	300
净现金流量	−1 000	100	200	300	300	250	250	250	250	250	280
累计净现金流量	−1 000	−900	−700	−400	−100	150	400	650	900	1150	1430

表 10 - 3 中：净现金流量＝ 年收入—年经营成本

$$\text{第 } T \text{ 年的累计净现金流量} = \sum_{T=0}^{T} \text{第 } T \text{ 年的净现金流量}$$

本例中各年累计净现金流量首次出现正值或零的年份是第 5 年。那么，本项目的投资回收期为

$$T_p = 5 - 1 \frac{|-100|}{250} = 4.4(\text{年})$$

本方案的投资回收期短于基准投资回收期，因此方案可行。

（二）投资收益率

投资收益率是指项目在正常年份的净收益与期初的投资总额的比值。其表达式为

$$R = \frac{NB}{K} \tag{10 - 14}$$

式中　K——投资总额，$K = \sum_{t=0}^{m} K_t$；

K_t——第 t 年的投资额；

m——完成投资额的年份；

NB——正常年份的净收益，根据不同的分析目的，NB 可以是税前利润、税后利润，也可以是年净现金流入等；

R——投资收益率。

同样，用投资收益率判断方案的优劣需要用方案的投资收益率与国家或行业确定的基准投资收益率相比较。而基准投资收益率是国家或行业根据历史数据确定的。设基准投资收益率为 R_b，判断准则为

当 $R \geqslant R_b$ 时，项目可行，可以考虑接受。

当 $R < R_b$ 时，项目不可行，应予以拒绝。

若多个方案比较，则在各个方案满足 $R \geqslant R_b$ 时，投资收益率越大的方案越好。

【例 10 - 14】 某项目期初投资 2 000 万元，建设期为 3 年，投产前两年每年的收益为 200 万元，以后每年的收益为 400 万元。若基准投资收益率为 18%，问该方案是否可行？

解：该方案正常年份的净收益为 400 万元，因此，投资收益率为

$$R = \frac{400}{2\ 000} \times 100\% = 20\%$$

该方案的投资收益率为 20%，大于基准投资收益率 18%，因此该方案可行。

从以上的分析计算可见，静态投资回收期和投资收益率均没有考虑资金的时间价值，它们都具有概念清晰、简单易懂的优点。投资回收期不仅在一定程度上反映了项目的经济性，而且还反映了项目的风险大小。因为项目在实施过程中会遇到各种风险，时间越长，风险出现的可能性就越大，风险造成的损失也将越难以预测。为了减少风险损失，投资者就必然希望投资能在短时间内收回，投资者也最关心投资回收期的长短。而投资回收期这个指标正好能满足投资者的要求，在项目的经济评价中具有独特的地位和作用，被广泛采用。

现在再来看一个例子。

【例 10 - 15】 现在某工程项目的建设有三个方案 A、B、C 可供选择，3 个方案每年的净现金流量和寿命见表 10 - 4，试用投资回收期和投资收益率判断方案的优劣。

表 10 - 4 **各比较方案的净现金流量** 单位：万元

方案 \ 年份	0	1	2	3	4	5	6	7	8
A	−1 000	200	200	300	300	300	300	200	200
B	−800	150	150	250	250	250	250		
C	−900	150	200	250	300	300	300	250	

解：A 方案的前四年的净现金流量累计为：−1 000+200+200+300+300=0

B 方案的前四年的净现金流量累计为：−800+150+150+250+250=0

C 方案的前四年的净现金流量累计为：−900+150+200+250+300=0

所以，三个方案的投资回收期均为：$T_p=4$（年）

从投资回收期来看，三个方案的优劣程度相同，难以选择。但从整个寿命来看，方案 A 的净收益为 1000 万元，方案 B 的净收益为 500 万元，方案 C 的净收益为 850 万元，即 A 方案最好。

由此可见，仅用投资回收期来选择方案，出现了困难，这时就需要用其他评价指标来选择方案了，这将在以后学习。我们从这个例子，也不难看出投资回收期的缺点：没有全面考虑投资方案整个寿命期内的现金流量发生的大小和时间，它没有考虑方案投资回收期以后各年的收益和费用。因此，在项目的经济效果分析中，投资回收期只能作为辅助性的评价指标来使用。

不管怎么说，投资回收期可以反映收益弥补投资方案的原始投资的速度，所以，当未来的情况很难预测，或者在项目决策初期资料不全或功能要求不准确，而投资者又特别关心资金的补偿时，投资回收期还是很有用的。

二、动态评价指标

（一）净现值

净现值指标是对投资项目进行动态经济评价的最常用的指标。它是指按照一定的折现率将各年的净现金流量折现到同一时刻（通常是期初）的现值之和。其表达式为

$$NPV=\sum_{t=0}^{n}(CI_t-CO_t)(1+i_0)^{-t} \tag{10-15}$$

式中 NPV——项目或方案的净现值；

CI_t——第 t 年的现金流入额；

CO_t——第 t 年的现金流出额（包括投资）；

n——项目寿命周期；

i_0——基准折现率。

利用净现值判断方案时，对单一方案而言，若 $NPV\geqslant0$，则方案可行，可以接受；若 $NPV<0$ 时，则方案不可行，应予以拒绝。

【例 10 - 16】 某项目的期初投资 900 万元，投资后二年建成并获益。每年的销售收入为 400 万元，经营成本为 200 万元，该项目的经营期为 10 年。若基准折现率为 10%，问该项目是否可行？

解：根据题意，可以计算项目的净现值为

$NPV=-900+(400-200)(P/A,10\%,10)(P/F,10\%,2)=115.58$(万元)

由于该项目的 $NPV>0$，所以项目可行。

净现值指标可以反映项目投资的盈亏情况，可以衡量出投资者对项目在经济上的满意程度。净现值指标的优点是，在给定现金流量、寿命期（或计算期）和折现率的情况下，都能算出一个唯一的的净现值。它是从项目的整个寿命期来考察，并考虑了资金的时间价值，克服了投资回收期的缺点，在理论上比投资回收期更完善，在实践中被广泛采用。但是，利用净现值指标进行投资方案的经济效果分析，也存在两个缺点。

(1) 折现率和各年的收益都是通过事先确定。由于项目的资金来源渠道很多，各种资金来源渠道其资金成本不同，折现率和资金成本很难准确确定，这使得资金成本仅具有理论上的意义，因而实际应用上会受到很大的限制，计算也比较麻烦。

(2) 在方案的比较上，当采用不同方案的投资额不同时，由于比较的基数不同，单纯看净现值的绝对大小，不能直接反映资金的利用率，难以进行比选，必须使用净现值衍生出的另一种评价指标——净现值率。同时如果不同方案的寿命不同，也不能单纯用净现值来进行比较方案的优劣，必须用净年值进行比较。

（二）净现值率（也称作净现值指数）

前面介绍的净现值假设项目投资额相同，寿命相同，如果项目的投资额不同时，我们就不能用净现值来比较，就必须用净现值指数。那么，什么是净现值指数呢？所谓净现值指数是指项目或方案的净现值与其投资额的现值之比。其公式为

$$NPVR=\frac{NPV}{\sum_{t=0}^{m}K_t(1+i)^{-t}} \qquad (10-16)$$

式中　m——项目发生投资额的年限；

K_t——第 t 年的投资额。

用净现值指数指标判断方案的准则是：

$$\begin{cases} NPVP\geqslant 0 \text{ 时,项目或方案可行;} \\ NPVR<0 \text{ 时,项目或方案可行。} \end{cases}$$

当多方案进行比较时，$NPVR$ 最大的方案最优。

【例 10-17】 某项目建设期 3 年，第 1 年初投资 500 万元，第 2 年初投资 300 万元，第 3 年初投资 200 万元。建成当年投产并获得收益，每年的净收益为 400 万元，建成后寿命期为 8 年。如年折现率为 5%，请用净现值率来判断方案的可行性。

解：该项目的净现值为

$$\begin{aligned} NPV &= -500-300(P/F,5\%,1)-200(P/F,5\%,2)+400(P/A,5\%,8)(P/F,5\%,2) \\ &= 1\ 377.729(\text{万元}) \end{aligned}$$

$$\begin{aligned} NPVR &= \frac{1\ 377.729}{200(1+5\%)^{-2}+300(1+5\%)^{-1}+500} \\ &= 1.424\ 6 \end{aligned}$$

由于该项目的 $NPVR>0$，所以，项目可行。

净现值率是在净现值的基础上提出的，单独使用时同净现值指标对项目所作的投资决策是一致的。但对多方案比较时尤其是投资额不同时，其作用比净现值大。因为净现值是一个

绝对指标，而净现值率是一个相对指标，考虑了不同投资额的基数问题，以投资额为基数算出的相对数使得不同投资额的方案具有了可比性。因此，当多方案比较，而各方案的投资额不同时，就应该用净现值指数来进行比较，不能用净现值指标。

（三）净年值

净年值是指通过资金等值换算，将项目的净现值或将来值分摊到寿命期内各年的等额年值。其表达式为

$$NAV = NPV(A/P,\ i_0,\ n) = \sum_{t=0}^{n}(CI_t - CO_t)(1+i_0)^{-t}(A/P,\ i_0,\ n) \quad (10-17)$$

或

$$NAV = NFV(A/F,\ i_0,\ n) = \sum_{t=0}^{n}(CI_t - CO_t)(1+i_0)^{t}(A/F,\ i_0,\ n) \quad (10-18)$$

式中 NAV——净年值；

$(A/P,\ i_0,\ n)$——等额分付资本回收系数；

$(A/F,\ i_0,\ n)$——等额分付偿债基金系数。

判断准则：就单一项目或方案而言，当 $NAV \geqslant 0$ 时，项目或方案可行；当 $NAV < 0$ 时，项目或方案不可行。对多方案比选而言，NAV 最大的方案最优先选择。

净年值是与净现值等价的指标，用净年值或净现值来评价项目或方案时，其结果是一致的。净年值是将项目年初的净现值或将来值平均分摊到每年的等额年值，所以，它有点类似于“平均”值。用统计学的观点来看，净现值和将来值是总量指标，而净年值是一个平均指标。总量指标是反映现象在一定的时间、地点、条件下所达到的规模和水平的统计指标。但总量指标只能说明总体的规模，可比性较差。平均指标是将总体内各单位在某一数量标志值上的具体差异抽象化，以一个平均水平作为总体的代表值，因而具有很好的可比性。因此当比选的多个方案的寿命期不相同时，必须用净年值指标来评判。为此，在某些决策结构形式下，采用净年值比采用净现值和将来值更为简便，更具有可比性（后面章节将要详述）。所以净年值指标在项目或方案的经济效益评价中占有相当重要的地位。

（四）费用现值和费用年值

在对多方案进行比选时，有时方案的产出难以计量或预测，如企业里的一些后方生产用设备、环保项目、教育项目、社会公益项目等的产出是难以计量和预测的，对这些项目的方案进行比较时，往往只能考虑费用。或有一些产出相同的方案，在比较时为了简便起见，通常也不考虑产出，仅用费用来比较方案。常见的指标有两种，即费用现值和费用年值。

1. 费用现值

所谓费用现值就是指按照一定的折现率，在不考虑项目或方案收益时，将项目或方案每年的费用折算到某个时刻（一般是期初）的现值之和。这里的费用是期初的投资额与生产经营活动中的日常费用的合计数。其表达式为

$$PC = \sum_{t=0}^{n} CO_t(1+i_0)^{-t} \quad (10-19)$$

式中 PC——项目或方案的费用现值；

n——项目的寿命周期（或计算期）；

CO_t——项目或方案第 T 年的费用；

i_0——折现率。

用费用现值判断方案时，必须要满足相同的需要，即达到的项目效果是相同的或基本相似，如果不同的项目满足不同的需要，就不能用该指标进行比较。因此，费用现值的判断准则是：在满足相同需要的条件下，费用现值最小的方案为最优（产出相同，投入越少越好）。

2. 费用年值

所谓费用年值是指通过资金等值换算，将项目的费用现值分摊到寿命期内各年的等额年值。同净年值相仿。其表达式为

$$AC=\left[\sum_{t=0}^{n}CO_t(1+i_0)^{-t}\right](A/P,\ i_0,\ n)=PC(A/P,\ i_0,\ n) \tag{10-20}$$

式中　AC——项目或方案的费用年值；

$(A/P,\ i_0,\ n)$——等额分付资本回收系数。

其他符号与 PC 表达式中同。

费用现值和费用年值这两个指标在进行项目评判时是等价的。所有费用年值指标评价的准则也是：费用年值最小的方案最优。同样，用费用年值指标进行方案比较时，也应满足相同的需要。但是，费用年值相当于一个“年平均值”，比费用现值更具有可比性，尤其当方案或项目的寿命不同时，采用费用年值更简便，更具有可比性。

【例 10-18】 某项目有三个供气方案 A、B、C 均能满足同样的需要。其费用数据见表 10-5。若基准折现率为 5%，试分别用费用现值和费用年值评价方案的优劣。

表 10-5　　三个供气方案的费用数据表　　单位：万元

方案 \ 年份	总投资（第 0 年）	年运营费用（第 1～5 年）	年运营费用（第 6～10 年）
A	1000	40	50
B	1200	30	40
C	900	50	60

解： 3 个方案的费用现值分别为

$PC_A=50(P/A,\ 5\%,\ 5)(P/F,\ 5\%,\ 5)+40(P/A,\ 5\%,5)+1\,000=1\,342.7882$(万元)

$PC_B=40(P/A,\ 5\%,\ 5)(P/F,\ 5\%,\ 5)+30(P/A,\ 5\%,\ 5)+1200=1\,465.5715$(万元)

$PC_C=60(P/A,\ 5\%,\ 5)(P/F,\ 5\%,\ 5)+50(P/A,\ 5\%,\ 5)+900=1\,320.0048$(万元)

从计算结果看，C 方案的费用现值最小，因此 C 方案最优。

再计算三个方案的费用年值。

$AC_A=PC_A(A/P,\ i,\ n)=1\,342.788\,2(A/P,\ 5\%,\ 10)=173.891\,1$(万元)

$AC_B=PC_B(A/P,\ i,\ n)=1\,465.571\,5(A/P,\ 5\%,\ 10)=189.791\,5$(万元)

$AC_C=PC_C(A/P,\ i,\ n)=1\,320.004\,8(A/P,\ 5\%,\ 10)=170.940\,6$(万元)

从费用年值的计算结果看，也是 C 方案最优。

（五）内部收益率

1. 什么是内部收益率

简单地说，内部收益率就是指净现值为零时对应的折现率。内部收益率就可以通过 NPV 的表达式来求解。即满足下式的折现率为内部收益率

$$NPV(IRR)=\sum_{t=0}^{n}(CI_t-CO_t)(1+IRR)^{-t}=0 \quad (10-21)$$

式中 IRR——内部收益率；

其他符号与 NPV 公式中相同。

但是，我们把公式展开，是一个高次方程，难以直接求出解。为了求解，通常采用“逐步测试法”再用线性内插法来求 IRR 的近似解。根据相似形的原理，图中有如下关系

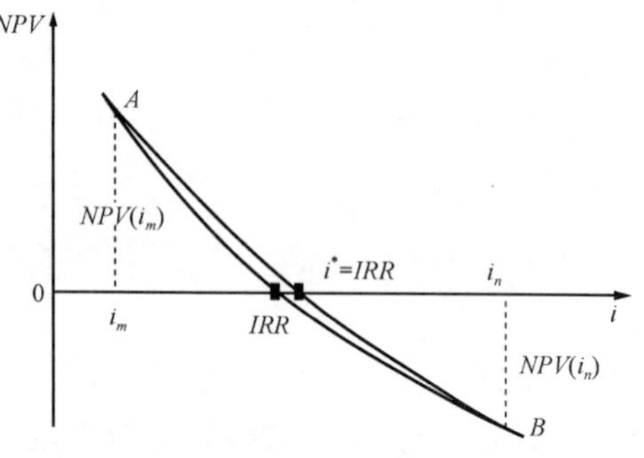

图 10 - 10 用内插法求解 IRR 图解

$$\frac{i^*-i_m}{i_n-i^*}=\frac{NPV(i_m)}{|NPV(i_n)|}$$

等比例变换可得

$$IRR=i_m+\frac{NPV(i_m)\cdot(i_n-i_m)}{NPV(i_m)+|NPV(i_n)|}$$

具体计算步骤如下：

(1) 先列出 NPV 的表达式。

(2) 给出一个折现率 i_1，计算对应的 NPV (i_1)，并不断试算，使得 NPV (i_1) >0，且接近于 0。

(3) 再给出一个折现率 i_2，计算对应的 NPV (i_2)，并不断试算，使得 NPV (i_2) <0，且接近于 0。

(4) 计算 $\Delta_I=i_2-i_1$。但选取的 i_2 和 i_1 的差别不能太大，要求 $i_2-i_1<5\%$，目的是减少内插的误差。

(5) 将上述数据代入如下公式计算 IRR。

$$IRR=i_1+(i_2-i_1)\frac{NPV_1}{NPV_1+|NPV_2|}$$

IRR 的判断准则是：设基准折现率为 i_0，若 $IRR\geqslant i_0$，则项目可行；若 $IRR<i_0$，则项目不可行。另外，在利用内部收益率判断方案时，应结合净现值函数图形进行比较，更容易记忆。也可以利用计算机中 Excel 专门函数计算。

从上面的计算可见，内部收益率不是事先外部给定的，是内生决定的——由项目现金流量计算出来的，这也就是它为什么称为内部收益率的缘故。

实际上，在净现值函数图形中，内部收益率相当于项目的盈亏平衡点。因为当净现值为 0 意味着不赚不亏，而这时的收益率正好是项目可接受的最低水平即正好是内部收益率，如果项目的最低水平（内部收益率）都比基准折现率要高，项目就是可行的，否则项目不可行。

内部收益率被普遍认为是项目投资的盈利率，反映了投资的使用效率，概念清晰明确。比起净现值与将来值来，各行各业的实际经济工作者更喜欢采用内部收益率。但内部收益率的计算比较难。

【例 10 - 19】 某工程项目期初投资 10 000 元，一年后投产并获得收益，每年的净收益为 3 000 元。基准折现率为 10%，寿命期为 10 年。试用内部收益率指标评价项目是否可行。

解： NPV=3 000P/A，i，10）－10 000

取 i_1=25%，NPV (i_1) =711.51（元）

取 $i_2=30\%$，$NPV(i_2)=-725.38$（元），代入 IRR 公式计算 IRR 得

$$IRR=25\%+(30\%-25\%)\times\frac{711.51}{711.51+|-725.38|}=27.48\%$$

由于基准折现率 $i_0=10\%<IRR=27.48\%$，所以项目可行。

2. 内部收益率的经济意义

前面了解了内部收益率的概念及计算，但怎样从经济上解释内部收益率呢？从经济上说，内部收益率就是使得项目在寿命期结束时，投资刚好被全部收回的折现率。也就是说，在项目的整个寿命期内，按照 IRR 计算，始终存在未能收回的投资，而在寿命期结束时，投资刚好被全部收回。即在项目寿命期内的各个时刻，项目始终处于“偿付”未被收回的投资状况。因此，项目的“偿付”能力完全取决于项目内部，故有“内部收益率或内部报酬率”的称谓。

（六）基准折现率的讨论

从上面的各指标可见，凡是动态折现指标都要使用基准折现率才能进行判断比较。所以说，在项目或方案的经济评价中，基准折现率是一个非常重要的参数，它反映投资者对资金时间价值大小的一种估计，它的大小对项目或方案的选择有时起到决定性的作用。如果基准折现率取得偏大，项目就有可能被误拒；取得偏小又可能被误受。因此，恰当地、正确地确定基准折现率是一个十分重要而又相当困难的问题。下面来分析影响基准折现率的各种因素，并讨论如何确定基准折现率。

1. 资金成本

使用资金或占用资金是要付出代价的，这个代价就是资金成本（Cost of Capital）。资金成本包括筹集资金的筹资费用和使用资金的使用费用两部分。企业使用的资金有各种来源渠道，资金的来源渠道不同，其资金成本也不同。目前企业筹资活动主要有 3 种资金来源：借贷资金、权益资本和企业再投资资金。其中，借贷资金是指以负债的形式取得的资金，包括金融机构的贷款或借款、发行债券等筹集的资金。权益资本是指企业通过资本金筹集的资金，包括接纳投资合伙人的资金、发行股票筹集资金、将企业法定公积金转增为资本金等。企业再投资资金是指企业为了以后的发展，从内部筹集的资金，包括保留盈余、公益金、过剩资产出售所取得的资金、提取折旧和摊销费以及会计制度规定的用于企业再投资的其他资金。而项目经济评价中一般用的是综合资金成本，它是评价投资项目可行性的主要经济标准。它是衡量一个项目是否可以接受的最低收益率。只有项目预期收益足以弥补资金成本时，项目才可以考虑被接受。

为了便于不同来源渠道的资金成本的比较，资金成本通常以百分数（即资金成本率）表示。资金成本率为

$$资金成本率=\frac{年使用费}{企业筹资取得的资金}\times 100\%$$

$$=\frac{年使用费}{企业筹资总额-筹资费用}\times 100\%$$

其中：企业筹资取得的资金＝企业筹资总额－筹资费用＝企业筹资净额

这是一个推导资金成本的基本公式，各种渠道来源资金成本都可以根据它推导出来。

由于在不同的筹资方式下资金的使用费用所包含的内容不同，所以在计算资金成本率时，应对各种方式筹集的资金分别计算其资金成本率。

(1) 银行借款、贷款的资金成本。

银行借款、贷款的资金成本公式为

$$K_{\mathrm{m}}=\frac{K_{\mathrm{b}}(1-t)}{1-f} \tag{10-22}$$

式中 K_{m}——银行借款、贷款的税后资金成本率；

K_{b}——税前资金成本率；

t——所得税税率；

f——银行借款的筹资费率（可以忽略不计）。

(2) 发行债券的资金成本。

发行债券的税后资金成本率为

$$K_{\mathrm{d}}=\frac{K_{\mathrm{b}}(1-t)}{Q(1-f_{\mathrm{d}})} \tag{10-23}$$

式中 K_{d}——发行债券的税后资金成本率；

K_{b}——发行债券的税前资金成本率；

Q——发行债券的总额；

f_{d}——发行债券的筹资费用率；

t——所得税税率。

通过发行债券筹集的资金，税前资金成本率 K_{b} 就等于下面等式成立的折现率 i

$$P_0=\sum_{t=1}^{n}\frac{I_t+P_t}{(1+i)^t} \tag{10-24}$$

式中 P_0——发行债券所得的实际收入；

I_t——第 t 年支付的利息；

P_t——第 t 年归还的本金；

n——第债券到期的年限。

(3) 优先股的资金成本。

优先股股息一般是固定的，公司按确定的利率支付股息给股东。优先股是鉴于债券和普通股之间的一种资金，即它具有债券的股息固定的特点，又具有普通股税后支付承担风险的特点。但是，它与债券利息不同的是，债券利息是在所得税前的利润中支付，而优先股的股息是在所得税后的净利中支付，企业不会因此而少缴所得税。这样优先股的资金成本率为

$$K_{\mathrm{s}}=\frac{D_{\mathrm{p}}}{P_0(1-f_{\mathrm{s}})} \tag{10-25}$$

式中 K_{s}——优先股的资金成本率；

D_{p}——年股息总额；

P_0——发行优先股筹资总额；

f_{s}——发行优先股的筹资费用率。

(4) 普通股的资金成本。

由于普通股股东股利不固定，普通股股本资金的资金成本较难计算。从概念上讲，普通股股本资金的资金成本应当是股东进行投资时所希望得到的最低收益率。这种期望收益率可以由股东在股票市场根据股票价格、预计每股的红利和公司风险状况所做的选择来确定。假设普通股的股利是逐年增长的，所以可以采用下列两种方法计算其资金成本率：

1）“股利增长模型”也称“股利折现模型”。

假定普通股预计每股红利的年增长率为 g，则普通股股本资金的税后成本率为

$$K_e = \frac{D_0}{P_e(1-f_e)} + g \tag{10-26}$$

式中　K_e——普通股股本资金的税后成本率；

D_0——基期每股红利；

P_e——基期股票的市场价格；

f_e——发行普通股的筹资费用率。

2）“资本资产定价模型法”。

$$K_e = R_f + \beta(R_m - R_f) \tag{10-27}$$

式中　R_f——无风险投资收益率；

R_m——整个股票市场的平均投资收益率；

β——本股票相对整个股票市场的风险变动系数。

式（10-27）估算的资金成本包含了对公司整体风险的考虑。我国的国库券利率固定，基本可看作没有风险，所以一般把短期国库券利率作为无风险投资收益率。β 是一个反映本公司股票投资收益率对整个股票市场平均投资收益率变化时所产生的变动响应能力参数，β 的取值范围如下：

$$\begin{cases} \beta < 1，\text{表示公司风险小于市场平均风险。} \\ \beta = 1，\text{表示公司风险等于市场平均风险。} \\ \beta > 1，\text{表示公司风险大于市场平均风险。} \end{cases}$$

（5）留存收益资金成本。留存收益资金是企业经营过程中积累起来的资金，它是企业权益资本的一部分。具体讲，它是企业在税后利润中按规定提取的盈余公积金与未分配利润。这部分资金表面上看不存在资金成本，但是这部分资金可以从事投资活动也可以分配股利，而留存的丧失从事投资活动的收益，所以必须要考虑机会成本。投资机会成本是指在资金供应有限的情况下，由于将筹集到的有限资金用于特定投资项目，而不得不放弃其他投资机会所创造的收益，而放弃其他投资机会创造的最大收益就是特定投资项目的机会成本。

企业留存收益资金主要用于发展生产，追加投资。它相当于普通股资金的增加额，等于股东对企业追加了投资。那么，股东对这部分追加的投资必然要求给以相同比率的报酬，所以要计算资金成本。但是，与前面的股票、债券筹资不同，再投资资金是企业自身积累的资金，不考虑筹资费用。所以，留存收益资金成本率公式为

$$K_n = \frac{D_c}{P_c} + g \tag{10-28}$$

式中　D_c——上一年发放的普通股总额的股利；

P_c——留存收益投资资金额。

（6）综合资金成本（Costof Compound Capital）。

企业筹资活动中，往往不只一种资金来源。所有各种来源资金的资金成本的加权平均值即为全部资金的综合资金成本。综合资金成本中各种单项资金成本的权重是各种来源的资金分别在资金总额中所占的比例。综合资金成本计算公式为

$$K_w = \sum W_j K_j \tag{10-29}$$

式中 K_j——资金来源的资金成本率；

W_j——资金来源的资金占全部资金的比重。

【例 10-20】 某企业筹资的资金结构是：普通股股本资金 900 万元，资金税后成本率为 15%；银行借款 500 万元，借款年利率为 10%；发行债券 600 万元，资金税后成本率为 12%。试计算该企业筹资的综合资金成本率。

解： 筹资总额为 900+500+600=2 000（万元）

再根据已知条件和综合资金成本计算公式，可计算该企业综合资金成本率为

$$K_w = \frac{900}{2\ 000} \times 15\% + \frac{500}{2\ 000} \times 10\% + \frac{600}{2\ 000} \times 12\% = 12.85\%$$

2. 基准投资收益率

基准投资收益率被称为“最小诱人投资收益率”（Minimum Attractive Rate of Return）。它是投资者从事投资活动可接受的下临界值。基准收益率是计算净现值等经济评价指标的重要参数，因此又被称为基准折现率或基准贴现率。

基准投资收益率受各种因素的影响，确定时必须对投资的各种条件做深入的分析，综合各种考虑影响因素。确定基准投资收益率主要考虑以下因素。

（1）资金成本和机会成本。一般情况下，基准投资收益率应不低于借贷资金的资金成本和全部资金的加权平均成本。如果投资项目是以盈利为主要目的，其基准投资收益率还应不低于投资项目的机会成本。机会成本则可以根据行业平均投资收益确定。

（2）投资风险。确定基准投资收益率时应考虑不同投资项目的风险情况。从净现值函数图中可以看出，当项目的风险较大时，基准折现率越低，项目将来的风险损失可能会越大。因此，对于风险大的项目的基准投资收益率要相应定高些。一般认为，基准投资收益率应该是借贷资金成本、全部资金加权平均成本和项目投资的机会成本三者中的最大值再加上一个投资风险报酬率。即

$$MARR = MAX\{K_d,\ K_w,\ K_0\} + h_r \tag{10-30}$$

式中 K_d——借贷资金成本率；

K_w——加权平均成本率；

K_0——机会成本率；

h_r——风险报酬率。

（3）通货膨胀。通货膨胀对折现率也有影响，但它对折现率的影响体现在对内部收益率的影响上。投资者在通货膨胀情况下，必然要求提高收益率水平以补偿通货膨胀的购买力的损失。

3. 基准投资收益率的确定方法

尽管基准投资收益率是极其重要的一个评价参数，但其确定十分困难。不同的行业有不同的基准投资收益率，同一行业内的不同的企业的收益率也有很大的差异。甚至在一个企业内部的不同的部门和不同的经营活动所确定的收益率也不相同。确定基准投资收益时必须遵循两个原则：一是要从具体项目投资决策的角度考虑，即所取基准投资收益率应反映投资者对资金时间价值的估计；二是要从企业投资计划整体优化的角度考虑，即所取基准投资收益率应有助于作出使企业全部投资净收益最大化的投资决策。

关于基准投资收益率的确定方法观点并不统一，尽管如此一般都承认，基准投资收益率的下界应是资金成本、机会成本中的最大值。

长期以来我国在项目评价中，一些企业常以行业的平均投资收益率或企业历史投资收益率作为基准折现率。这样做既省事，又有一定的参考意义。但严格讲是不合理的。因为行业的平均投资收益率或企业历史投资收益率可以在某种程度上反映企业投资的机会成本，但并非严格意义上的机会成本。因而，用行业的平均投资收益率或企业历史投资收益率作为基准折现率有一定的局限性。国家建设部标准定额研究所主持的2001年建设部科技计划项目提出采用在西方市场经济国家普遍采用的加权平均资金成本作为财务基准收益率。也可采用资本资产定价模型计算。β系数在我国目前应用尚有困难。所以可以采用一些替代的方法计算基准收益率：①用根据国家公布的有关数据易于计算出的行业平均投资收益率作为市场平均投资收益率，β系数则仅考虑企业或项目相对于行业的风险调整系数。②用所有投资者对股权投资资金所期望的最低收益率的加权平均作为资本金资金成本。③用累加法计算基准收益率，即基准收益率为无风险收益率、行业风险收益率、企业特有风险报酬率和投资方案（项目）特殊风险报酬率等四者之和。

第五节　多方案之间的关系及其比选

前面介绍的经济效益评价指标用于评价独立项目或方案本身是否达到了标准要求，是否可行，效果是否显著。但在实际项目的经济评价中，往往需要在多个备选方案中进行比较和选择。对于多方案的比选，除了可以应用前面介绍的独立方案的经济效益评价指标外，还可以运用多方案的评价指标，如相对投资回收期、计算费用、差额净现值、差额内部收益率等。事实上，多方案的评价指标是独立方案的经济效益评价指标的进一步应用。此外，多方案比选的方法与备选方案之间关系的类型有关。不同类型的备选方案，其使用的评价方法不同。本节在分析备选方案及其类型的基础上，讨论如何正确运用各种评价指标进行备选方案的评价与选择。

一、备选方案及其类型

据备选方案之间的相互关系，可将备选方案分成三种类型。

（一）独立型

是指各个评价方案的现金流量是独立的，不具有相关性，在没有资源约束的条件下任一方案的采用与否都不影响其他方案的采纳。比如个人投资，可以存款、购买股票、购买债券，也可以投资房地产等，这些方案中的任何一个方案的采纳都不受其他方案的影响，它们的现金流量相互独立，并且可以选择其中的一个方案，也可以选择其中的两个或三个方案。

独立方案的特点是具有“可加性”，即选择的各方案的投资、收益、支出均可以相加。如A、B两个独立的投资方案，投资额分别为500万元和200万元，年收益分别为50万元和25万元。若同时选择A、B两个方案，则总投资额为500＋200＝700万元，收益为50＋25＝75万元，也就是说，A、B方案具有可加性。

如果决策对象是单一方案，则可以认为是独立方案的特例。独立方案的采用与否，只取决于方案自身的经济性，即只需检验它们是否能够通过净现值、净年值、净将来值、内部收益率或费用现值等指标的评价标准。因此，多个独立方案的评价与单一方案的评价方法是相同的。

（二）互斥型

在没有资源约束的条件下，在一组方案中，方案之间存在互不相容、互相排斥的关系，且在多个比选方案中只能选择一个方案。比如为了连接两地之间的交通，要么建铁路，要么建公路，这两个方案就是互斥型。还有厂址的选择，一个地点就是一个方案，不同地点的方案选择就是互斥型。不同的建设规模的选择也是互斥型。由于互斥型方案只能从中选择一个方案，因此，选择互斥型方案时，它们的现金流量之间不存在相关关系。

（三）相关型

是指在多个方案之间，如果接受（或拒绝）某一方案，会显著改变其他方案的现金流量，或者接受（或拒绝）某一方案会影响对其他方案的接受（或拒绝）。相关型方案主要又有以下几种：

1. 相互依存型和完全互补型

如果两个或多个方案之间，某一方案的实施要求以另一方案（或另几个方案）的实施为条件，则这两个（或若干个）方案具有相互依存性，或者说具有完全互补性。例如，在某地建汽车制造厂和汽车零部件厂。建汽车制造厂后将增加对汽车零部件的需求，使汽车零部件厂的效益增加；建汽车零部件厂又将使得汽车制造厂的零部件供应充足，减少外运费，减少汽车制造厂的成本，从而增加收益。这样，两个方案就属于相互依存型和完全互补类型的相关方案。一般情况，对这种类型的方案，在评价时放在一起形成组合方案与其他方案进行比选。

2. 现金流相关型

如果若干方案中，任一方案的取舍会导致其他方案的现金流量的变化，这些方案之间就具有相关性，属于现金流相关型。如为了改善两地之间的交通状况，在两地之间既可以建铁路，也可以建公路，还可以同时建铁路和公路。即使这两个方案不存在互不相容的关系，但任何一个方案的实施或放弃都会影响另一方案的收入，从而影响方案经济效果评价的结论。

3. 资金约束型

在对投资方案进行评价时，如果没有资金总额的约束，各方案具有独立性。但在资金有限的情况下，接受某些方案则意味着不得不放弃另外一些方案，这也是方案相关的一种类型，即资金约束型。

4. 混合相关型

方案之间存在多种类型就称为混合相关型。比如，在有限的资金约束条件下，有几个现金流量相关型方案，在这些方案中，又包括一些互斥型方案。

二、多方案比选的常用指标

多方案的比选除了用本章第4节介绍的指标外，还常用以下指标：差额净现值、差额内部收益率等。

（一）差额净现值

在实际工作中，多方案比选时，经常会遇到难以确定每个方案的现金流量的情况，但方案之间的差异易于了解，这就形成差额方案。例如，用一台新设备代替生产流程中某一老设备，这时如果确定各方案的现金流量、特别是方案的收益很难，但容易确定用新设备代替老设备而引起现金流量变化（差额方案）。这时就用到差额净现值指标。

所谓差额净现值就是把不同时间点上两个比较方案的净收益之差用一个给定的折现率，

统一折算成期初的现值之和。

若两个比较的方案为A、B，则差额净现值的表达式为

$$\Delta NPV = \sum_{t=0}^{N}(NB_A - NB_B)(1+i_0)^{-t} \tag{10-31}$$

式中　NB_A、NB_B——方案A、B的净收益，$NB_A = CI_A - CO_A$，$NB_B = CI_B - CO_B$；

N——两个比较方案的寿命周期；

i_0——基准折现率。

用上式比较方案时，一般用A代表投资额大的方案，用B代表投资额小的方案。即用投资额大的方案减投资额小的方案。因此，差额净现值判断准则是：当$\Delta NPV \geqslant 0$时，投资额大的方案优于投资额小的方案；当$\Delta NPV < 0$时，投资额小的方案优于投资额大的方案。

实际上，上式可以变换为：$\Delta NPV = NPV_A - NPV_B$

【例10-21】 某工程项目有A、B和C三个投资方案，各方案每年的投资和净收益如表10-6所示。若年折现率为15%，试比较方案的优劣。

表10-6　**A、B和C三个投资方案数据**　单位：万元

年份＼方案	A	B	C
第0年	−5 000	−10 000	−8 000
第1～10年	1 400	2 500	1 900

解：

先计算A、B的差额净现值，

$$\Delta NPV_{B-A} = (2\,500 - 1\,400)(P/A,15\%,10) - (1\,0000 - 5\,000) = 520.68(\text{万元})$$

由于$\Delta NPV_{B-A} > 0$，所以，投资额大的方案B优。

B、C的差额净现值为

$$\Delta NPV_{B-C} = (2\,500 - 1\,900)(P/A，15\%，10) - (10\,000 - 8\,000) = 1011.28(\text{万元})$$

由于$\Delta NPV_{B-C} > 0$，所以，投资额大的方案B优。

A、C的差额净现值为

$$\Delta NPV_{C-A} = (1\,900 - 1\,400)(P/A，15\%,10) - (8\,000 - 5\,000) = -490.60(\text{万元})$$

由于$\Delta NPV_{C-A} < 0$，所以，投资额小的方案A优。

由此可见，三个方案的优劣顺序为：B→A→C

因此，应首先选择B方案。

同理，也可以用差额将来值、差额年值等来比选。判断准则也相同。

但是，必须注意，用差额净现值比较方案时，两个比较方案的寿命期必须相等。

（二）差额内部收益率

与差额净现值相对应的是差额内部收益率。所谓差额内部收益率就是指差额净现值为零时对应的折现率。即满足下式的折现率

$$\Delta NPV = \sum_{t=0}^{N}(NB_A - NB_B)(1+\Delta IRR)^{-t} = 0 \quad (10-32)$$

式中 ΔIRR——差额内部收益率，其他符号意义与前面相同。

上式也是一个高次方程，需要通过内插法求解。设两个比较方案是 A 和 B，A 方案是投资额大的方案，B 方案是投资额小的方案，对应其自身的内部收益率分别为 IRR_A、IRR_B，则计算差额内部收益率的公式为

$$\Delta IRR = i_1 + (i_2 - i_1) \times \frac{\Delta NPV_1}{\Delta NPV_1 + |\Delta NPV_2|} \quad (10-33)$$

i_1、i_2、ΔNPV_1、ΔNPV_2 的取值和计算与计算独立方案的内部收益率相同。

【例 10-22】 例 10-21 的资料，利用差额内部收益率判断方案的优劣。

解： 经计算，A、B、C 方案的内部收益率分别为

$$IRR_1 = 25\%,\ IRR_2 = 21.9\%,\ IRR_3 = 19.9\%$$

A、B 方案的差额内部收益率方程式

$$\Delta NPV_{B-A} = (2\,500 - 1\,400)(P/A,\ i,\ 10) - (10\,000 - 5\,000) = 0$$

取 $i_1=15\%$，$\Delta NPV_1=520.68$（万元）；取 $i_2=20\%$，$\Delta NPV_2=-388.25$（万元）

$$\Delta IRR_{B-A} = 15\% + (20\% - 15\%)\frac{520.68}{520.68 + 388.25} = 17.86\%$$

用同样的方法，可以计算 A、C 方案的差额内部收益率为

$$\Delta IRR_{C-A} = 10.64\%$$

B、C 方案的差额内部收益率为

$$\Delta IRR_{B-C} = 28.66\%$$

由于 $\Delta IRR_{C-A} < i_0 = 15\% < \Delta IRR_{B-A} < IRR_3 < IRR_2 < IRR_1$，所以 B 方案最优，应选 B 方案。

用差额内部收益率比较互斥方案的相对优劣具有经济概念明确，易于理解的优点。但若比选的方案很多时，计算工作相对繁难。所以，当比较的方案很多时，可以用其他方法比选。

三、不同类型方案的评价与选择

（一）独立方案的评价与选择

独立方案的采用与否，只需要检验各独立方案自身的经济性即“绝对经济效果检验”即可。凡是通过绝对经济效果检验的方案，就认为在经济效果上是可以接受的，否则就应予以拒绝。

对于独立方案的经济效果评价，常采用本章第 4 节介绍的评价指标来评价。如净现值、净年值、内部收益率或费用现值等指标均可。

【例 10-23】 两个独立方案 A 和 B，A 方案的期初投资额为 200 万元，B 方案的期初投资额为 180 万元，寿命均为 10 年，A 方案每年的净收益为 45 万元，B 方案每年的净收益为 30 万元。若基准折现率为 10%，试判断两个方案的经济可行性。

解： 本例为独立方案型，可用净现值指标判断。

$NPV_A=45\ (P/A,\ 10\%,\ 10)\ -200=76.51$（万元）

$NPV_B=30\ (P/A,\ 10\%,\ 10)\ -180=4.34$（万元）

由于A、B两个方案的NPV均大于零，因此，两个方案都可行。但如果将两个方案进行比较，则因为$NPV_A > NPV_B$，故A方案优于B方案。

此题还可以采用净年值、净将来值、内部收益率等指标来判断，其结果是一致的。

（二）互斥方案的评价与选择

对于互斥方案的评价与选择包括两个内容，一是要考察各个方案自身的经济效果，即进行绝对（经济）效果检验，检验方案自身是否可行；二是要考察哪个方案相对最优，即进行相对经济效果检验，并最后从中选择一个或几个最优方案。两种检验的目的和作用不同，通常缺一不可。只有在众多的互斥方案中必须选择其中之一时才可以只进行相对效果检验。

但是，必须注意：参加比选的互斥方案应具有可比性。这些可比性包括考察时间段及计算期的可比性；收益和费用的性质及计算范围的可比性；方案风险水平的可比性和评价所用的假设条件的合理性。

前面介绍的多方案的评价指标均可以用作互斥方案的比选。

【例10-24】 A、B是两个互斥方案，其寿命均为10年。A方案期初投资为200万元，第1年到第10年每年的净收益为39万元。B方案期初投资为100万元，第1年到第10年每年的净收益为19万元。若基准折现率为10%，试选择方案。

解：(1) 先用差额净现值指标判断方案的优劣。

第一步，先检验方案自身的绝对经济效果。

两方案的净现值为

$$NPV_A = 39(P/A，10\%，10) - 200 = 39.639(万元)$$

$$NPV_B = 19(P/A，10\%，10) - 100 = 16.747 万元)$$

由于两个方案的净现值$NPV_A > 0$，$NPV_B > 0$，所以，两个方案自身均可行。

第二步，再判断方案的优劣。

计算两个方案的差额净现值，用投资额大的方案A减投资额小的方案B得

$$\Delta NPV_{A-B} = (39 - 19)(P/A，10\%，10) - (200 - 100) = 22.892(万元)$$

由于两方案的差额净现值$\Delta NPV_{A-B} > 0$，所以，投资额大的方案A优于方案B，应选择A方案。

(2) 再用差额内部收益率判断方案的优劣。

第一步，先检验方案自身的绝对经济效果。

经过计算，两个方案自身的内部收益率为$IRR_A = 14.4\%$，$IRR_B = 13.91\%$

由于$i_0 < IRR_A$，$i_0 < IRR_B$，两个方案自身均可行。

第二步，再判断方案的优劣。

两个方案的差额内部收益率方程式为

$$\Delta NPV_{A-B} = (39 - 19)(P/A，IRR，10) - (200 - 100) = 0$$

取$i_1 = 15\%$，$\Delta NPV_{A-B} = 0.376$（万元）；取$i_2 = 17\%$，$\Delta NPV_{A-B} = -6.828$（万元）

$$\Delta IRR = 15\% + (17\% - 15\%)\frac{0.376}{0.376 + 6.828} = 15.11\%$$

由于两个方案自身可行，且$i_0 < \Delta IRR$，所以A方案优于B方案，应选择A方案。

（三）相关方案的评价与选择

这里只介绍以下几种典型的相关型方案的评价与选择方法。

1. 现金流量具有相关性的方案的比选

当各方案的现金流量之间具有相关性，但方案之间并不完全互斥时，我们不能简单地按照独立方案或互斥方案的评价方法进行，而应该先用一种“互斥组合法”，将方案组合成互斥方案，计算各互斥方案的现金流量，再计算互斥方案的评价指标进行评价。

【例 10-25】 为了解决两地之间的交通运输问题，政府提出三个方案：一是在两地之间建一条铁路，二是在两地之间建一条公路，三是在两地之间既建公路又建铁路。只实施一个方案时的投资、年净收益见表 10-7，同时实施两个项目时，由于货运分流的影响，两项目的净收益都将减少，此时总投资和年净收益见表 10-8。问：当基准折现率为 10%时，如何决策？

表 10-7　　只实施一个项目时的现金流量　　单位：百万元

方案＼年份	0	1	2	3～32
建铁路（A 方案）	−200	−200	−200	100
建公路（B 方案）	−100	−100	−100	60

表 10-8　　两个项目都实施的现金流量　　单位：百万元

方案＼年份	0	1	2	3～32
建铁路（A 方案）	−200	−200	−200	80
建公路（B 方案）	−100	−100	−100	35
同时上两个项目（A+B 方案）	−300	−300	−300	115

解：这是一个典型的现金流量相关型。先组合成三个互斥方案，然后通过计算它们的净现值进行比较。

$$NPV_A = 100(P/A, 10\%, 30)(P/F, 10\%, 2) - 200(P/A, 10\%, 2) - 200 = 231.9390(\text{百万元})$$

$$NPV_B = 60(P/A, 10\%, 30)(P/F, 10\%, 2) - 100(P/A, 10\%, 2) - 100 = 193.8734(\text{百万元})$$

$$NPV_{A+B} = 115(P/A, 10\%, 30)(P/F, 10\%, 2) - 300(P/A, 10\%, 2) - 300 = 75.2449(\text{百万元})$$

从以上计算可见，$NPV_A > NPV_B > NPV_{A+B}$，因此，A 方案最优，即应选择只建铁路这一方案。

若用其他指标来评价本例各方案，其结论与用净现值进行比较相同。

2. 资金约束型方案的比选

在资金有限的情况下，从局部看，不具有互斥性的各方案也成为相关方案了。如何对这类方案进行经济评价，以保证在有限的资金供给前提下取得最大的经济效益，这就是资金约束型方案的选择问题。资金约束型方案的选择主要有两种方法，即“净现值指数排序法”和“互斥方案组合法”。

（1）净现值指数排序法。所谓净现值指数排序法，就是在计算各方案的净现值指数的基础上，将各方案按净现值指数从大到小排列，然后依次序选取方案，直至所选取的方案的投资总额最大限度地接近或等于投资限额，同时各方案的净现值之和或净现值率之和最大为止。此法的目的是：在一定的投资限额约束下，如何使得所选取的项目或方案实现的经济效果最大。

【例 10-26】 某地区投资预算总额为 800 万元，有 A～J 共 10 个方案可供选择。各方案的净现值和投资额见表 10-9。若基准折现率为 12%，那么请选择方案。

表 10-9　各备选方案的投资和净现值　单位：万元

方案	A	B	C	D	E	F	G	H	I	J
投资额	100	150	100	120	140	80	120	80	120	110
NPV	13	8.2	1.7	15.6	1.25	27.35	21.25	16.05	4.3	14.3
NPVR	0.130	0.055	0.017	0.130	0.009	0.342	0.177	0.200	0.036	0.130

解： 先计算每个方案的净现值指数。净现值指数为：$NPVR = \dfrac{NPV}{\text{投资的现值和}}$

本例只有期初有投资发生，因此，净现值指数直接等于净现值除以投资额。净现值指数的计算结果见表最后一行。

现在对各方案的净现值指数进行排序，并按排序计算累加的投资额和累加的净现值，见表 10-10 所示。

表 10-10　各备选方案的投资和净现值　单位：万元

方案	F	H	G	A	D	J	B	I	C	E
NPVR	0.342	0.200	0.177	0.130	0.130	0.130	0.055	0.036	0.017	0.009
投资额	80	80	120	100	120	110	150	120	100	140
NPV	27.35	16.05	21.25	13	15.6	14.3	8.2	4.3	1.7	1.25
Σ投资额	80	160	280	380	500	610	760	880	980	1120
Σ*NPV*	27.35	43.4	64.65	77.65	93.25	107.55	115.75	120.05	121.75	123

由于资金限额是 800 万元，因此，可以从表 10-9 看出，应选 F、H、G、A、D、J、B 七个方案，这些选择的方案的累加投资额为 760 万元，小于限额投资 800 万元。它们的净现值之和为 115.75 万元。

（2）互斥方案组合法。在考虑资金约束的情况下，将所有满足资金约束的可行的组合方案列举出来，每一个组合都代表一个相互排斥的方案。假设选定方案就用 1 表示，不选或拒绝就用 0 表示。然后再用前述的互斥方案的比选方法来选择方案组合。

设 m 为方案数，则全部所有可能的方案组合为：2^m-1。如 $m=3$，则有 $2^3-1=7$ 个方案组合；如 $m=4$，$2^4-1=15$ 个方案组合。

【例 10-27】 某企业有四个投资备选方案，各方案的投资额和每年的净收益见表 10-11。各方案的寿命期均为 10 年，预算投资总额为 46 万元。若年折现率为 10%，试选择方案。

表 10-11 **各方案的投资额和年净收益** 单位：万元

项目 \ 方案	A	B	C	D
投　资	−20	−15	−12	−13
年净收益	5	4.5	3.5	4

解：①先计算各方案的净现值 NPV

$NPV_A=5\ (P/A,\ 10\%,\ 10)\ -2010.75$（万元）

$NPV_B=4.5\ (P/A,\ 10\%,\ 10)\ -15=12.648$（万元）

$NPV_C=3.5\ (P/A,\ 10\%,\ 10)\ -12=9.504$（万元）

$NPV_D=4\ (P/A,\ 10\%,\ 10)\ -13=11.576$（万元）

②列出所有可能的方案组合。本例有 $2^4-1=15$ 个方案组合。验证方案组合的可行性，对可行（凡投资总额和小于 46 万元的组合方案就是可行的组合方案）的方案组合用"√"表示，对不可行的方案组合用"×"表示。同时计算各组合方案的投资之及净现值和。方案组合见表 10-12。

表 10-12 **组合方案各经济指标** 单位：万元

编号	(A、B、C、D)	投资和	$\sum NPV$	是否可行
1	(1，0，0，0)	−20	10.75	√
2	(0，1，0，0)	−15	12.648	√
3	(0，0，1，0)	−12	9.504	√
4	(0，0，0，1)	−13	11.576	√
5	(1，1，0，0)	−35	23.398	√
6	(1，0，1，0)	−32	20.254	√
7	(1，0，0，1)	−33	22.326	√
8	(0，1，1，0)	−27	22.152	√
9	(0，1，0，1)	−28	24.224	√
10	(0，0，1，1)	−25	21.08	√
11	(1，1，1，0)	−47	32.902	×
12	(1，1，0，1)	−48	34.974	×
13	(0，1，1，1)	−40	33.728	√
14	(1，0，1，1)	−45	31.83	√
15	(1，1、1，1)	−60	44.484	×

③去掉投资额和超过限额的组合方案，选择余下组合方案中，净现值最大的组合方案。从上表中可见，最优组合方案是第 13 个组合（0，1，1，1）和第 14 个组合（1，0，1，1）。再看它们的净现值指数。

$$NPVR_{13}=\frac{33.728}{40}=0.843\,2,\quad NPVR_{14}=\frac{31.83}{45}=0.707\,3$$

因此，无论从绝对经济效果还是从相对经济效果来看，都应选择方案组合（0，1，1，1），即应选择方案B、C和D三个方案来投资。

3. 混合相关型方案的比选

混合相关型的方案在实际工作中是经常碰到的一类。比如，某企业采用多种经营方式，既生产汽车，又生产摩托车，还从事投资服务。每一种经营方式就是一种投资方向，而每个投资方向是相互独立的，每个投资方向内又有几个可供选择的互斥投资方案。这类问题的选择比较复杂，下面通过一个例子来讲解。

【例10-28】 某企业有三个下属部门分别是A、B、C，各部门提出了若干投资方向，见表10-13。三个部门之间是独立的，但各部门内部的投资方案之间是互斥的。三个方案的寿命均为10年。若基准折现率为10%，试问：

①资金没有限制时如何选择方案？

②资金限制在500万元以下时如何选择方案？

③当资金限制在500万元以下时，假如资金供应渠道不同，其资金成本有差别，现在有三种资金来源的成本为：甲供应方式的资金成本为10%，最多可以供应300万元资金；乙方式的的资金成本为12%，最多也可以供应300万元资金；丙方式的的资金成本为15%，最多也可以供应300万元资金。这时如何选择方案？

④当资金供应与③相同时，如果B部门的投资方案是与安全有关的设备更新，不管效益如何，B部门都必须优先投资，此时如何选择方案？

表10-13　混合方案的投资和年净收益　单位：万元

部门	方案＼年份	0	1～10	*NPV*	*NPVR*	*IRR*
A	A_1	－100	30	84.32	0.843 2	27.48%
	A_2	－200	50	107.2	0.536	21.55%
	A_3	－300	70	130.08	0.433 6	19.43%
B	B_1	－100	15	－7.84	－0.078 4	8.34%
	B_2	－200	30	－15.68	－0.078 4	8.34%
	B_3	－300	40	－54.24	－0.180 8	5.70%
C	C_1	－100	31	90.464	0.904 6	28.60%
	C_2	－200	45	76.48	0.382 4	18.47%
	C_3	－300	65	99.36	0.331 2	17.44%

解： 为简便起见，我们采用净现值指标来分析。

先计算各方案的净现值，如 $NPV_{A1}=30\ (P/A,\ 10\%,\ 10)\ -100=84.32$（万元）

各方案的净现值见表10-13。

①资金没有限制时，A、B、C三部门之间是相互独立的，此时，实际上是各部门内部的各互斥方案的比选。根据计算的各方案的净现值可以决定，A部门内A_3方案的净现值最大，因此应选A_3方案。B部门内部每个方案自身的净现值都小于零，因此，B部门内三个方案都不可行，B部门一个方案也不能选。C部门内C_3方案的净现值最大，应选择C_3方案。因此，在整个企业里，如果资金没有限制时，应选择A_3+C_3方案，总投资为300＋300＝600

万元，净现值和为 130.08＋99.36＝229.44 万元。

②若资金限制在 500 万元以下。这时要综合考虑净现值和净现值指数来选择方案。由于每个部门内各方案是互斥的，因此，在每个部门内每次只能选择一个方案。既然只能选择一个方案，就应该尽量选择净现值和净现值指数都大，且各部门的投资总额又不能超过 500 万元的方案组合。按照这种思想，A 部门内应选择 A_3 方案，C 部门内应选择 C_2 方案，即选 A_3+C_2 组合方案，这时总投资为 300＋200＝500 万元，净现值和为 130.08＋76.48＝206.56 万元。

③由于不同的资金供应渠道，其资金成本不同。因此，在考虑资金成本时，应把资金成本低的资金优先投资于效率高的方案。这里投资效率用内部收益率表示。对独立方案，当内部收益率大于资金成本时方案才可以接受；对互斥方案，当差额内部收益率大于资金成本时方案才可以接受。各独立方案的内部收益率计算见表 10 - 13 最后一列。

对于单个独立方案而言，除 B_1、B_2、B_3 三个方案的内部收益率小于于资金成本以外，其余所有方案的内部收益率都大于资金成本。因此，对于单个独立方案而言，除 B_1、B_2、B_3 三个方案不可行以外，其余方案全部可行。

现在考察互斥方案。经计算各差额内部收益率为

$$IRR_{(A_2-A_1)}=15.15\%;\ IRR_{(A_3-A_1)}=15.15\%;\ IRR_{(A_3-A_2)}=15.15\%;$$

$$IRR_{(C_2-C_1)}=6.84\%;\ IRR_{(C_3-C_1)}=32.00\%;\ IRR_{(C_3-C_2)}=15.15\%。$$

从以上的计算可见，$IRR_{(C_2-C_1)}$小于资金成本，其余差额内部收益率全部大于资金成本。又由于 $IRR_{(C_3-C_1)}>IRR_{(C_3-C_2)}$，因此，C 部门应优先选择 C_3。由于资金有限制，A 部门的三个差额内部收益率相等，所以 A 部门只能选 A_2，即方案组合为 A_2+C_3。此时，总投资为 200＋300＝500 万元，净现值和为 107.2＋99.36＝206.56 万元。按照“把资金成本低的资金优先投资于效率高的方案”的原则，此时资金供应方式是：将甲供应方式的资金 300 万元投资于 C_3 方案，将乙供应方式的资金 200 万元投资与 A_2 方案。

④由于 B 部门的投资方案是与安全有关的设备更新，不管效益如何，B 部门都必须优先投资。那么，B 部门只能投资损失最小的方案 B_2（净现值的负数最小）。方案 B_2 的投资额为 200 万元。在资金限额 500 万元时，只能用余下的 500－200＝300 万元来投资 A 部门和 C 部门的方案，且只能在余下的 A_1、A_2、C_1、C_2 方案中选择。而在 A_1、A_2、C_1、C_2 方案中，C_1 方案的净现值指数和内部收益率都最大，因此，C 部门应优先选 C_1 方案。于是，A 部门就只能选 A_2 方案了。这时，方案组合为 $A_2+B_2+C_1$，总投资为 200＋200＋100＝500 万元，净现值和为 107.2－15.68＋90.464＝181.984 万元。

（四）寿命期不同的方案的评价与选择

直至目前为止，介绍的所有的方案的评价，都是基于寿命期相同的方案的评价。但是，在实际工程项目中，无论是上述哪种类型的方案的评价与选择，都会碰到各评价方案的寿命期不同的情况。如果各评价方案的寿命期不同，又怎样评价和选择呢？

对于寿命期不同的方案，为了使各评价方案满足时间上的可比，常用以下方法。

1. 年值法

对于寿命期不同的方案的评价与选择，年值法是最为简便的方法。当参与比选的方案数目很多时，年值法的优点就更为突出。年值法使用的指标有净年值和费用年值。

设 m 个方案的寿命期分别为 N_1，N_2，N_3……N_m，方案 j 在其寿命期内的净年值为

$$NAV_j = NPV_j(A/P,\ i_0,\ N_j)$$
$$= \sum_{t=0}^{N_j}(CI_j - CO_j)_t(P/F,\ i_0,\ t)(A/P,\ i_0,\ N_j) \qquad (10-34)$$

式（10-34）中所有符号的意义与前述相同。

净年值最大且为非负的方案为最优方案。

【例 10-29】 两个互斥方案 A 和 B 的投资和净现金流量见下表，A 方案的寿命为 9 年，B 方案的寿命为 6 年。若基准折现率为 5%，试用年值法比选方案。

方案 A、B 的投资和净现金流量　　单位：万元

方案＼年份	0	1～3	4～6	7～9
A	−300	70	80	90
B	−100	30	40	

解： 两个方案的净年值为

$$NAV_A = [70(P/A,\ 5\%,\ 3) + 80(P/A,\ 5\%,\ 3)(P/F,\ 5\%,\ 3) + 90(P/A,\ 5\%,\ 3)(P/F,\ 5\%,\ 6) - 300](A/P,\ 5\%,\ 9) = 36.8117(\text{万元})$$

$$NAV_B = [30(P/A,\ 5\%,\ 3) + 40(P/A,\ 5\%,\ 3)(P/F,\ 5\%,\ 3) - 100](A/P,\ 5\%,\ 6) = 14.9292(\text{万元})$$

由于方案 A 的净年值大于方案 B 的净年值，所以，A 方案优于 B 方案，应选择 A 方案。

净年值实际上是方案每年的净收益的“平均值”，只不过这个“平均值”不是简单的平均值，是按照一定的折现率计算出来的。因此，它可以对方案进行比较。此外，我们可以看到，用年值法进行寿命期不等的互斥方案的比选，还隐含了一个假设，即各备选方案在其结束时均可按原方案重复实施或以原方案经济效果水平相同的方案接续。因为一个方案无论重复实施多少次，其年值是不变的，所以年值法实际上假定了各方案可以无限多次重复实施。在这一假定条件下，年值法以“年”为时间单位比较各方案的经济效果，从而使寿命不等的互斥方案间具有可比性。

对于只有费用或只需要计算费用的各方案，可以比照净年值指标的计算方法，用费用年值指标进行比选。判别准则是：费用年值最小的方案为最优方案。

【例 10-30】 有两个互斥方案 A 和 B，具有相同的产出，两方案的投资和每年的经营费用见下表，A 方案的寿命为 10 年，B 方案的寿命为 8 年。若基准折现率为 5%，试用费用年值法比选方案。

方案 A、B 的投资和年经营费用　　单位：万元

方案＼年份	投资		经营费用	
	0	1	2～8	9～10
A	200	100	80	90
B	300	200	50	

解： 本例仅需要计算费用现金流，两方案的费用现值为

$AC_A = [80(P/A, 5\%, 7)(P/F, 5\%, 1) + 90(P/A, 5\%, 2)(P/F, 5\%, 8)$
$+ 100(P/F, 5\%, 1) + 200](A/P, 5\%, 10) = 09.9872$（万元）

$AC_B = +50(P/A, 5\%, 7)(P/F, 5\%, 1) + 200(P/F, 5\%, 1) + 300](A/P, 5\%, 8)$
$= 118.5170$（万元）

由于 $AC_A > AC_B$，所以，B 方案由于 A 方案，应选择 B 方案。

2. 寿命期最小公倍数法

此法假定备选择方案中的一个或若干个在其寿命期结束后按原方案重复实施若干次，取各备选方案寿命期的最小公倍数作为共同的分析期。例如，有 A、B 两个备选方案，其寿命期分别为 5 年和 10 年，那么两方案寿命期的最小公倍数就是 10 年，计算时 B 方案需要在 10 年内重复实施一次。如果两个备选方案的寿命期分别为 6 年和 9 年，则它们的最小公倍数是 18 年。在共同的计算期 18 年内，A 方案需要重复实施 3 次，B 方案需要重复实施 2 次。

【例 10 - 31】 有 C、D 两个互斥方案，C 方案的初期投资为 15 000 元，寿命期为 5 年，每年的净收益为 5 000 元；D 的初期投资为 20 000 元，寿命期为 3 年，每年的净收益为 10 000元。若年折现率为 8%，问：应选择哪个方案？

解： 两个方案寿命期的最小公倍数为 3×5=15 年。为了计算方便，画出两个方案在最小公倍数内重复实施的现金流量图，如图 10 - 11 和图 10 - 12 所示。

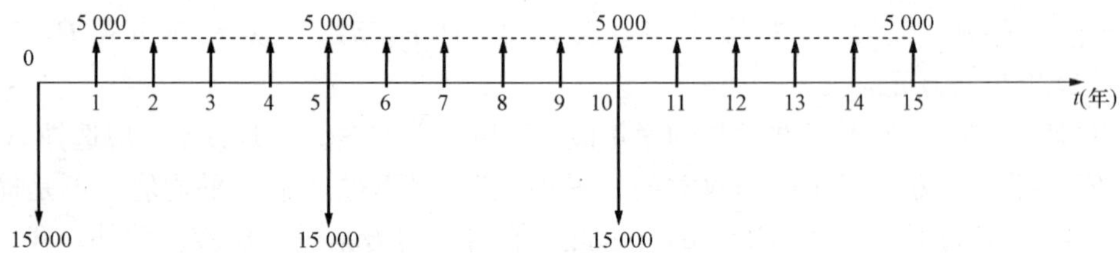

图 10 - 11 方案重复实施的现金流量图

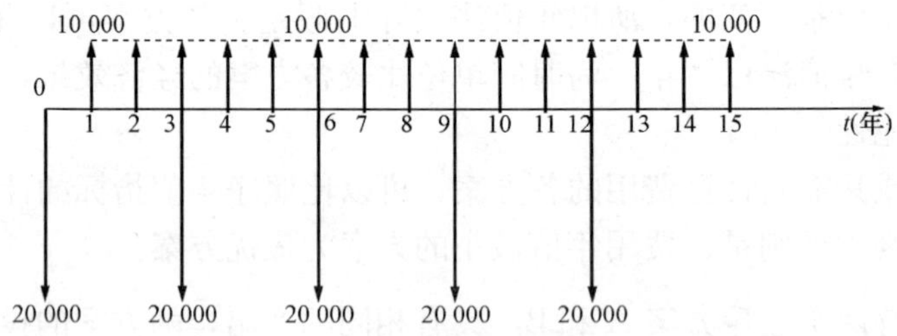

图 10 - 12 方案重复实施的现金流量图

现在计算两个方案在最小公倍数内的净现值。

$NPV_C = 5000(P/A, 8\%, 15) - 15000(P/F, 8\%, 10) - 15000(P/F, 8\%, 5) - 15000$
$= 10640.85$（万元）

$NPV_D = 10000(P/A, 8\%, 15) - 20000(P/F, 8\%, 12) - 20000(P/F, 8\%, 9)$
$- 20000(P/F, 8\%, 6) - 20000(P/F, 8\%, 3) - 20000$
$= 19167.71$（万元）

由于 $NPV_D > NPV_C$，所以D方案优于C方案，应选择D方案。

3. 合理分析期法

此法是根据对未来市场状况和技术发展前景的预测直接选取一个合理的分析期，然后计算各方案在合理分析期内的净现值，用净现值来比较方案的优劣。同时假定寿命期短于此分析期的方案重复实施，并对各方案在分析期末的资产余值进行估算，到分析期结束时回收资产余值。在备选方案的寿命期比较接近的情况下，一般取最短的方案寿命期作为分析期。

【例10-32】 有两个道路建设方案A和B，A方案的初期投资为2 000万元，寿命期为70年，每年净收益为500万元，估计期末残值为100万元；B方案的初期投资为1 000万元，寿命期为30年，每年净收益为200万元，估计期末残值也为100万元。若基准折现率为5%，试选择方案。

解： 假设根据市场预测，分析期为60年。现在对60年末各方案的资产余值进行预测。

A方案本身的寿命期为70年，在70年末时残值为100万元，那么，若以5%为折旧率计算，A方案每年的平均折旧额为

$$A_{t(A)} = 2\,000(A/P, 5\%, 70) - 100(A/F, 5\%, 70) = 103.228\,4(\text{万元})$$

则，60年末A方案的资产余值为

$$103.228\,4(P/A, 5\%, 10) + 103.228\,4 = 900.327\,1(\text{万元})$$

A方案的现金流量图如图10-13所示。

由于B方案的寿命期为30年，因此在分析期60年内需要重复实施一次，重复实施的残值不变。B方案的现金流量图如图10-14所示。

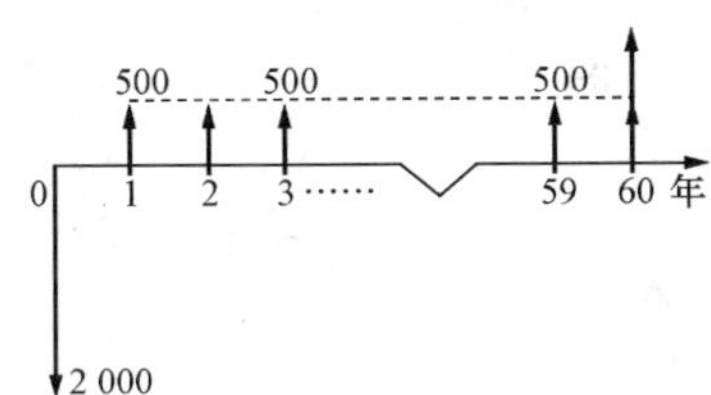

图10-13　A方案的现金流量图

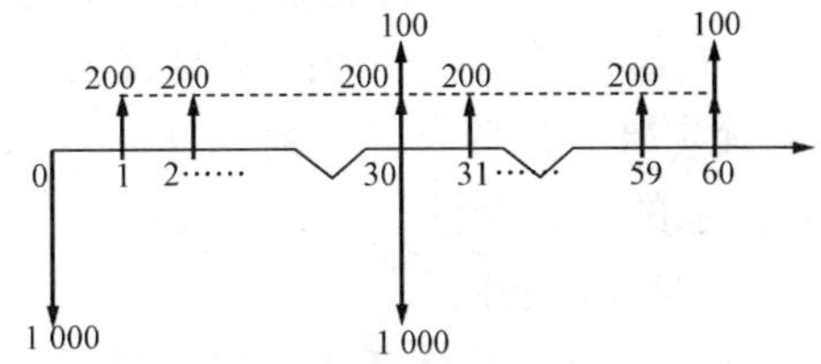

图10-14　B方案的现金流量图

现在计算两方案的净现值。

$$NPV_A = 500\,(P/A, 5\%, 60) + 900.327\,1\,(P/F, 5\%, 60) - 2\,000 = 7\,512.844\,2\,(\text{万元})$$

$$\begin{aligned} NPV_B &= 200(P/A, 5\%, 60) + 100(P/F, 5\%, 30) + 100(P/F, 5\%, 60) \\ &\quad - 1\,000(P/F, 5\%, 30) - 1\,000 \\ &= 2\,582.973\,9\,(\text{万元}) \end{aligned}$$

由于 $NPV_A > NPV_B$，所以A方案优于B方案，应选A方案。

第十一章　项目决策的风险分析与管理

教学目的：项目的决策是一种事前行为，决策指标计算中的数据是预测的，而这些数据在未来的变化是带有不确定性的，即带有风险性的。通过本章的学习，让学生了解不确定性分析的不确定性和风险的原因和相关计算方法。掌握不确定性分析中盈亏平衡分析的基本原理和敏感性分析的计算方法，了解概率分析的方法与风险管理方法。

主要内容：盈亏平衡分析、敏感性分析、决策树方法。

第一节　风险与不确定性

投资项目的经济效果与其投资、成本、产量、售价等经济要素之间形成一种函数关系，这些经济要素取值的变化会引起经济效果数值的变化。受政治、文化、社会因素，经济环境，资源与市场条件，技术发展情况等因素的影响，这些要素是随着时间、地点、条件改变而不断变化的，这些不确定性因素在未来的变化就构成了项目决策过程的不确定性。同时项目经济评价所采用的数据一般都带有不确定性，加上主观预测能力的局限性，对这些技术经济变量的估算与预测不可避免地会有误差，从而使投资方案经济效果的预期值与实际值可能会出现偏差。这种情况通称为项目的风险与不确定性。

产生不确定性与风险的原因主要有主观和客观两个方面。

1. 不确定性与风险性产生的主观原因

（1）信息的不完全性与不充分性；

（2）人的有限理性等。

2. 不确定性与风险性产生的客观原因

（1）市场供求变化的影响；

（2）技术变化的影响；

(3) 经济环境变化的影响；

（4）社会、政策、法律、文化等方面的影响；

（5）自然条件和资源方面的影响等。

从理论上讲，风险是指由于随机原因引起的项目总体的实际价值对预期价值之间的差异。风险是与出现不利结果的概率相关联的，出现不利结果的概率（可能性）越大，风险也就越大。而不确定性是指：

（1）对项目有关的因素或未来的情况缺乏足够的情报而无法做出正确的估计；

（2）没有全面考虑所有因素而造成的预期价值与实际价值之间的差异。

所以，从理论上可以区分风险与不确定性，但从项目经济评价角度来看，试图将它们绝对分开没有多大意义，实际上也无必要。

风险与不确定性管理成为项目管理的一个重要内容。风险与不确定性分析是项目风险管理的前提与基础。通过分析方案各个技术经济变量（不确定性因素）的变化对投资方案经济效益的影响（还应进一步研究外部条件变化如何影响这些变量），分析投资方案对各种不确定性因素变化的承受能力，进一步确认项目在财务和经济上的可靠性，这个过程称为风险与不确定性分析。这一步骤作为工程项目财务分析与国民经济分析的必要补充，有助于加强项目风险管理与控制，避免在变化面前束手无策。同时，在风险与不确定性分析基础上做出的决策，可在一定程度上避免决策失误导致的巨大损失，有助于决策的科学化。

项目经济分析人员应善于根据各项目的特点及客观情况变化的特点，抓住关键因素，正确判断，提高分析水平。经济分析中不确定性分析的基本方法包括盈亏平衡分析、敏感性分析和概率分析。盈亏平衡分析只用于财务效益分析，敏感性分析和概率分析可同时用于财务效益分析和国民经济效益分析。

第二节　盈亏平衡分析

各种不确定因素（如投资、成本、销售量、产品价格、项目寿命期等）的变化会影响投资方案的经济效果，当这些因素的变化达到某一临界值时，就会影响方案的取舍。盈亏平衡分析的目的就是找出这种临界值，判断投资方案对不确定因素变化的承受能力，为决策提供依据。盈亏平衡是指当年的销售收入扣除销售税金及附加后等于其总成本费用，在这种情况下，项目的经营结果既无盈利又无亏损。盈亏平衡分析是通过计算盈亏平衡点 *BEP*（Break-Even Point）处的产量或生产能力利用率，分析拟建项目成本与收益的平衡关系，判断拟建项目适应市场变化的能力和风险大小的一种分析方法。所以，盈亏平衡分析也称量本利分析。盈亏平衡点是项目盈利与亏损的分界点，它标志着项目不盈不亏的生产经营临界水平，反映在一定的生产经营水平时工程项目的收益与成本的平衡关系。

对于盈亏平衡分析模型而言，按成本、销售收入和产量之间是否成线性关系可分为线性盈亏平衡分析和非线性盈亏平衡分析。

一、线性盈亏平衡分析

线性盈亏平衡分析一般基于以下三个假设条件来进行。

第一，产品的产量与销售量是一致的；

第二，单位产品的价格保持不变；

第三，成本分为可变成本与固定成本，其中可变成本与产量成正比，固定成本与产量无关，保持不变。

此时，产品的产量（Q）、固定成本（C_F）、可变成本（C_V）、销售收入（S）、利润（E）之间的关系如图 11 - 1 所示。

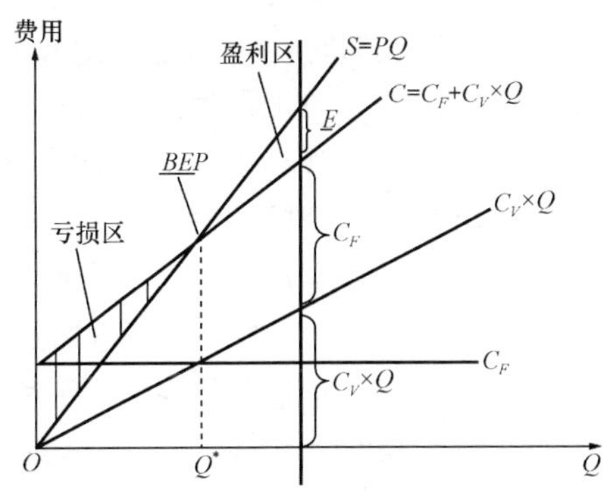

图 11 - 1　产品产量、固定成本、可变成本、销售收入、利润间的关系

由图可见：

总成本　　　$C=C_F+C_V\times Q$

销售收入 $S=$（单价 $P-$ 单位产品税金 t）$\times Q$

当（$P-t$）一定时，S 随 Q 的增加成比例增加，即呈线性变化

当（$P-t$）不定时，S 不单只取决于 Q，还要考虑（$P-t$）这时呈非线性变化

$$\begin{aligned}利润\ E &= S - C \\ &= (P-t)Q - (C_F + C_V \times Q) \\ &= (P - t - C_V)Q - C_F\end{aligned}$$

此时对应产量 $Q = (E + C_F)/(P - t - C_V)$

在盈亏平衡点 BEP 处，$Q = Q^*$（盈亏平衡产量），项目处于不盈不亏的状态，也即是项目的收益与成本相等，$S = C, E = S - C = 0, Q = Q* = C_F/(P - t - C_V)$。

盈亏平衡点除经常用产量表示外，可以用生产能力利用率 f，单位产品价格等指标 P 表示如下

$$F^* = \frac{Q^*}{Q_0} \times 100\% \tag{11-1}$$

式中：Q_0 为设计生产能力；P^*（单位产品价格）$=F^*/Q_0 + V + t$。

所以，Q^* 值越小越好，同样 f^* 越小越好，说明工程项目抗风险能力越强，亏损的可能性越小。

【例 11-1】 某企业拟新建一个工厂，拟定了 A、B、C 三个不同方案。经过对各方案进行的分析预测，三个方案的成本结构数据见表 11-1。若预料市场未来需求量在 15 000 件左右，试选择最优方案。

表 11-1　A、B、C 方案的成本结构数据表

方案 成本	A	B	C
C_F（万元/年）	30	50	70
C_V（元/件）	40	20	10

解： $C_A = 300\ 000 + 40Q$，$C_B = 500\ 000 + 20Q$，$C_C = 700\ 000 + 30Q$

令 $C_A = C_B$，即 $300\ 000 + 40Q = 500\ 000 + 20Q$，$Q_A = 10\ 000$ 件

令 $C_B = C_C$，即 $500\ 000 + 20Q = 700\ 000 + 10Q$，$Q_B = 20\ 000$ 件

而预测产量为 15 000 件，则应选 AB 线段之间，即 C_B 的线段。

故应选 B 方案为最优方案，如图 11-2 所示。

二、非线性盈亏平衡分析

在实际生产经营过程中，产品的销售收入与销售量之间，成本费用与产量之间，并不一定呈现出线性关系，在这种情况下进行盈亏平衡分析称为非线性盈亏平衡分析。例如，当产量达到一定数额时，市场趋于饱和，产品可能会滞销或降价，这时呈非线性变化；而当产量增加到超出已有的正常生产能力时，可能会增加设备，要加班时还需要加班费和照明费，此时可变费用呈上弯趋势，产生两个平衡点 BEP_1 和 BEP_2，如图 11-3 所示。

非线性盈亏分析的基本过程如下：

产量 $Q < Q_1{}^*$ 或 $Q > Q_2{}^*$ 时，项目都处于亏损状态。

$Q_1{}^* < Q < Q_2$ 时，项目处于盈利状态。

因此 Q_1、Q_2 是项目的两个盈亏平衡点的产量。

又根据利润表达式

$$利润 = 收益 - 成本 = S - C$$

通过求上式对产量的一阶导数并令其等于零即

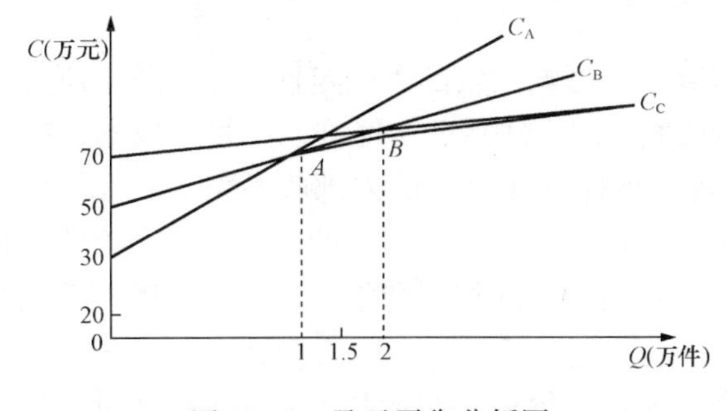

图 11-2　盈亏平衡分析图

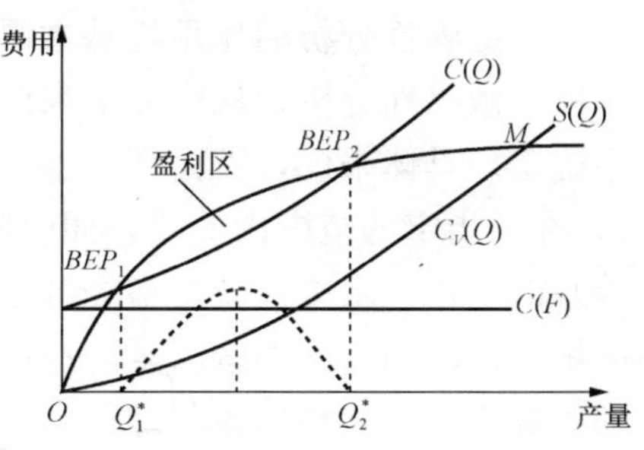

图 11-3　非线性盈亏分析图

$$\frac{d[(S-C)]}{dQ}=0$$

可以求出利润为最大的产量 Q_{opti}。

【例 11-2】 已知固定成本为 60 000 元，单位变动成本为 35 元，产品单价为 60 元．由于成批采购材料，单位产品变动成本可减少 1‰；由于成批销售产品，单价可降低 3.5‰；求利润最大时的产量。

解： 总成本　$C(q)=60\,000+(35-0.001q)\,q$

总收入 $F(q)=(60-0.0035q)\,q$

令 $C(q)=F(q)$ 则：$0.0025q^2-25q+60\,000=0$

得 $q_1=4000$ 单位　$q_2=6\,000$ 单位

又因为 $E(q)=F(q)-C(q)=-0.0025q^2+30q-60\,000$

令 $d\,[E(q)]/dq=0$ 则 $q=6\,000$ 单位，

因 $d^2\,[E(q)]/dq^2=-0.005<0$，

所以 6 000 单位是利润最大时的产量

盈亏平衡分析的主要目的在于通过盈亏平衡计算找出和确定一个盈亏平衡点，以及进一步突破此点后增加销售数量、增加利润、提高盈利的可能性。盈亏平衡分析还能够有助于发现和确定企业增加盈利的潜在能力以及各个有关因素变动对利润的影响程度。通过盈亏平衡分析，可以看到产量、成本、销售收入三者的关系，预测经济形势变化带来的影响，分析工程项目抗风险的能力；从而为投资方案的优劣分析与决策提供重要的科学依据。但是由于盈亏平衡分析仅仅是讨论价格、产量、成本等不确定因素的变化对工程项目盈利水平的影响，却不能从分析中判断项目本身盈利能力的大小。另外，盈亏平衡分析是一种静态分析，没有考虑货币的时间价值因素和项目计算期的现金流量的变化，因此，其计算结果和结论是比较粗略的，还需要采用其他的能分析判断出因不确定因素变化而引起项目本身盈利水平变化幅度的、动态的方法进行不确定性分析。

第三节　敏感性分析

在许多情况下，只对方案进行盈亏平衡分析是不够的，它只能通过变动售价、产量、成本等因素所导致的盈亏平衡点或线发生变化来进行不确定性分析。

一、敏感性分析的作用与基本原理

所谓敏感性分析，从广义上来讲，就是研究单一影响因素的不确定性给经济效果所带来的不确定。具体来说，就是研究某一拟建项目的各个影响因素（售价、产量、成本、投资等），在所指定的范围内变化，而引起其经济效果指标（如投资的内部收益率、利润、回收期等）的变化。敏感性就是指经济效果指标对其影响因素的敏感程度的大小。对经济效果指标的敏感性影响大的那些因素，在实际项目中，我们要严加控制和掌握，而对于敏感性较小的那些影响因素，稍加控制即可。

因此，敏感性分析是研究分析项目的投资、成本、价格、产量和工期等主要变量发生变化时，导致对项目经济效益的主要指标发生变动的敏感程度。项目经济分析中的财务分析指标主要是项目内部收益率、净现值、投资收益率、投资回收期或偿还期，敏感性分析也称为灵敏度分析。

通过敏感性分析，就要在诸多的不确定因素中，找出对经济效益指标反应敏感的因素，并确定其影响程度，计算出这些因素在一定范围内变化时，有关效益指标变动的数量，从而建立主要变量因素与经济效益指标之间的对应定量关系（变化率），从而可绘制敏感性分析图（图 11-4）。同时，可求出各因素变化的允许幅度（极限值），计算出临界点，考察其是否在可接受的范围之内。敏感性分析是侧重于对最敏感的关键因素（即不利因素）及其敏感程度进行分析。

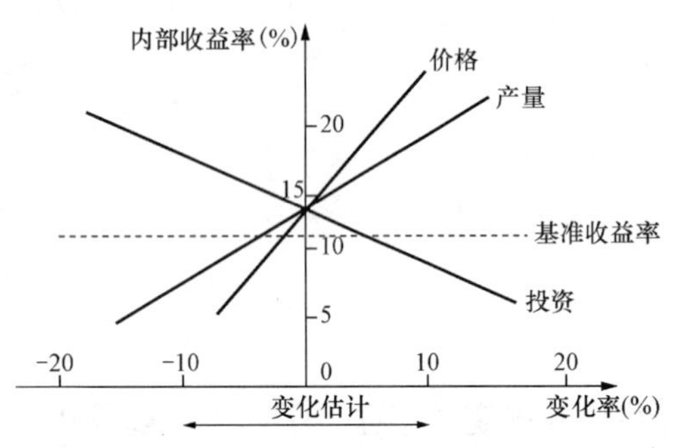

图 11-4 敏感性分析示意图

通常是分析单个因素变化，必要时也可分析两个或多个不确定因素的变化对项目经济效益指标的影响程度。因此，除了采用单因素变化的敏感性分析以外，还可采用多因素变化的分析等。项目对某种因素的敏感程度，可表示为该因素按一定比例变化时引起项目指标的变动幅度（列表表示）；也可表示为评价指标达到临界点（如财务内部收益率等于财务基准收益率，或是经济内部收益率等于社会折现率）时，某个因素允许变化的最大幅度，即极限值。敏感性分析可以使决策者了解不确定因素对项目经济效益指标的影响，从而提高决策的准确性，还可以启发工程经济分析人员对那些较为敏感的因素重新进行分析研究，以提高预测的可靠性。通过进行项目的敏感性分析，可以研究各种不确定因素变动对方案经济效果的影响范围和程度，了解项目方案的风险根源和风险大小，还可筛选出若干最为敏感的因素，有利于对它们集中力量研究，重点调查和收集资料，尽量降低因素的不确定性，进而减少方案风险。另外，通过敏感性分析，可以确定不确定因素在什么范围内变化能使项目的经济效益情况最好，在什么范围内变化时，则项目的经济效益情况最差等这类最乐观和最悲观的边界条件或边界数值。

二、单因素敏感性分析的一般步骤

进行单因素敏感性分析的一般步骤如下。

（1）确定敏感性分析指标。如净现值、内部收益率等。

（2）选取不确定因素。如投资额、销售收入、经营成本、利率、寿命期等。

（3）固定其他因素，变动其中某一个不确定因素，逐个计算不确定因素对分析指标的影响程度（或范围），并找出它们一一对应关系。变动幅度是一样。

（4）计算影响程度，找出敏感因素。

（5）对方案进行综合方面分析，实施控制弥补措施。

下面以实例来说明这种方法。

【例 11-3】 某企业拟建一预制构件厂，其产品是大板结构住宅的预制板，该厂需投资 20 万元，每天可生产标准预制板 $100m^2$，单价为 140 元/m^3，每年生产 350 天，生产能力利用程度可达到 80%，寿命期为 20 年，基准收益率为 12%，则

年度收入为 100×350×140×0.8=392（万元）

年度支出为

折旧费=20×（A/P，12%，20）=2.677 6（万元）

人工费=54（万元）

经常费=4+4=8（万元）

材料费=0.8×100×350×115=322（万元）

在经常费中，固定费用和可变费用各占一半，为简单起见，试分析各因素的变化对静态投资收益率的影响。以下以生产能力利用程度、产品售价、使用寿命三个因素为例进行敏感性分析。

当生产能力利用程度为 80%时，

年度总收入=392（万元）

年度总支出=386.677 8（万元）

利润=5.3224（万元）

投资收益率=5.322 24÷20=26.6%

当生产能力利用程度为 70%时。

年度总收入=100×350×140×0.7=343（万元）

年度总支出=345.927 6（万元）

利润=−2.927 6（万元）

投资收益率=−2.927 6÷20=−14.64%

其中，材料费=100×350×11×0.7=281.75（万元）

经常费=4+3.5=7.5（万元）

需说明的是，由于在生产能力利用程度为 80%时，经常费中的可变费用为 4 万元，由此可计算出当生产能力利用程度为 100%时，其经常费中的可变费用为 4÷0.8=5 万元。因此，当生产能力利用程度为 70%时，其经常费就为 4+70%×5=7.5 万元，而其中的固定费，不论生产能力利用程度为多少，始终不变。

表 11-2 为几种生产能力利用程度的具体计算结果。由此得出结论，生产能力利用程度对收益率的影响很敏感，工厂投产后要严加控制。或者改变某些因素，重新确定其各项费用，使之变成不敏感因素。

敏感性分析侧重于对不利因素及其影响程度的分析。除以上单个因素分析外，必要时，可分析两个或多个不确定因素对投资风险的影响程度。单因素的敏感分析适用于分析最敏感的因素，但它忽略了各因素之间的相互作用。因为多因素的估计误差所造成的风险一般比单个因素较大。因此在对项目进行风险分析时，除了要进行单因素的敏感性分析外，还应进行

多因素的敏感性分析。下面仅就双因素情况进行敏感性分析。

表 11-2　　生产能力敏感分析

项　目	生产能力利用程度			
	70%	75%	80%	85%
年度收入	343	367.5	392	416.5
年度支出				
①折旧费	2.677 6	2.677 6	2.677 6	2.677 6
②人工费	54	54	54	54
③经常费	7.5	7.75	8	8.25
④材料费	281.5	301.875	322	342.125
支出总额	345.927 76	366.302 6	386.677 6	407.052 6
年度利润	−2.927 6	1.197 4	5.322 4	9.447 4
投资收益率	−14.64%	6%	26.6%	47.24%

一次改变一个因素的敏感性分析可以得到敏感性曲线。若分析两个因素同时变化的敏感性，则可以得到一个敏感面。

【例 11-4】 某企业为了研究一项投资方案，提出了下面的因素指标估计（基本方案），见下表。假定最关键的敏感因素是投资和年销售收入，试同时进行这两个参数的敏感性分析。

项目	投资	寿命 n	残值	年收入	年支出 D	折现率 i
参数值	1 0000	5	2 000	5 000	2 200	8%

解： 以净年金 A^* 为研究目标，设 X 为初始资变化的百分数，设 Y 为初始年收入变化的百分数，则净年金 A^* 为

$$A^* =-10\,000(1+X)(A/P,\ i,\ n)+5\,000(1+Y)(A/P,\ i,\ n)-2\,200+2\,000(A/F,\ i,\ n)$$

将 $i=8\%$，$n=5$ 代入可得

$$A^* = 636.32+5\,000Y-2504.6X$$

临界曲线为 $A^*=0$，则 $Y=0.500\ 92X-0.127\ 264$，作图 11-5。

作图后，就得到如图 11-5 所示的两个区域。其中所希望的区域（$A^*>0$）占优势。如果预计造成 ±20%的估计误差，则净年金对增加投资额比较敏感。例如，若投资增加 5%，年销售收入减小 12%，则 $A^*<0$。

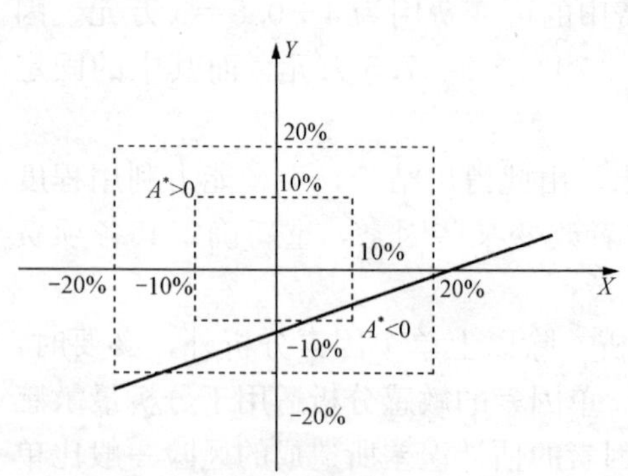

图 11-5　两个参数的敏感性分析

三、敏感性分析的局限性

敏感性分析是项目经济评价时经常用到的一种方法，是投资决策中的两个重要步骤，它在一定程

度上对不确定因素的变动对项目投资效果的影响做了定量的描述，得到了维持投资方案在经济上可行所允许的不确定因素发生不利变动的最大幅度，但是敏感性分析在使用中也存在着一定的局限性，就是它不能说明不确定因素发生变动的情况的可能性是大还是小，也就是没有考虑不确定因素在未来发生变动的概率，而这种概率是与项目的风险大小密切相关的。

第四节　概　率　分　析

一、基本原理

由于盈亏平衡分析和敏感性分析，只是假定在各个不确定因素发生变动可能性相同的情况下进行的分析，而忽略了它们是否发生和发生可能的程度有多大这类的问题。因此只有概率分析才能明确这类问题。

概率是指事件的发生所产生某种后果的可能性的大小。概率分析是在选定不确定因素的基础上，通过估计其发生变动的范围，然后根据已有资料或经验等情况，估计出变化值下的概率，并根据这些概率的大小，来分析测算事件变动对项目经济效益带来的结果和所获结果的稳定性。它是一种定量分析方法。同时，又因为事件的发生具有随机性，故概率分析又称为简单风险分析。

二、概率分析方法

概率法是在假定投资项目净现值的概率分布为正态的基础上，通过正态分布图像面积计算净现值小于零的概率，来判断项目风险程度的决策分析方法。

这种分析方法适用的前提条件是项目每年现金流量独立，即上年的现金收回情况好坏并不影响本年的现金收回，本年的现金收回也不影响下年的现金收回。

概率法首先要计算期望净现值 $E(NPV)$，公式为

$$E(NPV)=\sum_{t=0}^{n}\frac{E(N_t)}{(1+i_c)^t} \tag{11-2}$$

其次要计算项目的现金流量标准差 σ，公式为

$$\sigma=\sqrt{\sum_{i=1}^{n}\left[\frac{\sigma_t}{(1+i_c)}\right]^2} \tag{11-3}$$

最后，计算 NPV 小于零的概率并判断项目风险大小和项目的可行性，其一般计算步骤如下：

（1）列出各种应考虑的不确定因素，如投资、经营成本、销售价格等。

（2）设想各种不确定因素可能发生变化情况，即确定其数值发生变化个数。

（3）分析确定各种情况出现的可能性及概率，并保证每个不确定因素可能发生的情况的概率之和为 1。

（4）分析求出各种不确定因素发生变化是方案净现值流量各状态发生的概率和相应状态下的净现值的期望值。

（5）求出净现值大于或等于零的累计概率。

（6）对概率分析结果作出说明。

【例 11-5】 某企业评价的某项目的可能的各年净现金流量和该公司约定的 C_V-d 换算表如表 11-3 所示，若 $i_c=8\%$，试求 E（NPV）并判断其可行性。

表 11 - 3　　**净现金流量和 C_V- d 换算表**

i	N_{ij}（元）	概率 P_{ij}	i	N_{ij}（元）	概率 P_{ij}
0	−10 000	1.0	2	4 000 6 000 7 000	0.3 0.2 0.4
1	4 500 5 000 6 500	0.3 0.4 0.3	3	3 000 5 000 8 000	0.25 0.50 0.20

解：先求出各 d，为此计算各年的 $E(N_t)$ 。

$$E(N_0) = -10\ 000 \times 1.0 = -10\ 000$$

$$E(N_1) = 4\ 500 \times 0.3 + 5\ 000 \times 0.4 + 6\ 500 \times 0.3 = 5\ 300$$

$$E(N_2) = 4\ 000 \times 0.3 + 6\ 000 \times 0.2 + 7\ 000 \times 0.4 = 5\ 200$$

$$E(N_3) = 3\ 000 \times 0.25 + 5\ 000 \times 0.5 + 8\ 000 \times 0.2 = 4\ 850$$

再求各年净现金流量的 σ_i。

$$\sigma_0 = 0$$

$$\sigma_1 = [(4\ 500 - 5\ 000)^2 \times 0.3 + (5\ 000 - 5\ 000)^2 \times 0.4 + (6\ 500 - 5\ 000)^2 \times 0.3]^{\frac{1}{2}} = 866.0$$

$$\sigma_2 = [(4\ 000 - 6\ 000)^2 \times 0.3 + (6\ 000 - 6\ 000)^2 \times 0.2 + (7\ 000 - 6\ 000)^2 \times 0.4]^{\frac{1}{2}} = 1\ 264.9$$

$$\sigma_3 = [(3\ 000 - 5\ 000)^2 \times 0.25 + (5\ 000 - 5\ 000)^2 \times 0.50 + (8\ 000 - 5\ 000)^2 \times 0.2]^{\frac{1}{2}} = 1\ 673.3$$

$$E(NPV) = \frac{5\ 300}{1+0.08} + \frac{5\ 200}{(1+0.08)^2} + \frac{4\ 850}{(1+0.08)^3} - 10\ 000 = 3215.7(\text{元})$$

$$\sigma = \sqrt{\left[\frac{866}{1+0.08}\right]^2 + \left[\frac{1\ 264.9}{(1+0.08)^2}\right]^2 + \left[\frac{1\ 673.3}{(1+0.08)^3}\right]^2} = 1\ 893.0$$

至此，可以计算出期望净现值相当于项目现金流量标准差的倍数为

$$Z = \frac{E(NPV)}{\sigma} = \frac{3\ 215.7}{1\ 893} = 1.70$$

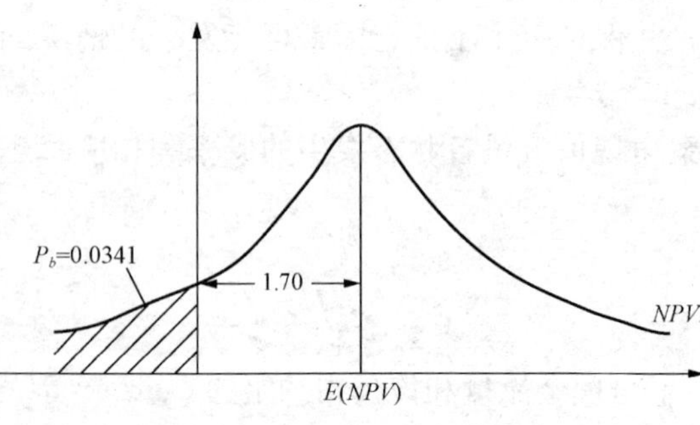

图 11 - 6　年净现值概率分布

根据 Z 值，可从正态分布表中，查得正态分布图像边上尖交面积对应的百分数，这就是项目的净现值小于零的概率 P_b，如图 11 - 6 所示。

经查表：P_b =0.0341 这一结果如图所示，$NPV < 0$ 的概率仅为 3.41%，风险是很小的。

由公式 $Z = E(NPV)/\sigma$ 可知，$E(NPV)$ 越大，σ 越小，Z 值就越大；Z 值越大，P_b 就越小，项目就越有吸引力，反之则结论相反。

三、期望值决策方法

（一）净现值期望值的数学含义

$$E(NPV) = \sum_{n=1}^{i} NPV_i \times P_i \qquad (11-4)$$

式中　NPV_i——第 i 种状态的净现值；

n——自然状态数；

P_i——第 i 种状态的概率。

（二）期望值进行决策必须具有的条件

（1）目标。

（2）几个可行方案。

（3）所对应的自然状态。

（4）概率。

（5）相应的可计算出的损益值——加权平均值。

【例 11-6】 某土方工程，施工管理人员要决定下个月是否开工，若开工后遇天气不下雨，则可按期完工，获利润 6 万元；如遇天气下雨，则要造成 1.5 万元的损失。假如不开工，不论下雨还是不下雨都要付窝工费 1 000 元。据气象预测下月天气不下雨的概率为 0.3，下雨概率为 0.7，利用期望值的大小为施工管理人员做出决策。

开工方案的期望值 E_1＝60 000×0.3＋（－15 000）×0.7＝7 500（元）

不开工方案的期望值 E_2＝（－1 000）×0.3＋（－1 000）×0.7＝－1 000（元）

$E_1 > E_2$，应选开工方案。

第五节　决策树方法

一、基本形式

我们可以将［例 11-5］决策内容绘制成如图 11-7 所示的决策树，图中“□”代表决策点，从决策点画出的每一条直线代表一个方案，叫作方案枝；“○”代表机会点（也可叫概率分枝点），从机会点画出的每一条直线代表一种自然状态，叫作概率分枝；“△”为可能结果点，代表各种自然状态下的可能结果。

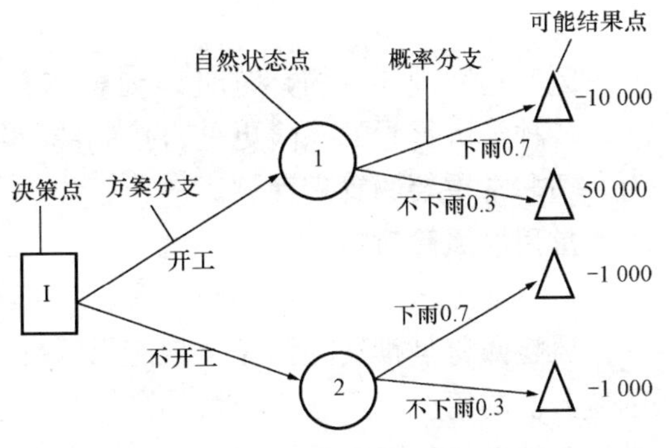

图 11-7　决策树方法基本形式

【例 11-7】 某公司拟建设一个预制构件厂，一个方案是建大厂，需要 359 万元，另一个方案是建小厂，需要 160 万元，使用期均为 10 年。另外方案在不同自然状态下的损益值及自然状态概率见表 11-4，试利用决策树法决策。

表 11-4　　**损益值及自然状态概念率**

自然状态	概率	每年损益值（万元）		自然状态	概率	每年损益值（万元）	
		大厂	小厂			大厂	小厂
市场需求大	0.7	100	40	市场需求小	0.3	－20	10

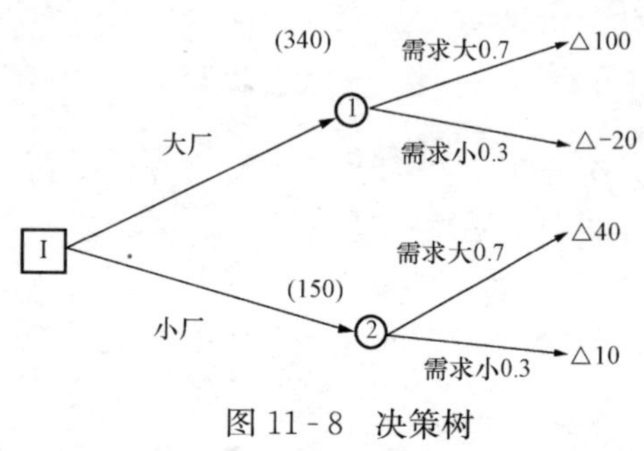

图 11-8 决策树

决策树图形如图 11-8 所示，各点期望值如下。

点 1：0.7×100×10+0.3×（−20）×10−359=281（万元）

点 2：0.7×40×10+0.3×10×10−160=150（万元）

两者比较，建大厂较优，10 年期望值为 281 万元。

二、多级决策问题

【例 11-8】 如［例 11-7］条件，既现建小厂，如销路好，则第三年后扩建，扩建投资需要 140 万元，扩建后可使用 7 年，每年损益值与大厂相同，这个方案与建大厂方案比较，何者较优？

画出的决策树图如图 11-9 所示，大厂方案未变化，仍将其损益期望值写在节点 1 之下。

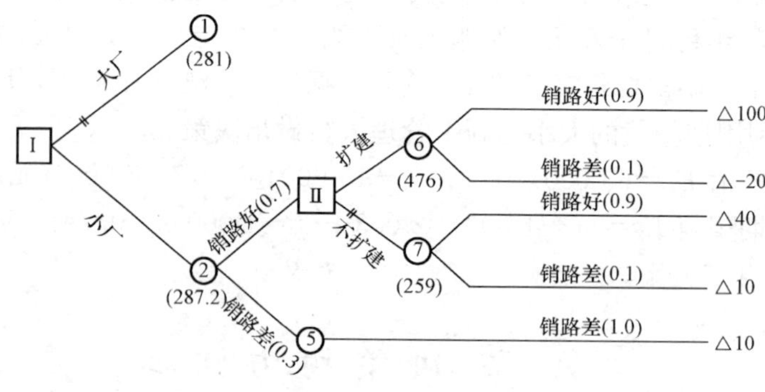

图 11-9 决策树

第六节 风 险 管 理

风险是客观存在的，时时刻刻影响着人类的行为，尤其在现代复杂的经济、社会环境下，各种经济行为的风险更是直接制约着经济的发展。因此，如何进行有效的风险管理已成为一项非常重要的管理课题。

常用的风险对策

1. 风险回避

风险回避是投资主体完全规避风险的一种方法，即拒绝风险的来源。一般是投资主体在风险分析的情况下，认为项目的高风险给投资者带来的风险损失大于风险收益且投资者无法通过其他的途径来降低风险而不得不放弃该项目而转投资其他项目。

2. 风险预防与控制

风险预防主要是降低风险可能发生的概率，是事前的风险控制；风险控制还包括事中控制——使风险控制在投资项目可以接受的范围内；事后控制——当风险发生后降低风险发生后的实际损失。

3. 风险转移

这是在实际工作常用的方法，俗话说高风险高收益，一味的惧怕风险也会丧失一定的收益，而且实际工作中不可能完全预防或回避各种风险，因此较常用的方法是把风险转移给其他法人或组织。可以在项目投资前转移（与回避相似），也可以在项目投资后转移即风险损失的转移，主要形式有的方法有合同、保险。当然这种转移不是无偿的，相应把一定的收益也转移对方，实际是一种风险交易。

4. 风险分散与组合

项目必须要实施时，风险又是客观存在的，我们这时常用的方法就是风险分散与组合。风险分散就是通常所说的"投资分散化"、"多元化经营"等，可以使投资者收到"东方不亮西方亮"的功效。例如，投资于不同的行业、不同的地区、联营、合资等都可以起到风险分散与组合的功效。

5. 风险承担

当风险无法回避又无法转移、控制很弱或无法控制时，风险承担也常常是一种有效风险策略。承担并不一定会有损失。如果预测项目的风险发生的可能性很大，通常采用谨慎的原则及在项目实施的过程中可以建立风险基金来补偿这种风险带来的损失。

附录：复利系数表

i=1%

n	(F/P, i, n)	(P/F, i, n)	(F/A, i, n)	(A/F, i, n)	(P/A, i, n)	(A/P, i, n)
1	1.0100	0.9901	1.0000	1.0000	0.9901	1.0100
2	1.0201	0.9803	2.0100	0.4975	1.9704	0.5075
3	1.0303	0.9706	3.0301	0.3300	2.9410	0.3400
4	1.0406	0.9610	4.0604	0.2463	3.9020	0.2563
5	1.0510	0.9515	5.1010	0.1960	4.8534	0.2060
6	1.0615	0.9420	6.1520	0.1625	5.7955	0.1725
7	1.0721	0.9327	7.2135	0.1386	6.7282	0.1486
8	1.0829	0.9235	8.2857	0.1207	7.6517	0.1307
9	1.0937	0.9143	9.3685	0.1067	8.5660	0.1167
10	1.1046	0.9053	10.4622	0.0956	9.4713	0.1056
11	1.1157	0.8963	11.5668	0.0865	10.3676	0.0965
12	1.1268	0.8874	12.6825	0.0788	11.2551	0.0888
13	1.1381	0.8787	13.8093	0.0724	12.1337	0.0824
14	1.1495	0.8700	14.9474	0.0669	13.0037	0.0769
15	1.1610	0.8613	16.0969	0.0621	13.8651	0.0721
16	1.1726	0.8528	17.2579	0.0579	14.7179	0.0679
17	1.1843	0.8444	18.4304	0.0543	15.5623	0.0643
18	1.1961	0.8360	19.6147	0.0510	16.3983	0.0610
19	1.2081	0.8277	20.8109	0.0481	17.2260	0.0581
20	1.2202	0.8195	22.0190	0.0454	18.0456	0.0554
21	1.2324	0.8114	23.2392	0.0430	18.8570	0.0530
22	1.2447	0.8034	24.4716	0.0409	19.6604	0.0509
23	1.2572	0.7954	25.7163	0.0389	20.4558	0.0489
24	1.2697	0.7876	26.9735	0.0371	21.2434	0.0471
25	1.2824	0.7798	28.2432	0.0354	22.0232	0.0454
26	1.2953	0.7720	29.5256	0.0339	22.7952	0.0439
27	1.3082	0.7644	30.8209	0.0324	23.5596	0.0424
28	1.3213	0.7568	32.1291	0.0311	24.3164	0.0411
29	1.3345	0.7493	33.4504	0.0299	25.0658	0.0399
30	1.3478	0.7419	34.7849	0.0287	25.8077	0.0387
31	1.3613	0.7346	36.1327	0.0277	26.5423	0.0377
32	1.3749	0.7273	37.4941	0.0267	27.2696	0.0367
33	1.3887	0.7201	38.8690	0.0257	27.9897	0.0357
34	1.4026	0.7130	40.2577	0.0248	28.7027	0.0348
35	1.4166	0.7059	41.6603	0.0240	29.4086	0.0340
40	1.4889	0.6717	48.8864	0.0205	32.8347	0.0305
45	1.5648	0.6391	56.4811	0.0177	36.0945	0.0277
50	1.6446	0.6080	64.4632	0.0155	39.1961	0.0255

$i=2\%$

n	(F/P，i，n)	(P/F，i，n)	(F/A，i，n)	(A/F，i，n)	(P/A，i，n)	(A/P，i，n)
1	1.0200	0.9804	1.0000	1.0000	0.9804	1.0200
2	1.0404	0.9612	2.0200	0.4950	1.9416	0.5150
3	1.0612	0.9423	3.0604	0.3268	2.8839	0.3468
4	1.0824	0.9238	4.1216	0.2426	3.8077	0.2626
5	1.1041	0.9057	5.2040	0.1922	4.7135	0.2122
6	1.1262	0.8880	6.3081	0.1585	5.6014	0.1785
7	1.1487	0.8706	7.4343	0.1345	6.4720	0.1545
8	1.1717	0.8535	8.5830	0.1165	7.3255	0.1365
9	1.1951	0.8368	9.7546	0.1025	8.1622	0.1225
10	1.2190	0.8203	10.9497	0.0913	8.9826	0.1113
11	1.2434	0.8043	12.1687	0.0822	9.7868	0.1022
12	1.2682	0.7885	13.4121	0.0746	10.5753	0.0946
13	1.2936	0.7730	14.6803	0.0681	11.3484	0.0881
14	1.3195	0.7579	15.9739	0.0626	12.1062	0.0826
15	1.3459	0.7430	17.2934	0.0578	12.8493	0.0778
16	1.3728	0.7284	18.6393	0.0537	13.5777	0.0737
17	1.4002	0.7142	20.0121	0.0500	14.2919	0.0700
18	1.4282	0.7002	21.4123	0.0467	14.9920	0.0667
19	1.4568	0.6864	22.8406	0.0438	15.6785	0.0638
20	1.4859	0.6730	24.2974	0.0412	16.3514	0.0612
21	1.5157	0.6598	25.7833	0.0388	17.0112	0.0588
22	1.5460	0.6468	27.2990	0.0366	17.6580	0.0566
23	1.5769	0.6342	28.8450	0.0347	18.2922	0.0547
24	1.6084	0.6217	30.4219	0.0329	18.9139	0.0529
25	1.6406	0.6095	32.0303	0.0312	19.5235	0.0512
26	1.6734	0.5976	33.6709	0.0297	20.1210	0.0497
27	1.7069	0.5859	35.3443	0.0283	20.7069	0.0483
28	1.7410	0.5744	37.0512	0.0270	21.2813	0.0470
29	1.7758	0.5631	38.7922	0.0258	21.8444	0.0458
30	1.8114	0.5521	40.5681	0.0246	22.3965	0.0446
31	1.8476	0.5412	42.3794	0.0236	22.9377	0.0436
32	1.8845	0.5306	44.2270	0.0226	23.4683	0.0426
33	1.9222	0.5202	46.1116	0.0217	23.9886	0.0417
34	1.9607	0.5100	48.0338	0.0208	24.4986	0.0408
35	1.9999	0.5000	49.9945	0.0200	24.9986	0.0400
40	2.2080	0.4529	60.4020	0.0166	27.3555	0.0366
45	2.4379	0.4102	71.8927	0.0139	29.4902	0.0339
50	2.6916	0.3715	84.5794	0.0118	31.4236	0.0318

i=3%

n	(F/P, i, n)	(P/F, i, n)	(F/A, i, n)	(A/F, i, n)	(P/A, i, n)	(A/P, i, n)
1	1.0300	0.9709	1.0000	1.0000	0.9709	1.0300
2	1.0609	0.9426	2.0300	0.4926	1.9135	0.5226
3	1.0927	0.9151	3.0909	0.3235	2.8286	0.3535
4	1.1255	0.8885	4.1836	0.2390	3.7171	0.2690
5	1.1593	0.8626	5.3091	0.1884	4.5797	0.2184
6	1.1941	0.8375	6.4684	0.1546	5.4172	0.1846
7	1.2299	0.8131	7.6625	0.1305	6.2303	0.1605
8	1.2668	0.7894	8.8923	0.1125	7.0197	0.1425
9	1.3048	0.7664	10.1591	0.0984	7.7861	0.1284
10	1.3439	0.7441	11.4639	0.0872	8.5302	0.1172
11	1.3842	0.7224	12.8078	0.0781	9.2526	0.1081
12	1.4258	0.7014	14.1920	0.0705	9.9540	0.1005
13	1.4685	0.6810	15.6178	0.0640	10.6350	0.0940
14	1.5126	0.6611	17.0863	0.0585	11.2961	0.0885
15	1.5580	0.6419	18.5989	0.0538	11.9379	0.0838
16	1.6047	0.6232	20.1569	0.0496	12.5611	0.0796
17	1.6528	0.6050	21.7616	0.0460	13.1661	0.0760
18	1.7024	0.5874	23.4144	0.0427	13.7535	0.0727
19	1.7535	0.5703	25.1169	0.0398	14.3238	0.0698
20	1.8061	0.5537	26.8704	0.0372	14.8775	0.0672
21	1.8603	0.5375	28.6765	0.0349	15.4150	0.0649
22	1.9161	0.5219	30.5368	0.0327	15.9369	0.0627
23	1.9736	0.5067	32.4529	0.0308	16.4436	0.0608
24	2.0328	0.4919	34.4265	0.0290	16.9355	0.0590
25	2.0938	0.4776	36.4593	0.0274	17.4131	0.0574
26	2.1566	0.4637	38.5530	0.0259	17.8768	0.0559
27	2.2213	0.4502	40.7096	0.0246	18.3270	0.0546
28	2.2879	0.4371	42.9309	0.0233	18.7641	0.0533
29	2.3566	0.4243	45.2189	0.0221	19.1885	0.0521
30	2.4273	0.4120	47.5754	0.0210	19.6004	0.0510
31	2.5001	0.4000	50.0027	0.0200	20.0004	0.0500
32	2.5751	0.3883	52.5028	0.0190	20.3888	0.0490
33	2.6523	0.3770	55.0778	0.0182	20.7658	0.0482
34	2.7319	0.3660	57.7302	0.0173	21.1318	0.0473
35	2.8139	0.3554	60.4621	0.0165	21.4872	0.0465
40	3.2620	0.3066	75.4013	0.0133	23.1148	0.0433
45	3.7816	0.2644	92.7199	0.0108	24.5187	0.0408
50	4.3839	0.2281	112.7969	0.0089	25.7298	0.0389

i=4%

n	(F/P, i, n)	(P/F, i, n)	(F/A, i, n)	(A/F, i, n)	(P/A, i, n)	(A/P, i, n)
1	1.0400	0.9615	1.0000	1.0000	0.9615	1.0400
2	1.0816	0.9246	2.0400	0.4902	1.8861	0.5302
3	1.1249	0.8890	3.1216	0.3203	2.7751	0.3603
4	1.1699	0.8548	4.2465	0.2355	3.6299	0.2755
5	1.2167	0.8219	5.4163	0.1846	4.4518	0.2246
6	1.2653	0.7903	6.6330	0.1508	5.2421	0.1908
7	1.3159	0.7599	7.8983	0.1266	6.0021	0.1666
8	1.3686	0.7307	9.2142	0.1085	6.7327	0.1485
9	1.4233	0.7026	10.5828	0.0945	7.4353	0.1345
10	1.4802	0.6756	12.0061	0.0833	8.1109	0.1233
11	1.5395	0.6496	13.4864	0.0741	8.7605	0.1141
12	1.6010	0.6246	15.0258	0.0666	9.3851	0.1066
13	1.6651	0.6006	16.6268	0.0601	9.9856	0.1001
14	1.7317	0.5775	18.2919	0.0547	10.5631	0.0947
15	1.8009	0.5553	20.0236	0.0499	11.1184	0.0899
16	1.8730	0.5339	21.8245	0.0458	11.6523	0.0858
17	1.9479	0.5134	23.6975	0.0422	12.1657	0.0822
18	2.0258	0.4936	25.6454	0.0390	12.6593	0.0790
19	2.1068	0.4746	27.6712	0.0361	13.1339	0.0761
20	2.1911	0.4564	29.7781	0.0336	13.5903	0.0736
21	2.2788	0.4388	31.9692	0.0313	14.0292	0.0713
22	2.3699	0.4220	34.2480	0.0292	14.4511	0.0692
23	2.4647	0.4057	36.6179	0.0273	14.8568	0.0673
24	2.5633	0.3901	39.0826	0.0256	15.2470	0.0656
25	2.6658	0.3751	41.6459	0.0240	15.6221	0.0640
26	2.7725	0.3607	44.3117	0.0226	15.9828	0.0626
27	2.8834	0.3468	47.0842	0.0212	16.3296	0.0612
28	2.9987	0.3335	49.9676	0.0200	16.6631	0.0600
29	3.1187	0.3207	52.9663	0.0189	16.9837	0.0589
30	3.2434	0.3083	56.0849	0.0178	17.2920	0.0578
31	3.3731	0.2965	59.3283	0.0169	17.5885	0.0569
32	3.5081	0.2851	62.7015	0.0159	17.8736	0.0559
33	3.6484	0.2741	66.2095	0.0151	18.1476	0.0551
34	3.7943	0.2636	69.8579	0.0143	18.4112	0.0543
35	3.9461	0.2534	73.6522	0.0136	18.6646	0.0536
40	4.8010	0.2083	95.0255	0.0105	19.7928	0.0505
45	5.8412	0.1712	121.0294	0.0083	20.7200	0.0483
50	7.1067	0.1407	152.6671	0.0066	21.4822	0.0466

i=5%

n	(F/P，i，n)	(P/F，i，n)	(F/A，i，n)	(A/F，i，n)	(P/A，i，n)	(A/P，i，n)
1	1.0500	0.9524	1.0000	1.0000	0.9524	1.0500
2	1.1025	0.9070	2.0500	0.4878	1.8594	0.5378
3	1.1576	0.8638	3.1525	0.3172	2.7232	0.3672
4	1.2155	0.8227	4.3101	0.2320	3.5460	0.2820
5	1.2763	0.7835	5.5256	0.1810	4.3295	0.2310
6	1.3401	0.7462	6.8019	0.1470	5.0757	0.1970
7	1.4071	0.7107	8.1420	0.1228	5.7864	0.1728
8	1.4775	0.6768	9.5491	0.1047	6.4632	0.1547
9	1.5513	0.6446	11.0266	0.0907	7.1078	0.1407
10	1.6289	0.6139	12.5779	0.0795	7.7217	0.1295
11	1.7103	0.5847	14.2068	0.0704	8.3064	0.1204
12	1.7959	0.5568	15.9171	0.0628	8.8633	0.1128
13	1.8856	0.5303	17.7130	0.0565	9.3936	0.1065
14	1.9799	0.5051	19.5986	0.0510	9.8986	0.1010
15	2.0789	0.4810	21.5786	0.0463	10.3797	0.0963
16	2.1829	0.4581	23.6575	0.0423	10.8378	0.0923
17	2.2920	0.4363	25.8404	0.0387	11.2741	0.0887
18	2.4066	0.4155	28.1324	0.0355	11.6896	0.0855
19	2.5270	0.3957	30.5390	0.0327	12.0853	0.0827
20	2.6533	0.3769	33.0660	0.0302	12.4622	0.0802
21	2.7860	0.3589	35.7193	0.0280	12.8212	0.0780
22	2.9253	0.3418	38.5052	0.0260	13.1630	0.0760
23	3.0715	0.3256	41.4305	0.0241	13.4886	0.0741
24	3.2251	0.3101	44.5020	0.0225	13.7986	0.0725
25	3.3864	0.2953	47.7271	0.0210	14.0939	0.0710
26	3.5557	0.2812	51.1135	0.0196	14.3752	0.0696
27	3.7335	0.2678	54.6691	0.0183	14.6430	0.0683
28	3.9201	0.2551	58.4026	0.0171	14.8981	0.0671
29	4.1161	0.2429	62.3227	0.0160	15.1411	0.0660
30	4.3219	0.2314	66.4388	0.0151	15.3725	0.0651
31	4.5380	0.2204	70.7608	0.0141	15.5928	0.0641
32	4.7649	0.2099	75.2988	0.0133	15.8027	0.0633
33	5.0032	0.1999	80.0638	0.0125	16.0025	0.0625
34	5.2533	0.1904	85.0670	0.0118	16.1929	0.0618
35	5.5160	0.1813	90.3203	0.0111	16.3742	0.0611
40	7.0400	0.1420	120.7998	0.0083	17.1591	0.0583
45	8.9850	0.1113	159.7002	0.0063	17.7741	0.0563
50	11.4674	0.0872	209.3480	0.0048	18.2559	0.0548

i=6%

n	(F/P, i, n)	(P/F, i, n)	(F/A, i, n)	(A/F, i, n)	(P/A, i, n)	(A/P, i, n)
1	1.0600	0.9434	1.0000	1.0000	0.9434	1.0600
2	1.1236	0.8900	2.0600	0.4854	1.8334	0.5454
3	1.1910	0.8396	3.1836	0.3141	2.6730	0.3741
4	1.2625	0.7921	4.3746	0.2286	3.4651	0.2886
5	1.3382	0.7473	5.6371	0.1774	4.2124	0.2374
6	1.4185	0.7050	6.9753	0.1434	4.9173	0.2034
7	1.5036	0.6651	8.3938	0.1191	5.5824	0.1791
8	1.5938	0.6274	9.8975	0.1010	6.2098	0.1610
9	1.6895	0.5919	11.4913	0.0870	6.8017	0.1470
10	1.7908	0.5584	13.1808	0.0759	7.3601	0.1359
11	1.8983	0.5268	14.9716	0.0668	7.8869	0.1268
12	2.0122	0.4970	16.8699	0.0593	8.3838	0.1193
13	2.1329	0.4688	18.8821	0.0530	8.8527	0.1130
14	2.2609	0.4423	21.0151	0.0476	9.2950	0.1076
15	2.3966	0.4173	23.2760	0.0430	9.7122	0.1030
16	2.5404	0.3936	25.6725	0.0390	10.1059	0.0990
17	2.6928	0.3714	28.2129	0.0354	10.4773	0.0954
18	2.8543	0.3503	30.9057	0.0324	10.8276	0.0924
19	3.0256	0.3305	33.7600	0.0296	11.1581	0.0896
20	3.2071	0.3118	36.7856	0.0272	11.4699	0.0872
21	3.3996	0.2942	39.9927	0.0250	11.7641	0.0850
22	3.6035	0.2775	43.3923	0.0230	12.0416	0.0830
23	3.8197	0.2618	46.9958	0.0213	12.3034	0.0813
24	4.0489	0.2470	50.8156	0.0197	12.5504	0.0797
25	4.2919	0.2330	54.8645	0.0182	12.7834	0.0782
26	4.5494	0.2198	59.1564	0.0169	13.0032	0.0769
27	4.8223	0.2074	63.7058	0.0157	13.2105	0.0757
28	5.1117	0.1956	68.5281	0.0146	13.4062	0.0746
29	5.4184	0.1846	73.6398	0.0136	13.5907	0.0736
30	5.7435	0.1741	79.0582	0.0126	13.7648	0.0726
31	6.0881	0.1643	84.8017	0.0118	13.9291	0.0718
32	6.4534	0.1550	90.8898	0.0110	14.0840	0.0710
33	6.8406	0.1462	97.3432	0.0103	14.2302	0.0703
34	7.2510	0.1379	104.1838	0.0096	14.3681	0.0696
35	7.6861	0.1301	111.4348	0.0090	14.4982	0.0690
40	10.2857	0.0972	154.7620	0.0065	15.0463	0.0665
45	13.7646	0.0727	212.7435	0.0047	15.4558	0.0647
50	18.4202	0.0543	290.3359	0.0034	15.7619	0.0634

$i=7\%$

n	(F/P, i, n)	(P/F, i, n)	(F/A, i, n)	(A/F, i, n)	(P/A, i, n)	(A/P, i, n)
1	1.0700	0.9346	1.0000	1.0000	0.9346	1.0700
2	1.1449	0.8734	2.0700	0.4831	1.8080	0.5531
3	1.2250	0.8163	3.2149	0.3111	2.6243	0.3811
4	1.3108	0.7629	4.4399	0.2252	3.3872	0.2952
5	1.4026	0.7130	5.7507	0.1739	4.1002	0.2439
6	1.5007	0.6663	7.1533	0.1398	4.7665	0.2098
7	1.6058	0.6227	8.6540	0.1156	5.3893	0.1856
8	1.7182	0.5820	10.2598	0.0975	5.9713	0.1675
9	1.8385	0.5439	11.9780	0.0835	6.5152	0.1535
10	1.9672	0.5083	13.8164	0.0724	7.0236	0.1424
11	2.1049	0.4751	15.7836	0.0634	7.4987	0.1334
12	2.2522	0.4440	17.8885	0.0559	7.9427	0.1259
13	2.4098	0.4150	20.1406	0.0497	8.3577	0.1197
14	2.5785	0.3878	22.5505	0.0443	8.7455	0.1143
15	2.7590	0.3624	25.1290	0.0398	9.1079	0.1098
16	2.9522	0.3387	27.8881	0.0359	9.4466	0.1059
17	3.1588	0.3166	30.8402	0.0324	9.7632	0.1024
18	3.3799	0.2959	33.9990	0.0294	10.0591	0.0994
19	3.6165	0.2765	37.3790	0.0268	10.3356	0.0968
20	3.8697	0.2584	40.9955	0.0244	10.5940	0.0944
21	4.1406	0.2415	44.8652	0.0223	10.8355	0.0923
22	4.4304	0.2257	49.0057	0.0204	11.0612	0.0904
23	4.7405	0.2109	53.4361	0.0187	11.2722	0.0887
24	5.0724	0.1971	58.1767	0.0172	11.4693	0.0872
25	5.4274	0.1842	63.2490	0.0158	11.6536	0.0858
26	5.8074	0.1722	68.6765	0.0146	11.8258	0.0846
27	6.2139	0.1609	74.4838	0.0134	11.9867	0.0834
28	6.6488	0.1504	80.6977	0.0124	12.1371	0.0824
29	7.1143	0.1406	87.3465	0.0114	12.2777	0.0814
30	7.6123	0.1314	94.4608	0.0106	12.4090	0.0806
31	8.1451	0.1228	102.0730	0.0098	12.5318	0.0798
32	8.7153	0.1147	110.2182	0.0091	12.6466	0.0791
33	9.3253	0.1072	118.9334	0.0084	12.7538	0.0784
34	9.9781	0.1002	128.2588	0.0078	12.8540	0.0778
35	10.6766	0.0937	138.2369	0.0072	12.9477	0.0772
40	14.9745	0.0668	199.6351	0.0050	13.3317	0.0750
45	21.0025	0.0476	285.7493	0.0035	13.6055	0.0735
50	29.4570	0.0339	406.5289	0.0025	13.8007	0.0725

i=8%

n	(F/P, i, n)	(P/F, i, n)	(F/A, i, n)	(A/F, i, n)	(P/A, i, n)	(A/P, i, n)
1	1.0800	0.9259	1.0000	1.0000	0.9259	1.0800
2	1.1664	0.8573	2.0800	0.4808	1.7833	0.5608
3	1.2597	0.7938	3.2464	0.3080	2.5771	0.3880
4	1.3605	0.7350	4.5061	0.2219	3.3121	0.3019
5	1.4693	0.6806	5.8666	0.1705	3.9927	0.2505
6	1.5869	0.6302	7.3359	0.1363	4.6229	0.2163
7	1.7138	0.5835	8.9228	0.1121	5.2064	0.1921
8	1.8509	0.5403	10.6366	0.0940	5.7466	0.1740
9	1.9990	0.5002	12.4876	0.0801	6.2469	0.1601
10	2.1589	0.4632	14.4866	0.0690	6.7101	0.1490
11	2.3316	0.4289	16.6455	0.0601	7.1390	0.1401
12	2.5182	0.3971	18.9771	0.0527	7.5361	0.1327
13	2.7196	0.3677	21.4953	0.0465	7.9038	0.1265
14	2.9372	0.3405	24.2149	0.0413	8.2442	0.1213
15	3.1722	0.3152	27.1521	0.0368	8.5595	0.1168
16	3.4259	0.2919	30.3243	0.0330	8.8514	0.1130
17	3.7000	0.2703	33.7502	0.0296	9.1216	0.1096
18	3.9960	0.2502	37.4502	0.0267	9.3719	0.1067
19	4.3157	0.2317	41.4463	0.0241	9.6036	0.1041
20	4.6610	0.2145	45.7620	0.0219	9.8181	0.1019
21	5.0338	0.1987	50.4229	0.0198	10.0168	0.0998
22	5.4365	0.1839	55.4568	0.0180	10.2007	0.0980
23	5.8715	0.1703	60.8933	0.0164	10.3711	0.0964
24	6.3412	0.1577	66.7648	0.0150	10.5288	0.0950
25	6.8485	0.1460	73.1059	0.0137	10.6748	0.0937
26	7.3964	0.1352	79.9544	0.0125	10.8100	0.0925
27	7.9881	0.1252	87.3508	0.0114	10.9352	0.0914
28	8.6271	0.1159	95.3388	0.0105	11.0511	0.0905
29	9.3173	0.1073	103.9659	0.0096	11.1584	0.0896
30	10.0627	0.0994	113.2832	0.0088	11.2578	0.0888
31	10.8677	0.0920	123.3459	0.0081	11.3498	0.0881
32	11.7371	0.0852	134.2135	0.0075	11.4350	0.0875
33	12.6760	0.0789	145.9506	0.0069	11.5139	0.0869
34	13.6901	0.0730	158.6267	0.0063	11.5869	0.0863
35	14.7853	0.0676	172.3168	0.0058	11.6546	0.0858
40	21.7245	0.0460	259.0565	0.0039	11.9246	0.0839
45	31.9204	0.0313	386.5056	0.0026	12.1084	0.0826
50	46.9016	0.0213	573.7702	0.0017	12.2335	0.0817

$i=9\%$

n	$(F/P, i, n)$	$(P/F, i, n)$	$(F/A, i, n)$	$(A/F, i, n)$	$(P/A, i, n)$	$(A/P, i, n)$
1	1.0900	0.9174	1.0000	1.0000	0.9174	1.0900
2	1.1881	0.8417	2.0900	0.4785	1.7591	0.5685
3	1.2950	0.7722	3.2781	0.3051	2.5313	0.3951
4	1.4116	0.7084	4.5731	0.2187	3.2397	0.3087
5	1.5386	0.6499	5.9847	0.1671	3.8897	0.2571
6	1.6771	0.5963	7.5233	0.1329	4.4859	0.2229
7	1.8280	0.5470	9.2004	0.1087	5.0330	0.1987
8	1.9926	0.5019	11.0285	0.0907	5.5348	0.1807
9	2.1719	0.4604	13.0210	0.0768	5.9952	0.1668
10	2.3674	0.4224	15.1929	0.0658	6.4177	0.1558
11	2.5804	0.3875	17.5603	0.0569	6.8052	0.1469
12	2.8127	0.3555	20.1407	0.0497	7.1607	0.1397
13	3.0658	0.3262	22.9534	0.0436	7.4869	0.1336
14	3.3417	0.2992	26.0192	0.0384	7.7862	0.1284
15	3.6425	0.2745	29.3609	0.0341	8.0607	0.1241
16	3.9703	0.2519	33.0034	0.0303	8.3126	0.1203
17	4.3276	0.2311	36.9737	0.0270	8.5436	0.1170
18	4.7171	0.2120	41.3013	0.0242	8.7556	0.1142
19	5.1417	0.1945	46.0185	0.0217	8.9501	0.1117
20	5.6044	0.1784	51.1601	0.0195	9.1285	0.1095
21	6.1088	0.1637	56.7645	0.0176	9.2922	0.1076
22	6.6586	0.1502	62.8733	0.0159	9.4424	0.1059
23	7.2579	0.1378	69.5319	0.0144	9.5802	0.1044
24	7.9111	0.1264	76.7898	0.0130	9.7066	0.1030
25	8.6231	0.1160	84.7009	0.0118	9.8226	0.1018
26	9.3992	0.1064	93.3240	0.0107	9.9290	0.1007
27	10.2451	0.0976	102.7231	0.0097	10.0266	0.0997
28	11.1671	0.0895	112.9682	0.0089	10.1161	0.0989
29	12.1722	0.0822	124.1354	0.0081	10.1983	0.0981
30	13.2677	0.0754	136.3075	0.0073	10.2737	0.0973
31	14.4618	0.0691	149.5752	0.0067	10.3428	0.0967
32	15.7633	0.0634	164.0370	0.0061	10.4062	0.0961
33	17.1820	0.0582	179.8003	0.0056	10.4644	0.0956
34	18.7284	0.0534	196.9823	0.0051	10.5178	0.0951
35	20.4140	0.0490	215.7108	0.0046	10.5668	0.0946
40	31.4094	0.0318	337.8824	0.0030	10.7574	0.0930
45	48.3273	0.0207	525.8587	0.0019	10.8812	0.0919
50	74.3575	0.0134	815.0836	0.0012	10.9617	0.0912

$i=10\%$

n	(F/P, i, n)	(P/F, i, n)	(F/A, i, n)	(A/F, i, n)	(P/A, i, n)	(A/P, i, n)
1	1.1000	0.9091	1.0000	1.0000	0.9091	1.1000
2	1.2100	0.8264	2.1000	0.4762	1.7355	0.5762
3	1.3310	0.7513	3.3100	0.3021	2.4869	0.4021
4	1.4641	0.6830	4.6410	0.2155	3.1699	0.3155
5	1.6105	0.6209	6.1051	0.1638	3.7908	0.2638
6	1.7716	0.5645	7.7156	0.1296	4.3553	0.2296
7	1.9487	0.5132	9.4872	0.1054	4.8684	0.2054
8	2.1436	0.4665	11.4359	0.0874	5.3349	0.1874
9	2.3579	0.4241	13.5795	0.0736	5.7590	0.1736
10	2.5937	0.3855	15.9374	0.0627	6.1446	0.1627
11	2.8531	0.3505	18.5312	0.0540	6.4951	0.1540
12	3.1384	0.3186	21.3843	0.0468	6.8137	0.1468
13	3.4523	0.2897	24.5227	0.0408	7.1034	0.1408
14	3.7975	0.2633	27.9750	0.0357	7.3667	0.1357
15	4.1772	0.2394	31.7725	0.0315	7.6061	0.1315
16	4.5950	0.2176	35.9497	0.0278	7.8237	0.1278
17	5.0545	0.1978	40.5447	0.0247	8.0216	0.1247
18	5.5599	0.1799	45.5992	0.0219	8.2014	0.1219
19	6.1159	0.1635	51.1591	0.0195	8.3649	0.1195
20	6.7275	0.1486	57.2750	0.0175	8.5136	0.1175
21	7.4002	0.1351	64.0025	0.0156	8.6487	0.1156
22	8.1403	0.1228	71.4027	0.0140	8.7715	0.1140
23	8.9543	0.1117	79.5430	0.0126	8.8832	0.1126
24	9.8497	0.1015	88.4973	0.0113	8.9847	0.1113
25	10.8347	0.0923	98.3471	0.0102	9.0770	0.1102
26	11.9182	0.0839	109.1818	0.0092	9.1609	0.1092
27	13.1100	0.0763	121.0999	0.0083	9.2372	0.1083
28	14.4210	0.0693	134.2099	0.0075	9.3066	0.1075
29	15.8631	0.0630	148.6309	0.0067	9.3696	0.1067
30	17.4494	0.0573	164.4940	0.0061	9.4269	0.1061
31	19.1943	0.0521	181.9434	0.0055	9.4790	0.1055
32	21.1138	0.0474	201.1378	0.0050	9.5264	0.1050
33	23.2252	0.0431	222.2515	0.0045	9.5694	0.1045
34	25.5477	0.0391	245.4767	0.0041	9.6086	0.1041
35	28.1024	0.0356	271.0244	0.0037	9.6442	0.1037
40	45.2593	0.0221	442.5926	0.0023	9.7791	0.1023
45	72.8905	0.0137	718.9048	0.0014	9.8628	0.1014
50	117.3909	0.0085	1163.9085	0.0009	9.9148	0.1009

i=12%

n	(F/P，i，n)	(P/F，i，n)	(F/A，i，n)	(A/F，i，n)	(P/A，i，n)	(A/P，i，n)
1	1.1200	0.8929	1.0000	1.0000	0.8929	1.1200
2	1.2544	0.7972	2.1200	0.4717	1.6901	0.5917
3	1.4049	0.7118	3.3744	0.2963	2.4018	0.4163
4	1.5735	0.6355	4.7793	0.2092	3.0373	0.3292
5	1.7623	0.5674	6.3528	0.1574	3.6048	0.2774
6	1.9738	0.5066	8.1152	0.1232	4.1114	0.2432
7	2.2107	0.4523	10.0890	0.0991	4.5638	0.2191
8	2.4760	0.4039	12.2997	0.0813	4.9676	0.2013
9	2.7731	0.3606	14.7757	0.0677	5.3282	0.1877
10	3.1058	0.3220	17.5487	0.0570	5.6502	0.1770
11	3.4785	0.2875	20.6546	0.0484	5.9377	0.1684
12	3.8960	0.2567	24.1331	0.0414	6.1944	0.1614
13	4.3635	0.2292	28.0291	0.0357	6.4235	0.1557
14	4.8871	0.2046	32.3926	0.0309	6.6282	0.1509
15	5.4736	0.1827	37.2797	0.0268	6.8109	0.1468
16	6.1304	0.1631	42.7533	0.0234	6.9740	0.1434
17	6.8660	0.1456	48.8837	0.0205	7.1196	0.1405
18	7.6900	0.1300	55.7497	0.0179	7.2497	0.1379
19	8.6128	0.1161	63.4397	0.0158	7.3658	0.1358
20	9.6463	0.1037	72.0524	0.0139	7.4694	0.1339
21	10.8038	0.0926	81.6987	0.0122	7.5620	0.1322
22	12.1003	0.0826	92.5026	0.0108	7.6446	0.1308
23	13.5523	0.0738	104.6029	0.0096	7.7184	0.1296
24	15.1786	0.0659	118.1552	0.0085	7.7843	0.1285
25	17.0001	0.0588	133.3339	0.0075	7.8431	0.1275
26	19.0401	0.0525	150.3339	0.0067	7.8957	0.1267
27	21.3249	0.0469	169.3740	0.0059	7.9426	0.1259
28	23.8839	0.0419	190.6989	0.0052	7.9844	0.1252
29	26.7499	0.0374	214.5828	0.0047	8.0218	0.1247
30	29.9599	0.0334	241.3327	0.0041	8.0552	0.1241
31	33.5551	0.0298	271.2926	0.0037	8.0850	0.1237
32	37.5817	0.0266	304.8477	0.0033	8.1116	0.1233
33	42.0915	0.0238	342.4294	0.0029	8.1354	0.1229
34	47.1425	0.0212	384.5210	0.0026	8.1566	0.1226
35	52.7996	0.0189	431.6635	0.0023	8.1755	0.1223
40	93.0510	0.0107	767.0914	0.0013	8.2438	0.1213
45	163.9876	0.0061	1358.2300	0.0007	8.2825	0.1207
50	289.0022	0.0035	2400.0182	0.0004	8.3045	0.1204

$i=15\%$

n	$(F/P, i, n)$	$(P/F, i, n)$	$(F/A, i, n)$	$(A/F, i, n)$	$(P/A, i, n)$	$(A/P, i, n)$
1	1.1500	0.8696	1.0000	1.0000	0.8696	1.1500
2	1.3225	0.7561	2.1500	0.4651	1.6257	0.6151
3	1.5209	0.6575	3.4725	0.2880	2.2832	0.4380
4	1.7490	0.5718	4.9934	0.2003	2.8550	0.3503
5	2.0114	0.4972	6.7424	0.1483	3.3522	0.2983
6	2.3131	0.4323	8.7537	0.1142	3.7845	0.2642
7	2.6600	0.3759	11.0668	0.0904	4.1604	0.2404
8	3.0590	0.3269	13.7268	0.0729	4.4873	0.2229
9	3.5179	0.2843	16.7858	0.0596	4.7716	0.2096
10	4.0456	0.2472	20.3037	0.0493	5.0188	0.1993
11	4.6524	0.2149	24.3493	0.0411	5.2337	0.1911
12	5.3503	0.1869	29.0017	0.0345	5.4206	0.1845
13	6.1528	0.1625	34.3519	0.0291	5.5831	0.1791
14	7.0757	0.1413	40.5047	0.0247	5.7245	0.1747
15	8.1371	0.1229	47.5804	0.0210	5.8474	0.1710
16	9.3576	0.1069	55.7175	0.0179	5.9542	0.1679
17	10.7613	0.0929	65.0751	0.0154	6.0472	0.1654
18	12.3755	0.0808	75.8364	0.0132	6.1280	0.1632
19	14.2318	0.0703	88.2118	0.0113	6.1982	0.1613
20	16.3665	0.0611	102.4436	0.0098	6.2593	0.1598
21	18.8215	0.0531	118.8101	0.0084	6.3125	0.1584
22	21.6447	0.0462	137.6316	0.0073	6.3587	0.1573
23	24.8915	0.0402	159.2764	0.0063	6.3988	0.1563
24	28.6252	0.0349	184.1678	0.0054	6.4338	0.1554
25	32.9190	0.0304	212.7930	0.0047	6.4641	0.1547
26	37.8568	0.0264	245.7120	0.0041	6.4906	0.1541
27	43.5353	0.0230	283.5688	0.0035	6.5135	0.1535
28	50.0656	0.0200	327.1041	0.0031	6.5335	0.1531
29	57.5755	0.0174	377.1697	0.0027	6.5509	0.1527
30	66.2118	0.0151	434.7451	0.0023	6.5660	0.1523
31	76.1435	0.0131	500.9569	0.0020	6.5791	0.1520
32	87.5651	0.0114	577.1005	0.0017	6.5905	0.1517
33	100.6998	0.0099	664.6655	0.0015	6.6005	0.1515
34	115.8048	0.0086	765.3654	0.0013	6.6091	0.1513
35	133.1755	0.0075	881.1702	0.0011	6.6166	0.1511
40	267.8635	0.0037	1779.0903	0.0006	6.6418	0.1506
45	538.7693	0.0019	3585.1285	0.0003	6.6543	0.1503
50	1083.6574	0.0009	7217.7163	0.0001	6.6605	0.1501

$i=18\%$

n	(F/P, i, n)	(P/F, i, n)	(F/A, i, n)	(A/F, i, n)	(P/A, i, n)	(A/P, i, n)
1	1.1800	0.8475	1.0000	1.0000	0.8475	1.1800
2	1.3924	0.7182	2.1800	0.4587	1.5656	0.6387
3	1.6430	0.6086	3.5724	0.2799	2.1743	0.4599
4	1.9388	0.5158	5.2154	0.1917	2.6901	0.3717
5	2.2878	0.4371	7.1542	0.1398	3.1272	0.3198
6	2.6996	0.3704	9.4420	0.1059	3.4976	0.2859
7	3.1855	0.3139	12.1415	0.0824	3.8115	0.2624
8	3.7589	0.2660	15.3270	0.0652	4.0776	0.2452
9	4.4355	0.2255	19.0859	0.0524	4.3030	0.2324
10	5.2338	0.1911	23.5213	0.0425	4.4941	0.2225
11	6.1759	0.1619	28.7551	0.0348	4.6560	0.2148
12	7.2876	0.1372	34.9311	0.0286	4.7932	0.2086
13	8.5994	0.1163	42.2187	0.0237	4.9095	0.2037
14	10.1472	0.0985	50.8180	0.0197	5.0081	0.1997
15	11.9737	0.0835	60.9653	0.0164	5.0916	0.1964
16	14.1290	0.0708	72.9390	0.0137	5.1624	0.1937
17	16.6722	0.0600	87.0680	0.0115	5.2223	0.1915
18	19.6733	0.0508	103.7403	0.0096	5.2732	0.1896
19	23.2144	0.0431	123.4135	0.0081	5.3162	0.1881
20	27.3930	0.0365	146.6280	0.0068	5.3527	0.1868
21	32.3238	0.0309	174.0210	0.0057	5.3837	0.1857
22	38.1421	0.0262	206.3448	0.0048	5.4099	0.1848
23	45.0076	0.0222	244.4868	0.0041	5.4321	0.1841
24	53.1090	0.0188	289.4945	0.0035	5.4509	0.1835
25	62.6686	0.0160	342.6035	0.0029	5.4669	0.1829
26	73.9490	0.0135	405.2721	0.0025	5.4804	0.1825
27	87.2598	0.0115	479.2211	0.0021	5.4919	0.1821
28	102.9666	0.0097	566.4809	0.0018	5.5016	0.1818
29	121.5005	0.0082	669.4475	0.0015	5.5098	0.1815
30	143.3706	0.0070	790.9480	0.0013	5.5168	0.1813
31	169.1774	0.0059	934.3186	0.0011	5.5227	0.1811
32	199.6293	0.0050	1103.4960	0.0009	5.5277	0.1809
33	235.5625	0.0042	1303.1253	0.0008	5.5320	0.1808
34	277.9638	0.0036	1538.6878	0.0006	5.5356	0.1806
35	327.9973	0.0030	1816.6516	0.0006	5.5386	0.1806
40	750.3783	0.0013	4163.2130	0.0002	5.5482	0.1802
45	1716.6839	0.0006	9531.5771	0.0001	5.5523	0.1801
50	3927.3569	0.0003	21813.0937	0.0000	5.5541	0.1800

i=20%

n	$(F/P, i, n)$	$(P/F, i, n)$	$(F/A, i, n)$	$(A/F, i, n)$	$(P/A, i, n)$	$(A/P, i, n)$
1	1.2000	0.8333	1.0000	1.0000	0.8333	1.2000
2	1.4400	0.6944	2.2000	0.4545	1.5278	0.6545
3	1.7280	0.5787	3.6400	0.2747	2.1065	0.4747
4	2.0736	0.4823	5.3680	0.1863	2.5887	0.3863
5	2.4883	0.4019	7.4416	0.1344	2.9906	0.3344
6	2.9860	0.3349	9.9299	0.1007	3.3255	0.3007
7	3.5832	0.2791	12.9159	0.0774	3.6046	0.2774
8	4.2998	0.2326	16.4991	0.0606	3.8372	0.2606
9	5.1598	0.1938	20.7989	0.0481	4.0310	0.2481
10	6.1917	0.1615	25.9587	0.0385	4.1925	0.2385
11	7.4301	0.1346	32.1504	0.0311	4.3271	0.2311
12	8.9161	0.1122	39.5805	0.0253	4.4392	0.2253
13	10.6993	0.0935	48.4966	0.0206	4.5327	0.2206
14	12.8392	0.0779	59.1959	0.0169	4.6106	0.2169
15	15.4070	0.0649	72.0351	0.0139	4.6755	0.2139
16	18.4884	0.0541	87.4421	0.0114	4.7296	0.2114
17	22.1861	0.0451	105.9306	0.0094	4.7746	0.2094
18	26.6233	0.0376	128.1167	0.0078	4.8122	0.2078
19	31.9480	0.0313	154.7400	0.0065	4.8435	0.2065
20	38.3376	0.0261	186.6880	0.0054	4.8696	0.2054
21	46.0051	0.0217	225.0256	0.0044	4.8913	0.2044
22	55.2061	0.0181	271.0307	0.0037	4.9094	0.2037
23	66.2474	0.0151	326.2369	0.0031	4.9245	0.2031
24	79.4968	0.0126	392.4842	0.0025	4.9371	0.2025
25	95.3962	0.0105	471.9811	0.0021	4.9476	0.2021
26	114.4755	0.0087	567.3773	0.0018	4.9563	0.2018
27	137.3706	0.0073	681.8528	0.0015	4.9636	0.2015
28	164.8447	0.0061	819.2233	0.0012	4.9697	0.2012
29	197.8136	0.0051	984.0680	0.0010	4.9747	0.2010
30	237.3763	0.0042	1181.8816	0.0008	4.9789	0.2008
31	284.8516	0.0035	1419.2579	0.0007	4.9824	0.2007
32	341.8219	0.0029	1704.1095	0.0006	4.9854	0.2006
33	410.1863	0.0024	2045.9314	0.0005	4.9878	0.2005
34	492.2235	0.0020	2456.1176	0.0004	4.9898	0.2004
35	590.6682	0.0017	2948.3411	0.0003	4.9915	0.2003
40	1469.7716	0.0007	7343.8578	0.0001	4.9966	0.2001
45	3657.2620	0.0003	18281.3099	0.0001	4.9986	0.2001
50	9100.4382	0.0001	45497.1908	0.0000	4.9995	0.2000

i=25%

n	(F/P, i, n)	(P/F, i, n)	(F/A, i, n)	(A/F, i, n)	(P/A, i, n)	(A/P, i, n)
1	1.2500	0.8000	1.0000	1.0000	0.8000	1.2500
2	1.5625	0.6400	2.2500	0.4444	1.4400	0.6944
3	1.9531	0.5120	3.8125	0.2623	1.9520	0.5123
4	2.4414	0.4096	5.7656	0.1734	2.3616	0.4234
5	3.0518	0.3277	8.2070	0.1218	2.6893	0.3718
6	3.8147	0.2621	11.2588	0.0888	2.9514	0.3388
7	4.7684	0.2097	15.0735	0.0663	3.1611	0.3163
8	5.9605	0.1678	19.8419	0.0504	3.3289	0.3004
9	7.4506	0.1342	25.8023	0.0388	3.4631	0.2888
10	9.3132	0.1074	33.2529	0.0301	3.5705	0.2801
11	11.6415	0.0859	42.5661	0.0235	3.6564	0.2735
12	14.5519	0.0687	54.2077	0.0184	3.7251	0.2684
13	18.1899	0.0550	68.7596	0.0145	3.7801	0.2645
14	22.7374	0.0440	86.9495	0.0115	3.8241	0.2615
15	28.4217	0.0352	109.6868	0.0091	3.8593	0.2591
16	35.5271	0.0281	138.1085	0.0072	3.8874	0.2572
17	44.4089	0.0225	173.6357	0.0058	3.9099	0.2558
18	55.5112	0.0180	218.0446	0.0046	3.9279	0.2546
19	69.3889	0.0144	273.5558	0.0037	3.9424	0.2537
20	86.7362	0.0115	342.9447	0.0029	3.9539	0.2529
21	108.4202	0.0092	429.6809	0.0023	3.9631	0.2523
22	135.5253	0.0074	538.1011	0.0019	3.9705	0.2519
23	169.4066	0.0059	673.6264	0.0015	3.9764	0.2515
24	211.7582	0.0047	843.0329	0.0012	3.9811	0.2512
25	264.6978	0.0038	1054.7912	0.0009	3.9849	0.2509
26	330.8722	0.0030	1319.4890	0.0008	3.9879	0.2508
27	413.5903	0.0024	1650.3612	0.0006	3.9903	0.2506
28	516.9879	0.0019	2063.9515	0.0005	3.9923	0.2505
29	646.2349	0.0015	2580.9394	0.0004	3.9938	0.2504
30	807.7936	0.0012	3227.1743	0.0003	3.9950	0.2503
31	1009.7420	0.0010	4034.9678	0.0002	3.9960	0.2502
32	1262.1774	0.0008	5044.7098	0.0002	3.9968	0.2502
33	1577.7218	0.0006	6306.8872	0.0002	3.9975	0.2502
34	1972.1523	0.0005	7884.6091	0.0001	3.9980	0.2501
35	2465.1903	0.0004	9856.7613	0.0001	3.9984	0.2501
40	7523.1638	0.0001	30088.6554	0.0000	3.9995	0.2500
45	22958.8740	0.0000	91831.4962	0.0000	3.9998	0.2500
50	70064.9232	0.0000	280255.6929	0.0000	3.9999	0.2500

i=30%

n	$(F/P, i, n)$	$(P/F, i, n)$	$(F/A, i, n)$	$(A/F, i, n)$	$(P/A, i, n)$	$(A/P, i, n)$
1	1.3000	0.7692	1.0000	1.0000	0.7692	1.3000
2	1.6900	0.5917	2.3000	0.4348	1.3609	0.7348
3	2.1970	0.4552	3.9900	0.2506	1.8161	0.5506
4	2.8561	0.3501	6.1870	0.1616	2.1662	0.4616
5	3.7129	0.2693	9.0431	0.1106	2.4356	0.4106
6	4.8268	0.2072	12.7560	0.0784	2.6427	0.3784
7	6.2749	0.1594	17.5828	0.0569	2.8021	0.3569
8	8.1573	0.1226	23.8577	0.0419	2.9247	0.3419
9	10.6045	0.0943	32.0150	0.0312	3.0190	0.3312
10	13.7858	0.0725	42.6195	0.0235	3.0915	0.3235
11	17.9216	0.0558	56.4053	0.0177	3.1473	0.3177
12	23.2981	0.0429	74.3270	0.0135	3.1903	0.3135
13	30.2875	0.0330	97.6250	0.0102	3.2233	0.3102
14	39.3738	0.0254	127.9125	0.0078	3.2487	0.3078
15	51.1859	0.0195	167.2863	0.0060	3.2682	0.3060
16	66.5417	0.0150	218.4722	0.0046	3.2832	0.3046
17	86.5042	0.0116	285.0139	0.0035	3.2948	0.3035
18	112.4554	0.0089	371.5180	0.0027	3.3037	0.3027
19	146.1920	0.0068	483.9734	0.0021	3.3105	0.3021
20	190.0496	0.0053	630.1655	0.0016	3.3158	0.3016
21	247.0645	0.0040	820.2151	0.0012	3.3198	0.3012
22	321.1839	0.0031	1067.2796	0.0009	3.3230	0.3009
23	417.5391	0.0024	1388.4635	0.0007	3.3254	0.3007
24	542.8008	0.0018	1806.0026	0.0006	3.3272	0.3006
25	705.6410	0.0014	2348.8033	0.0004	3.3286	0.3004
26	917.3333	0.0011	3054.4443	0.0003	3.3297	0.3003
27	1192.5333	0.0008	3971.7776	0.0003	3.3305	0.3003
28	1550.2933	0.0006	5164.3109	0.0002	3.3312	0.3002
29	2015.3813	0.0005	6714.6042	0.0001	3.3317	0.3001
30	2619.9956	0.0004	8729.9855	0.0001	3.3321	0.3001
31	3405.9943	0.0003	11349.9811	0.0001	3.3324	0.3001
32	4427.7926	0.0002	14755.9755	0.0001	3.3326	0.3001
33	5756.1304	0.0002	19183.7681	0.0001	3.3328	0.3001
34	7482.9696	0.0001	24939.8985	0.0000	3.3329	0.3000
35	9727.8604	0.0001	32422.8681	0.0000	3.3330	0.3000
40	36118.8648	0.0000	120392.8827	0.0000	3.3332	0.3000
45	134106.8167	0.0000	447019.3890	0.0000	3.3333	0.3000
50	497929.2230	0.0000	1659760.7433	0.0000	3.3333	0.3000

i=35%

n	(F/P, i, n)	(P/F, i, n)	(F/A, i, n)	(A/F, i, n)	(P/A, i, n)	(A/P, i, n)
1	1.3500	0.7407	1.0000	1.0000	0.7407	1.3500
2	1.8225	0.5487	2.3500	0.4255	1.2894	0.7755
3	2.4604	0.4064	4.1725	0.2397	1.6959	0.5897
4	3.3215	0.3011	6.6329	0.1508	1.9969	0.5008
5	4.4840	0.2230	9.9544	0.1005	2.2200	0.4505
6	6.0534	0.1652	14.4384	0.0693	2.3852	0.4193
7	8.1722	0.1224	20.4919	0.0488	2.5075	0.3988
8	11.0324	0.0906	28.6640	0.0349	2.5982	0.3849
9	14.8937	0.0671	39.6964	0.0252	2.6653	0.3752
10	20.1066	0.0497	54.5902	0.0183	2.7150	0.3683
11	27.1439	0.0368	74.6967	0.0134	2.7519	0.3634
12	36.6442	0.0273	101.8406	0.0098	2.7792	0.3598
13	49.4697	0.0202	138.4848	0.0072	2.7994	0.3572
14	66.7841	0.0150	187.9544	0.0053	2.8144	0.3553
15	90.1585	0.0111	254.7385	0.0039	2.8255	0.3539
16	121.7139	0.0082	344.8970	0.0029	2.8337	0.3529
17	164.3138	0.0061	466.6109	0.0021	2.8398	0.3521
18	221.8236	0.0045	630.9247	0.0016	2.8443	0.3516
19	299.4619	0.0033	852.7483	0.0012	2.8476	0.3512
20	404.2736	0.0025	1152.2103	0.0009	2.8501	0.3509
21	545.7693	0.0018	1556.4838	0.0006	2.8519	0.3506
22	736.7886	0.0014	2102.2532	0.0005	2.8533	0.3505
23	994.6646	0.0010	2839.0418	0.0004	2.8543	0.3504
24	1342.7973	0.0007	3833.7064	0.0003	2.8550	0.3503
25	1812.7763	0.0006	5176.5037	0.0002	2.8556	0.3502
26	2447.2480	0.0004	6989.2800	0.0001	2.8560	0.3501
27	3303.7848	0.0003	9436.5280	0.0001	2.8563	0.3501
28	4460.1095	0.0002	12740.3128	0.0001	2.8565	0.3501
29	6021.1478	0.0002	17200.4222	0.0001	2.8567	0.3501
30	8128.5495	0.0001	23221.5700	0.0000	2.8568	0.3500
31	10973.5418	0.0001	31350.1195	0.0000	2.8569	0.3500
32	14814.2815	0.0001	42323.6613	0.0000	2.8569	0.3500
33	19999.2800	0.0001	57137.9428	0.0000	2.8570	0.3500
34	26999.0280	0.0000	77137.2228	0.0000	2.8570	0.3500
35	36448.6878	0.0000	104136.2508	0.0000	2.8571	0.3500
40	163437.1347	0.0000	466960.3848	0.0000	2.8571	0.3500
45	732857.5768	0.0000	2093875.9338	0.0000	2.8571	0.3500

i=40%

n	(F/P, i, n)	(P/F, i, n)	(F/A, i, n)	(A/F, i, n)	(P/A, i, n)	(A/P, i, n)
1	1.4000	0.7143	1.0000	1.0000	0.7143	1.4000
2	1.9600	0.5102	2.4000	0.4167	1.2245	0.8167
3	2.7440	0.3644	4.3600	0.2294	1.5889	0.6294
4	3.8416	0.2603	7.1040	0.1408	1.8492	0.5408
5	5.3782	0.1859	10.9456	0.0914	2.0352	0.4914
6	7.5295	0.1328	16.3238	0.0613	2.1680	0.4613
7	10.5414	0.0949	23.8534	0.0419	2.2628	0.4419
8	14.7579	0.0678	34.3947	0.0291	2.3306	0.4291
9	20.6610	0.0484	49.1526	0.0203	2.3790	0.4203
10	28.9255	0.0346	69.8137	0.0143	2.4136	0.4143
11	40.4957	0.0247	98.7391	0.0101	2.4383	0.4101
12	56.6939	0.0176	139.2348	0.0072	2.4559	0.4072
13	79.3715	0.0126	195.9287	0.0051	2.4685	0.4051
14	111.1201	0.0090	275.3002	0.0036	2.4775	0.4036
15	155.5681	0.0064	386.4202	0.0026	2.4839	0.4026
16	217.7953	0.0046	541.9883	0.0018	2.4885	0.4018
17	304.9135	0.0033	759.7837	0.0013	2.4918	0.4013
18	426.8789	0.0023	1064.6971	0.0009	2.4941	0.4009
19	597.6304	0.0017	1491.5760	0.0007	2.4958	0.4007
20	836.6826	0.0012	2089.2064	0.0005	2.4970	0.4005
21	1171.3556	0.0009	2925.8889	0.0003	2.4979	0.4003
22	1639.8978	0.0006	4097.2445	0.0002	2.4985	0.4002
23	2295.8569	0.0004	5737.1423	0.0002	2.4989	0.4002
24	3214.1997	0.0003	8032.9993	0.0001	2.4992	0.4001
25	4499.8796	0.0002	11247.1990	0.0001	2.4994	0.4001
26	6299.8314	0.0002	15747.0785	0.0001	2.4996	0.4001
27	8819.7640	0.0001	22046.9099	0.0000	2.4997	0.4000
28	12347.6696	0.0001	30866.6739	0.0000	2.4998	0.4000
29	17286.7374	0.0001	43214.3435	0.0000	2.4999	0.4000
30	24201.4324	0.0000	60501.0809	0.0000	2.4999	0.4000
31	33882.0053	0.0000	84702.5132	0.0000	2.4999	0.4000
32	47434.8074	0.0000	118584.5185	0.0000	2.4999	0.4000
33	66408.7304	0.0000	166019.3260	0.0000	2.5000	0.4000
34	92972.2225	0.0000	232428.0563	0.0000	2.5000	0.4000
35	130161.1116	0.0000	325400.2789	0.0000	2.5000	0.4000
40	700037.6966	0.0000	1750091.7415	0.0000	2.5000	0.4000
45	3764970.7413	0.0000	9412424.3533	0.0000	2.5000	0.4000
50	20248916.2398	0.0000	50622288.0994	0.0000	2.5000	0.4000

i=45%

n	(F/P, i, n)	(P/F, i, n)	(F/A, i, n)	(A/F, i, n)	(P/A, i, n)	(A/P, i, n)
1	1.4500	0.6897	1.0000	1.0000	0.6897	1.4500
2	2.1025	0.4756	2.4500	0.4082	1.1653	0.8582
3	3.0486	0.3280	4.5525	0.2197	1.4933	0.6697
4	4.4205	0.2262	7.6011	0.1316	1.7195	0.5816
5	6.4097	0.1560	12.0216	0.0832	1.8755	0.5332
6	9.2941	0.1076	18.4314	0.0543	1.9831	0.5043
7	13.4765	0.0742	27.7255	0.0361	2.0573	0.4861
8	19.5409	0.0512	41.2019	0.0243	2.1085	0.4743
9	28.3343	0.0353	60.7428	0.0165	2.1438	0.4665
10	41.0847	0.0243	89.0771	0.0112	2.1681	0.4612
11	59.5728	0.0168	130.1618	0.0077	2.1849	0.4577
12	86.3806	0.0116	189.7346	0.0053	2.1965	0.4553
13	125.2518	0.0080	276.1151	0.0036	2.2045	0.4536
14	181.6151	0.0055	401.3670	0.0025	2.2100	0.4525
15	263.3419	0.0038	582.9821	0.0017	2.2138	0.4517
16	381.8458	0.0026	846.3240	0.0012	2.2164	0.4512
17	553.6764	0.0018	1228.1699	0.0008	2.2182	0.4508
18	802.8308	0.0012	1781.8463	0.0006	2.2195	0.4506
19	1164.1047	0.0009	2584.6771	0.0004	2.2203	0.4504
20	1687.9518	0.0006	3748.7818	0.0003	2.2209	0.4503
21	2447.5301	0.0004	5436.7336	0.0002	2.2213	0.4502
22	3548.9187	0.0003	7884.2638	0.0001	2.2216	0.4501
23	5145.9321	0.0002	11433.1824	0.0001	2.2218	0.4501
24	7461.6015	0.0001	16579.1145	0.0001	2.2219	0.4501
25	10819.3222	0.0001	24040.7161	0.0000	2.2220	0.4500
26	15688.0172	0.0001	34860.0383	0.0000	2.2221	0.4500
27	22747.6250	0.0000	50548.0556	0.0000	2.2221	0.4500
28	32984.0563	0.0000	73295.6806	0.0000	2.2222	0.4500
29	47826.8816	0.0000	106279.7368	0.0000	2.2222	0.4500
30	69348.9783	0.0000	154106.6184	0.0000	2.2222	0.4500
31	100556.0185	0.0000	223455.5967	0.0000	2.2222	0.4500
32	145806.2269	0.0000	324011.6152	0.0000	2.2222	0.4500
33	211419.0289	0.0000	469817.8421	0.0000	2.2222	0.4500
34	306557.5920	0.0000	681236.8710	0.0000	2.2222	0.4500
35	444508.5083	0.0000	987794.4630	0.0000	2.2222	0.4500
40	2849181.3270	0.0000	6331511.8378	0.0000	2.2222	0.4500
45	18262494.6020	0.0000	40583319.1155	0.0000	2.2222	0.4500
50	117057733.7166	0.0000	260128294.9257	0.0000	2.2222	0.4500

$i=50\%$

n	(F/P, i, n)	(P/F, i, n)	(F/A, i, n)	(A/F, i, n)	(P/A, i, n)	(A/P, i, n)
1	1.5000	0.6667	1.0000	1.0000	0.6667	1.5000
2	2.2500	0.4444	2.5000	0.4000	1.1111	0.9000
3	3.3750	0.2963	4.7500	0.2105	1.4074	0.7105
4	5.0625	0.1975	8.1250	0.1231	1.6049	0.6231
5	7.5938	0.1317	13.1875	0.0758	1.7366	0.5758
6	11.3906	0.0878	20.7813	0.0481	1.8244	0.5481
7	17.0859	0.0585	32.1719	0.0311	1.8829	0.5311
8	25.6289	0.0390	49.2578	0.0203	1.9220	0.5203
9	38.4434	0.0260	74.8867	0.0134	1.9480	0.5134
10	57.6650	0.0173	113.3301	0.0088	1.9653	0.5088
11	86.4976	0.0116	170.9951	0.0058	1.9769	0.5058
12	129.7463	0.0077	257.4927	0.0039	1.9846	0.5039
13	194.6195	0.0051	387.2390	0.0026	1.9897	0.5026
14	291.9293	0.0034	581.8585	0.0017	1.9931	0.5017
15	437.8939	0.0023	873.7878	0.0011	1.9954	0.5011
16	656.8408	0.0015	1311.6817	0.0008	1.9970	0.5008
17	985.2613	0.0010	1968.5225	0.0005	1.9980	0.5005
18	1477.8919	0.0007	2953.7838	0.0003	1.9986	0.5003
19	2216.8378	0.0005	4431.6756	0.0002	1.9991	0.5002
20	3325.2567	0.0003	6648.5135	0.0002	1.9994	0.5002
21	4987.8851	0.0002	9973.7702	0.0001	1.9996	0.5001
22	7481.8276	0.0001	14961.6553	0.0001	1.9997	0.5001
23	11222.7415	0.0001	22443.4829	0.0000	1.9998	0.5000
24	16834.1122	0.0001	33666.2244	0.0000	1.9999	0.5000
25	25251.1683	0.0000	50500.3366	0.0000	1.9999	0.5000
26	37876.7524	0.0000	75751.5049	0.0000	1.9999	0.5000
27	56815.1287	0.0000	113628.2573	0.0000	2.0000	0.5000
28	85222.6930	0.0000	170443.3860	0.0000	2.0000	0.5000
29	127834.0395	0.0000	255666.0790	0.0000	2.0000	0.5000
30	191751.0592	0.0000	383500.1185	0.0000	2.0000	0.5000
31	287626.5888	0.0000	575251.1777	0.0000	2.0000	0.5000
32	431439.8833	0.0000	862877.7665	0.0000	2.0000	0.5000
33	647159.8249	0.0000	1294317.6498	0.0000	2.0000	0.5000
34	970739.7374	0.0000	1941477.4747	0.0000	2.0000	0.5000
35	1456109.6060	0.0000	2912217.2121	0.0000	2.0000	0.5000
40	11057332.3209	0.0000	22114662.6419	0.0000	2.0000	0.5000
45	83966617.3121	0.0000	167933232.6243	0.0000	2.0000	0.5000
50	637621500.2141	0.0000	1275242998.4281	0.0000	2.0000	0.5000

参 考 文 献

[1] 李敏.MBA管理经济学精华读本.合肥：安徽人民出版社，2002.
[2] 吴汉洪，董红霞.管理经济学.北京：清华大学出版社，2005.
[3] 骆品亮.管理经济学.上海：上海财经大学出版社，2006.
[4] 吴德庆，马月才.管理经济学.4版.北京：中国人民大学出版社，2006.
[5] 戴庚先，陈斯星，唐雪梅.管理经济学（用Excel辅助决策）.北京：中国发展出版社，2005.
[6] 崔晓文.新编实用管理经济学.北京：清华大学出版社，2007.
[7] [英] 亚当斯，朱莉芙.管理经济学.王德章，赵艳丽，译.北京：中国人民大学出版社，2004.
[8] [美] 彼得森，刘易斯.管理经济学.吴德庆，译.4版.北京：中国人民大学出版社，2003.
[9] 林根祥，柳兴国.市场调查与预测.武汉：武汉理工大学出版社，2007.
[10] 邱华.管理经济学.哈尔滨：哈尔滨工程大学出版社，2007.
[11] 李宝山，张力痒.管理经济学.北京：中国人民大学出版社，2004.
[12] [美] 赫斯切.管理经济学.李国津，译.北京：机械工业出版社.2005.
[13] [美] 曼昆.经济学原理.梁小民，译.北京：机械工业出版社.2003.